삼우(三愚) 인명진을 論하다

저자

정병준 서울장로회신학대학교 교수, 역사신학
손승호 명지대학교 객원교수, 역사신학
최상도 호남신학대학교 교수, 역사신학
김명배 숭실대학교 교수, 역사신학
김광수 행복한샘터교회 담임목사, 목회신학
정남용 숭실대학교 겸임교수, 기독교교육학
이명석 장로회신학대학교 객원교수, 선교학

좌담회

김명배 숭실대학교 교수, 역사신학
장윤재 이화여자대학교 교수, 기독교윤리학
정병준 서울장로회신학대학교 교수, 역사신학

인명진 목사 회수(喜壽)기념 논문집
삼우(三愚) 인명진을 論하다

2021년 8월 20일 초판 인쇄
2021년 8월 25일 초판 발행

책임편집 김명배 | **펴낸이** 이찬규 | **펴낸곳** 북코리아
등록번호 제03-01240호 | **전화** 02-704-7840 | **팩스** 02-704-7848
이메일 sunhaksa@korea.com | **홈페이지** www.북코리아.kr
주소 13209 경기도 성남시 중원구 사기막골로 45번길 14 우림2차 A동 1007호
ISBN 978-89-6324-790-8(93230)

값 22,000원

김명배 책임편집

— 삼 — 우 — 인명진 목사 희수(喜壽) 기념 논문집 —

三愚 인명진을 論하다

불광

머리말

　　인명진 목사는 한국의 현대 교회사에서 매우 독특한 위치를 차지하는 인물이다. 그는 목회자이며, 노동운동가, 환경운동가, 민주화운동가, 시민운동가로 불린다. 그러나 이러한 인명진 목사에 대한 수많은 수식어 가운데 그의 정체성을 가장 잘 나타내는 용어는 '목사' 인명진이다. 그는 문민정부 시절 정부에 입각하거나 국회의원직을 제안받았지만, 천직인 '목사직'에 대한 소명으로 이를 모두 거부했다. 다만 그는 교회의 담임목사로 있으면서 무보수 비상근직으로 보수정당의 당직을 맡았을 뿐이었다. 물론 이러한 그의 정치적 활동에 대하여 부정적·긍정적 평가가 상존하지만, 그는 오롯이 교회와 하나님의 말씀을 부여잡고, 한국 사회의 문제와 씨름한 목회자였다. 한 손에는 성경을 다른 한 손에는 신문을 들고 하나님 나라의 확장을 위해 고민했던 진정한 목회자였다.

　　인명진 목사의 목회사역을 살펴보면, 크게 네 시기로 구분할 수 있다. 첫째 시기는 1970년대 영등포산업선교회 총무로 노동운동에 헌신한 시기이다. 이 시기 인명진 목사는 예장 통합의 대표적인 노동운동가요, 인권운동가였다. 둘째 시기는 1980년대 초반부터 1987년 6·10 항쟁까지이다. 이때 인명진 목사는 민주헌법쟁취국민운동본부의 대변인을 맡아 반독재·민주화운동에 앞장섰다. 당시 인명진 목사는 재야 민주화운동가였다. 셋째 시기는 1986년 6월부터 2014년까지 갈릴리교회의 목회 사역 기간이다. 이때 인명진 목사는 갈릴리교회를 개척하고, 가난한 사람들과 한국사회 이주노동자들을 섬겼다. 당시 인명진 목사는 진정한 목회자였다. 넷째 시기는 2014년 갈릴리교회 담임목사를 은퇴 후 정치활동에 본격 참여한 시기이다. 이 시기 인명진 목사는 박근혜 대통령에 대한 탄핵 이후 흔들리는 보수정당의 비상대책위원장을 맡아 보수정당을 재건하는 데 힘썼다. 이때 인명진 목사는 정치가요, 시민운동가였다.

이러한 인명진 목사의 사역과 관련하여 그동안 학계에서는 1970년대 영등포산업선교회 활동과 관련하여 주로 연구됐다. 특히 1970년대 영등포산업선교회 역사를 다루면서 인명진 목사의 활동을 서술하는 방식이었다. 그러나 최근에 들어 인명진 목사의 노동운동뿐만 아니라, 정치활동과 목회활동에 관한 학술논문들이 학술지에 발표되고, 박사학위 논문들도 속속 발표되고 있다. 이러한 상황 속에서 이 책은 인명진 목사의 희수(喜壽)를 맞아 이를 축하하기 위해 한국교회사 학자들이 인명진 목사의 일대기를 정리하여 기념논문집으로 나오게 되었다.

이 책에는 총 7개의 논문이 수록되어 있다. 첫 번째 논문은 정병준 교수의 "인명진 목사의 정치참여와 신학"이다. 이 논문은 1970년 초반부터 2016년 12월 박근혜 대통령 탄핵 후 2017년 인명진 목사가 새누리당의 비상대책위원장을 맡아 보수정당의 재건을 위해 힘쓴 내용과 정치신학을 다루고 있다. 두 번째 논문은 손승호 교수의 "인명진 목사의 인권운동"이다. 이 논문은 인권운동 전문가인 손승호 교수가 1970년대 초반 영등포산업선교회를 시작으로 1980년대 후반까지 인명진 목사의 노동운동과 민주화운동을 인권운동적 관점에서 서술하고 있다. 세 번째 논문은 최상도 교수의 "인명진 목사의 노동운동과 신학"이다. 이 논문은 인명진 목사의 노동운동에 나타난 신학사상을 정리하고 있다. 이 논문은 인명진 목사의 구술녹취록을 중심으로 그의 신학사상을 발췌하고 정리했다는 특징이 있다. 네 번째 논문은 김명배 교수의 "인명진 목사의 갈릴리교회 목회와 신학"이다. 이 논문은 인명진 목사가 1986년 갈릴리교회를 창립하여 2014년 은퇴하기까지의 목회사역을 정리하고 그 가운데 나타난 신학을 정리했다. 다섯 번째 논문은 김광수 박사의 "인명진 목사의 설교에 나타난 신학사상"이다. 이 논문은 김광수 박사가 장신대 목회전문대학원에 제출한 박사학위 논문 가운데 인명진 목사의 설교 부분에 나타난 신학을 정리하여 발표한 논문이다. 여섯 번째 논문은 정남용 교수의 "인명진 목사의 교육사상과 교육"이다. 이 논문은 인명진 목사가 갈릴리교회를 담임하면서 교회에서 행한 교육 프로그램을 교육학적으로 정리한 논문이다. 일곱 번째 논문은 이명석 박사의 "인명진 목사의 에큐메니칼 선교사상"이다. 이 논문은 인명진 목사의 노회와 총회 활동 특히 한국과 독일 그리고 가나(한독가)의 협력사역에 나타난 선교신학을 정리했다. 이상의 7편의 논문들은 인명진 목사의 사역을 대체적으로 시기별로 정리한 것인데 일부는 학술지에 최근 발표되기도 하였다.

그리고 이 책은 특별히 부록에서 인명진 목사 사역에 대한 좌담회를 실었다. 이 좌담회는 2012년 7월 갈릴리교회에서 숭실대학교 김명배 교수의 사회로 이화여자대학교의 장윤재 교수, 서울장신대학교의 정병준 교수가 패널로 참여하여 진행한 것으로 그동안 미간행 상태에 있던 것을 이 책에 실었다. 이 좌담회 기록도 인명진 목사의 목회사역과 활동을 시기별로 비교적 잘 정리해주고 있다. 위의 7편의 논문과 좌담회의 기록들은 인명진 목사의 목회와 신학에 대하여 이 분야를 깊게 연구한 학자들의 글을 모은 것으로 한국교계와 학계에 인명진 목사의 사역을 알리고, 한국교회의 노동운동과 민주화운동의 연구에 많은 기여를 하는 계기가 될 것으로 믿는다.

마지막으로 이 책은 인명진 목사와 독일 팔츠주교회가 후원하는 '인명진 목사의 목회사역 정리 프로젝트'(2015)로 기획되어 출판된 것이다. 특히 이 책은 2020년 영등포산업선교회와 숭실대학교 문화선교연구소가 공동으로 발행한 『영등포산업선교회 자료집』(1~8권)과 더불어 단행본으로 출판이 기획된 책이었다. 그러나 여러 가지 사정으로 책의 출판이 지연되면서 인명진 목사의 희수(喜壽)를 앞두고 책을 완성하게 되었다. 하여 그동안 이 프로젝트를 위해 재정적 지원과 인내를 아끼지 않으신 인명진 목사님께 희수를 축하드리며 이를 기념하는 논문집으로 감사의 마음을 대신하고자 한다. 또한 이 책을 출판할 수 있도록 재정적으로 후원해준 독일 팔츠주교회와 담당자 마리안느 바그너 박사에게도 진심으로 감사를 표한다.

2021년 7월 15일
상도동 연구실에서
김명배

목차

I

인명진 목사의 정치참여와 신학

정병준

*   정병준 박사(서울장신대학교 교수, 역사신학)
     이 글은『韓國教會史學會誌』第57輯(2020), 223 – 259에 게재된 논문이다.

1. 서론

인명진 목사의 정치참여는 한국의 정치와 종교 관계에서 독특한 위치를 갖는다. 그는 1970~1980년대 산업선교와 민주화운동으로 네 차례의 옥고를 치르고 해외로 추방됐던 상징적 인물 중 하나다. 대다수의 진보 기독교 인사들이 1988년 대통령선거 과정에서 김대중을 지지했던 것과는 대조적으로 그는 후보단일화론을 통해 김영삼을 지지했다. 그 결과 김영삼 정권에서 다양한 행정개혁에 참여했고 KBS 이사를 역임했다. 그 후 한나라당과 새누리당이 국민의 비판 대상이 됐을 때, 각각 윤리위원장과 비상대책위원장으로 보수당의 정치에 참여했다. 외견상 일관되지 않은 이력과 활동으로 인해 인명진 목사에 대해 진보, 중도, 보수, 변절 등 다양한 평가가 있다. 그러나 그의 정치참여의 밑바닥에는 그의 단속적(斷續的) 신학 사상이 이어져 있다. 그것은 그의 신학 공부, 산업선교회 활동, 감옥생활, 해외추방과 다양한 혁명운동의 견학, 사회운동의 이념화와 선교 사이의 괴리, 정치인 김영삼과의 관계, 목회, 정치개혁, 시민운동을 통해 오랜 시간 형성되고, 수정되고, 굳어진 원칙들이다.

이 글의 목적은 인명진 목사의 정치참여 활동을 시대적으로 구분해서 분석하고 그 행동의 신학·사상적 기반을 추적하는 것이다. 그리고 정치적 진보와 보수를 넘나들었던 인명진의 정치참여의 특수성이 지닌 의미를 추구한다.

이 글은 2011년 1월 6일과 7일, 그리고 2020년 4월 12일에 이뤄진 세 번의 "인명진 목사의 인터뷰" 자료,[1] 그 이후 2012년 7월 14일과 28

---

1   "인명진 목사 구술녹취전문" 1차(2011.1.6), "인명진 목사 구술녹취전문" 2차(2011.1.7)는 한국학 중앙연구원이 지원한 현대학술 구술사연구 일환으로 한신대학교 학술원 신

일에 이뤄진 "인명진 목사 평가 좌담회",[2] 그리고 2020년 7월 16일 기독
교방송(CBS)이 전태일 분신 50주년을 맞아 행한 "인명진 목사 인터뷰"
자료를 1차 자료로 사용한다.[3] 인명진 목사 평가 좌담회를 제외한 네 번
의 인터뷰 자료와 기독교방송의 인터뷰 자료는 최근에 발행된 『영등포
산업선교회 자료집(Ⅷ)』에 기술됐다. 이 연구는 주로 구술사 연구방법에
의존했고, 구술 연구의 약점인 객관성을 보강하기 위해 언론 보도와 역
사 기록물을 기초로 한 문헌연구를 사용한다. 인명진에 대한 기존의 학
술적 연구는 찾기 어렵다.

2. 사상적 스승들

인명진은 충청남도 당진군 성문면 삼하리에서 부농 가문에서 태어
났다. 그 집은 증조모 때부터 예수를 믿었고 장로교 보수 신앙의 뿌리가
깊었다. 인명진은 고등학교 시절 함석헌을 알게 되어 잠시 무교회주의
에 심취했고, 1965년에 한국신학대학교에 입학했다. 그는 문동환 교수
의 자아확립 강의에 깊은 영향을 받았고 기독교 교육을 통해 교회와 사

학연구소에서 실시했다. "인명진 목사 구술녹취전문" 3차(2020.4.12)는 개인적으로 갈
릴리교회에서 이뤄졌고, 세 차례 면담자는 숭실대학교 김명배 교수다. 김명배 엮음, 『영
등포산업선교회 자료집(Ⅷ)』(인명진 목사 사료편찬위원회, 2020), 287-337, 338-388,
389-413.

2   "인명진 목사 평가 좌담회" 1차(2012.7.14), "인명진 목사 평가 좌담회" 2차(2012.7.28),
갈릴리교회, 참석자: 인명진 목사, 김명배 교수(숭실대), 장윤재 교수(이대), 정병준 교
수(서울장신대), 안기석 종무관(문화체육부), 미간행자료.

3   김명배 엮음, "CBS 인명진 목사 영상 인터뷰"(2020.7.16), 영등포산업선교회 강당, 면
담자: 노희진, 『영등포산업선교회 자료집(Ⅷ)』, 414-434.

회에 이바지하겠다는 꿈을 가졌다. 그 외에도 김재준, 서남동, 김정준, 문익환, 이장식, 안병무, 주재용 교수에게 배웠다. 그는 결혼도 한신대학교 졸업생과 했고 아이들도 한신대학교를 보내겠다고 생각했다. 그러나 그는 예수교장로회의 목사가 되기 위해 1969년에 장로회신학대학교 신학대학원에 진학했다.

> "한신대는 그게 없거든요. 학문은 있는지 모르지마는, 인간, 인간을 배울 수가 없었거든요. 그런데 우리 장신대학교 교수님들은 인간적으로 목회자로서 굉장히 훌륭한 성품, 훌륭한 인격을 갖추신 분들이에요. 나는 그래서 한신에서는 학문을 배웠고 장신에 가서는 사람을 배웠어요. 그래서 나는 장신에 대해서도 굉장히 고맙게 생각하고, 장신대학교에서의 그 삶, 굉장히 소중했고, 또 하나는 보수신학에 대해서 나는 깊이 비판하지 않고 그대로 보수신학을 배우려고 애를 많이 썼어요."[4]

인명진은 장신대학교에서 호주 선교사 존 브라운(John P. Brown, 변조은)에게 예언서를 배웠다. 그리고 모세오경 전승형성사에 깊은 관심을 가졌다. 특히 안식년과 희년 제도를 담은 모세의 계약법이 새 언약공동체를 만드는 기초가 됐다는 이해는 훗날 인명진의 선교신학, 목회와 교회론의 중심 사상이 됐다. 존 브라운은 1960~1972년 마산과 서울에서 사역했는데 1969년부터 장신대학교 전임 교수로 가르쳤다. 그는 호주로 돌아가서 호주 장로교회 "에큐메니칼 선교와 국제관계부"의 총무로 일

---

4 김명배 엮음, "인명진 목사 구술녹취전문" 1차(2011.1.6), 『영등포산업선교회 자료집 (Ⅷ)』, 294.

했고 1977년 호주연합교회(Uniting Church of Australia)의 초기부터 1992년
까지 선교부 총무를 역임하면서 영등포산업선교회를 재정적으로 선교
사 파송으로 지원했으며,[5] 인명진의 정치적 추방 시기에 호주에 정착하
도록 도왔다.

3. 삼선개헌 반대와 노동문제 인식

　　인명진은 1969년 신학대학원 1학년 시절 삼선개헌 반대운동에 참
여했다. 그는 동료들과 함께 삭발하고 시위했으며, 총회 총무 사무실에
들어가 김윤식 목사에게 삼선개헌 반대 서명을 하라고 요구했다. 김윤
식 목사가 그럴 수 없다고 하자 인명진은 "예수가 33살에 죽은 이유를
알겠다. 마흔 살 넘은 목사들은 다 죽어야 한다"라고 독설을 퍼부었다.
훗날 인명진 목사가 40대 중반이 됐을 때, 김윤식 목사는 "인 목사 지금
나이가 몇이신가?", "아니, 그럼 죽어야 했는데, 넘었구만, 하하하" 하고
웃었다고 한다.
　　1970년 11월 13일 전태일의 분신 이후, 인명진은 "노동법을 가르쳐
줄 대학생 친구가 없다"라는 전태일의 일기 내용과 자살을 이유로 장례
를 치러주지 않는 교회의 모습에 충격을 받았다. 그는 청계천 평화시장
에 가서 처참한 노동현장을 목격했다.[6] 1970년 12월에 전국 섬유노동조
합 서울 의류 지부가 결성되자, 정부와 기업은 적극적으로 노동조합(노

5　존 브라운 지음, 정병준 옮김, 『은혜의 증인들: 한호 선교 120주년 기념도서』(한국장로
　교출판사, 2009), 225.

6　김명배 엮음, "CBS 인명진 목사 영상 인터뷰", 『영등포산업선교회 자료집(Ⅷ)』, 416.

조)을 파괴하기 시작했다. 1971년 3월 18일 한영섬유의 노동자 김진수는 회사가 고용한 깡패에 의해 드라이버에 머리가 찔려 사망했다. 회사는 노조 간 싸움으로 몰아서 보상은커녕 장례도 치르지 못했다.[7] 인명진은 광화문에서 김진수의 어머니가 "우리 아들 장례를 치러주십시오"라는 피켓을 들고 시위하는 것을 목격했다. 그 회사의 사장 한익화는 산정현교회 안수집사였다. 그는 장례집행위원장을 맡아서 산업선교 실무자, 기독청년협의회(EYC), 각 대학 기독 학생들과 함께 싸웠고, 결국 회사는 위자료와 병원비를 부담해서 장례를 치르게 됐다. 김진수 사건은 인명진의 신앙과 의식이 노동자의 삶의 문제로 성육신하는 카이로스 경험이었다.

인명진이 산업선교에 투신하게 된 계기는 세 가지였다. 첫째, 1971년 봄 김진수 사망사건, 둘째, 신학생 시절 삼선개헌 반대와 이종성 학장 취임 반대로 인해 기존 교회로부터 청빙을 받기 어려운 조건, 셋째, 존 브라운 선교사가 그에게 졸업 후 산업선교 활동을 하라고 권한 것이다.

인명진은 1972년에 신학교를 졸업하고 노동현장에 들어가서 1년 동안 노동했고 그해 10월에 목사 안수를 받았다. 그리고 1973년부터 영등포산업선교회에서 사역을 시작했다.

> "나는 공장에 가서 1년 사는 동안에 신학을 다시 했어요. 성경을 다른 눈으로 읽게 됐어요. 예수님이 하늘 보좌를 버리고 사람의 모습이 됐다는 게, 나는 성육신 인카네이션이라는 게 신학의 이론과 교류로 알고 있었지만, 내가 가서 노동자가 돼서 일을 해보니까 이

---

7   한국기독교교회협의회, 『1970년대 노동현장과 증언: 한국교회산업선교 25주년기념대회』(도서출판 풀빛, 1984), 89-93.

게 뭐냐 말이야, 응? 그동안에 각 교회에서 전도사지만 전도사님 할
머니와 할아버지도 다 존대하던 존대를 받고, 가니까 인씨부터 시작
해서 인씨, 인씨, 난 나 부르는지도 몰랐어. … 그 조그만 기득권 있
는 그것을 버리고 노동자가 된다는 것, 이게 얼마나 어렵고 이게 힘
든 일인데, 그런데 뭐 하나님이 사람이 됐다, 하늘 보좌를 버리고 사
람이 됐다, 얼마나 이게 우리에게 큰 은혜인가. … 동물들이라는 게
냄새로 다 피아를 구분하잖아, 냄새로, 노동자들도요. 노동자들도
냄새로써, 느낌으로, 적과 동지를, 자기 편인지 아닌지를 구분해요.
… 선교라는 것은 그들의 삶을 함께 사는 거다. 삶을 나누는 거다."[8]

4. 긴급조치 1호 위반사건(1차 구속)

1972년 7·4 남북공동성명이 발표된 직후, 북한은 사회주의 헌법
을 선포해서 주체사상을 강화했고, 박정희 정권은 계엄령 아래서 유신
개헌을 해서 통일주체국민회의에서 대통령으로 당선됐다. 1973년에 장
준하, 함석헌, 계훈제, 백기완, 진보적 개신교 목사들은 '개헌청원 100만
인 서명운동'을 전개했고, 박정희 정권은 서명운동을 막기 위해 1974년
1월 8일 긴급조치 1호를 선포했다. 긴급조치 1호는 유신헌법을 부정·
반대·왜곡·비방하는 행위를 금지하고, 또한 개정 혹은 폐지를 주장하
거나 청원하는 행위도 금지했다. 이 조치를 위반하면 영장 없이 체포·
구속하고 15년 이하의 징역에 처하도록 했다.

8 　김명배 엮음, "인명진 목사 구술녹취전문" 1차(2011.1.6), 『영등포산업선교회 자료집
(Ⅷ)』, 309-310.

긴급조치에 최초로 저항한 사람들은 민중 선교를 하던 젊은 개신교 성직자들이었다. 1월 15일에 개헌 서명운동으로 장준하와 백기완이 구속된 후, 1월 17일에 인명진 목사, 김진홍 전도사, 이해학 전도사, 이규상 전도사, 박윤수 전도사, 김경락 목사 등 6명은 유신헌법과 긴급조치 철폐를 주장하는 문서에 서명했고, 종로5가 기독교회관 7층 한국기독교교회협의회(NCCK) 총무실에서 성명서를 낭독한 후 성명서를 배포했다. 서명자 전원은 긴급조치 위반으로 10~20년의 중형을 선고받았고, 1년 2개월 징역을 살고 석방됐다.

인명진은 영하 17~18도의 중앙정보부 지하실에서 조사를 받고 서울구치소에 수감됐다. 감옥생활은 그의 신학과 영성, 정치의식 발전에 중요한 영향을 미쳤다. 그는 독방생활의 외로움으로 인해 잡범들과 생활하겠다고 요구했고, 그것이 너무 힘들어서 자신의 한계를 경험했다. 고향의 친지들조차 발길을 끊는 것을 보고 인간에 대해 깊이 이해했다. 감옥에서 동료가 수감될 때 기뻤고, 누군가 출옥할 때 화가 났으며, 동료 김진홍은 두꺼운 솜옷을 입고 있는데 자신은 솜옷이 없어서 부러워했던 자신의 모습을 통해 인간의 솔직한 연약함을 배웠다. 한편, 여성 노동자들이 매일 아침 일찍 찾아와 영치금 천원도 넣어주고 우유 하나 빵 하나를 넣어주어 사람들이 부러워했다. 그는 감방 소지들이 병 걸린 더러운 손으로 음식을 나눠줄 때 처음에는 먹지 못했지만, 나중에는 없어서 못 먹게 됐다.

인명진이 감옥에서 겪은 많은 경험은 훗날 김영삼 정권의 행정쇄신위원회 위원으로서 많은 개혁안을 내놓는 근거가 됐다. 그는 감옥에서 억울한 사람이 사형당하는 것을 보고 사형제도에 대해 적극적으로 반대하게 됐다. 인명진은 감옥에서 영성을 훈련했다. 자기의 기도와 영성이 부족했기 때문에 하나님께서 감옥에서 성경을 읽고 묵상하고 기도할 기회를 주셨다고 해석했다. 그가 영등포산업선교회를 이끌고 갈 수 있었던 원동력은 감옥의 신앙훈련이었다.

5. 미가서 설교(2차 구속)

인명진 목사가 구속됐던 1974년에 유신반대운동이 거셌다. 4월 3일 학생시위 현장에서 '민주청년학생총동맹'(민청학련) 명의로 유인물이 배포됐고, 유신 정권은 그날 밤 긴급조치 4호를 발동해서 민청학련과 관계된 모든 활동을 불법화했다. 정권은 1975년 2월 15일에 긴급조치 1, 4호 위반자 148명을 형집행정지로 석방했다. 인명진도 이때 석방됐다. 그러나 박 정권은 곧 긴급조치 7호를 발령하고 4월 8일에 인혁당 관련자 8명을 사형시켰고, 나아가서 5월 13일에 긴급조치 9호를 발령했다.

인명진 목사는 석방된 이후, 산업선교에서 소그룹 활동에 매진했다. 당시 기독교장로회와 감리교회의 사회선교운동은 알린스키(Saul D. Alinsky, 1909-1972)의 지역사회 조직이론에 기초해 있었다. 인명진은 알린스키 이론이 민중들의 자기 이익에 기초한 운동인데, 한국의 상황은 탄압이 심하고 집단주의, 혈연중심사회라서 이것이 부적합하다고 봤다. 그 대신 7~9명의 노동자가 함께 먹고, 함께 일하고, 함께 생활하는 소그룹 조직운동을 시도했는데, 그 아이디어는 본회퍼(Dietrich Bonhöfer, 1906-1945)의 성육신 신학에서, 그 모델은 순복음교회 조용기 목사의 구역제도에서 가져와 노동현장에 적용했다. 소그룹 조직은 횡적으로 공개되지 않아서 노동현장에서 탄압을 피해 생존할 수 있었다. 영등포산업선교회는 1975~1977년 사이에 노동자들 사이에서 영향력이 가장 큰 세력이 됐고, 정치적으로 민주화운동에 상당한 영향력을 행사했다.[9]

당시 정부는 제3차 경제개발 5개년 계획(1972~1976)을 세우고 중화학공업 육성정책을 추진했다. 정부는 산업선교회가 국가 정책과 기업에 방해라고 보고 다각적으로 탄압했다. 첫째, 산업선교회를 공산주의 활동과 연계하는 내용의 출판물을 배포했다. 한국종교문제연구회라는 위장단체는 1976년에 '기독교인을 위장한 공산주의를 경계하자'라는 부제를 붙여서 『한국기독교와 공산주의』를 출판했다. 당시 서울 시경 제2부국장, 예장 교회의 장로인 김재국이 『한국기독교의 이해』를 출판했다. 1977년 홍지영(가명)의 『정치 신학의 논리와 생태』,『노동운동의 사상적 기초』,『산업선교는 무엇을 노리나』는 산업선교회를 해방신학과 연결해서 비판했다. 『이것이 산업선교다』는 산업선교를 WCC와 연결해 용공이라고 비난했다.[10]

둘째, 인명진 목사를 구속해서 산업선교회를 와해시키려 했다. 청주 도시산업선교회의 정진동 목사는 1978년 4월 농민들의 억울한 문제를 해결하기 위해 단식하던 중, 4월 17일 기도회의 설교를 인명진 목사에게 부탁했다. 인명진은 미가서의 성경 구절을 읽고 설교했다.

"내가 감옥에 가보았더니 감옥의 죄인들이 낙서해 놓은 말 중에 '유전무죄 무전유죄'라는 말이 있더라. 나는 그것을 감옥에서뿐만 아

---

9   김명배 엮음, "인명진 목사 구술녹취전문" 2차(2011.1.7), 『영등포산업선교회 자료집 (Ⅷ)』, 354.

10   한국종교문제연구회 회장 홍지영은 가명이다. 그는 또한 내외정책연구소 연구위원 홍성문, 잡지 「현대사조」의 주간 홍성철 등의 이름을 사용했다.

니라 밖에 나와서도 그 말이 무슨 뜻인 줄을 실감하게 됐다. … 내가 감옥에 다니면서 보니까 못 한 근을 훔쳐다가 팔아먹은 사람이 몇 년씩 징역을 사는 경우를 보았는데 참 이상한 것은 기업주들이 몇억 씩 떼어먹는데도 이것을 잡아가지 않더라. 말하자면 남의 품값을 주지 않고 퇴직금을 주어야 할 것을 주지 않고 잔업수당 줄 것을 주지 않는 것이 도둑질 아니냐?"[11]

당국은 이 설교내용을 긴급조치 9호 위반으로 문제 삼아 1978년 5월 1일에 인명진을 구속했다. 공소장은 미가서의 성경 구절을 문제 삼았다.

"망할 것들, 권력이나 쥐었다고 자리에 들면 못된 일만 하였다가 아침이 밝기가 무섭게 해치우고 마는 이 악당들아."(미가 2:1)

"관리들은 값나가는 것이 아니면 받지도 않으며 재판관은 뇌물을 주어야 재판을 하고 집권자들은 멋대로 옥살이 근거를 내리는구나."(미가 7:3)

당시 인명진을 조사한 부장검사는 이진우였다.[12] 그는 인 목사가 미가서를 공동번역으로 읽은 것을 알지 못했고 성경 구절을 기소했다. 인

---

11   한국기독교교회협의회, 앞의 책, 456-457.

12   이진우(1934-2010)는 1980년 국보위 입법위원, 11대 13대 민주정의당 국회의원을 지내며 조찬기도회 회장을 맡고 소망교회 장로가 됐다. 소망교회는 1977년에 창립됐기 때문에 이 사건 당시 이진우 검사는 소망교회 장로가 아니었다.

명진은 검사 앞에서 가만히 있다가 공소장이 온 다음에 기소된 내용이 공동번역 성경에 있다는 사실을 알렸다. 변호사들은 "검사가 성경 구절을 고발했다. 하나님의 말씀이 재판을 받게 됐다"라고 알렸다. 한국교회는 보수 진보를 떠나 성경 구절을 재판한다는 사실에 분노했고, 이진우 검사는 공소장을 변경해 '유전무죄 무전유죄' 건을 기소했다. 이진우 검사는 인명진 목사를 단독 포승을 하고, 개처럼 밥을 먹게 했고, 모멸감과 치욕을 줬다. 인명진에게 5년이 구형됐고, 고영구 재판장은 1년을 선고했다. 인 목사는 훗날 그 상황에서 고영구 판사는 훌륭한 법조인이었다고 평가했다.[13]

인명진의 구속은 산업선교에 전화위복이 됐다. 진로 소주 근로자들이 인 목사의 구속에 대한 항의로 술병에 이물질을 넣는 태업을 감행했고 정부는 사건 확대를 막기 위해 수사를 종결했다. 또한, 성경 구절을 기소했다는 소식은 국내외 여론과 관심을 증폭시켰다. 예장 통합교단의 목사 150여 명은 예장 산업선교회 수호위원회(위원장 차관영 목사)를 결성해 기도회와 세미나를 개최했고 산업선교 말살정책에 적극적으로 대처했다. 정부는 타협안으로 영등포산업선교회의 회관 건축을 허가했고, 인명진 목사를 12월 1일에 조기 석방했다.

셋째, 정부는 세무서를 동원해 과거 10년간, 혹은 20년간 기록된 영등포산업선교회의 회계 장부를 조사했다. 그러나 혐의를 찾을 수 없어서, 갑근세를 내지 않았다는 이유로 조지송 목사를 기소하고, 신용조합

---

13 고영구는 11대 국회의원을 역임했고, 인권변호사로 활동하며 부천경찰서 성고문 사건, 박종철 고문치사 사건을 담당했다. 1987년 김대중, 김영삼 후보 단일화를 촉구하는 부분에서 인명진과 길을 함께했다. 노무현 정권하에서 국가정보원장(2003~2005)을 역임했다.

을 취소했으며, 1978년 6월 27일에 호주선교사 스테판 라벤더(Stephen Lavender)를 추방했다. 호주선교회가 영등포산업선교회를 지원한 것은 존 브라운 목사와 인명진 목사 사이의 관계가 주요했다. 스테판 라벤더는 평신도 호주선교사로서 산업선교회의 활동을 국제사회에 알리는 연결고리 역할을 했고, 정보부 요원들도 그의 서랍을 함부로 뒤지지 못해서 정부의 산업선교 박해에서 어느 정도 방패막이 역할을 했다. 라벤더의 강제 출국으로 호주사회는 한국의 정치 상황을 더 심각하게 받아들였다.[14]

1970년대 산업선교회 없는 노동운동은 생각할 수 없다. 1970년대 한국교회의 다수는 사회정의, 민주화와 약자들의 인권에 대해 무관심했고, 교회 성장 논리에 함몰되어 불의에 침묵했다. 잘못에는 대속자가 필요하다. 예수께서 모든 사람의 죄를 지고 대속적 죽임을 당함으로 용서가 가능해진 것처럼, 산업선교회는 1970년대 한국교회의 많은 과오에 대해 대속적 고난을 감당함으로 그나마 한국교회를 향한 비난을 피할 수 있게 했다.

6. YH사건(3차 구속)

1979년 8월 'YH사건'은 박정희 정권의 붕괴로 이어지는 역사적으로 중요한 사건이다. YH무역은 장용호가 세운 가발 회사였다. 장용호는 미국으로 재산을 빼돌렸고, 노동자들은 저임금과 불법 해고에 시달리다가 1975년 5월 24일에 노동조합을 결성했다. 회사는 1979년 3월 폐업을

---

14 존 브라운, 앞의 책, 247-249.

공고했고, 노동조합의 회생 노력에도 불구하고 8월 6일에 폐업했다.

당시 영등포산업선교회는 '영등포 지역을 넘어서지 않는다'라는 원칙이 있었고 면목동에 있는 YH무역과는 직접적인 관계가 없었다. 당시 개신교와 가톨릭의 사회선교협의체였던 한국교회 사회선교협의회 (1976~1989) 사무실이 영등포산업선교회 안에 있었고, 서경석이 총무를 맡고 있었다. YH노조 지부장 최순영(여 25세)의 남편 황주석은 서경석과 함께 기독청년학생 운동을 했던 사이였다. 이런 관계로 인명진 목사는 YH 농성 현장을 방문해서 격려 발언을 했고, 강제 해산의 위기에 대처하는 해결책을 조언했다. 8월 8일 저녁에 인명진은 "YH 노동자들을 신민당사로 보내 농성을 하게 하자. 그리고 YS(김영삼)가 어떻게 나오는지 살펴보자"라는 의견을 제시했다. 인명진의 이러한 기지는 1972년의 한국모방(원풍모방의 전신) 사건의 경험에서 비롯됐다. 남북적십자 회담이 개최될 때 한국모방 노동자들은 방문단의 동선인 명동성당에서 농성했는데, 정부는 노동문제를 시급히 해결한 적이 있었다.

당시 김영삼 총재는 1979년 5월 30일 신민당 전당대회에서 타협노선을 택한 이철승을 꺾고 당권을 장악했으며 강력한 유신반대 투쟁노선을 택하고 있었다. 그는 매일 신문 기사가 될 사건을 찾고 있었다. 인명진 목사는 신민당 사무총장 박한상에게 그 아이디어를 제공했고 김영삼은 YH 여공을 당사로 받아들였다. 인명진의 신민당사 농성 제안이 한국 정치사에 격변을 가져오는 거대한 사건이 될 줄은 누구도 예측하지 못했다.

8월 9일 새벽 YH 노동자 172명은 마포의 신민당사로 들어갔다. 서경석 총무, 고은 시인, 이문영 교수, 문동환 목사(사회선교협의회 부위원장)는 상도동의 김영삼 총재를 방문했고, 이 자리에서 김영삼 총재는 노동자들을 보호하겠다고 약속했다. 인명진 목사는 박한상을 만나 노동자를 보살펴달라고 당부했다. 8월 11일 새벽 1시 58분 서울 시경 소속 1천여 명의 경찰은 신민당사를 기습해서 23분 만에 노동자들을 강제 해산시켰다. 이 과정에서 노동자 김경숙(21세)이 경찰 폭력으로 사망했으나 추락사로 조작 발표됐다. 8월 17일 서울 시경은 "YH노조 간부들은 무산계급이 지배하는 사회체제를 건설하는 것이 기독교 사명이라 표방하는 … 목사의 조종을 받아 사회 혼란 조성, 국가사회의 변혁을 획책"했다고 수사결과를 발표했다.

정부는 YH사건에 대한 책임을 도시산업선교회로 덮어씌웠다. 이때 국회의장 박준규는 "도산(都産)이 들어가면 누구나 이긴다"라는 말을 처음 사용했다. 인명진은 배후조종자인 주범으로 지목됐고 문동환, 서경석, 이문영, 고은 그리고 최순영을 비롯한 노조 간부 3명이 국가보위에 관한 특별조치법 위반 혐의로 구속됐다. 인명진은 긴급조치 1호, 긴급조치 9호에 이어 세 번째 구속됐다.

김영삼 총재는 국회의원직을 제명당했고 당 총재직도 상실했다. 이로 인해 부마항쟁이 일어났고, 유신정권 내부에서 강경파와 온건파가 대립하면서 김재규 중앙정보부장이 차지철 청와대 경호실장과 박정희 대통령을 살해하는 '10·26 사태'가 일어났다. YH사건은 노동운동이 정치사를 바꾼 사건으로 유신의 몰락을 가져왔다. 그 배후에는 교회의 사회선교운동이 있었다. 아이디어를 제공한 인명진은 뜻하지 않게, 우연 같은 필연에 의해 YH사건의 중심에 서게 됐다. 그래서 그는 YH사건을 "야훼사건"이라고 고백한다. YH사건에서 인명진과 김영삼의 만남은 향후 인명진의 정치참여에서 중요한 변곡점이 됐다.

7. 김대중 내란예비음모 사건(4차 구속)

10·26 사태로 박정희 대통령이 죽고 최규하 총리가 대통령 권한 대행이 됐다. 비상계엄 시기인 11월 24일 재야와 야당의 민주인사들 500여 명이 결혼식을 위장하여 명동 YWCA 강당에 모였고 유신철폐와 계엄령 해제를 요구하며 시위를 벌였다. 윤보선, 함석헌 등 96명이 계엄 포고령 위반으로 당국에 체포되어 한 달 동안 모진 고초를 치렀다. 일설에 의하면 "YWCA 위장결혼식 사건"은 신군부에 의한 음모였다는 주장이 있다. 한 육군 소장이 윤보선 전 대통령을 찾아가서 민주화 세력이 대규모 집회를 하면 통일주체국민회의가 대통령 간선제를 재검토할 것이고 군은 집회를 묵인하고 민주화를 돕겠다는 요지의 말로 속임수를 써서 민주화 세력을 일망타진하려는 계획이 있었다고 한다. 인명진 목사는 감옥에 있었던 관계로 위장결혼식 사건에 관련되지 않았다. 그는 초조한 날을 보내다가 12월 10일에 보석으로 석방됐다.

정치적 격변기에 재야 민주화 세력은 군부의 실체를 잘 몰랐고, 김대중, 김영삼, 김종필은 경쟁했다. 그 와중에 전두환 신군부는 권력을 장악하고 1980년 5월 17일 전국에 비상계엄을 확대하면서 정치인과 재야 인사 37명을 체포하고 두 달 동안 고문하여 '김대중 내란예비음모 사건'을 조작했다. 인명진은 내란 노동총책으로 지목되어 1980년 5월 16일에 체포됐고, 김대중, 문익환, 이문영, 김동길, 이영희, 인명진의 순서로 요주의 리스트에 올랐다.

당시 인명진 목사는 어용 한국노동조합총연맹을 타파하고 민주노동조합총연맹을 세우는 것을 최대 과제로 생각하고 있었다. 그는 김대중 캠프와 접촉하지 않았고, 노동자들이 정치집회에 동원되는 것도 반대했다. 그러나 인명진은 중앙정보부에 연행되어 김대중 내란에 노동자 봉기를 계획했고, 북한에 다녀온 것을 실토하라고 40일간 고문을 받았다. 고문은 3인 1조로 8시간씩 3교대로 진행됐고, 해체 위기에 직면한 중앙정보부 요원들은 실적을 올리기 위해 가혹하게 고문했다. 그는 간첩으로 몰릴 수 있다는 생각에 끝까지 혐의를 부인했고, '김대중 내란예비음모 사건'에서 빠져나왔으나 포고령 위반으로 서울구치소에 수감됐다. 7월 31일 군 검찰은 김대중, 문익환, 이문영, 예춘호, 이신범 등 24명을 기소하여 군사재판에 회부했다.

예장 통합교단과 호주연합교회는 인명진 목사의 석방을 위해 다각도로 당국과 협의했다. 그 결과 인명진은 호주로 출국하는 조건으로 1980년 9월 구속집행정지로 풀려났고, 이듬해 1월 추방됐다. 전두환은 1월 24일 비상계엄을 해제하고, 2월에 대통령에 취임할 계획이 있었기 때문에 출국 서류에 사인했다. 법무부 출국 금지조치로 출국할 수 없자, 중앙정보부 요원들은 비행기의 출발 시각을 연기하고 요원 통로를 통해 인명진을 비행기에 태웠다.

8. 인간의 변화: 계약공동체 신학

인명진 목사는 호주에서 민주화에 실패한 한국사회가 어떤 사회를 지향해야 하는지를 고민했다. 그는 호주연합교회의 도움을 받아 뉴하우스대학교에서 영어를 공부했고, 혁명에 성공한 나라, 실패한 나라, 진행 중인 여러 나라를 방문했다. 필리핀의 마르코스 정권과 싸우는 게릴라 뉴피블스아미(New People's Army) 캠프, 인도의 공동체 운동 단체, 소모사 정권을 무너뜨린 니카라과의 산디니스타(Sandinista) 혁명 정권의 주요 인물을 만났다. 그리고 인도의 저명한 신학자 토마스(M. M. Thomas)를 만났다. 또한, 스웨덴, 덴마크, 독일을 방문해서 유럽의 사회주의 정당을 견학했다. 그리고 미국에서 노동운동과 농민운동 단체들도 방문하고 견학했다. 아시아기독교협의회(CCA), 독일교회, 미국교회협의회가 경비를 지원했다.

인명진 목사는 1년의 해외 생활에서 많은 것을 생각했다. 특히 인도에서 토마스와의 대화는 그에게 큰 의미가 있었다. 그는 군부독재만 무너뜨리면 노동자들이 평등하게 사는 세상이 올 것으로 생각했던 것과 자신이 겪은 좌절을 말했다. 토마스는 "절대로 그런 세상은 오지 않는다. 그런 대안(Alternative)은 없다. 네가 해왔던, 네가 이뤘던 그 커뮤니티, 소그룹, 영등포산업선교회, 그게 이 사회에서의 대안이다"라고 말했다. 인명진은 정부, 가족, 총회가 모두 반대했지만, 공동체적 대안에 대한 비전을 갖고 1982년 2월에 귀국했다.

"예수가 도대체 왜 로마 정권을 … 쓰러트려서, 왜 정치적인 혁명을 하지 않았는가. 난 이 해답을 세계를 돌아다니면서 얻었어요. … 그건, 그것을 가지고는 안 된다는 말이야. 내가 이 얘기를 한국에 돌아와서 하고 싶었어요. 내가 이것을 몸으로 실천하고 싶었어요. 결국은 우리가 이 세상에서 할 수 있는 일이라는 것은 그런 공동체, … 정치 권력에 의한 것이 아니라 삶으로 엮여있는, 어떤 정신적 가치로 엮여있는 삶의 공동체가 이 세상에서 이룰 수 있는 우리의 대안이다. 예수가 이 운동을 한 거다. … 내가 이 생각 때문에 귀국했어요."[15]

그러나 광주항쟁의 좌절 이후 국내 사회운동은 과격하게 이념화돼 있었다. 사회운동 세력은 민족해방(NL)계와 민중민주(PD)계로 갈라져 사상투쟁을 했고, NL 계열 안에서도 주체사상파와 반주사파가 나뉘어 있었다. 노동운동은 산업선교회를 낭만주의로 비판했다.

1982년 3월 한국 컨트롤 데이터 사태와 미문화원 방화사건 이후, 당국과 언론은 "도산(都産)은 도산(倒産)을 부른다"라는 말을 유포시키며 산업선교회를 탄압했다. 1982년 9월 27일 원풍모방 노조탄압사건은 일반 노동운동과 산업선교회가 분열되는 계기가 됐는데, 그 과정에는 산업선교의 정체성에 대한 인명진 목사의 고뇌가 담겨있었다. 원풍모방 노조는 회사의 노조 파괴 정책에 항의하며 농성에 돌입했고, 이들은 경찰과 구사대의 폭력에 짓밟히고 560명이 해고당했다. 원풍모방 해고 노동자 100~200여 명은 영등포산업선교회(이하 산선)에 상주하면서 그곳을 근거지로 삼았다. 산선은 그들의 숙식을 제공했고 한국기독교청년회(EYC)와 예장 청년회전국연합회(장청)는 원풍 사건을 전국 교회와 세계교회로 홍보하는 데 적극적으로 이바지했다. 당시 예장 총회 안의 보수 인사들은 산업선교회에 대한 지원을 끊고 언론과 교권을 동원해 산업선교회를 공격했다.[16] 1983년 총회에서 산업선교를 산업전도로 바꾸고 영등포산업선교위원회를 해체하려는 공작이 있었다.[17]

결과적으로 원풍노조 해고 노동자들은 산업선교회를 떠났다. 인명

15 김명배 엮음, "인명진 목사 구술녹취전문" 2차(2011.1.7), 『영등포산업선교회 자료집(Ⅷ)』, 382-383.

16 영등포산업선교회 40년사 기획위원회, 『영등포산업선교회 40년사』(영등포산업선교회, 1998), 216-217.

17 정병준, "총회도시산업선교50년사(1957~2007)," 『총회도시산업선교 50주년 기념도서』(대한예수교장로회총회국내선교부, 2007), 58.

진 목사는 원풍노조 측이 산선을 방패막이로 사용하지 말고 독립적인 활동을 하기를 원했다. 원풍노조 지도부는 인 목사가 정치적으로 겁을 먹고 원풍 노동자들을 산선에서 내보냈다고 주장했다. 노동자 일부는 노동자를 팔아서 받은 외국의 원조를 자신들을 위해 사용하지 않는다고 불만을 품기도 했다. 1984년 원풍모방 노조를 중심으로 20여 개 노조가 모여 한국노동자협회를 만들었다. 그들은 산선에 속한 10개 민주노조 활동가들에게 산선을 나오라는 압력과 회유를 가했다. 노동운동과 산업 선교회가 분화되는 기점이었다.

인명진 목사는 교회가 신앙적 정체성을 포기한 채 노동운동과 혁명 운동 일부가 되기를 원치 않았다. 노동자 문제도 인간의 문제이기에 제 도만으로는 해결되지 않으며 복음에 근거해야 한다고 확신했다. 인명진 의 관심은 인간의 변화였다.[18] 그래서 1983년 1월 산업선교회 건물 안에 성문밖교회를 설립했다. 또한, 그는 원풍모방과 산업선교의 관계에 대 한 세간의 평가를 선교적으로 재평가하기를 희망했다.

> "원풍모방 사건에 대해 여러 사람이 책을 냈는데 상당 부분 사실과 다른 면이 있다. 조지송 목사님이 평전을 내셨는데 많은 부분 사실 과 다른 부분이 있지만 조 목사님이 생존해 계셔서 무슨 말을 할 수 없었다. 그리고 노동자를 위해 살아왔던 사람이 노동자들과 싸움을 하고 공방하는 것이 마땅치 않아 아무 말도 하지 않았다. 그런데 최 근에 이러한 일들이 역사적으로 굳어지는 것을 보고 이것을 내 기억

---

18 성문밖 30주년 역사자료 편찬위원회, 『그 길의 사람들, 성문밖교회 30년사』(2007), 84; 안하원, "한국 민중교회와 인명진", 『인명진을 말한다: 영등포산업선교 60주년 기념도 서』(동연, 2016), 306.

에서 사라지기 전에 사실대로 밝힐 필요가 있다는 생각을 하게 됐다. 영등포산업선교회의 역사를 객관적으로 신학적으로 정리해야한다. 이런 것을 자료로 해서 앞으로 한국교회의 역사를 쓰는 사람들이 참고해야 한다고 생각한다. 얼마 전에 한국교회의 역사를 쓰면서 나를 학생운동, 해방신학과 연관해서 쓴 것을 보았다. 내가 살아 있으니까 이것이 아니라는 것을 알지만 많은 사람이 잘못 알게 될 것이다. 개인적으로 생각으로 말하는 것은 어쩔 수 없지만 잘못된 사실에 대해서는 학자들이 바로잡아 주기를 바란다."[19]

학생운동과 노동운동은 산업선교회를 종교적 낭만주의로 비난했고, 노동자들을 산업선교회로부터 빼내어 갔다. 인명진 목사는 그러한 이념적인 변화를 감당하는 데 한계를 느꼈고, 오랜 수감생활로 가족의 건강도 좋지 않았다. 인명진 목사는 1984년 다시 출국해서 2년 동안 호주에서 공부했고, 1986년 미국 샌프란시스코 신학교에서 산업선교 역사를 정리해서 목회학 박사학위를 취득한 후 귀국했다.

9. 민주헌법쟁취 국민운동본부 대변인

인명진 목사는 귀국 후 6월 1일에 구로동에 갈릴리교회를 개척했다. 그는 예수의 삶을 따르는 계약공동체 형태의 교회를 세우려는 비전을 갖고 있었다. 다른 한편 10월 17일에 결성된 '고문 및 용공 조작 저지

---

19 "1차 인명진 목사 평가 좌담회"(2012.7.14), 장소: 갈릴리교회.

공동대책위원회'에 개신교 대표로 참석했다. 이 '고문공대위'는 동교동, 상도동, 민통련, 천주교, 불교 및 재야에서 대표를 파송해 만든 조직으로 정권의 폭력성을 폭로하고 인권수호를 위해 투쟁했는데, 그 경험이 1987년 5월 '민주헌법쟁취국민운동본부'를 결성하는 토대가 됐다.

1987년 1월 15일 박종철 고문치사 사건은 민주화 세력을 하나로 묶는 기폭제가 됐다. 김대중과 김영삼은 집권당과 함께 보수 대연합 내각제를 추진하던 신민당의 이민우 총재와 결별하고 통일민주당을 창당했다. 그 후 전두환 정권은 4·13 호헌조치를 단행했다. 범국민적 반대 여론이 조성됐다.

민주화 세력은 단일전선을 만들어야 할 필요성을 절감했으나 정치권과 운동권은 심각하게 분열됐고, 기독교 운동은 양측에서 무시당하고 있었다. 모든 세력이 동의할 수 있는 가장 낮은 수준의 목표를 찾게 됐고 그것은 '대통령 직선제'였다. 그래서 5월 27일 민주헌법쟁취국민운동본부가 설립됐고 '6·10 호헌철폐 및 고문치사규탄 범국민대회'를 준비했다. 6·10 대회는 전국 22개 지역에서 약 40만 명이 동시다발로 참가했고 약 20여 일에 걸친 전국적 항쟁으로 전개됐다. 국민운동본부의 집행위원장은 오충일 목사가, 대변인은 인명진 목사가 맡았다. 이 역사적인 전국적 대회는 국민운동본부가 조직된 후 불과 13일 만에 치러졌다. 전국적으로 한국기독교교회협의회(NCCK)의 지방조직과 실무자가 있었기 때문에 그것이 가능했다. 마치 3·1운동 때 교회가 만세운동의 거점이 된 것처럼 6·10 항쟁의 중심에도 교회가 있었다.

6월 10일 장충체육관에서 노태우가 민정당 대통령 후보로 추대됐다. 6·10 항쟁 당시 국민운동본부 대변인 인명진 목사는 국민운동본부를 대표하는 인물로 부상했다. 정부는 박형규 목사를 비롯한 핵심간부

13명을 포함해 전국에서 220명을 구속했다. 하지만 인명진은 비폭력을 주장했고, 외신기자들의 초점이 돼 있었고, 통제불능 상황을 우려해 당국은 그를 구속하지 않은 것으로 보인다.

6·10 항쟁이 진행되는 동안 김대중과 김영삼의 입장은 상당히 달랐다. 김대중은 인 목사에게 전화를 걸어서 "명동성당에서 빨리 철수해야 한다. 폭력을 행사하면 안 된다"라고 말하는 등 소극적 입장이었다. 반면 김영삼은 "계속 밀어붙여야 한다. 미국이 군부의 쿠데타를 용납하지 않을 것이다"라고 적극적인 투쟁의 태도를 보였다. 이것이 YH사건 이후 인명진과 김영삼을 가깝게 만들어준 또 하나의 계기가 됐다.

"그전까지 김영삼 씨에 대해 좋은 생각이 없었지만 6월 항쟁을 겪으면서 김영삼 씨가 대처하는 모습을 보고 마음이 돌아섰습니다. 지도부는 감옥에 들어가고 다른 사람들은 잠적하고, 사무실에 혼자 남아 있기 때문에 회의를 할 수가 없어서 제가 이야기하는 것이 국민운동본부의 공식 입장이었습니다. … 6월 항쟁은 김영삼 씨가 진두지휘했다고 할 수 있습니다. 김대중 씨는 이번에 내란으로 몰리면 죽는다고 생각하고 몸을 사린 것으로 생각합니다. 김영삼 씨는 강경파였고 김대중 씨는 신중론이었습니다. 아무튼, 그렇게 6월 항쟁이 끝나고 저는 단일화를 지지하게 됐습니다. 그리고 6월 항쟁은 모두 개신교의 돈으로 이뤄졌습니다. … 그때 협상을 하러 갔는데 민주당 전당대회에서 투표로 후보를 정하기로 했습니다. 현재 상태로 하면 총재였기 때문에 김영삼 씨가 유리했습니다. 그런데 수유리에서 재야인사들이 비판적 지지를 한다고 나서게 된 것입니다. … 국민운동본부에서는 실행위원이 33명인데 3명만 남고 다 김대중 씨 쪽으로 갔습니다."[20]

인명진 목사는 국민운동본부가 혁명의 주체였는데 '6 · 29 선언' 이후 그 주도권을 정치인들에게 넘겨준 것을 안타깝게 여겼다. 김대중 캠프는 국민운동본부 실행위원들과 NCCK 주요 인사들을 빠르게 자기편으로 만들었다. 김대중 캠프로 간 인사들도 김영삼보다는 고난을 함께 경험한 김대중을 선호했다.

단일화 논의 과정에서 인명진은 김영삼 캠프의 견해를 듣고 양쪽을 중재하는 역할을 했다. 민주당의 대통령 후보를 단일화하는 과정에서 김영삼은 합의 추대를, 김대중은 선거를 통한 결정을 원했다. 10년을 기준으로 대통령을 먼저 하는 사람과 나중에 하는 사람이 당권을 3대 7로 갖는다는 논의도 있었다. 그 와중에 동교동계는 재야의 김대중 비판적 지지 선언을 근거로 10월 29일에 평화민주당을 창당했다. 조영래, 이재호, 인명진 등 소수가 후보단일화 지지자로 남았다. 인명진 목사는 당시 자기도 모르는 사이에 김영삼 측이 됐다고 말한다. 그러나 인명진 목사는 김대중은 군부의 거부감 때문에 집권이 어려웠고, 김영삼이 집권해 하나회를 제거하는 등 개혁조치를 한 결과로 김대중이 대통령이 될 수 있었다고 주장하면서 당시 자기 판단이 옳았다고 확신한다.

1987년 12월 제13대 대통령선거에서 김영삼과 김대중은 분열의 결과로 처절한 패배를 당했다. 1988년 4월의 총선을 앞두고 양 김 씨는 국민운동본부 출신의 오충일 목사, 인명진 목사, 김동완 목사를 불러서 국회의원 자리를 제안했으나 모두 그 제안을 받아들이지 않았다.

---

20 "2차 인명진 목사 평가 좌담회"(2012.7.28), 장소: 갈릴리교회

10. 3당 합당과 김영삼 정부

　　1988년 4월 제13대 국회의원 선거에서 민주정의당 125석, 평화민주당 70석, 통일민주당 59석의 결과가 나왔다. 여소야대의 정국에서 박철언의 중재로 노태우 정권과 김대중 캠프 사이에 비밀거래가 있었다. 민정당은 정치적 안정과 호남지역의 민심을 얻기 위해 비밀리에 평민당과 합당을 추진했고, 평민당은 합당을 결정하지 못하고 정책연대를 제안했다. 김영삼은 이 틈새를 이용해 1990년 1월 김종필, 박철언과 3당 통합을 논의해서 민주자유당을 출범했다. 김영삼은 차기 대선을, 김종필과 박철언은 내각제 개헌을 노린 결과였다.

> "그때 김영삼 씨가 일주일에 두 번씩 저를 불렀습니다. 김대중 씨가 낮에는 야당 하고 밤에는 노태우의 비위를 맞추고 있으니 자신의 정치 인생 중에 가장 불운한 때라고 하고 김대중 씨는 가장 행복한 때라고 말했습니다. 김대중 씨는 지조를 지킨 야당이고 김영삼 씨는 변절한 사람으로 취급을 받았습니다. 노태우와 김대중이 합당이 거의 다 됐는데 김영삼 씨가 자신이 해야겠다고 어떻게 생각하느냐고 물어 그렇게 하는 것이 좋겠다고 말했습니다. 그 길밖에 군사독재를 종식할 방법이 없을 것 같다고 해서 합당을 하게 된 것입니다. 합당 후에도 얼마나 핍박을 하는지 김영삼을 핍박하는 것을 청와대에서 염홍철이 다 이야기하고 안기부에서는 엄삼탁이 다 이야기해서 김영삼이 합당하고 이들에게 탄압과 핍박을 당했습니다."[21]

---

21 "2차 인명진 목사 평가 좌담회"(2012.7.28), 장소: 갈릴리교회

6월 항쟁 직후 김영삼과 김대중은 인명진에게 국회의원직을 제안한 적이 있었다. 1993년 제14대 대통령으로 취임한 김영삼은 세 차례에 걸쳐 인명진에게 노동부 장관, 복지부 장관, 국민체육진흥공단의 이사장을 제안했다. 그러나 인명진은 그 제의를 거절했다. 다만 목사로서 정치와 사회를 개혁하고 비판하는 역할은 할 수 있다고 생각했다. 그는 대통령의 적극적 신임을 받으면서 문민정부에서 다양한 활동을 했는데, "정체성의 괴리"는 없었고 "민주화운동 한다는 생각으로 일했다"라고 말한다.[22]

그는 1993년에 감사원 직속 부정방지대책위원회 위원, 대통령 직속 행정쇄신위원회 위원, 1996년에 대통령 직속 세계화 추진위원회 위원, 대통령 직속 노사관계개혁위원회 위원, 그리고 KBS 이사를 맡았다.[23] 문민정부 안에서 인명진의 활동은 다음 도표와 같다.

시민운동과 관련해서는 1993년에 경제정의실천시민연합의 상임집행위원과 부정부패추방운동본부장, 1994년 바른 언론을 위한 시민연합 집행위원장, 교계와 관련해서는 1995년 아시아기독교협의회 도시 농어촌선교위원회(CCA URM) 위원장, 예장 총회 영등포노회 노회장, 1998년에 C3TV 기독교 인터넷 방송 대표이사, 1999년 기독교 위성방송 사장을 역임했다. 일반 언론으로는 1995년에 주간 「바른 언론」 발행인을 맡았다. 한 사람의 목회자가 이렇게 정계와 교계와 언론계의 주요 요직을 두루 맡은 경우도 드물 것이다.

---

22 "인명진 한나라당 윤리위원장 격정 토로", 「신동아」(2008.5.9), https://shindonga. donga.com/3/all/13/107394/12

23 김동훈, "인명진의 시민운동과 정치개혁", 『인명진을 말한다』, 52-54.

1	행정쇄신위원회	• 국민 고충 처리위원회 설치 • 주민등록 전출 간소화 • 교도 행정 개선: 신문 구독, 면회제도 개선, 교정국장을 검사에서 교정공무원으로 변경 • 장애등급 상향조정, 장애 보조기구 수입 세금 면제 • 녹색 면허제도, 거주지 주차제도, 고속도로 중앙차선제 도입
2	세계화 추진위원회	• 외국인노동자 산재처리와 인권 보호 • 귀국한 이주노동자도 밀린 임금과 산채 처리 소급적용
3	노사관계개혁위원회	• 노사관계법 개선, 노동위원회 중립화 방안
4	부정방지대책위원회	• 부정부패 사례집 발간
5	KBS 이사	• 장애인 고용, 간부들의 연봉제 확립

11. 한나라당과 새누리당 정치참여

인명진 목사는 김대중 정권과 노무현 정권 초기에 정치와 거리를 두고 목회와 선교에 집중했다. 그는 계약공동체 이상을 갈릴리교회 목회를 통해 실현하려고 했다. 갈릴리교회는 사랑의 도시락 나눔, 몽골 나무 심기 운동, 베트남 암소은행, 북한 어린이 돕기, 이주노동자 선교에 집중했다. 그는 모든 선교 활동은 시혜적 차원이 되지 않게, 교인들의 신앙고백이 담긴, 가치관과 삶의 변화에서 나오는 헌금으로 이뤄지게 했다. 그리고 동사무소와 사회복지관, NGO, 이웃 종교와 함께 하는 연대 활동이 되도록 했다.

그러다가 인명진은 한나라당의 윤리위원장과 후보검증위원(2006.11~2007.10) 그리고 새누리당과 자유한국당의 비상대책위원장(2016.12.23~2017.3.29)으로 정당정치에 참여했다. 보수 정당이 위기를 맞아 인명진을 찾게 된 것은 그가 1970~1980년대 산업선교와 민주화운동의 상징성이 있었고, YS계와 접촉점이 넓었기 때문이다. 2004년 3월 야당의 노무현 대통령 탄핵은 역풍을 만나 집권 여당은 제17대 총선에서 152석(50.8%)을 얻었고 한나라당은 121석(40.5%)으로 밀려났다. 동시에 한나라당은 823억 원의 불법대선자금이 폭로되면서 '차떼기 정당' 이미지가 굳어졌고 2006년에 성추문 사건도 일어났다. 2007년 대선을 앞두고 한나라당은 이미지 쇄신과 외연 확대를 위해 인명진 목사를 윤리위원장으로 초빙했다.

당 사무총장 황우여 의원은 과거 감사원 부정방지대책위원회에서 인명진과 친분이 있었다. 그는 갈릴리교회 새벽기도회에 참석하면서 "죄 많고 더러운 곳에 예수님이 찾아가셨듯이 목사님께서 오셔야 정당이 천당은 못 돼도 정당이 될 수 있지 않겠냐"라고 읍소했다.[24] 그 이후 여러 차례 강재섭 대표와 황우여 사무총장은 도움을 호소했다. 인명진 목사는 처음에 단호하게 거절했으나 오랜 고심 끝에 윤리위원장직을 수용했다. 계속 찾아오는 당 지도부에 진정성을 느꼈고,[25] 참여정부의 무능이 드러난 상황에서 제1야당이 부정부패 이미지를 벗고 도덕적으로 거듭나야 한다고 느꼈다.[26]

인명진 목사는 교회가 한시적으로 파송하는 형태로 윤리위원장직을 맡았다. 그는 "한나라당의 저승사자"라는 별칭을 얻었고, "사람을 공

---

24 황우여, "일국의 정치적 향방을 바로 잡으시다", 『인명진을 말한다』, 7-8.

25 "인명진 목사, 한나라 윤리위원장 내정", 「한겨레」(등록 2006.10.20, 수정 2006.11.22) http://www.hani.co.kr/arti/politics/assembly/166062.html#csidxc3bd2c1362182ad8d 3ed642a57a5eef

26 "목사 42년 하니까 역사도 보이고 사람도 보여", 「중앙일보」(2013.6.29), 18.

천해야지 (철)새를 공천하면 어떻게 하느냐?"라는 유명한 말을 남겼다. 2007년에 한나라당 대통령 후보 검증위원으로 일했다. 인명진은 박근혜는 역사의식에 문제가 컸고 이명박은 윤리적인 문제가 컸다고 말했다. 그의 정치참여에 대해 한나라당의 윤리적 정화에 이바지했다는 긍정적 평가도 있고, 들러리로 이용당했다는 부정적 평가도 있다. 그러나 인명진은 그것을 일종의 정치실험으로 여겼다. 1차적으로 당내의 도덕적 목표에는 상당히 도달했으나 2차적으로 국민의 눈높이에 도달하는 공천에는 한계가 분명했다고 말했다.[27]

그로부터 10년 후 인명진 목사가 새누리당의 비상대책위원장을 맡을 때 당의 상황은 절망적이었다. 2016년 12월 9일에 국회는 박근혜 대통령의 탄핵소추안을 가결했고, 2017년 3월 10일에 헌법재판소는 탄핵을 결정했다. 새누리당 내부에 비박계 의원들은 분당을 준비하고 있었다. 국회 탄핵소추안이 결정된 후 당 대표 정우택 의원과 당 지도부는 인명진 목사의 집으로 찾아와 무릎을 꿇고 비상대책위원장을 맡아달라고 요청했다.

인명진 목사가 새누리당과 후신 자유한국당에 이바지한 바는 첫째, 서청원, 최경환, 윤상현 의원 등 친박 의원들의 책임을 추궁하며 친박 계파를 해체했다. 둘째, 여당 대표로서 대국민 사과를 통해 대통령 탄핵을 공식적으로 인정했다. 셋째, 당을 정상화하고 전당대회를 열고 홍준표 대통령 후보를 선출하고 비상대책위원장직을 사임했다.

인명진 목사는 97일간의 짧은 시기였지만 비상대책위원장으로서 자기 역할이 국가적으로 중요했다고 확신했다. 첫째, 그는 보수 정당의

---

27 "인명진 한나라당 윤리위원장 격정 토로", 「신동아」.

완전 붕괴를 막아서 힘의 균형이 유지될 수 있었고, 이것은 차기 문재인 정부를 위해서도 도움이 됐다고 확신했다. 그는 교회는 우리 사회의 보수와 진보 어느 곳이든지 연약한 곳을 도와야 한다고 생각했다. 둘째, 태극기 부대의 박근혜 대통령 탄핵 불복, 대통령선거 보이콧 입장에 반대하고 평화적으로 대선을 치르고 헌정질서를 유지했다.[28] 태극기 부대는 탄핵을 인정했고, 친북적이라고 인명진을 비난했고, 3개월간 집 앞에서 데모하며 테러의 위협을 가했다. 새누리당 내부에서도 인명진의 개성공단 폐쇄반대 입장에 대해 비판이 컸다. 인명진은 남북통일은 민주적으로 자유시장 경제에 근거해 이뤄져야 하며, 그러기 위해서는 남북이 자유시장 경제를 공동 경험할 수 있는 개성공단을 유지해야 한다고 주장했다. 이것은 새누리당의 당론과 반대됐다. 인명진은 당론을 바꿀 수 없듯이 나의 소신을 바꾸려 하지 말라고 주장했다.

12. 정치참여 신학과 원칙

인명진 목사는 여러 차례 국가 공직에 나갈 기회가 있었으나 그것을 거절했다. 그러나 과거의 삶의 궤도와 행적과는 어울리지 않게 보수정당의 구원투수 역할을 해서 교계와 사회의 진보 진영으로부터 변절자라는 비난을 받았고, 극우 보수진영으로부터 세작이라는 오명을 들었다. 인명진 목사는 왜 양쪽 진영으로부터 환영받지 못하는 길을 택한 것일까? 그가 밝힌 신학적, 정치적 소신을 통해 답을 살펴볼 필요가 있다.

---

28 김명배 엮음, "인명진 목사 구술녹취전문" 3차(2020.4.12),『영등포산업선교회 자료집 (VIII)』, 409-413.

첫째, 인명진은 그의 목회 방향을 새로운 신앙공동체를 통한 교인들의 가치관과 삶의 변화로 봤다. 1982년 호주에서 귀국할 때, 그는 예수의 길은 혁명이 아니라 복음으로 변화된 계약공동체로 확신했다. 그는 제3교회론을 강조했는데, 교회는 혈연(민족주의)중심 공동체, 또는 이념중심 공동체가 아니라 십자가의 길을 가는 공동체라고 한다. 그래서 기독교인은 우파의 길도 아니고 좌파의 길도 아니라고 했다.[29]

그는 목회의 영역을 교회로 한정하지 않고 사회참여와 정치참여로 확대해서 이해했다. "예수님의 구원 대상은 사람만이 아니라 온 우주 만물 그 안에서 움직이는 질서 자체가 하나님의 뜻으로 회복되는 것"이다.[30] 목회는 복음으로 사람의 가치관을 변화시키는 것이며 그것은 교회만이 아니라 정치의 영역에도 해당한다고 생각했다. 그러나 목사의 정체성을 포기하는 정치참여에는 반대했다. 그는 예장 총회의 기관지「한국기독공보」에서 다음과 같이 말했다.

"저는 정치하러 가는 것이 아니고 또 다른 사역지로 목회를 하러 가는 것이라고 생각합니다. 잘못된 것과 부패한 것을 바로잡고 윤리와 도덕을 바로 세워 사회를 밝게 하는 일이 저의 사명이라고 생각했기 때문에 고심 끝에 제안받은 직책을 수락했습니다." … 목회자의 정치참여가 아니냐는 일각의 우려 시각에 대해서 인 목사는 "목사직을 그 무엇과도 바꿀 생각이 없으며 이번 한나라당 윤리위원장직도 비당원, 비상임, 무보수의 조건으로 수락했다"고 강조했다.[31]

---

29 인명진,『인명진 목사 설교집: 갈릴리교회 25주년의 역사』(갈릴리교회, 2012), 11-17.

30 위의 책, 11.

31 "그곳으로 목회하러 갑니다",「한국기독공보」(2006.11.4), 24.

둘째, 인명진은 목사의 정치참여를 '소금 역할론'으로 이해했다.

"예수님은 기독교인이 세상의 소금이 돼야 한다고 하셨다. 소금은 미역국에도 들어가고 된장국에도 들어가야 한다. 어디에서든 음식 맛을 내는 게 소금의 목표다. 진보에 가면 맛있는 진보가 되게 하고, 보수에 가면 맛있는 보수가 되게 해야 한다는 말이다. 기독교인은 진보냐 보수냐, 존재론을 따지지 말고 역할론을 얘기해야 한다."[32]

"저에게 있어서 자유한국당 비상대책위원장의 일은 한 정파나 한 정당을 위한 일이 아닌 나라와 국민을 위한 봉사라고 생각해 왔습니다. 아니, 그보다도 내가 평생 동안 믿고 살아왔던 기독교 신앙인 '너희는 세상의 소금이다'라는 가르침 때문에 이 일을 하지 않을 수 없었습니다. … 소금은 자기의 의지와 관계없이 필요한 곳이면 어디든 쓰여야 하고 흔적도 없이 자기를 다 녹여 그 역할을 해야 한다는 것이 저의 신념이며, 이번에도 나의 기독교적 신앙실천이 자유한국 당의 비상대책위원장을 맡게 하였음을 국민 여러분께 다시 한번 말씀드립니다." (퇴임 기자회견, 2017.3.29)[33]

셋째, 인명진은 죄인의 친구가 되는 것은 함께 욕을 먹는 길이라고 주장한다.

---

32 "인명진 목사, 한나라 윤리위원장 내정", 「한겨레」.

33 https://namu.wiki/w/인명진

"그 사람 편이 된다는 건, 그 사람이 먹는 욕을 같이 먹는다는 애기거든요. 죄인이 죄인을 욕하는 사람이 누가 있습니까? 세리의 친구다. 다 욕하잖아요. … 내가 (볼 때) 새누리당이 꼭 간음하다 붙잡힌 여자 같더라고…. 사람들이 다 나쁜 년이라 그러고 막 그러는 거야 이게. 그래서 나는 가야 된다고 생각했어. 편들어야 된다고 생각했어."[34]

인명진의 정당 정치참여에 대해 보수당을 위기에서 구했다는 긍정적 평가도 있지만, 부패한 보수 정당을 이롭게 하고 이용당했다는 부정적 평가도 있다. 인명진은 보수 정당의 정치적 상승기에 참여한 것이 아니고, 두 번 다 위기에 처한 상황에서 정당정치에 참여했고 비난을 감내하는 자리에 단기간 있었기 때문에, 위에서 주장한 목회의 확장, 소금역할론, 죄인의 친구가 된다는 차원에서 정당정치에 참여했다는 그의 주장에는 일관성이 있다. 그러나 그 결과 인명진 목사는 과거의 삶 속에서 일궈온 명예와 관계성의 많은 부분을 상실했다.

인명진 목사가 교회 밖의 일을 맡을 때 자신만의 원칙을 지키려 했다는 것은 언급할 가치가 있다. 첫째, 월급을 받지 않는 비상임직에서만 일한다는 원칙이다. 그래서 국회의원과 장관직은 거절했고, 행정쇄신위원회와 같은 기구에는 참여했다. 둘째, 목사로서 당원이 되지 않는다는 원칙이다. 한나라당 윤리위원장직은 비당원으로 참여했다. 그러나 새누리당 비상대책위원장은 당원이 되지 않고 대표 역할을 할 수 없었다. 인명진 목사는 2014년 말 목사직에서 은퇴한 상태에서 비상대책위원장직

---

34 김명배 엮음, "인명진 목사 구술녹취전문" 3차(2020.4.12), 『영등포산업선교회 자료집 (Ⅷ)』, 409.

을 맡았고 사임과 함께 탈당했다. 셋째, 김영삼 정권 당시 국가와 관계된 일을 하면서 한국기독교교회협의회(NCCK)의 직책을 맡지 않는다는 원칙을 세웠는데, NCCK의 정부 비판 기능에 어려움을 주지 않겠다는 의도였다.

한국교회의 정치와 교회 관계는 짧지만 다양한 변화를 경험했다. 1901년 장로교 선교사들은 기독교인 개인의 정치활동의 자유는 보장하면서도 교회가 정치에 관계하는 것을 금지했다.[35] 그것은 한국교회의 역사 속에서 정치와 교회 관계의 규칙처럼 여겨졌다. 그러나 미군정과 제1공화국 시대에 정교 관계는 유착 관계였다. 박정희 군사정권 시절 보수교계는 대통령 조찬기도회를 통해 정권에 접근했고, 박정희 정권의 반공주의를 지지했다. 그러나 NCCK와 산업선교회 등 사회참여 진영은 민주화 인권운동의 선봉에서 유신과 싸웠다. 민주화 이후 DJ를 지지했던 기독교 진보 진영의 인사들이 정권으로부터 자리와 지원을 받으면서 그 정신과 상징성이 심히 약화되거나 사라졌다. 인명진 목사의 경우 YS 시대에 비상임직으로 정치에 참여했고, 그로 인해 보수 정당과 맺은 관계성 때문에 보수 정당의 정치에 참여하는 형태를 만들었다.

13. 결론

인명진 목사는 노동자들의 삶의 문제와 직면해서 산업선교에 뛰어들었다. 1970년대 산업선교회는 교회의 선교 활동이고, 노동자의 인권

---

35 "장로회공의회 일기", 「그리스도 신문」(1901.10.3).

과 권익을 대변하는 유일한 단체였으며, 정권과 재벌의 이해와 충돌하는 장소였다. 따라서 산업선교회는 반독재, 민주화 인권운동의 중심에 있게 됐고, 인명진 목사는 네 차례의 수감생활을 했다.

전두환의 집권 이후, 강제 출국된 인명진은 해외에서 다양한 혁명의 사례를 살피면서 정치 혁명이 아닌 신앙에 근거한 공동체 운동을 대안으로 생각했다. 1982~1984년 인명진의 생각은 국내 사회운동의 급격한 이념화와 맞지 않았고 그는 유학의 길에 올랐다. 1986년 국민운동본부 대변인 활동과 후보단일화 운동을 통해 인명진은 김영삼과 관계가 가까워졌고, 그것은 인명진의 향후 정치참여의 성격과 방향에 변곡점이 됐다. 문민정부 시절, 인명진은 대통령 직속 여러 위원회, 감사원 직속 부정방지 대책위원회, KBS 이사와 같은 비중 높은 역할에 참여했다. 그 시절에 형성된 관계로 인해 2006년 한나라당 윤리위원장을 맡아서 보수당의 이미지 개선과 외연 확대에 참여했다. 2016년 12월 말 박근혜 대통령 탄핵 정국에 인명진은 새누리당 비상대책위원장을 맡아서 친박 세력을 정리하고 대통령 후보를 선출하는 과정에서 당 대표 역할을 했다. 윤리위원장직은 정치와 다소 거리가 있었기 때문에 큰 비난을 받지 않았으나 탄핵된 정당의 비상대책위원장직을 맡은 것으로 인해 인명진은 많은 비난을 받았다. 인명진은 목회의 연장, 소금역할론, 죄인의 친구라는 세 가지 근거로 자신의 정치참여의 신학적 근거를 주장했다. 한국교회사와 정치사에서 진보적 사회참여를 하던 목사가 보수 정당을 대표하는 구원투수 역할을 한 것은 아주 특이한 경우로 남을 것이다.

참고문헌

"1차 인명진 목사 평가 좌담회"(2012.7.14), 장소: 갈릴리교회.

"2차 인명진 목사 평가 좌담회"(2012.7.28), 장소: 갈릴리교회, 참가자: 인명진 목사, 김명
　　　배 교수(숭실대), 장윤재 교수(이대), 정병준 교수(서울장신대), 안기석 종무관(문
　　　화체육부). 미간행기록물.

"인명진 목사 구술녹취전문", 1차(2011.1.6), 장소 갈릴리교회

"인명진 목사 구술녹취전문", 2차(2011.1.7.), 장소: 갈릴리교회, 면담자: 김명배 교수, 한
　　　국학 중앙연구원지원 현대학술 구술사연구 일환 한신대학교 학술원 신학연구소
　　　실시, 김명배 엮음, 『영등포 산업선교회 자료집(Ⅷ)』(인명진 목사 사료편찬위원회,
　　　2020), 287-337, 338-388.

"인명진 목사 구술녹취전문", 3차(2020.4.12), 면담자: 김명배 교수, 『영등포 산업선교회
　　　자료집(Ⅷ)』, 389-413.

"CBS 인명진 목사 영상 인터뷰"(2020.7.16), 장소: 영등포산업선교회 강당, 면담자: 노희
　　　진 『영등포산업선교회 자료집(Ⅷ)』, 414-434.

김동혼, "인명진의 시민운동과 정치개혁", 『인명진을 말한다: 영등포산업선교 60주년 기
　　　념도서』(동연, 2016).

안하원, "한국 민중교회와 인명진", 『인명진을 말한다: 영등포산업선교 60주년 기념도
　　　서』(동연, 2016).

영등포산업선교회 40년사 기획위원회, 『영등포산업선교회 40년사』(영등포산업선교회,
　　　1998).

인명진, 『인명진 목사 설교집: 갈릴리교회 25주년의 역사』(갈릴리교회, 2012).

정병준, "총회도시산업선교50년사(1957-2007)," 『총회도시산업선교 50주년 기념도서』
　　　(대한예수교장로회총회국내선교부, 2007).

존 브라운 지음, 정병준 옮김, 『은혜의 증인들: 한호 선교 120주년 기념도서』(한국장로교
　　　출판사, 2009).

한국기독교교회협의회, 『1970년대 노동현장과 증언: 한국교회 산업선교 25주년 기념대
　　　회』(도서출판 풀빛, 1984).

황우여, "일국의 정치적 향방을 바로 잡으시다", 『인명진을 말한다: 영등포산업선교 60주
　　　년 기념도서』(동연, 2016).

"그곳으로 목회하러 갑니다", 「한국기독공보」(2006.11.4), 24.

"목사 42년 하니까 역사도 보이고 사람도 보여", 「중앙일보」(2013.6.29.), 18.

"인명진 목사, 한나라 윤리위원장 내정", 「한겨레」(등록 2006.10.20, 수정 2006.11.22.),
　　　http://www.hani.co.kr/arti/politics/assembly/166062.html#csidxc3bd2c136218
　　　2ad8d3ed642a57a5eef

"인명진 한나라당 윤리위원장 격정 토로", 「신동아」(2008.5.9), https://shindonga.donga.
　　　com/3/all/13/107394/12

"인명진", https://namu.wiki/w/인명진

"장로회공의회 일기", 「그리스도 신문」(1901.10.3).

II

인명진 목사의 인권운동

손승호

---

*   손승호 박사(명지대학교 객원교수, 역사신학)

1. 서론

   인명진은 한국의 근현대사에서 독특한 위치를 차지하는 인물이다. 그는 노동운동가이자 민주화운동가이며 한국 시민운동의 개척자이자 보수정당의 구원투수였다. 이 글에서는 그런 인명진의 모든 모습을 다 다루지 않을 것이다. 이 글은 군사독재기 노동운동가이자 민주화운동가로서의 인명진의 궤적을 따라가 보는 것을 목적으로 한다. 군사독재기 한국에서 인권운동은 민주화운동의 하위 운동으로 받아들여졌으며 주로 민주화운동가들에 대한 보호의 역할을 감당했던 그리스도교 계열의 운동으로 이해되고 있다. 그러나 이 글에서는 인권운동을 민주화의 하위 항목이 아니라 인간이 인간으로 살아갈 수 있는 다양한 권리를 실현하기 위한 운동의 총체적 의미로 사용했다. 다만 인명진이 주로 활동한 영역이 노동과 민주화였기 때문에 실제적인 내용에서는 노동운동과 민주화운동을 다뤘다.

   본격적으로 인명진의 삶을 살펴보기에 앞서 먼저 밝혀 두어야 하는 것은 1970~1980년대 한국 민중운동이 가지고 있었던 이중 과제이다. 이는 세계인권사의 흐름과는 다른 한국의 독특한 상황을 전제하기 위한 것이다. 일반적으로 세계 인권사상의 흐름은 ① 계몽주의의 영향으로 발생한, 시민계급의 정치투쟁을 통해 확보된 사유재산을 근간으로 하는 개인의 자유권, ② 이에 대한 반발로 산업혁명 시대 노동계급에 의해 제기된 사회권 · 노동권, ③ 2차 세계대전 이후 신생독립국을 중심으로 전개된 민족 혹은 국가를 단위로 하는 연대권의 순서로 발전 혹은 확대돼 왔다고 이해되고 있다.

   그러나 한국은 2차 세계대전의 결과로 발생한 신생독립국 중 하나로서 개인의 자유와 사회적 평등 중 어느 하나도 제대로 실현된 적도 없이 이 둘이 간과된 상태에서 민족과 국가를 단위로 하는 연대권이 정부의 주도로 강조돼왔다. '큰 자유의 실현을 위한 작은 자유의 유보'나 '참기 힘든 것을 참는 지혜' 등의 언술이 대표적인 예라 할 수 있다.[1]

서구사회에서 민중운동은 시민운동을 통해 정치적 자유가 어느 정도 실현된 이후에 등장하여 사회적 평등을 구축하는 데 영향을 미쳤다. 따라서 원래 민중운동은 사회적 약자 계층의 사회권 보장을 중심으로 활동하는 것이 일반적이다. 그러나 한국의 민중운동은 농민·노동자·도시빈민의 참혹한 사회적 상황에 군사독재라는 정치적 암흑이 더해진 1970~1980년대에 정치적 자유와 사회적 평등을 한꺼번에 실현해야 하는 2중의 과제가 앞에 놓여 있었다는 것이다. 이 점은 왜 인명진이 군사독재기 노동운동가이면서 동시에 민주화운동가일 수밖에 없었는지 잘 설명해준다.

2. 유신체제의 성립과 인명진

신학교 시절 인명진은 기독교 교육에 뛰어난 재능을 보였으며 스스로도 자신의 향후 진로를 막연하나마 기독교 교육 쪽으로 생각하고 있었다.

"내가 주일학교 교재도 집필하고, 아, 주일학교 뭐 강습회도 많이 다

---

1   손승호, 『유신체제와 한국기독교 인권운동』(한국기독교역사연구소, 2017), 38-51 참조.

니고, 하계학교 강습회, 여름성경학교 강습회, 내가 전국을 휩쓸고 다녔어요. 아, 사람들이 다 내가 대단한 기독교 교육의 대가가 될 줄로 생각… 나도 그렇게 생각했어요."[2]

인명진은 신학교 1학년 때 영등포산업선교회(이하 영등포 산선)에서 한 달간 실습을 한 적이 있었지만 특별히 산업선교에 대한 깊은 인상을 받지 못했던 것 같다. 인명진은 이때의 일을 다만 "등록금도 받고 뭐 그렇게 별사람들도 다 있다"고 생각하고 말았다고 회고한 바 있다.[3]

그러나 신학교 2학년 때인 1970년, 전태일의 분신이 발생했는데 전태일이 일기에 대학생 친구가 없는 것에 대한 아쉬움을 토로했고, 자살했다는 이유로 교회에서 장례식을 치러주지 않았다는 이야기를 들으면서 빈곤 등의 사회문제에 대한 관심을 갖게 됐다.[4] 청계천을 방문한 인명진은 가난한 사람들의 삶을 목격하고 충격을 받았으며 구약에서 가난한 이들에 대한 하나님의 관심과 사랑을 재발견하고 깜짝 놀랐다.

4개월 후 발생한 1971년의 김진수 사건은 인명진이 산업선교에 투신하게 되는 직접적인 계기가 됐다. 김진수의 모친이 피켓 시위하는 것을 목격한 인명진은 이 사건의 해결을 위해 영등포 산선이 활동하고 있

---

2   김명배 엮음, "인명진 목사 구술녹취전문" 1차(2011.1.6), 『영등포산업선교회 자료집 Ⅷ』(인명진 목사 사료편찬위원회, 2020), 301.

3   김명배 엮음, "CBS 인명진 목사 영상 인터뷰", 『영등포산업선교회 자료집(VIII)』, 419.

4   전태일이 다니던 창현감리교회에서 장례식을 거부했다는 이야기가 널리 알려져 있으나 이는 사실이 아니다. 전태일이 자살했다는 이유로 장례식을 거부한 곳은 영락교회로, 창현감리교회에서는 가족장을 치렀으나 경찰의 봉쇄로 일반 시민의 참여가 어려웠다. 이에 기독교와 천주교가 공동으로 연동교회에서 1970년 11월 25일 장례예배를 가졌다. 서울역사박물관, 『연지 · 효제, 새문화의 언덕』(서울역사박물관, 2019), 200; 이에 대한 자세한 내용은 오재식, 『나에게 꽃으로 다가오는 현장』(대한기독교서회, 2012), 143-145 참조.

는 것을 알고 진상을 알기 위해 안면이 있던 영등포 산선에 문의했다.[5] 가볍게 끝날 줄 알았던 산업선교와의 인연이 다시 이어진 것이다. 진상을 파악한 인명진은 김진수의 장례위원장을 맡았다. 정병준은 인명진이 산업선교에 투신하게 된 계기를 김진수 사건의 경험, 삼선개헌 반대시위의 참여로 교회 청빙이 어려워진 점, 인명진에게 큰 영향을 끼친 장신대학교 구약학 교수 존 브라운 선교사가 산업선교를 권했던 것으로 설명한다.[6]

인명진에게 큰 영향을 미쳤던 전태일과 김진수, 두 노동자의 죽음은 한국교회의 산업선교 전반에도 전환을 가져왔다. 1960년대 후반부터 산업선교회의 프로그램에서 종교적 내용이 줄고 노동문제가 중요 주제로 다루어지자 이미 기성교회 내에서 이에 대한 논란이 번지고 있었다.

> "이상과 같은 산업선교의 움직임은 한국교회에 몇 가지 반응을 나타내고 있습니다. 첫째는 산업선교가 순수한 복음 전도를 떠나서 사회문제에 치중하는 것은 기독교 신앙에서 탈선한 것이라고 하는 주장이고, 둘째는 산업선교가 하고 있는 산업사회 정의를 위한 행동이나 노동문제에 깊이 관여하는 것은 오늘의 교회가 마땅히 해야 할 일이라는 태도와 셋째는 산업선교가 하고 있는 일은 해야 할 일이기는 하지만 전 교회적인 관심이 아직 미치지 못한 현실이니 서서히 추진해야 한다는 것입니다."[7]

5　김명배 엮음, "CBS 인명진 목사 영상 인터뷰", 『영등포산업선교회 자료집 Ⅷ』, 416-417.

6　정병준, "인명진의 정치운동-반독재 민주화 인권운동을 중심으로", 『인명진을 말한다』 (동연, 2016), 30.

산업선교 전반이 맞닥트린 '기성교회의 이해를 얻기 위해 노력할 것인가, 아니면 산업선교를 교회 개혁을 위한 증거로 삼을 것인가'에 대한 고민은 두 사건 앞에서 빠르게 결론이 날 수 밖에 없었다. 김진수의 장례식에서 산업선교회는 "교회에 보내는 메시지"를 발표하면서 교회 개혁의 필요성을 강조했다.

"오늘 한국의 교회는 잠자는 상태에서 깨어나지 못하고 안일한 현실도피의 상태에서 꿈꾸고 있는 사실임에 우리는 개탄을 금치 못한다. 우리 사회에 가장 소외되고 버림받은 대중이 노동자들이며 모든 금력과 권력의 거대한 힘 앞에 무참히 인권을 짓밟히고 있는 이들을 향하여 교회는 과연 무엇을 하고 있단 말인가. 파벌다툼과 교세팽창만이 목적인 오늘의 한국교회는 … 이 무죄한 억울한 주검 앞에서 이 참혹하고 악랄한 살인행위에 동참한 사실을 깊이 회개하라."[8]

영등포 산선의 실무자였던 조지송은 "산업선교는 더 이상 공장주의 허락을 얻어 종업원에게 설교하는 것이 아니며 사회사업이나 자선기관이 아니다"라고 산업선교의 정체성을 선언하고 '노동조합을 설립하고 노동자를 위한 활동을 할 것'이라 다짐하면서[9] "노동자들에게는 노동조합이 교회다. 노동조합이 발전하는 데 기여하지 않으면 산업선교는 있

7   영등포산업선교회, "영등포산업선교회의 어제와 오늘"(1971.11.7) 『영등포산업선교회 자료집 Ⅰ』(인명진 목사 사료편찬위원회, 2020), 127.

8   "교회에 보내는 메시지"(1971.6.25), 장숙경, 『산업선교, 그리고 70년대 노동운동』(선인, 2013), 94에서 재인용.

9   조지송, "산업선교의 새로운 방향",「활천」(1972.11), 39-42.

을 필요가 없다"고 했다.[10] 이런 과정이 한창 진행 중이던 1972년 신학교를 졸업한 인명진은 비누공장과 패브릭 공장 염색부에서 1년간 노동을 하면서 '선교는 삶을 나누는 것'이라는 확신을 가지게 됐고[11] 10월 대한예수교장로회 통합교단의 목사로 안수를 받은 후 1973년 4월 예장 총회 전도부와 호주장로회 선교부의 후원을 받으며 영등포 산선의 실무자로 부임했다.

그런데 이렇게 인명진의 삶이 전환되던 시기는 한국 정치사에서도 격동의 시기였다. 1972년 10월 17일 박정희는 비상계엄을 선포하고 10월 26일 헌법개정안을 발표했다. 11월 21일 계엄령 하에서 국민투표가 진행되어 91.9% 투표, 91.5%의 찬성으로 헌법개정안이 통과됐다. 12월 15일 통일주체국민회의 대의원 선거, 23일 대통령 간선의 요식적 절차를 통해 8대 대통령에 당선된 박정희는 12월 27일 유신헌법을 발효했다. 삼권이 대통령에게 종속되는 유신체제가 성립된 것이다. 유신체제의 가장 강력한 무기가 된 것은 박정희의 자의적 판단과 필요에 따라 발효되면서도 사법적 심사의 대상도 되지 않고 박정희의 허가 없이 해제될 수도 없는 긴급조치였다.[12] 박정희는 1974년 1월 8일 제1호와 제2호 긴급조치를 발표했다. 제1호는 헌법에 대한 반대나 비방, 헌법 개폐 주장 · 발의 · 제안 · 청원 금지, 유언비어 유포 금지를 주요 내용으로 하고 있었고, 제2호는 긴급조치 위반자 심판을 위해 비상군법회의를 설치한다는 내용이었다.

---

10 장숙경, 앞의 책, 95-96.

11 김명배 엮음, "인명진 목사 구술녹취전문", 1차(2011.1.6), 『영등포산업선교회 자료집 Ⅷ』, 309-310.

12 손승호, 앞의 책, 63-69 참조.

체제에 대한 저항은 고사하고 비판조차 금지하고 이를 어길 시 군법에 따라 처벌하겠다는 권력의 광기 앞에 빈민선교와 산업선교의 실무자인 젊은 목회자들은 최초의 저항을 시도했다. 이 일을 인명진은 다음과 같이 회고했다.

"김진홍 목사가 찾아오더니 '야, 이거 박정희가 이렇게 참 뚱딴지같은 일을 했는데 우리 젊은 목사들이 교역자들이 이거 가만있어서 되겠는가. 긴급조치를 항의하는 집회를 하자'. … 김진홍 전도사, 이해학 전도사, 또 기장에 이규상 전도사, 박윤수 전도사 그리고 … 영등포 산업선교를 했었던 나하고 김경락 목사 이렇게 여섯 사람이 서명을 했고 … NCC 총무실에 가서 긴급조치를 반대하는 성명을 낭독하고, 난 그때 가지를 못했어요."[13]

이때 이렇게 빈민과 노동자를 대상으로 선교를 하던 실무자들이 먼저 저항에 나서게 된 것은 '긴급조치가 존재하는 한 할 수 있는 활동이 거의 없다고 판단'했기 때문이었다.[14] 1970년 전태일의 분신 이후 노동자들의 생존권 투쟁이 급격히 증가하자 1971년 12월 27일 '국가보위에 관한 특별조치법'을 통해 노동자들의 단체교섭·단체행동권을 정지시킨 정부는 1973년 3월 13일 비상국무회의를 통해 노동조합법, 노동쟁의조정법, 노동위원회법 등 노동관계법을 개정했는데 이 역시 단체교섭·

---

13 김명배 엮음, "인명진 목사 구술녹취전문", 2차(2011.1.7), 『영등포산업선교회 자료집 Ⅷ』, 399.

14 한국기독교교회협의회 인권위원회, 『1970년대 민주화운동 Ⅰ』(한국기독교교회협의회, 1987), 313.

단체행동권을 크게 제한하는 것을 골자로 하고 있었다. 그리고 노사협의회의 기능을 강화하여 자본가와 노동자의 관계를 노사협조체제로 유도했다. 게다가 이런 정부의 시책에 대해 노동자의 권리를 지키기 위해 적극적인 저항에 나서야 할 한국노총은 유신체제에 적극적인 동조의사를 밝히며 노사협조체제를 그대로 수용했다. 1973년 한국노총의 운동기조는 이런 사실을 명확하게 보여준다.

> "우리는 국가이익 우선주의 원칙에 입각하여 계급투쟁적인 극렬한 운동방향을 배제하고 건전한 노동조합주의를 지향하면서 국민경제 발전의 기반 위에서 노동자의 복지생활을 증진시켜 나가려는 것이며, 따라서 우리는 임금인상 일변도의 활동노선을 지양하고 생산성 향상운동을 통한 분배원천의 증대라는 노사 공동이익의 영역을 찾아 서로 협력하는 보다 건전한 기업풍토를 이룩할 수 있는 새로운 제도를 마련하는 데 최선을 다하려는 것이다."[15]

따라서 유신체제가 존속하는 한 산업선교회의 활동이 노총과의 갈등을 겪으며 제약을 받게 될 것임은 분명하게 예상되는 일이었으며 또 이미 양자의 관계는 1970년대 초부터 악화일로에 있었다. 1974년 1월 17일 사회선교의 젊은 목회자들이 발표한 선언문은 비상조치와 개헌, 민주질서의 회복만 언급하고 있을 뿐이지만 발표자들이 노동과 빈민문제에 투신한 이들이고 유신체제 하에서 정상적인 활동이 불가능함을 인식하고 있었다는 점을 고려하면 여기에서 이야기되는 민주질서가 다만

---

15 한국노총, 『사업보고』(1973), 11; 한국기독교교회협의회 한국교회산업선교25주년기념대회, 『1970년대 노동현장과 증언』(풀빛, 1984), 239에서 재인용.

대통령 직선과 삼권분립 등의 정치질서만을 의미하는 것이 아님을 충분히 알 수 있다. 그 전문은 아래와 같다.

"역사의 주인이신 하나님의 선하신 명에 따라 우리 기독교 성직자 일동은 오늘의 조국이 처한 현실에 대하여 순교자적 각오로 다음과 같이 우리의 신앙을 고백한다.

1. 금번 대통령의 1·8 비상조치는 국민을 우롱하는 처사이므로 이는 즉시 철회돼야 한다.
2. 개헌논의는 민의에 따라 자유롭게 전개돼야 한다.
3. 정부는 유신체제를 폐지하고 민주질서를 회복할 것을 촉구한다.

1974년 1월 17일
한국기독교 성직자 일동"[16]

알 수 없는 이유로 인명진은 그날 총무실 점거 시위에 참여하지는 못했지만 사전모의한 것과 개헌청원에 서명한 것이 문제가 되어 구속되고 징역 10년에 자격정지 10년형을 선고받았다. 이 사태는 여기에서 멈추지 않고 더욱 확대되어 교계에 상황 전파를 시도하고 2차 시위를 준비 중이던 권호경, 김동완 등의 목회자와 기독교인들의 연이은 구속과 재판회부로 이어졌다. 이어 4월에는 전국민주청년학생총연맹(민청학련) 사건이 발생하면서 한국기독학생회총연맹(KSCF)가 "괴멸적인 타격"을 입

---

16   "선언문"(1974.1.17), 한국기독교교회협의회 인권위원회, 앞의 책, 314에서 재인용.

는 일이 발생했다.[17] 이런 상황은 한국기독교교회협의회(이하 NCCK)로 하여금 준비 중이던 인권전담 기구 설치에 박차를 가하게 했고 그 결과 1974년 5월 4일 한국인권운동의 효시로 평가받는 NCCK 인권위원회의 창설로 이어졌다.

3. 소그룹운동과 인명진

1972년 초부터 영등포 산선은 소그룹을 통한 노동자 의식화 활동을 새로운 운동방법으로 채택해오고 있었다. 기존 '소수 지도자' 중심의 활동에서 '밑바닥의 노동자'의 '의식화 작업'에 힘을 쏟았던 것이다.[18] 이는 한국노총이 유신정부의 어용기관이 됐던 것과 마찬가지로 각 노동조합이 부패하여 회사와 결탁하는 사례가 증가하면서 영등포 산선이 노조설립은 "노동자들을 돕는 게 아니라 노동자들의 또 하나의 탄압기구, 또 하나의 착취기구를 만들어주는 것밖에 안 된다"는 판단을 하면서 일어난 변화였다. 지도자나 기구가 변화를 이끌어내는 것이 아니라 "노동자들 자신이 스스로 노동자 의식을 가지고 권리를 찾을 때" 비로소 노동자들의 권리향상이 가능하다는 인식이 생겨난 것이다.[19] 저임금과 장시

---

17 "확 쓸어간 느낌입니다. 학생 20명, 간사 3명, 지도교수 2명, 이사 1명, 모두 26명으로 이분들이 받은 형의 총량은 337년이 되는 셈이지요."(KSCF 사무국간사 차선각의 발언) 김영일, "3. 한국기독교의 사회참여" 한승헌 엮음, 『유신체제와 민주화운동』(서울: 삼민사, 1985), 53에서 재인용.

18 영등포산업선교회 40년사 기획위원회, 『영등포산업선교회 40년사』(영등포산업선교회, 1998), 135.

19 김명배 엮음, "인명진 목사 구술녹취전문", 1차(2011.1.6), 『영등포산업선교회 자료집 Ⅷ』, 315.

간 노동에 고통받고 있는 밑바닥 노동자들의 자력화를 통해 노동사회의 모순을 해결하겠다는 탁월한 판단이었다. 그러나 인명진은 당시에 각광 받고 있던 사울 알린스키(Saul D. Alinsky, 1909-1972)의 지역사회 조직이론 (Community Oganizing)인 자기 이익(Self-interest)에 바탕을 둔 자력화와 조직 화가 한국사회에 맞지 않는다고 판단했다.

"그런데 나는 이 사람들의 조직원리가 우리나라에 맞지 않는다는 것을 알았어요. … 첫째로는요. 셀프 인터레스트(자기 이익)를 주장 하기에는 정치적인 탄압이라든지 이런 게 너무 억압적이에요, 이런 게. 그건 최소한도 민주주의가 된 나라에서 셀프 인터레스트고 뭐고 할 수 있는 거예요. … 우리나라에서 셀프 인터레스트 가지고는 그 정부의 탄압이나 이런 거를 넘어설 수 없어요. … 그 뭐랄까…. 셀프 인터레스트의 욕구가 정치적인 탄압을 넘어설 수가 없는 거예요. 두 번째, 우리나라는요, 서구사회와는 달라서 개인주의가 아니에요. … 집단주의고 혈연이 훨씬 더 셀프 인터레스트보다 강해요. 뭐 애들 데모하잖아요. 그런데 어머니가 와 가지고 '얘야, 나와라, 나와라. 얘 야, 이 애미 보고라도 나와라' 그러면 투쟁의 주동자들도 나오는 거 예요. 어머니가 눈물을 흘리면 나오는 거예요."[20]

영등포 산선의 소그룹운동은 파울루 프레이리(Paulo Freire, 1921-1997) 의 의식화 교육의 성격을 가지고 있었다. 그리고 상호간의 소속감과 동 질성이 강하게 작동하며 의식화에 유리한 7~9명을 단위로 소그룹을 조

---

20 위의 글, 318.

직했다.[21] 각 그룹은 같은 작업장에 근무하는 비슷한 관심사를 가진 여성들로 구성되어 각 조직의 안정성을 확보하는 동시에 같이 모여 이야기하고 배우며 토론하는 것에 멈추는 것이 아니라 '같이 살아가는' 공동체가 될 수 있도록 했다. 이 지점에서 산업선교 내에서도 영등포 산선이 가지는 독특한 면이 발견된다. 기감의 인천 산선 역시 소그룹 운동을 전개했지만 인천이 '리더 중심적' 소그룹 운동이라면 영등포는 '생활밀착형'에 가까웠다. 영등포 산선의 "실무자들은 여성노동자들과 소그룹을 시작할 때 모든 것을 처음부터 하나하나 다시 시작하는 마음으로 무엇을 가르치기 전에 우선 함께 먹고, 같이 살고, 같이 소리치고, 웃고, 화내면서, 즉 그들과 생활을 함께 하면서 노동자들이 자기 정체성을 깨우치게 하는 데 온 힘"을 기울였다.[22] 인명진은 우선 여성노동자의 자존감을 세우는 일부터 시작했다.

> "이 옛날 노동자들이요, 공장 다니는 거를, 공순이라는 얘기를 제일 듣기 싫어하고 공순이 티를 내지 않기 위해서 늘~ 책을 하나씩 들고 다녔어요. … 알지도 못하는 책을 들고 다니는 거예요, 이놈들이. 공순이라는 것을 사람들에게 알리고 싶지를 않은 거예요. 그래서 인

---

21 여기에서 말하는 의식화란 다음과 같다. "'의식화'란 모르던 지식을 습득하여 알게 되는 '교육'과는 다른 것으로 머리로 깨달아 아는 것뿐 아니라 가슴이 변화되는 것을 말한다고 할 수 있겠다. … 오히려 어정쩡하게 '안다는 것'이 행동에 걸림돌이 되는 경우도 있다. 그러므로 의식화란 머리를 포함한 가슴, 즉 전 삶을 변화시키는 작업이다. 삶이 변화된 사람이라야 행동할 수 있고 또 행동하는 사람이라야 그 행동을 통해서 삶이 변화된다. 의식화 교육이란 바로 '스스로 문제를 보고 스스로 문제를 해결'하여 나갈 수 있도록 하는 것이다." 인명진, "70년대 영산 전략", 영등포산업선교회 40년사 기획위원회, 앞의 책, 139에서 재인용.

22 장숙경, 앞의 책, 236-237.

제 내가 거기서부터 시작을 한 거예요. … 지금 우리가 수출해서 먹고사는 나라인데 너희들 하는 일이 나라를 위해서 수출하는 거 아니냐. 나는 내가 목사이긴 했지만 내가 백 원짜리 하나 내가 수출해본 적이 없다. 너는 우리나라의 너들은 산업전사다. 또 2만 원어치 일해주고 만 원밖에 안 받는, 아주 큰~ 착한 일을 하는 그런 사람들이다. … 이렇게 좋은 일을 하는 사람이 공순인데, 이런 좋은 일을 하는 곳이 공장인데, 왜 그걸 부끄럽게 생각하냐 말이야."[23]

인간의 무너진 자존감을 세우는 일은 성급한 운동가들에 의해 쉽게 간과되곤 하지만 어떤 인권운동에 있어서도 가장 선행돼야 할 중요한 요소이다. 자신에 대한 존중감과 당당함이 없다면 싸움은 이미 시작도 하기 전에 진 것이기 때문이다. 사울 알린스키 역시 자존심 없이는 진정한 조직가가 될 수 없다고 봤다.[24] 자존감의 회복을 시작으로 여성 노동자들은 자신들이 '공장에 다니는 부끄럽고 초라하며, 가난한 공순이'가 아니라 '우리 사회의 밑거름이 되는 존재'이며, 사회 모순과 부조리를 고쳐나갈 힘이 있는 주체임을 깨달아갔다. 더 이상 그들의 목적은 돈을 벌어 가정의 남성 형제들을 학교에 보내는 것이 아니었고 새로운 인식의 지평을 열어 '우리 사회가 어디로 가야 하는가'까지 묻게 됐다.[25]

노동자들의 문제의식이 생기고 스스로 이 문제를 해결하는 것을 결

---

23 김명배 엮음, "인명진 목사 구술녹취전문", 1차(2011.1.6), 『영등포산업선교회 자료집 Ⅷ』, 320-321.

24 사울 D. 알린스키 지음, 박순성 · 박지우 옮김, 『급진주의자를 위한 규칙』(아르케, 2016), 108-110.

25 장숙경, 앞의 책, 239.

심하게 되면 구체적인 노동조건 개선운동이 시작됐다. 인명진은 경험적
으로 한 회사 전체 노동자의 1/200 또는 1/300 정도의 그룹 회원이 있
으면 행동에 옮기곤 했지만 다음과 같은 구체적인 조건을 노동자와 함
께 확인했다고 기술했다.

> "① 해당 회사 그룹을 제외한 다른 회사 소속 그룹이 100개가 넘는
> 가(지원세력 확보여부), ② 정치사회적 여건은 어떠한가, ③ 노동자들
> 의 싸움을 지원할 바깥 세력(학생, 청년, 교회 등)의 형편은 어떠한가
> 등을 면밀히 검토하여 충분한 지원세력(100여 개 정도의 그룹)이 확보
> 돼 있지 않거나 정치적 정세가 불리하다든지(계엄령 등), 밖의 주력지
> 원 세력인 학생들이 방학이라든지 교회가 다른 문제가 정신이 없다
> 든지 할 때에는 싸움을 연기했었다."[26]

전략을 매우 세심하게 가다듬었음을 알 수 있다. 각 소그룹은 분리
하여 구성원이 섞이지 않도록 했는데 이는 한 소그룹이 회사나 정부에
발각되어 탄압을 받아도 다른 그룹에 영향이 미치지 않도록 하기 위해
서였다. 그러면서도 각 소그룹 간의 대화와 연대, 지원 등을 기하기 위해
각 그룹의 대표들의 연석회의인 파이오니어를 매달 1회씩 운영했다. 이
파이오니어를 통해 각 그룹의 활동과 경험을 교환하며 각 회사에서 발
생한 여러 사건을 연구 검토하고 친교를 넘어 공동사업을 모색했다.[27]

1974년 인명진과 김경락의 구속으로 소그룹운동은 잠시 주춤할 수

---

26 인명진, "70년대 영산 전략", 영등포산업선교회 40년사 기획위원회, 앞의 책, 142-143
에서 재인용.

27 위의 책, 144.

밖에 없었지만 1975년 2월 15일 정부가 긴급조치 1호와 4호의 위반자들을 대거 석방하자 인명진과 김경락도 영등포 산선으로 돌아왔다. 이를 계기로 소그룹운동은 다시 활기를 찾았다. 1975년 초에는 1~2개 수준으로 줄어있었던 소그룹은 12월에는 80여 개, 1976년에는 100여 개, 1977~1978년에는 150여 개로 확장됐다. 이후로도 소그룹 운동이 중지되는 1980년 5월 17일까지 영등포 산선은 평균 100~150개의 소모임을 지도하고 있었다.[28] 소그룹운동의 정착에 인명진이 미친 영향을 확인할 수 있는 대목이다. 소그룹운동을 통해 의식화된 노동자들은 노동쟁의를 통해 자신의 권리를 찾기 위해 노력했고 영등포 산선은 이를 지원했다.

〈표〉 유신체제 후반기 영등포산업선교회가 지원한 주요 노동쟁의[29]

일시	회사명	내용
1976	대일화학	노조 정상화 투쟁
1976.2	한흥물산	노조 재건 투쟁
1976.2	해태제과	통근 거부 투쟁
1976.3	남영나이론	노조 개편 및 임금인상
1977.2	방림방적	근로조건 개선 투쟁 및 체불임금 요구 투쟁
1978.1	대한방직	연장근로수당 받기 투쟁 및 복직투쟁
1979.7	해태제과	8시간 노동투쟁

특히 해태제과의 8시간 노동투쟁은 영등포 산선의 소그룹운동의 최대 결실이라 할 만한 것이었다. 영등포 산선은 1976년 해태제과에서 8시간 노동제 도입을 위한 투쟁을 하기로 결정했다. 결정한 이유는 다음

---

28 "1975년도 활동보고서", "1976년도 활동보고서", 위의 책, 135.

29 장숙경, 앞의 책, 251.

과 같았다.

"① 영등포산업선교회 조직이 이미 회사 속에 견고하게 존재했다.

② 이 회사는 제과회사로 국가의 경제에 큰 영향을 미치는 핵심적인 산업체는 아니었다.

③ 이 회사의 사주는 정부 핵심 인사들과 그렇게 가까운 관계를 맺고 있지 않았으며, 따라서 정치적인 압박을 최소화할 수 있었다.

④ 해태제과의 상품은 국내에서 소비되고 있기 때문에 국내 소비자의 의견에 아주 민감할 수밖에 없다.

⑤ 노동자의 투쟁이 외부 단체들의 효과적인 도움(예를 들면, 해태제품 불매운동)을 받을 수 있었다.

⑥ 해태제과는 다른 제과 회사들과 맹렬히 경쟁하고 있었기 때문에 이러한 측면이 투쟁에 긍정적으로 이용될 수 있었다."[30]

그러나 공식적으로 해태제과 노동자들과 8시간 노동문제를 논의하는 것은 1979년 4월에 이르러서야 가능했다. 먼저 해태제과 노동자의 의식을 향상시키는 작업을 소그룹운동을 통해 조심스럽게 진행했기 때문이다. 그리고 본격적인 투쟁을 계획하던 시점에서부터 원풍모방의 노조가 경험을 나누며 문제점을 예측하고 대응방안을 마련하는 일에 동참했다. 계속 만남을 가지며 삶을 나누고 다양한 논의를 이어온 축적된 경험이 하나의 투쟁에 서로 다른 사업장의 노동자들이 연대하는 동력을 제공했던 것이다. 이러한 연대에 힘입어 "8시간 노동제 운동은 임금

---

30 인명진, 『성문밖 사람들 이야기』(서울: 대한기독교서회, 2014), 101.

이 적어질 것을 염려하는 노동자들, 특히 남자노동자들의 호응을 받지 못할 것이다. 따라서 회사는 이들을 내세워 폭력을 사용하며 반대할 것"이라거나 "부모님이나 소개자를 통한 탄압이 있을 것" 등을 미리 예측한 결과 탄압에 맞서 운동을 성공시킬 수 있었다.[31]

물론 그 과정이 순탄한 것은 아니었다. 이 운동에 참여했던 700명 이상의 노동자 중 마지막까지 투쟁의 대열에 남아있던 것은 15명에 불과했을 정도로 회사의 탄압은 집요했고 어용화된 노조는 회사의 편을 들었다. 거기에 투쟁이 한창 진행 중이던 1979년 8월 인명진이 YH노조 사건에 연루되어 수감되자 영등포 산선이 해태제과 투쟁에 전폭적인 지원을 해주지 못하게 됐다. 그럼에도 불구하고 의식화·자력화된 노동자들은 8시간 노동제가 실질적으로 효력을 발휘하게 된 1980년 2월까지 투쟁을 멈추지 않았다.[32] 영등포 산선의 노동운동 방법론인 소그룹운동이 얼마나 실효적인지 알 수 있는 대목이다. 인명진 역시 해태제과의 8시간 노동투쟁을 매우 높이 평가했다.

"해태제과의 여덟 시간 싸움을 우리가 했었죠. 그것도 우리가 의도를 가지고 조직적으로 했고, 여러 가지 우여곡절이 있었습니다마는 … 결국은 그것도 우리가 승리를 했어요. 그니까 해태제과 여덟 시간 노동투쟁이라는 거는 우리 한국 노동운동사에 있어서 금자탑이에요. 그 노동운동, 노동조합을 통해서 한 것도 아니고 산업선교를 통해서 했고, 영등포산업선교회가 해태제과에서 처음으로 우리나

---

31   손점순, 『8시간 노동을 위하여』(풀빛, 1984), 122-153 참조; 장숙경, 앞의 책, 243.
32   인명진, 앞의 책(2014), 104-109 참조.

라의 노동운동 역사상 8시간 노동운동을 쟁취한 그런 사건이다. 그리고 그것이 전 제과업계, 식품업계에 퍼져나가는 그런 노동운동의 새로운 그런 그 전환점. 이런 거를 역사적인 기록을 하여간 만들어냈다. 그런데 이게, 다 무얼 통해서 가능했는가? 소그룹 활동을 통해서 이뤄낸 70년대 노동운동의 성과다."[33]

노동자들은 이후 민주화운동의 중요한 세력으로 성장해갔다. 인명진은 영등포 산선의 산업선교가 "민주화운동의 토대였으며 인권운동의 실체이자 알맹이가 됐다"고 평가했다. 원풍모방의 해고노동자였던 이옥순의 증언은 이런 평가를 뒷받침해준다.

"투쟁의 현장에서 앞서 나서서 현장을 지휘해가는 모습들이 눈에 선합니다. 자신의 사업장 문제뿐 아니라 주변의 사업장에도 연대하여 투쟁하는 것은 당연한 것이었고, 농민문제에도 누구 할 것 없이 관심을 가지고 참여했으며, 기독교회관의 시국집회에서 단골손님은 바로 산선 회원들로 마지막까지 남아 울부짖기도 했습니다. 기독교방송국 사건, YH, 위장결혼 사건 등 어려운 시국에서도 겁 없이 나서서 전 매스컴을 떠들썩하게 하고 불의에 맞서 싸웠던 정의의 부대는 바로 산선 회원들이었습니다."[34]

우리는 이러한 사례와 증언을 통해 운동주체의 당사자성이 확립될

---

33 김명배 엮음, "인명진 목사 구술녹취전문", 1차(2011.1.6), 『영등포산업선교회 자료집 Ⅷ』, 335-336.

34 이옥순, "원풍모방과 산업선교", 영등포산업선교회 40년사 기획위원회, 앞의 책, 479.

때 지속 가능하며 확장성을 갖는 인권운동이 가능하다는 당연한 사실을 재발견하게 된다.

4. 유신체제의 붕괴와 인명진

인명진은 군사독재기 총 네 차례 구속수감 생활을 했는데 1974년의 경험을 제외한 세 번의 구속은 모두 1978년부터 1980년 매년 연이어 발생했다. 1978년의 구속은 산업선교를 탄압하려는 정부의 의도에 따른 무리한 기소가 두드러지는 사례이다. 이 사례에서 검찰은 인명진이 4월 17일 정진동의 부탁을 받고 청주에서 설교한 내용을 긴급조치 위반으로 기소하는 과정에서 다양한 성서번역에 대해 인지하지 못한 채 공동번역 성서의 구절을 인명진의 발언으로 착각하고 기소 내용에 포함했다가 큰 곤욕을 치렀다.

"그래서 내가 가만히 언뜻 내가 이제 머리에 스치는 얘기가 이 사람이 나는 공동번역 읽었는데 이 사람이 개역 성경만 보고 얘기해놓은 거야. … 내가 이게 눈치채고 가만히 있다가 나중에 하하하, 공소장이 딱 나온 '다음에 이게 공동번역이다, 이게. 성경 읽어봐라. 내 고대로다. 이게 공소장에 들어있다.' 내 이래버렸어요. … 검사들이 성경 구절을 지금 고발하였다. 성경 구절을 공소를 하였다. … 구약 하나님 말씀이 재판받게 됐다. 밖에 있는 교회가 발칵 뒤집혔지. 뭐 보수고 나발이고도 할 거 없이 진보고 보수고 우리 교단 나 못마땅하게 생각하는 교단에도 하나님의 말씀이 기소가 됐다 이러니까 교단에서 이런 정부가 이거 어딨냔 말이야."[35]

실제로 이 사건은 1976년부터 시작된 정부의 용공시비에 몰려있던 산업선교의 입장에서는 전화위복의 계기가 됐다. 정부는 보수적 성향의 교회가 이전부터 제기해오던 진보적 교계에 대한 용공시비를 정책적으로 이용하여 빈민운동기관인 수도권특수지역선교위원회와 감리회의 인천 산선을 상당히 무력화하는 일에 성과를 올리고 있었다. 그러던 것이 영등포 산선에 대한 탄압을 시도하다 "하나님의 말씀을 세상의 법이 심판할 수 없다"는 교계의 강력한 저항을 마주하게 된 것이다.

인명진의 소속 교단인 예장이 산업선교수호위원회를 조직했고 NCCK 역시 인권위원회, 산업사회선교대책위원회, 교회와사회위원회, 도시농촌선교위원회, 신학문제연구위원회 등 다수의 위원회가 산업선교를 보호하는 일에 적극적으로 나섰다. NCCK가 1978년 9월 이후에 개최한 산업선교 관련 협의회만 해도 산업선교신학정립협의회(9월 5일), 국제산업선교 정책협의회(10월 24일), 제2차 한일도시산업선교협의회 준비회의(12월 11일) 등으로 국내외를 아우르고 있었다. 결국 정부의 산업선교에 대한 용공시비는 산업선교에 대한 교계의 적극적인 보호를 야기했을 뿐 아니라 산업선교와 기독교의 민주화·인권운동이 하나의 연합된 전선을 형성하게 만드는 계기가 됐다. 인명진은 12월 1일 조기석방 됐다.[36]

정부의 산업선교에 대한 용공시비는 YH사건에서 다시 시도됐다.

---

35 김명배 엮음, "인명진 목사 구술녹취전문", 2차(2011.1.7), 『영등포산업선교회 자료집 Ⅷ』, 355-356.

36 손승호, 앞의 책, 158-175 참조.

YH사건은 부마항쟁을 촉발하며 박정희의 암살과 갑작스러운 체제 붕괴를 야기했다. 그런 의미에서 1970년대의 시작을 알린 죽음이 노동자 전태일의 죽음이라면, 1970년대의 종말을 알린 죽음은 또 다른 노동자 김경숙의 죽음이라는 말을 하기도 한다.

가발을 만들던 YH무역의 노동자들은 1975년 건조반의 파업을 계기로 가톨릭노동청년회의 조력을 받으며 노조를 결성했다. 약 4년간 활발한 활동을 펼친 노조는 크리스챤 아카데미의 교육 프로그램에 참여하면서 다른 노조의 지도자뿐 아니라 개신교계 지식인들과 교류를 쌓아오고 있었으며 '크리스챤 아카데미 사건'을 경험하며 양자의 관계가 매우 깊어져 있었던 상황이었다. 1979년 회사가 일방적으로 폐업 통보를 하자 이에 맞서 싸우게 된 YH노조는 그동안 직접적인 관계가 없었던 영등포 산선과 신구교의 연합체인 크리스챤사회선교협의회(이하 사선)와도 연대하게 됐다.

이 과정에서 YH노조는 영등포산업선교회의 인명진의 제안과 사선의 서경석의 연락으로 신민당사를 점거하고 농성을 펼치게 됐다.

"그래서 '야, 이게 지금 김영삼이라는 사람이 지금 야당 총재가 되어가지고 선명 야당의 기치를 들고 저러는데 우리가 한번 신민당사로 가가지고서 노동자들이 가면 YS가 뭘 어떻게 하는지나 한번 보고 한번 해보자 이거야.' 내가 이랬어요. 그랬더니 야, 그거 좋은 아이디어라 이 말이야. … 당사를 점거 하러 들어간 거야. 그 아이디어는 내 아이디어야."[37]

---

37 김명배 엮음, "인명진 목사 구술녹취전문", 2차(2011.1.7), 『영등포산업선교회 자료집 Ⅷ』, 367.

앞서 노조의 간부들이 연대를 요청했을 때 냉대했던 신민당은 기독교계 재야인사인 문동환, 이문영, 고은이 김영삼을 방문하자 이들을 환대하며 당사에서의 농성을 협조하기로 결정했다.[38] 이문영은 당시 김영삼이 드디어 재야의 인정을 받았음을 반기는 기색이었다고 회고한 바 있다.

> "이 YH사건 때에 김영삼 씨 집에 고은, 문동환, 나 이렇게 들어갔을 때에 김영삼 씨 표정이 그걸 단적으로 나타내더라고요. 아주 상당히 환영하고 반가워하고 황송하게 생각하더라고. '재야로부터 인정을 받았다'라는."[39]

그러나 이 농성은 정권의 신민당사 습격에 의해 해산됐으며 그 과정에서 김경숙이 목숨을 잃었다. 개신교계가 노동자와 제도권 정치세력 간 연대의 가교 역할을 하게 되자 정부는 개신교의 사회선교기관들(산선, 사선, KSCF)에 대한 강도 높은 조사를 진행하며 용공조작을 시도했지만 교계와 신민당의 저항에 막혀 성공하지 못했다. 박정희는 '종교를 빙자

---

38 "주목해야 하는 사실은, 신민당이 여성 노동자의 요청과 남성 지식인의 요청을 대하는 방식이 달랐다는 점이다. YH노조가 신민당에 도움을 요청했을 때에는 사실상 거절한 것이나 마찬가지였던 야당이 재야의 남성 지식인들의 요청에는 협조적인 태도를 보였다. 제1야당이었던 신민당은 YH사건 이전까지는 노동문제에 있어 다소 방관적 태도를 취했다. 그러나 야당으로서는 대여투쟁을 위해 재야의 반복재투쟁세력으로부터 지지를 얻는 것이 중요한 과제였던 데다가 당시 민주화운동의 아이콘이었던 김대중과의 경쟁관계에 있던 김영삼은 명망 있는 재야인사의 요청을 거절할 이유가 없었다. 즉, 신민당과 김영삼은 반독재 투쟁 및 정권 획득을 위한 지지세력을 얻기 위해 남성 지식인 집단과 접점을 형성할 필요가 있었고 마침 YH사건으로 기회가 찾아온 것이다." 서아현, "한국 민주화운동 과정의 교차적 연대: 다사건 분석을 통한 YH사건의 비판적 재구성"(성공회대학교 석사학위논문, 2019), 70.

39 이문영 구술 녹취자료, 서아현, "한국 민주화운동 과정의 교차적 연대", 71에서 재인용.

한 불순단체의 전반적인 실태를 조사'할 것을 지시하며 정부 특별조사단을 꾸렸고 공화당은 보고서 "도시산업선교회의 본질과 활동양상"을 작성하고 산업선교가 "사회주의사회를 만들 계획"이라고 주장했다. 그러나 정작 9월 14일 정부의 특별조사단은 "일부 도시산업선교회 목사들이 불법적인 투쟁을 교사·선동하고 의식화를 통해 유신체제를 부인하고 인권운동을 명분으로 실체를 은폐하고 있지만 도시산업선교회가 용공단체라는 증거는 찾지 못했으며 용공단체는 아니다"라는 조사결과를 발표했다.[40]

이렇게 정부가 한발 물러서게 된 것은 무엇보다 제1야당인 신민당의 존재가 정치적 부담으로 작용했기 때문이었다. 인명진이 신민당사를 농성 장소로 제안했던 이유 역시 이곳이 정부의 정치적 부담을 가중시킬 수 있는 공간이라는 것이었다. 그러나 이후의 사태는 인명진의 예상을 훨씬 뛰어넘는 것이었다. YH사건은 김영삼의 의원 제명과 부마항쟁, 나아가 유신체제의 몰락까지 이어졌다.

인명진의 한 수가 노동자와 기독교 재야세력이 제도 정치권과 연대하게 만들었고 이 연대가 가지는 힘은 역사의 물줄기를 틀 정도로 강했다. YH사건은 여성 노동자들의 노동권 투쟁이 야당과 재야의 투쟁의 명분을 강화하고 유신체제의 폭력성을 드러내는 성과를 올렸지만, YH노조가 애초에 원했던 회사의 정상화는 이루지 못했다는 측면에서 노동운동이 민주화운동에 흡수돼버린 사례로 지목된다. 하지만 반대로 여성 노동자와 남성 지식인, 개신교계와 야당이 반독재 투쟁을 위한 정치적 연합을 형성한 사례로 높이 평가받기도 한다.

---

40   한국기독교교회협의회 인권위원회, 『1970년대 민주화운동 II』, 1610.

1970년대 노동운동과 민주화운동에 미친 영향으로 인해 인명진은 정권의 요주의 인물이 됐다. 1979년 12월 10일 법원의 보석 결정으로 석방된 인명진은 1980년 5월 17일 "김대중 내란음모 조작사건"으로 중앙정보부에 연행되어 심한 고문을 받으며 강도 높은 수사를 받았다.[41] 이 사건 자체가 전두환의 신군부가 정권 장악을 위해 조작한 것이지만 평소 정치권과는 거리가 있었을 뿐 아니라 노동자들의 정치집회 동원에 반대 입장이었던 인명진이 이 사건에 포함된 것은 더욱 납득하기 힘든 일이었다.

"북악호텔인가 뭐 이런 데서 만나고 뭐 그랬다는 거 아닙니까. 근데 … 나는 그 모임에 안 갔어요. 나는 김대중 씨하고도 별로 그렇게 난 개인적으로 관계가 없었어요. 뭐, 그 친밀하긴 했지만 … 그 집에 간다든지 그런 정치모임에 따라 다니지도 않고 … 정치인들하고 거리를 두고 살았다고. 어, 김대중 씨나 김영삼 씨나 다 내 거리를 두고 살았고 …."[42]

김대중은 자서전에 이 사건으로 인한 연루자 전원에 대한 감사를 표현하는데 여기에 인명진의 이름은 누락돼 있다. 이는 초기의 연행자 7인(김대중 · 예춘호 · 문익환 · 김동길 · 인명진 · 고은 · 리영희) 중 3인(김동길 · 인명진 ·

---

41 인명진은 자기의 석방일을 12월 12일이라고 진술한 바 있지만 당시 언론 보도는 '12월 10일 하오 5시에 인명진, 서경석을 비롯한 5인이 보석'으로 석방됐으며 노동자 5인도 함께 석방됐다고 기록하고 있다. "인 목사 등 보석, 10일, 「YH」 관련자 10명", 「기독공보」(1979.12.15).

42 김명배 엮음, "인명진 목사 구술녹취전문", 2차(2011.1.7), 『영등포산업선교회 자료집 Ⅷ』, 371-372.

리영희)은 실제 기소까지 이어지지 않았기 때문이다. 인명진은 고문을 당하면서도 끝까지 혐의를 부인했고 덕분에 이 사건에서 빠져나갈 수 있었다. 이에 신군부는 다시 포고령 위반 혐의를 씌워 인명진을 서울 구치소에 가뒀다. 인명진은 예장과 호주연합교회의 구명 노력 끝에 석방됐지만 이는 호주로의 추방을 전제한 것이었다. 1980년 9월 석방된 인명진은 1981년 1월 추방됐다.[43]

> "우리 교단에서 이제 전두환이 신군부하고 얘기를 해보니까 별로 죄가 없다 이거야. 그러나 이 사람은 … 소요를 시킬 그런 그 염려가 있으니까 우리가 붙잡아놔야 한다. … 특별히 호주 교회가 호주 정부를 통해서 굉장히 많은 염려를 응? 표시를 하고 우리 정부, 우리 교단의 어른들하고 협의를 했어. 그럼 우리가 내놓을 테니 호주로 가라 보내라. 추방이다, 당분간. 그래서 … 구속집행정지로 나는 나왔어요."[44]

5. 한국의 민주화와 인명진

비록 자발적인 출국은 아니었지만 인명진은 해외에서 견문을 넓힐 수 있는 소중한 경험을 했다. 아시아, 유럽, 남미의 여러 나라들을 돌아보며 다양한 운동과 혁명의 흔적과 현장을 방문한 인명진은 나누는 삶

---

43 정병준, "앞의 논문, 38.

44 김명배 엮음, "인명진 목사 구술녹취전문", 2차(2011.1.7), 『영등포산업선교회 자료집 Ⅷ』, 378.

의 공동체를 추구해왔던 그동안의 운동이 올바른 방향이었음을 재확인하고 1982년 2월 귀국했다.

> "정치권력에 의한 것이 아니라 삶에 그, 삶으로 엮여 있는, 어떤 정
> 신적 가치로 엮여 있는 삶의 공동체가 우리가 이 세상에서 이룰 수
> 있는 우리 얼티네티브다 말이야. 예수가 이 운동을 한 거다, 결국.
> … 내가 이 생각 때문에 귀국했어요. 이걸 해본다."[45]

그러나 귀국 후의 한국사회는 인명진이 구상했던 운동을 실천하기 어려운 상황이었다. 1980년의 5 · 18 민주화운동은 한국 사회운동의 이념적 급진화를 촉진했다. 민중민주와 민족해방의 분화는 그런 급진화의 결과였다. 특히 한국의 젊은이들은 동북아 안보를 구실로 신군부의 만행을 승인한 미국에 대한 격렬한 반감을 가지게 됐고 청년층의 반미운동은 민주화운동의 중요한 부분으로 자리했다. 1982년 3월 발생한 '부산미문화원 방화사건'은 한국사회에 큰 충격을 던졌으며 '해방자'이자 '혈맹'으로 인식되던 미국에 대한 환상을 깨뜨렸다. 4월 강원대학교의 시위에서는 이전까지는 사용되지 않았던 구호, "양키 고 홈"이 등장했다. 이러한 이념화의 상황 아래 '삶의 공동체'를 추구하는 인명진의 운동 방법론은 사회운동 진영에서는 낭만적 개량주의, 보수적 교계와 정부에서는 불온한 용공주의라는 비판을 받았다.

정부로부터의 용공시비는 이전부터 있어왔던 것으로 오히려 크게 문제될 것이 없었다. 그러나 '부산미문화원 방화사건'과 관련하여 사선

---

45 위의 글, 383.

이 미국을 규탄하는 성명을 발표한 이후 뚜렷해진 보수 교계의 공격은 직접적인 위협으로 작용했다. 기업가 장로들을 주축으로 형성된 '장로연합회'는 총회와 총회기구를 이용하여 체계적으로 영등포 산선을 공격했다. 총회 안에서 이 공격을 주도하던 「기독공보」회장 서정한 장로, 영락교회의 최창근 장로 등은 1983년 2월 현대신학연구회가 주최한 공개 간담회에서 다음과 같은 호소문을 배포했다.

- 영등포산업선교회는 십자가의 고난과 죽음, 죄로부터 개인의 구원을 말하는 복음을 선포하지 않는다.
- 영등포산업선교회는 부자와 가난한 자를 나누는 계급투쟁을 부추기는 정치적인 해방과 사회적 해방을 주장한다.
- 영등포산업선교회의 활동은 복음적이지 않으며 노동운동에 불과하다.
- 영등포산업선교회는 영혼구원 대신 사회구원을 강조하며, 공산주의 혁명을 일으키기를 계획하는 좌파적인 정치 이데올로기를 지지한다.
- 영등포산업선교회의 소그룹 모임은 공산주의자들의 세포조직의 활동에 해당하는 것이다.[46]

같은 해 제68회 예장 총회에는 6개항의 헌의안이 제출됐는데 여기에는 '산업선교회'의 명칭을 '산업전도회'로 변경할 것, 실무자인 조지송과 인명진의 해임, 연말까지 영등포산업선교위원회 해체 등이 포함돼

---

46 인명진, 앞의 책(2014), 126-127에서 재인용.

있었다. 이러한 예장 총회 내의 반산업선교 움직임은 인명진에게 적지 않은 부담으로 작용했다. 컨트롤 데이터의 노동자였던 한명희는 원풍모방과 영등포 산선의 결별과정에서 원풍모방 측이 제기한 "인명진이 소극적이고 정부에 겁을 먹었다"는 주장에 대해 "정치적으로는 겁을 먹지 않았지만 교단 측에는 모르겠다"고 회고했다.[47]

이념화된 노동운동 진영과 정부, 교회의 공격을 한꺼번에 받아야 했던 산업선교와 인명진은 버티기 힘들었다. 결국 '1982년 원풍노조 파괴를 기점으로 1970년대 영등포 산선의 활동은 대단원의 막을 내리게' 됐다.[48] 그리고 인명진은 1984년 영등포 산선에서의 활동을 정리하고 출국하여 산업선교의 역사를 정리하는 논문을 작성하고 샌프란시스코 신학교에서 목회학 박사학위를 취득한 후 1986년 5월 귀국했다.

인명진이 귀국한 1986년 한국 정국의 뇌관은 고문 문제였다. 1985년 김근태의 고문 사실이 세간에 알려지면서 10월 17일 '민주화운동에 대한 고문수사 및 용공조작 공동대책위원회'가 발족하여 10월 19일 신민당 민주화추진위원회와 공동기자회견을 갖고 재야와 종교계를 중심으로 고문과 용공조작에 대한 저항에 나섰다. 1986년 6월에는 권인숙에 대한 성고문 사실이 '부천경찰서 성고문 사건'으로 세간에 알려지면서 여성계가 고문대책 활동에 적극적으로 합류하는 계기가 됐다. 연이은 고문의 폭로는 전두환 정권의 도덕성에 치명적 상처를 남겼다. 그러나 고문은 계속 자행됐으며 1987년 1월 박종철의 고문치사사건이 발생하면서 국민적 저항의 폭풍전야가 조성됐다.[49]

---

47 "2차 인명진 목사 평가 좌담회"(2012. 7.28), 장소: 갈릴리교회

48 영등포산업선교회 40년사 기획위원회, 앞의 책, 208.

49 서울역사박물관, 앞의 책, 198-200.

저항의 기운을 감지하지 못한 전두환 정권은 4월 13일 4 · 13 호헌 조치를 발표했다. 즉각 국민적 호헌철폐 투쟁이 시작됐다. 야당, 대학생, 종교인, 지식인 등의 기존 민주화운동의 주축세력뿐 아니라 의사, 한의사, 간호사, 영화인, 연극인, 화가, 문인 등등의 반대성명들이 끊임없이 발표됐다. 이런 흐름을 타고 '민주통일민중운동연합'(민통련)은 호헌 조치에 맞선 전국 단위의 조직을 제안했고 1987년 5월 27일 "건국 이래 최대의 반독재 연합전선"인 '민주헌법쟁취국민운동본부'(국본)가 발족했다.[50] 바야흐로 민주화를 향한 대행진이 시작됐다. 그리고 인명진은 국본의 대변인으로 참여했다. 민주화를 열망하는 모든 국민의 입이 된 것이다.

"모든 민주화세력이 기독교, 천주교, 불교, 학생, 농민, 노동자가 모여서 민주(헌법)쟁취국민운동본부를 만들었습니다. 전국적인 조직을 만들어서 상임고문으로 김영삼, 김대중이 맡고 상임집행위원회는 우리나라 종교계에서 천주교, 불교, 기독교에서 3명씩 뽑고 변호사에서 3명, 농민에서 3인 그렇게 33인이 모여서 누구를 대변인으로 할 것인가를 정했습니다. 조직을 대표해서 대변을 하는 사람이니까 감옥에 가는 1순위입니다. 누가 감옥에 가기에 가장 적당한 사람인가 하다가 87년 5월 24일 제가 뽑혔습니다. … 제가 국민운동본부 대변인으로 6월 항쟁을 진두지휘했습니다. 6월 10일이 다음 주인데 이때 몇 분이 잡혀갔습니다. 이때 신문을 보면 저의 체포영장이 떨어져 몇 번이나 체포하려고 했는데 저를 잡아가지 못한 것은 외신기자가 20~30명이 늘 지키고 있어서 못한 것입니다. 저는 밖으로

---

50 한국기독교교회협의회, 『한국교회 인권운동 30년사』(한국기독교교회협의회, 2005), 272-273.

나오지도 못하고 야전침대 갖다놓고 그곳에서 먹고 자고 하면서 6월 항쟁을 진두지휘했습니다."[51]

6월 항쟁은 크게 세 번의 봉기가 있었다. 첫 번째는 6월 10일의 '박종철 고문살인 은폐조작 규탄 및 민주헌법 쟁취 국민대회', 두 번째는 6월 18일의 '최루탄 추방 국민대회', 세 번째는 6월 26일의 '국민평화대행진'이었다. 인명진은 6월 10일 이전까지 다양한 계층의 국본 참여를 독려하고 또 세간에 알리면서 큰 흐름을 만들어갔다.

"암흑과 질곡의 세월 속에서도 이 땅의 백성들의 양심과 슬기와 높은 뜻을 대변해오며 민족의 정기를 지켜왔던 언론 출판, 문한, 예술, 교육계의 829명 인사들이 우리 민주헌법쟁취 국민운동본부에 참여키로 결정한 것을 충심으로 환영합니다. 이와 같은 문화인들의 용기 있는 결단에 민주화를 열망하는 온 국민에게 큰 격려가 될 것이며 나아가 민주화를 앞당기어 참다운 민족문화를 이 땅에 꽃 피우는 초석이 될 것입니다."[52]

또 다른 한편으로는 국민대회를 방해하려는 정부의 시도를 차단하면서 대회의 평화적 진행을 위해 노력했다. 6월 5일 인명진은 6·10 국민대회의 행동요강을 발표하고 "평화적인 방법으로 보다 많은 국민의 감동과 참여를 일으켜야 한다"고 강조했다.[53] 이어 정부의 비방과 왜곡

51 인명진, 『갈릴리교회 25주년의 역사』(서울: 갈릴리교회, 2012), 50-51.

52 김명배 엮음, "성명서", 『영등포산업선교회 자료집 Ⅷ』, 216.

53 "젊은이들의 자제를 당부", 「경향신문」(1987.6.4).

이 전개되자 6월 8일 인명진은 성명을 발표하면서 "6·10 대회는 이 땅에서 고문을 영원히 추방하고 민주헌법 쟁취를 통해 진정한 민주사회를 이룩하려는 온 국민의 염원이 담긴 뜻 깊은 국민적 행사"라고 전제하고 "이 같은 국민적 염원을 겸허히 받아들여야 할 정부가 오히려 국민대회를 왜곡비방하고 중상모략하는 것은 심히 유감된 일로 규탄을 면치 못할 것"이라 말했다. 또한 "국민대회는 가장 평화적인 방법으로 공명정대하게 예정대로 진행할 것"이라 못 박으면서 정부를 향해 "국민적 합의를 배신한 호헌을 철회, 민주개헌의 역사적 과업에 동참"하라고 요구했다.[54] 인명진은 9일에도 다시 성명을 발표하여 정부의 탄압에도 불구하고 대회는 강행할 것이라면서 "독재와 폭력을 증오하는 모든 국민과 더불어 민주쟁취의 그날까지 의연히 평화적인 국민운동을 전개해나갈 것"이라 밝혔다.[55]

정부는 인명진을 국본의 핵심간부로 판단하여 소환키로 결정하고 6월 16일 국본 사무실을 수색했고, 17일 임의동행을 시도한 후, 18일에는 전화로 출두를 요구했지만 인명진이 모두 거부하여 신병 확보에 실패했다. 이후로도 인명진은 지속적으로 향후의 항쟁 계획을 국민들에게 알리며 의지를 모아갔다. 결국 6월 26일의 평화대행진에서 더 이상 버틸 수 없음을 깨달은 전두환 정권은 29일 대통령 직선제 개헌 수용 등의 8개 항의 시국수습안을 발표했다. 인명진은 7월 1일 환영논평을 발표하면서도 "현 정국에 대한 근본원인 규명과 책임소재에 대한 언급이 없고 민주화 문제와 떼어놓을 수 없는 노동자 농민 문제에 대해 아무런 대

---

54 "국민대회 비방말라 운동본부 성명", 「동아일보」(1987.6.8).

55 "탄압불구 대회 강행", 「조선일보」(1987.6.10).

안제시가 없는 것이 유감"이라고 지적하면서[56] "민주화 결정은 대통령이나 노 대표의 선심사항이 아닌 국민 모두의 승리이며 특히 제5공화국 출발 이래 몸을 바쳐 투쟁해온 민주 인사들로부터 비롯된 것"이라고 선언했다.[57]

인명진은 연말까지 국본의 대변인으로 민주세력의 후보단일화와 공명선거와 부정선거 방지를 위한 선거 감시를 위해 노력했다. 언론을 통해 확인할 수 있는 인명진의 마지막 대변인으로서의 활동은 대통령 선거에서 패배한 이후 국민의 마음을 추스르는 발언이다. 마지막까지 자신의 역할에 최선을 다한 것이다.

> "6월 항쟁은 권위주의적 군사독재정권의 종식을 염원하는 국민들이 박종철 군 고문치사사건, 부천경찰서 성고문사건 등 현 정권의 극한적 타락상을 보고 분노를 터뜨림으로써 비롯된 것이다. 이번 선거결과로 6월 항쟁의 역사적 의미와 국민의 민주화 열망이 퇴색되는 것은 아닐 것이다. 오히려 역사 발전의 중요한 계기가 되리라고 생각한다."[58]

1988년 4월의 총선에서 인명진은 김영삼과 김대중으로부터 국회의원 자리를 제안받았지만 거절하고 새로운 영역인 시민운동을 개척했다.

---

56 "전대통령 담화 환현", 「조선일보」(1987.7.2).

57 "국민모두의 승리 국민운동본부 논평", 「동아일보」(1987.7.1).

58 "국민분노 역사 발전의 큰 계기 마련", 「동아일보」(1987.12.26).

6. 결론

인명진은 탁월한 인권운동가였다. 그는 한국의 노동현장이 가지는 개인적·구조적 특성을 분석하여 실효성 있는 독자적인 방법론인 소그룹 운동을 만들어냈다. 그리고 감각적으로 인간의 자존감이 인권을 위한 투쟁의 근본적인 동력이 된다는 것을 파악하고 교육받지 못한 가난한 여성 노동자로서 다양한 사회적 편견과 차별 앞에 위축된 노동자들을 독려하고 존엄한 인간으로 자신을 재인식하도록 돕는 것에서 그의 운동을 출발했다. 그리고 또한 투쟁의 주제, 대상과 시기, 장소를 선정하는 것에 신중을 기하고 아직 때가 무르익지 않았을 경우 우호적인 조건이 형성될 때까지 노동자들을 의식화하면서 숨을 고르는 전략가의 면모도 갖추고 있었다.

산업선교를 통해 노동운동에 투신한 노동자들은 자력화에 성공하여 심지어 인명진이 더 이상 그들을 도울 수 없는 상황에 처하더라도 흔들리지 않고 자신들의 투쟁을 지속해나갈 수 있었다. 오늘날 우리에게 상식이 된 하루 8시간 노동이 바로 그런 투쟁의 성과이다. 나아가 노동자들은 노동운동을 넘어 사회 제반의 여러 모순을 해결하기 위한 넓은 투쟁에 동참했다. 인명진은 이런 점을 두고 산업선교가 민주화운동의 알맹이가 됐다고 평가했다.

한국의 민중운동이 처한 독특한 현실은 인명진을 민주화운동가로 불러냈다. 긴급조치 1호에 대한 저항을 시작으로 인명진은 총 네 차례의 수감생활을 했는데 이 네 차례의 구속은 당시 정치적 민주화운동과 노동운동의 경계가 얼마나 모호한 것인지 여실히 보여준다. 네 차례의 구속과 한 차례의 국외 추방을 경험한 뒤 인명진은 국본의 대변인으로 한국의 민주화를 향한 거대한 행진의 맨 앞줄에서 활약했다.

어떤 사회에서도 인간으로서 살아갈 권리는 동물적인 기본 욕구를 충족시키는 것만으로 보장될 수 없다. 모든 사람이 자신을 개발할 수 있는 모든 편의를 확보하고 자신의 성장을 가로 막는 제약들로부터 자유로울 때에 비로소 그 사회가 인권을 보장하고 있다고 말할 수 있을 것이다. 사실 모든 인권은 이런 목표를 달성하기 위해 고안된 것이다. 그리고 이런 인권의 보장은 언제나 점진적으로 형성·발전하는 사회구조와 조건, 그리고 무엇보다 인간의 존엄함에 대한 인식의 확장을 통해 이뤄진다. 그리고 군사독재기 인명진은 이 모든 차원에서 자신에게 주어진 시대적 사명을 완수했고 한국사회의 인권적 인식 및 구조와 조건을 향상하는 데 뚜렷한 족적을 남겼다.

참고문헌

김명배 엮음, 영등포산업선교회, "영등포산업선교회의 어제와 오늘"(1971.11.7) 『영등포 산업선교회 자료집 Ⅰ』(인명진 목사 사료편찬위원회, 2020).

＿＿, "인명진 목사 구술녹취전문" 1차(2011.1.6), 『영등포산업선교회 자료집 Ⅷ』(인명진 목사 사료편찬위원회, 2020).

＿＿, "인명진 목사 구술녹취전문" 2차(2011.1.7), 『영등포산업선교회 자료집 Ⅷ』(인명진 목사 사료편찬위원회, 2020).

＿＿, "CBS 인명진 목사 영상 인터뷰", 『영등포산업선교회 자료집(VIII)』(인명진 목사 사료편찬위원회, 2020).

서아현, "한국 민주화운동 과정의 교차적 연대: 다사건 분석을 통한 YH사건의 비판적 재구성"(성공회대학교 석사학위논문, 2019).

인명진, 『갈릴리교회 25주년의 역사』(갈릴리교회 문서선교부, 2012).

＿＿, 『성문밖 사람들 이야기』(대한기독교서회, 2014).

영등포산업선교회 40년사 기획위원회, 『영등포산업선교회 40년사』(영등포산업선교회, 1998).

한국기독교교회협의회 인권위원회, 『1970년대 민주화운동 Ⅰ』(한국기독교교회협의회, 1987).

＿＿, 『1970년대 민주화운동 Ⅱ』(한국기독교교회협의회, 1987).

한국기독교교회협의회 한국교회산업선교25주년기념대회, 『1970년대 노동현장과 증언』(풀빛, 1984).

사울 D. 알린스키 지음, 박순성・박지우 옮김, 『급진주의자를 위한 규칙』(아르케, 2016).

손승호, 『유신체제와 한국기독교 인권운동』(한국기독교역사연구소, 2017).

손점순, 『8시간 노동을 위하여』(풀빛, 1984).

장숙경, 『산업선교, 그리고 70년대 노동운동』(선인, 2013).

정병준, "인명진의 정치운동-반독재 민주화 인권운동을 중심으로", 『인명진을 말한다』(동연, 2016).

조지송, "산업선교의 새로운 방향", 「활천」(1972.11).

한국노총, 『사업보고』(1973).

"1차 인명진 목사 평가 좌담회"(2012.7.14), 장소: 갈릴리교회.

"2차 인명진 목사 평가 좌담회"(2012.7.28), 장소: 갈릴리교회.

"국민 모두의 승리 국민운동본부 논평", 「동아일보」(1987.7.1).

"국민대회 비방말라 운동본부 성명", 「동아일보」(1987.6.8.).

"국민분노 역사 발전의 큰 계기 마련", 「동아일보」(1987.12.26).

"전대통령 담화 환현", 「조선일보」(1987.7.2).

"젊은이들의 자제를 당부", 「경향신문」(1987.6.4).

"탄압불구 대회 강행", 「조선일보」(1987.6.10).

III

인명진 목사의 노동운동과 신학

최상도

* 최상도 박사(호남신학대학교 교수, 역사신학)

1. 서론

한 사람의 역사를 기술하는 것은 겹겹이 쌓인 삶의 기반과 관계의 상호작용, 사회적 영향 등 중층의 경험을 분석하는 작업이다. 사회적 · 정치적 동물인 인간은 그가 선 곳의 다양한 자양분, 빛, 공기를 통해 성장하기 때문이다. 따라서 한 가지 관점으로 한 사람의 인생을 평가하는 것은 적절하지 않다. 진보 노동운동가에서 보수 정당의 비상대책위원장까지 역임한 인명진(印名鎭, 1946-) 목사에 대한 기술 역시 겹겹이 쌓인 중층의 경험과 활동을 설명하는 다양한 관점이 필요하다.

인명진 목사는 1972년 장신대학교 신학대학원을 졸업하고 곧바로 산업선교에 투신하여 1984년까지 영등포 산업선교 실무자로 노동현장에서 노동자와 함께 했다. 이 기간에 그는 네 번의 옥고를 치렀다. 산업선교를 통한 그의 노동운동이 긴급조치 1호와 9호 위반, YH사건 배후 조정, 김대중 내란음모 혐의로 구속되자 그 삶은 노동운동가, 인권운동가, 독재에 항거한 민주화운동가로 그려졌다. 산업선교 현장에서 떠나 1986년 갈릴리교회를 개척한 후 그는 한 지역교회의 목사로 다양한 영역에서 활동했다. 교회, 노동 · 인권 · 민주화의 영역을 넘어, 생태 · 환경, 정치, 언론, 통일, 종교 간 대화, 해외선교 등 거의 종교계와 사회계를 넘나들며 역할을 감당했다. 2016년 영등포산업선교회 60주년을 기념하며 그와 관계한 23명의 인사가 각 분야에서 그의 활동을 조명한 것만 보아도 그의 활동영역이 얼마나 다양했는지 가늠할 수 있다. 양명득은 그의 폭넓은 사역을 "경계선을 넘어, 다리를 세우는" 것으로 요약했다.[1]

---

1 양명득, "편집의 글: 경계선을 넘어, 다리를 세우는", 양명득 편집, 『인명진을 말한다』(동연, 2016), 20. 이 저서의 집필에는 축하의 글과 발간사까지 포함하여 28명이 참여했다.

그동안 인명진 목사는 노동운동가, 민주화 인사, 환경운동가, 시민운동가, 다문화운동가, 정치평론가 등으로 다양하게 호명되며 평가됐다. 특히 1986년 갈릴리교회 개척 이전까지 그의 활동은 목회와는 거리를 둔 노동운동가, 민주화 인사로서의 평가가 주를 이뤘다. 이 글은 상기 평가와는 달리 인명진 목사의 폭넓고 다양한 중층의 삶을 목회적 관점에서 추적하고, 그의 다양한 활동에 바탕이 된 목회 사상과 신학을 찾아 제시한다. 그의 일생은 다양한 관점에서 다양하게 평가되어 호명될 수 있지만, 1972년 목사안수를 받고 2014년 공식 은퇴할 때까지 43년간 그의 활동은 목사로서 목회의 다양한 형태였음을 드러내고자 한다.

이를 위해 인명진 목사의 산업선교 실무자로서의 활동에 집중하여 그의 노동운동과 교회와의 관계를 살피고, 그가 네 차례 수감됐을 때 교회(노회, 총회)의 구명운동을 집중 추적한다. 산업선교의 노동운동은 철저히 교회운동이었음을 그의 활동을 통해 밝히므로 1970~1980년대 노동운동을 교회와 분리시키려는 일반 노동계와 교계의 접근방법을 수정한다. 동시에 한국사회 노동운동을 교회와 연결하여 독재정부 시절 교회가 노동운동을 통해 사회적 책임을 감당했음을 강조, 사유화되어 게토(Ghetto)된 오늘 교회에 교훈을 주고자 한다. 갈릴리교회 개척 후 그의 목회와 신학은 선행연구로 대신한다.[2] 갈릴리교회 개척 후 인명진 목사는 더 다양한 영역에서 활동했지만, 다른 모든 직책에 앞서 '갈릴리교회 담임목사'가 우선했으므로 그의 활동이 목회로 이해되는 것은 어렵지 않다. 하지만 1984년 산업선교회 사직 후 떠난 호주에서 2년 만에 돌아왔을 때, 그가 노동운동을 했던 경력으로 사역할 일반교회는 찾기가 어려

---

2   『인명진을 말한다』에 실린 장윤재, 변창배, 박명철의 글 참고.

웠던 점으로[3] 미루어 보아 그의 산업선교 노동운동은 일반교회에서 목회로 인정받지 못한 것으로 보인다. 따라서 인명진 목사의 산업선교 노동운동 시기에 집중하여 그의 노동운동을 목회 관점으로 살펴본다.

2. 사상적 배경과 노동문제 인식

인명진 목사는 1946년 6월 1일 충청남도 당진군의 "부농" 집안에서 4대째 기독교인으로 태어났다. 집안에는 목사, 장로, 권사들이 "수두룩"했으며, 그는 "태어나보니까 벌써, 철들어보니까 예수 믿는 사람"이 됐다고 스스로 고백한다. 4대째 내려오는 집안의 신앙은 "보수적"이었고, 장남이었던 그가 신학교에 진학하여 목사가 된 것도 "맏아들은 하나님께 바쳐야 된다"는 보수적 기독교 신앙에 뿌리를 두고 있었다.[4] 특히 그는 증조모의 기도와 영향으로 목사가 됐고 현재의 자신의 삶과 사역이 모두 증조모의 기도의 능력이라고 말한다. 그는 "할머니가 나를 위해 했던 기도의 효력이 끊어지면 난 목회 못 한다"고 고백하고 있다.[5]

청소년기 그는 신비적 체험도 굉장히 많이 했지만, 1960년대 가난

---

3 "나를 누가 어떻게 교회에서 오라고 해요? 부목사로 오라고 하겠어? 나를 받아주는 데가 어디 있어요? 아무 데도 없지." "인명진 목사 구술녹취전문", 2차(2011.1.7), 김명배 엮음, 『영등포산업선교회 자료집(VIII)』(인명진목사사료편찬위원회, 2020), 384; "인명진목사 구술녹취전문" 1차(2011.1.6), 2차(2011.1.7), 3차(2020.4.12)는 『영등포산업선교회 자료집(VIII)』, 287-337, 338-388, 389-413에 각각 수록돼 있다.

4 김명배 엮음, "인명진 목사 구술녹취전문", 1차(2011.1.6), 『영등포산업선교회 자료집(VIII)』, 291.

5 김명배 엮음, "인명진 목사 구술녹취전문", 1차(2011.1.6), 『영등포산업선교회 자료집(VIII)』, 292.

한 사람들에 비해 "호의호식하는 목사"와 이에 대해 무관심한 교회에 대한 강한 비판의식으로 한때 무교회주의에 심취하기도 했다. 그는 "기독교는 참 좋은데 이게 막 목사는, 교회는 이게 틀렸단 말이야…. 난 예수님의 가르침은 괜찮은 것 같은데 교회는 틀렸다"고 생각했다.[6] 모교가 예장통합 교회였으나 그는 이런 비판의식과 가난한 자들에 대한 교회의 사회적 역할을 고려하여 한신대학교로 진학한 것으로 보인다. 한신대학교에서 문동환 목사의 영향으로 자아확립의 기독교 교육에 심취하여 공부했다. 그는 기독교 교육을 통한 세계 변화와 주체적 자아확립을 동반한 인간개조를 꿈꾸었다. 당시 한신대학교 김재준, 서남동, 김정근, 문익환, 정하은, 김철현, 이장식, 안병무 등 석학들에게 사상적 · 신학적 영향을 받았다.[7]

1968년 한국신학대학교 기독교학과 졸업 후 인명진은 장로회신학대학교 신학대학원에 진학했다. 기장이 아닌 예장교단의 목회자 후보가 된 것은 아마도 집안의 영향이었을 것이다. 그가 봤을 때 당시 장신대학교의 학문적 수준은 한신대학교의 '최고의 진보적 신학'에 비해 "성경고등학교 수준"이었지만, 그는 장신대학교에서 "인간을 배웠다"고 기억한다. "(장신대학교) 교수님들한테 인간을 배웠어요. 한신대는 학문은 있는지 모르지만은 인간, 인간을 배울 수가 없었거든요. 그런데 우리 장신대 교수님들은 인간적으로 목회자로서 굉장히 훌륭한 성품, 훌륭한 인격을 갖추신 분들이에요."[8] 그는 한신대학교에서는 "학문"을 배웠고, 장로회

---

6   위의 책.

7   김명배 엮음, "인명진 목사 구술녹취전문", 1차(2011.1.6), 『영등포산업선교회 자료집 (VIII)』, 293.

8   김명배 엮음, "인명진 목사 구술녹취전문", 1차(2011.1.6), 『영등포산업선교회 자료집

신학대학교에서 "사람"을 배웠다고 한다. 이를 통해 그는 보수와 진보를 모두 아우르는 통합적인 신학 지평을 가질 수 있게 됐다고 회고한다. 특히 장신대학교 신학대학원 과정 중에 존 브라운(John P. Brown, 변조은) 선교사, 곽선희 목사를 만나게 되는데[9] 후에 그가 호주연합교회와 에큐메니컬 관계를, 그리고 보수적 대형교회인 소망교회와 인연을 갖고 도움을 얻는 계기가 됐다.

장신대학교 신학대학원 재학 중 인명진은 자기 인생의 변곡점이 되는 두 가지 사건을 경험했다. 1970년 11월 13일 전태일 분신과 이듬해 1971년 3월 18일 영등포 소재 한영섬유 노동자 김진수 피살, 이 두 사건으로 그는 노동문제를 인식하고 노동운동에 투신하게 된다.[10] 성장기 부유한 집안에서 자라서 가난이 뭔지도, 노동자가 있는지도 모르고 자랐던[11] 그에게 두 사건은 그가 노동운동에 헌신하게 되는 결정적 계기가 됐다. 전태일이 분신자살한 이유로 그가 출석하던 교회 목사가 장례를 치러주지 않은 모습에 충격을 받고 그는 청계천 평화시장의 처참한 노동의 현장, 가난의 현장을 목격했다.[12] 특히 영등포 소재 한영섬유 노

(VIII)』, 294.

9   김명배 엮음, "인명진 목사 구술녹취전문", 1차(2011.1.6), 『영등포산업선교회 자료집 (VIII)』, 295.

10 김명배 엮음, "인명진 목사 구술녹취전문", 1차(2011.1.6), 『영등포산업선교회 자료집 (VIII)』, 301-302.

11 김명배 엮음, "인명진 목사 구술녹취전문", 1차(2011.1.6), 『영등포산업선교회 자료집 (VIII)』, 301.

12 김명배 엮음, "인명진 목사 구술녹취전문", 1차(2011.1.6), 『영등포산업선교회 자료집 (VIII)』, 301-302. "CBS 인명진 목사 영상 인터뷰", 『영등포산업선교회 자료집(VIII)』, 416.

동자 김진수 피살사건[13]은 그가 학비를 면제받기 위해 목회실습으로 갔었던 영등포산업선교회가 관여하고 있던 사건이었다. 김진수 피살사건은 회사가 1970년 12월에 결성된 노조를 와해시키기 위해 고용한 깡패가 1971년 3월 18일 노동자 김진수의 머리를 드라이버로 가격하여 살해한 사건이다. 이 일을 두고, 회사는 물론 섬유노조조차도 단순히 개인 간 시비에 의한 우발적 사건으로 처리했다. 영등포산업선교회는 이 사건을 계기로 그동안 적극적으로 지원했던 한국노총과 결별하게 됐다. 인명진은 김진수 피살사건의 장례집행위원장으로 보상, 장례 과정을 경험하며 이후 그의 삶의 방향을 노동운동으로 결정한 것으로 보인다. 그는 김진수 사건을 기독학생운동이 일반학생운동과 결합하여 노동문제를 구체적으로 접목했던 사건으로 보고 기독교사회운동사에 있어 중요한 의미가 있다고 강조한다.[14]

3. 실천적 행동: 노동자 정체성과 성육신 이해

장신대학교 신학대학원을 1972년에 졸업하고 그가 선택한 목회현장은 일반 지역교회가 아닌 공장이었다. 물론 신학대학원 시절 삼선개

---

13 "김진수 사건은 명백한 노조탄압, 기업주에 의한 노동자 살해사주사건이었음에도, 한국노총과 섬유노조는 개인 간의 싸움이라며 회사의 편을 들었다. 게다가 1972년 유신시대가 시작되자 한국노총은 "유신헌법을 지지한다"는 성명을 발표했고, 급기야 1974년 영등포산업선교회의 인명진 목사와 김경락 목사가 투옥되자 산업선교회를 규탄하는 성명을 발표하여, 영등포산업선교회와 한국노총은 화해할 수 없는 강을 건너게 됐다." https://archives.kdemo.or.kr/contents/view/180 (접속: 2020.10.10)

14 김명배 엮음, "인명진 목사 구술녹취전문", 1차(2011.1.6), 『영등포산업선교회 자료집(VIII)』, 304.

헌 반대로 삭발, 총회 항의방문 투쟁, 이종성 박사 학장 취임 반대 동맹 휴교 등의 행보로 이미 기존 일반 지역교회에서의 목회는 어렵게 된 상황이었고, 존 브라운 목사가 산업선교를 권고했기 때문이기도 했지만,[15] 그가 공장으로 간 것은 공장이 가난의 현장이었기 때문이다. 그는 "나는 뭐 산업선교회에서 시작하는 것도 너무너무너무 그냥 단순하게 그냥 뭐 예수가 한 일이 어디냐. 가난한 사람이다. 요즘 세상에 예수가 왔다고 하면 공장에 갔을 것이다"[16]라고 자신이 공장으로 간 이유를 설명한다.

여전도회연합회가 허락하는 조건으로 인명진 목사를 채용하기 위해 영등포 도시산업선교위원회 위원장 유병관 목사가 서울3여전도연합회로 보낸 공문에 따르면 그는 1972년 4월부터 예장 "총회 산업선교훈련원에서 6개월간 노동체험과 3개월간 산업선교 실무훈련을 하고 대구산업선교회에서 3개월간 실무"[17]를 하며 노동운동을 시작했다. 인명진 목사는 이 공장이 면목동 소재 '넘버원' 비누공장, '독립문 패브릭스' 공장이라고 기억한다.[18] 산업선교 훈련기간 중 그는 1972년 충남노회 추천

---

15 김명배 엮음, "인명진 목사 구술녹취전문", 1차(2011.1.6), 『영등포산업선교회 자료집(VIII)』, 306-308.

16 김명배 엮음, "인명진 목사 구술녹취전문", 1차(2011.1.6), 『영등포산업선교회 자료집(VIII)』, 309.

17 영등포 도시산업선교위원회, "산업선교실무자 파송 요청서"(영산선 제520호, 1973.4.21), 『영등포산업선교회 자료집(IV)』, 244.

18 김명배 엮음, "인명진목사 구술녹취 전문", 1차(2011.1.6), 『영등포산업선교회 자료집(VIII)』, 309. 인명진 목사의 간단한 약력자료에 의하면, "1972년도부터 2년 동안 장노교 산업선교훈련원에서 훈련을 받음(6개월 노동하고, 3개월 고려대학교 노동문제연구소에서 교육 수료하고 나머지 기간은 영등포산업선교회에서 현지 실습기간 중에 있음)"으로 기록돼 있다. "인명진 목사", 『영등포산업선교회 자료집(VIII)』, 274. 또 다른 자료에 의하면 고려대학교 노동문제연구소에서 야간에 공부한 것으로 기록돼 있다. 조지송, "변조은 목사님께"(1973.11.28), 『영등포산업선교회 자료집(IV)』, 259. 인명진 목사가 1972년 장신대학교 신학대학원을 졸업한 후 그의 산업선교 훈련기간을 구체적으

을 받아 목사고시에 응시하여 합격하고[19] 10월 목사안수를 받았다.

산업선교 훈련기간 동안 공장에서 그는 성경에 나오는 그리스도의 성육신 사건을 새롭게 읽게 됐다. 성육신 사건을 인식적·이론적으로 이해하고 있다가 존재론적으로 체험했다.

> "나는 성육신 인카네이션(Incarnation)이라는 게 신학의 이론과 교류로 내가 알고 있었지만, 내가 가서 노동자가 돼서 일을 해보니까 이게 뭐냐 말이야, 응? 그동안에 각 교회에서 전도사지만 누가 할머니가 다 할아버지도 다 존대하던 존대 받고 가니까 인씨부터 시작해서 인씨 인씨, 난 나 부르는지도 몰랐어. 누가 감히 나보고 인씨라고 그러겠어? 평생 내가 듣는 처음 듣는 그 어떻게 사는지 노동자들이 많이 부족 어떻게, 그니까 이게 내가 신학교 졸업하고 목사가 전도사, 교회가 대접받는 그거를 버리고서 그거 그 쪼그만 기득권 있는 그거를 버리고 노동자가 된다는 거 이게 얼마나 이게 어렵고 이게 힘든 일인가 말이야, 응? 이게 얼마나 대단한 일인가. 그런데 뭐 하나님이 사람이 됐다 하늘에서 하늘보좌를 버리고 사람이 됐다, 얼마나 이게 우리에게 큰 은혜인가 이게, 응? 얼마나 얼마나 대단한 사건인가."[20]

로 확인할 필요가 있다.

19 대한예수교장로회총회, 『제57회 총회(1972.9.21~25, 서울동신교회당) 회의록』(대한예수교장로회총회교육부, 1973), 35.

20 김명배 엮음, "인명진 목사 구술녹취전문", 1차(2011.1.6), 『영등포산업선교회 자료집 (VIII)』, 309.

대부분의 사람들은 자신이 서 있는 위치, 거기까지만 공감능력을 가진다. 스스로 겪지 않은 불합리, 불행에는 진심으로 화를 낼 수 없다. 그러나 서 있는 위치가 바뀌면 공감능력과 행위가 변한다. 선교훈련을 통해 그의 실존은 노동자가 되어 노동자들의 삶, 아픔, 설움, 그리고 그들의 가난을 경험했다. 그의 존재가 '인 전도사님', '인 목사님'에서 노동자 '인씨'로 정체(正體)되는 경험으로 비로소 그는 노동자로서 노동자를 알게 됐고 노동자의 아픔에 분노하며 동참할 수 있었다. 그리고 이 일로 실제로 그는 가난해진 것으로 보인다. '부농'의 집안에서 평범한 목사가 됐다면 집안의 지원도 받을 수 있었지만, 산업선교를 하는 그를 "못마땅하게 생각"한 부친으로부터 그는 "버린 아들"이 됐다. 결혼하여 슬하에 딸을 둔 그의 월수입은 4만 3천 원이었고, 빚을 내어 "20만 원짜리 방 한 칸"에 셋방살이를 하게 된 것이다.[21] 집안으로부터 버림받고 노동자 '인씨'로서의 정체성 경험을 통해 그는 신의 자리에서 인간 역사에 오신 그리스도의 성육신을 새롭게 읽었다. 동시에 예수의 성육신 사건, 가난한 자, 소외된 자를 위한 예수의 인간 역사에서의 삶과는 괴리(乖離)된 전혀 다른 교회의 현실을 적나라하게 경험하고 목격했다. 산업훈련 초기 그가 작성한 일지에는 그가 바라본 교회의 모습이 기록돼 있다.

　　"오늘의 교회는 박물관이다. 신자들이 지금 어떤 형편에 있는지 알지도 못하고 괜히 2000년 전의 옛날 이야기나 하고 있으니. 설교는

21　김명배 엮음, 『영등포산업선교회 자료집(VIII)』, 274. 조지송 목사가 변조은 목사에게 보낸 1975년 10월 10일자 편지에 의하면 인명진 목사의 1975년도 월급도 "너무나 적은 금액"인 6만 원이었다. 조지송, "변조은 목사님께"(1975.10.10), 『영등포산업선교회 자료집(IV)』, 318.

거의 모두 헛소리. 사회의 불의를 종교적으로 합법화하고 있다. 예수 믿는 회사의 비신앙적인 처사들을 알리고, 작업환경 개선을 사장에게 건의해야 한다. 직간접으로 **우리**는 착취당하고 있다."[22]

교회는 오늘 신자들 특히 노동자들, 가난한 자들의 삶과는 유리된 채 2,000년 전 과거를 '전시'하는 박제된 박물관이 됐고, 예언자적 목소리로 사회의 불의를 고발하고 개선해야 할 설교들은 오히려 사회의 불의와 기독교계 기업 사주(社主)가 노동자들을 착취하는 불법적 행위들을 합법화하는 헛소리에 불과하다고 그는 판단했다. 교회가 살아있지 못하고 기득권과 힘, 자본에 박제되어 노동자의 현실을 외면하는 것을 보며 그는 교회를 신랄하게 비판했다. 이전에 노동자를 알지 못했고, 설사 인지하고 있다 하더라도 '그들' 곧 타자(他者)로 여겨 선교 대상(對象)으로만 바라본 노동자를 이제 그는 '우리'로 인지하며 자기화하여 노동자들의 눈물과 아픔에 분노하기 시작했다. 노동임금, 노동인권, 노동조건, 노동환경 등 노동문제는 노동자 '그들'의 문제가 아니라 '우리'의 문제로 인식하게 됐다. 이제 노동자를 위한(for) 삶이 아니라 '노동자의(of) 삶'이 그의 삶의 현장이 된 것이다.

"우리가 처음부터 노동자들의 문제를 뭐 어떻게 해야 되겠다, 그렇게 시작을 하고 노동문제에 끼어든 게 아니라 노동자들하고 우리가 진, 정말 살다가 보니까, 가깝게 살고 그들의 **삶을 같이하다가 보니까** 그 사람들의 문제를, 그 삶의 현장에서다. 그 사람들의 삶의 현장

---

22 인명진, 「훈련일지(미공개)」(장로교산업선교훈련원, 1972.4.30); 진방주, "발간사", 『인명진을 말한다』, 17에서 재인용.(강조는 필자).

이라는 건 노동문제 아니에요?"[23]

4. 인간 변화: "더불어 사는 세상"을 위한 "삶의 공동체"

한편, 유신체제 하 노동조합 지도자의 변질로 노동조합은 더 이상 노동자를 위한 기능을 할 수 없게 됐다. 오히려 노동조합은 유신정권의 앞잡이로 노동자들을 탄압하는 기구, 착취하는 기구로 전락하고 말았다. 조합조직 지도자의 변질과 한계를 극복하기 위해서 노동운동은 "밑바닥 노동자들의 의식화" 곧 노동자 자신이 주체적으로 노동의식을 가지고 스스로 권리를 찾는 방식으로 전환돼야만 했다.[24] 조직이 아니라 사람, 인간의 변화가 요청되는 시기였다. 따라서 한국노총과 결별한 영등포산업선교회는 1974년부터 소그룹을 통한 밑바닥 노동자들의 의식화 교육을 진행했다. 그는 가장 낮은 밑바닥이었던 임시공, 여자 노동자들 6~10명으로 점조직화된 소그룹 의식화를 통해 어용노조에 대항하는 노동조합투쟁과 근로기준법에 따른 근로환경 개선, 8시간 노동 등 노동조건 개선을 이뤄나갔다. 인명진 목사가 이끈 임시공, 여자노동자들의 소그룹은[25] 다른 교단의 사회선교운동과는 달리 서구 개인주의에 근거

---

23 김명배 엮음, "인명진 목사 구술녹취전문", 1차(2011.1.6), 『영등포산업선교회 자료집
   (VIII)』, 298(강조는 필자).

24 김명배 엮음, "인명진 목사 구술녹취전문", 1차(2011.1.6), 『영등포산업선교회 자료집
   (VIII)』, 315.

25 김명배는 김연자와 인명진의 구술을 근거로 영등포산업선교회의 이 소그룹 점조직이
   교회구역 제도의 차용이라고 주장하지만, 인명진의 구술에는 구체적인 내용은 없다. 김
   명배, "영등포산업선교회 노동운동이 한국사회 민주화와 인권운동에 끼친 영향", 『인명
   진을 말한다』, 142-143. 정병준은 인명진의 소그룹 조직이 본회퍼(Dietrich Bonhöfer,

한 알린스키(Saul D. Alinsky, 1909-1972)의 '자기 이익'(Self-interest)에 따른 지역사회 조직방법을 따르지 않고, 한국사회의 집단주의에 근거한 '혈연' 혹은 '인연'을 기초한 조직으로 구성했다.[26] 이를 통해 노동자 개인의 인권, 노동환경과 노동조건이 분명히 개선됐다. 동시에 방림방적 임금체불 문제의 경우, 이를 사회문제화하여 노동운동이 노동자들만의 문제로 고립되는 것을 방지하고 기업, 정부를 넘어 국민들의 지지를 받는 운동으로 전환했다. 사회가 노동문제를 인식함으로 노동운동은 자연스럽게 인권운동으로, 민주화운동의 토대가 됐다.[27]

하지만 인명진 목사는 자신의 노동운동을 회고하며 "사람을 잃어버리면 안 된다. 사람에 대한 관심을 등한히 했다. 빵에 대한 관심만 가졌고, 사람이 어떻게 변화돼야 하는가, 이거에 대하여 관심을 기울이지 못"한 것에 대한 아쉬움을 토로했다. 있는 자와 없는 자 사이의 공정한 분배, 경제 정의도 중요하지만, 결국 노동자 '개인 권리' 보장을 넘어 "더불어 사는 세상"을 만들어야 하는데, 이는 근본적으로 사람이 변화돼야 할 문제였다고 그는 생각했다. 따라서 선교란 근본적으로 사람이 변하는 것이어야 한다고 인명진 목사는 강조했다.[28]

1906-1945)의 성육신 신학에서 아이디어를 순복음교회 조용기 목사의 구역제도에서 가져왔다고 언급했다. 정병준, "인명진 목사의 정치참여와 신학", 『한국교회사학회지』 57집(2020.12), 230.

26 김명배 엮음, "인명진 목사 구술녹취전문", 1차(2011.1.6), 『영등포산업선교회 자료집 (VIII)』, 318-320.

27 김명배 엮음, "인명진 목사 구술녹취전문", 1차(2011.1.6), 『영등포산업선교회 자료집 (VIII)』, 334-335.

28 김명배 엮음, "인명진 목사 구술녹취전문", 1차(2011.1.6), 『영등포산업선교회 자료집 (VIII)』, 331-332. 인명진 목사의 '인간변화'에 대한 관심에 대해서는 안하원 목사의 증언도 참조. 안하원, "한국민중교회와 인명진", 『인명진을 말한다』, 306-307.

1977년 '영등포노동교회'가 설립(1983.1.9. 성문밖교회로 개칭)되어 노동 자들과 함께 예배를 시작한 것은 바로 이런 이유에서였다. 1974년 긴급 조치 1호 위반으로 인명진 목사, 김경락 목사가 투옥됐을 때 시작된 노 동자들의 '엑소더스'(Exodus)라는 주일 오후 기도모임이 1977년 3월 13 일 노동교회 창립으로 이어졌다. 유신정부는 노동운동이 인권운동, 민 주화운동으로 이어지자 영등포산업선교회를 와해시킬 목적으로 노회에 압력을 가해 산업선교위원회를 해체시켜 노동운동을 저해하고자 했다. 이런 상황에서 영등포노동교회(성문밖교회)는 개별교회로 그 조직을 유지 하고 재정 문제를 해결하고자 했던 '현실적' 이유가 있었지만, 노동문제 를 인간의 문제로 보고 이를 복음으로 해결하고자 했던 '본질적' 이유로 탄생했다.[29] 따라서 인명진 목사는 영등포산업선교회는 신앙으로 하는 교회이며, 여기서 일하는 실무자는 철저히 그리스도 신앙 정체성에 기 초해야 한다는 점을 확실히 했다.[30] 교회 없는 선교는 NGO 사회운동단 체의 일이 되며, 선교 없는 교회는 2,000년 전 이야기만 되풀이하는 죽 은 박물관이 될 뿐이었다. 인명진 목사에게 있어 영등포산업선교를 통 한 노동운동은 그 자체로 교회운동이었으며, 그는 근본적으로 인간문제 로서의 노동문제는 인간변화로만 해결할 수 있다고 여겼다.

특히 김대중 내란음모 혐의로 네 번째 구속 후 1981년 1월 추방되 어 호주에서 약 1년간 체류할 때, 혁명과 관련된 여러 나라와 단체 지도 자를 만나면서 인간변화에 대한 그의 인식은 '공동체운동'으로 발전했 다. 그는 정치적 혁명을 통해서 평등사회, 이상사회를 이룰 수 없으며,

---

29   손은하, "성문밖교회, 성문밖공동체 운동으로", 『인명진을 말한다』, 280-281.

30   김명배 엮음, "인명진 목사 구술녹취전문", 1차(2011.1.6), 『영등포산업선교회 자료집 (VIII)』, 331.

대안은 "삶의 공동체"임을 발견했다. 예수의 운동은 로마 정권을 쓰러뜨리는 정치적 혁명, 정치권력이 아니라 "삶으로 엮여 있는, 어떤 정신적 가치로 엮여 있는 삶의 공동체"운동임을 깨달은 것이다.[31] 인간변화를 통해 더불어 사는 세상, 상생(相生)의 사회를 만들어 가는 길은 삶을 나누는 "삶의 공동체"임을 깨달은 그는 1984년부터 성문밖교회 연초 세례교인 수련회를 개최하여 노동자들이 1년 동안 꾸준히 실천해야 할 생활목표를 정하고 다짐하는 시간을 마련, 복음을 통한 인간변화를 모색했다. 이 연초 수련회의 다짐이 그가 갈릴리교회 설립 후 1992년부터 매해 1월 첫 주에 드리는 "공동체계약갱신예배"로 이어진 것으로 보인다. 모든 갈릴리교회 교인은 "예수를 믿는다는 것은 우리 삶의 구체적인 행위로써 이를 확인하고 나타내는 일임을 확신"하며 계약공동체의 계약자로 구체적인 계약행위를 기억하고 실천하므로 자신의 모습을 변화시켜 가기로 서약한다.[32] 복음 안에서 하나님과 계약을 맺은 모든 그리스도인은 자신을 변화시켜 상생의 사회를 실현하는 예수 운동가가 된다. 계약공동체를 통한 상생의 사회 건설에 대한 그의 비전은 향후 그가 노동, 인권, 민주화, 통일, 생태환경, 이주노동자 문제 등 다양한 사회문제를 대하는 태도에서 계속 드러나게 된다.

---

31 김명배 엮음, "인명진 목사 구술녹취전문", 2차(2011.1.7), 『영등포산업선교회 자료집 (VIII)』, 382-383.

32 "갈릴리공동체계약" 전문은 인명진, 『위대한 부르심: 갈릴리교회 30년의 이야기』(비전북, 2015), 36-45 참조.

5. 노동운동과 교회

　인명진 목사는 노동자의 삶과 괴리된 교회를 비판하지만 영등포산업선교를 통해 노동운동을 하면서 끝까지 교회 공동체를 포기하지 않았다. 그는 영등포산업선교를 철저히 "교회의 기구", "교회의 지체"로 인식하며 교회와 함께했다.[33] 그는 노동문제를 교회로 가져와 교회 본질을 회복시키는 것을 희망한 것으로 보인다. 그래서 그는 산업선교에도 두 가지를 강조했다. "근로자들과 함께 사는, 우리 한 발은 근로자들과 함께 가야 되고, 한 발은 교회에 있어야 된다."[34] 한 발은 노동현장에, 한 발은 교회에 둠으로 근로자들과 함께하며, 교회로 하여금 근로자 문제를 알고 참여하게 하는 것이 산업선교의 역할이라고 그는 말한다. 곧 노동자의 삶은 교회의 문제여야 한다는 것이다. 특히 김진수 사건으로 영등포산업선교회가 한국노총과 결별하기 이전, 인명진 목사는 노동조합을 대안적 새로운 교회로 보았다.

　"우리는 그때 인제 생각하기를 … 노동문제를 해결을 할 수 있는 방법은 노동조합밖에 없다. 이 노동조합이, 새로운 노동조합이 새로운 교회다, 대안이다, 노동자를 돌볼 수 있도록 하나님이 만드신 특별한 도구다, 우린 이렇게 생각을 했어요. 그 노동조합이 결성이 되면 노동자들이 보장이 되고 노동문제가 해결이 되고 다 될 줄을 생각을

33　김명배 엮음, "인명진목사 구술녹취전문", 1차(2011.1.6), 『영등포산업선교회 자료집(VIII)』, 289-290.

34　김명배 엮음, "인명진목사 구술녹취전문", 1차(2011.1.6), 『영등포산업선교회 자료집(VIII)』, 300.

했어요. 그리고 우리는 이 노동조합을 결성하고 노동조합지도자를 양성하고 노동조합을 만들고 하는 것이 우리 교회가 해야 될 일이 다…. 이렇게 생각을 한 거야."[35]

인명진 목사의 전임자로 영등포산업선교회 총무였던 조지송 목사도 헌신적인 노동자들을 '예수'라 부르며, 노동조합을 "노동자들의 교회", "목회현장", "노동자 구원의 도구"로 봤다.[36] 1972년 유신정권 하 노동운동 지도자들이 유신헌법을 지지하며 오히려 노동자들을 탄압하는 어용노동조합으로 변질하기 전까지 노동조합은 "하나님이 만드신 특별한 도구"로서 대안적 교회이며, 노동운동 그 자체가 목회였다. 인명진 목사는 노동운동에서 끝까지 공동체로서의 교회를 추구해나갔다. 그에게 노동운동 그 자체가 목사의 일, 목회였다. 당연히 인명진 목사가 노동운동으로 투옥됐을 때 교회는 그의 석방과 구명을 지원했다.

6. 교회(총회, 노회)의 인명진 목사 구명운동

이명석의 증언에 의하면 인명진 목사는 평소에 "선교는 반드시 교회의 꽃인 노회가 주도"해야 한다고 주장했다.[37] 바른 선교는 노회의 결

---

35 김명배 엮음, "인명진목사 구술녹취전문", 1차(2011.1.6), 『영등포산업선교회 자료집(VIII)』, 312.

36 대한예수교장로회 영등포산업선교회, 『영등포산업선교회 40년사』(영등포 산선, 1998), 112; 김명배, "영등포산업선교회 노동운동이 한국사회 민주화와 인권운동에 끼친 영향", 『인명진을 말한다』, 138-139에서 재인용.

37 이명석, "한국, 독일, 가나 선교 협력과 인명진", 『인명진을 말한다』, 437.

의에 의해 진행돼야 함을 강조한 것이다. 노동운동을 교회운동으로 생각하며 산업선교를 교회와 구분하지 않았던[38] 인명진 목사는 노회와 관계를 성실히 지켜나간 것으로 보인다. 예를 들어, 목사로서 당연한 행정이지만 인명진 목사는 두 번의 호주 체류를 반드시 소속노회인 서울남노회에 공문을 보내 해외여행, 해외체류 허락을 청원했으며,[39] 귀국 후에는 반드시 노회와 노회파송 산업선교위원들에게 귀국보고를 했다.[40] 또한 그는 교회, 노회와 총회 및 청년회연합회가 노동운동 관련 강의를 요청하면 성실히 임한 것으로 보인다.[41] 이런 노회, 총회와의 관계 속에서 인명진 목사가 영등포산업선교회 실무자로 구속됐을 때, 노회와 총회는 그의 구명운동을 지원했다. 인명진 목사는 영등포산업선교회에서 사역하는 동안 당했던 네 번의 투옥[1974년(긴급조치 1호), 1978년(긴급조치 9호), 1979년(YH사건), 1980년(김대중 내란음모)]으로 3여 년 옥고를 치렀다.[42]

---

38 성문밖 30주년 역사자료편찬위원회 엮음, 『그 길의 사람들: 성문밖 30년사』(성문밖교회, 2007), 86; 손은하, "성문밖교회, 성문밖공동체 운동으로", 284에서 재인용.

39 김명배 엮음, "해외여행 허락청원서"(영산선 제618호, 1981.1.20), 『영등포산업선교회 자료집(V)』, 93; "해외체류 허락 청원의 일(신청인: 인명진)"(1984.4.25). 『영등포산업선교회 자료집(V)』, 192.

40 김명배 엮음, "인명진 목사 귀국보고 및 사업토의"(영산선 제633호, 1982.4.14), 『영등포산업선교회 자료집(V)』, 152 참조.

41 1980년도의 경우를 예로 들면, 총회사회부의 '사회개발과 선교권 강화'를 위한 교회지도자 훈련생 방문 시 브리핑 요청("훈련생에게 브리핑 요청", 1980.2.7, 『영등포산업선교회 자료집(V)』, 49), 총회전도부의 산업선교 세미나 패널요청("산업선교 세미나건" 1980.4.17, 『영등포산업선교회 자료집(V)』, 57), 부산노회 정기노회 특강("인명진 목사 귀하", 1980.3.5, 『영등포산업선교회 자료집(V)』, 51), 부산노회청년연합회의 '도시산업선교의 현황과 전망' 강의 요청(『영등포산업선교회 자료집(V)』, 53), 순천노회청년연합회의 강의요청(『영등포산업선교회 자료집(V)』, 64), 울산시찰청년연합회 후원의 미스바 선교회 간증집회 초청(『영등포산업선교회 자료집(V)』, 66-67) 등이 있다.

42 인명진 목사의 정치참여에 대해서는 정병준, "인명진 목사의 정치참여와 신학", 223-259를 참고.

긴급조치 1호 위반으로 1974년 1월에 인명진 목사가 구속 수감되자, 1974년 5월 1일 영등포도시산업선교위원회 위원장 유병관 목사가 경기노회장 김득만 목사, 경기동노회장 주관준 목사에게 구속된 산업선교 실무자 인명진 목사와 김경락 목사(감리교)를 위해 "노회 회의 중에 이들을 위해 기도해주시고 일차 헌금하여 옥중에 있는 분들에게 정신적, 영적 양식이 될 수 있는 서적을 보낼 수 있도록" 청원했다.[43] 같은 해 12월 14일 다시 영등포도시산업선교위원회(위원장 이정학, 서기 오원식, 위원 차관영, 이정규, 이성의 장기택, 유의웅)는 각 교회 당회장에게 청원서를 보내 투옥 중인 인명진 목사와 가족들을 위한 기도와 헌금을 요청했다.[44] 이러한 요청에 원일교회, 고평도진교회, 수유동교회, 군포교회, 을지로교회, 당산교회, 도림동교회, 영문교회, 양평동교회, 남현교회, 안성쌍지교회, 상도교회 중등부 그리고 서울남노회 사회부가 기도와 헌금으로 응답했다.[45] 제59회기(1974/1975) 총회전도부도 실행위원회의 결의에 따라 구속 수감 중인 인명진 목사(충남노회)와 김진홍 전도사 가족을 위로 방문했으며, 전도부 '도시산업선교위원회'는 인명진 목사가 긴급조치 위반으로 구속 중에 있음을 총회에 보고했다.[46] 인명진 목사는 "그래도 긴급조치 1호 때에는 교단에서도 그렇고 사람들이 밖에서 NCC도 그렇고 그때는요, 변호사도 대주고, 뒷바라지도 해주고 그랬"다고 회고한다.[47] 한편 인

43 김명배 엮음, "구속된 성직자들을 위한 기도와 헌금 청원의 건"(1974.5.1), 『영등포산업선교회 자료집(IV)』, 277-278.

44 김명배 엮음, "청원서"(1974.12.14), 『영등포산업선교회 자료집(IV)』, 291.

45 김명배 엮음, 김옥란(인명진 목사 아내), "감사의 말씀"(1975.1.10), 『영등포산업선교회 자료집(IV)』, 293.

46 『제59회 총회(1974.9.19~23, 서울영락교회당) 회의록』, 99, 105.

47 김명배 엮음, "인명진 목사 구술녹취전문", 2차(2011.1.7), 『영등포산업선교회 자료집

명진 목사는 1975년 2월 15일 형집행정지로 출소[48] 후 그해 가을에 노회 소속을 충남노회에서 서울남노회로 이명하여 옮겼다.[49]

인명진 목사는 1978년 4월 17일 청주도시산업선교회(정진동 목사)가 개최한 "노동자와 농민을 위한 [단식]기도회"에서 한 설교가 빌미가 되어 긴급조치 9호[50]와 신용협동조합법 위반 혐의로 두 번째 구속됐다. 그는 5월 1일 경찰 연행으로 구속되어 6개월간 수감됐다가 11월 1일에 석방 됐다. 인명진 목사가 구속되자 1978년 5월 8일 경기노회와 5월 9일 그 가 소속한 서울남노회는 정기노회에서 인명진 목사의 구속사건을 보고 하고 그를 위해 전노회가 기도하고 헌금하여 기독공보사로 보냄과 동시 에 산업선교를 강화하기 위해 두 노회는 산업선교위원 1명 증원을 결의 했다.[51] 특히 서울남노회는 5월 9일 "성명서"를 발표하여 도시산업선교 는 노회와 총회의 선교일환임을 밝히고, 이 활동의 강화는 세계적 · 시 대적 과업이므로 "공산집단 운운하는" 이데올로기 공격을 즉각 중단하 고 산업선교 실무자 인명진 목사를 조속히 석방하라는 노회 결의와 태 도를 분명히 밝혔다.[52] 서울남노회는 또한 6월 16일과 8월 28일 두 차례

(VIII)』, 352.

48　김명배 엮음, "인명진 목사 기소내용", 『영등포산업선교회 자료집(VIII)』, 31, 35.

49　김명배 엮음, "위원회의에 관한 일"(영산선 제560호, 1975.10.2), 『영등포산업선교회 자 료집(IV)』, 317.

50　김명배 엮음, "인명진 목사 기소내용"과 "기소장"(『영등포산업선교회 자료집(VIII)』, 31, 35)에는 적용법조를 긴급조치 "제7. 제1 가호"로 명시돼 있으나 이는 오기(誤記)로 '제9. 제1 가호'(유언비어를 날조, 유포하거나 사실을 왜곡하여 전파하는 행위)로 수정 하여 읽어야 한다.

51　김명배 엮음, "인명진 목사 구속사건 일지"(1978.5.8~9) 『영등포산업선교회 자료집 (VIII)』, 42.

52　김명배 역음, 대한예수교장로회 서울남노회, "성명서"(1978.5.9), 『영등포산업선교회 자료집(VIII)』, 60.

에 걸쳐 총회에 인명진 목사 구속과 성경본문(미가 2:1, 7:3) 공소 사실에 대한 긴급건의서를 발송하여 사안의 심각성을 알리며 전국노회와 교계를 향한 총회 조치와 가족 돕기를 요청했다.[53]

한편 총회 전도부는 5월 10일 실행위원회를 소집하여 인명진 목사의 석방을 위한 총회적 교섭의뢰 공문을 총회장에게 발송했다. 전도부의 공문을 접수한 총회는 5월 16일 교회연합사업 및 사회대책위원회를 소집,[54] 성갑식, 이의호, 김종대, 림인식, 김윤식 5명의 위원을 선정하여 영등포지청 사건담당 부장검사인 이진우(소망교회)와 담당검사 박정규[55]를 만나 인명진 목사 구속에 대한 총회의 유감의 뜻과 불구속 취조를 요청했다. 부장검사가 이 내용을 공문으로 요구했고 총회는 인명진 목사 석방 진정서를 겸한 총회장 명의의 공문을 영등포지청장과 영등포지원장에게 전달했다.[56] 또한 총회 '연합사업 및 사회문제대책위원회'는 7월 14일 회집하여 7월 25일 구속성직자(고영근, 인명진)를 위한 기도회 개최를 결의했으며, 연동교회에서 시행된 이날 기도회에는 총회임원, 노회장, 산하기관장 등 약 120여 명이 참석했다.[57] 이에 앞서 7월 8일에는 예장

---

53 김명배 엮음, 서울남노회장 이정규, 서기 최복상, "긴급건의서"(1978.6.16), 『영등포산업선교회 자료집(VIII)』, 79, "총회장께 드리는 긴급건의문(2호)", 『영등포산업선교회 자료집(VIII)』, 108.

54 『제63회 총회(1978.9.21~25, 서울영락교회당) 회의록』, 202.

55 김명배 엮음, "인명진 목사 구술녹취 전문", 2차(2011.1.7), 『영등포산업선교회 자료집(VIII)』, 355.

56 대한예수교장로회총회, "구속성직자 현황보고"(1978.7.25), 『영등포산업선교회 자료집(VIII)』, 96.

57 『제63회 총회(1978.9.21~25, 서울영락교회당) 회의록』, 202. "인명진 목사 구속사건 일지"(1978.7.14), 『영등포산업선교회 자료집(VIII)』, 50-51. 인명진 목사 구속사건일지에는 참석자가 200여 명이라고 하나 총회회의록에는 120명으로 기록되어돼 있다. 총회회의록을 따랐다.

청년회전국연합회가 주최한 "구속된 고영근, 인명진 목사님을 위한 기도회"가 새문안교회에서 열렸다. 또한 9월 21~25일 서울영락교회당에서 개최된 총회는 전도부가 구속된 고영근, 인명진 목사를 위해 총회가 기도하고 가족을 위해 헌금을 보낼 것을 청원한 건을 허락하고, 이들의 석방 추진을 위해 총회의 '교회연합 및 사회대책위원회'에 맡기기로 했다.[58]

총회의 이러한 조치에도 불구하고 "산업선교가 처한 이러한 심각한 사태에 대하여 예장총회는 아무런 대책을 강구하지 못하고 있었으므로 위기를 느낀 이들에 의해 산업선교수호위원회가 결성"[59]됐다. 위원장 차관영 목사, 부위원장 김윤식 목사, 이기은 목사, 실행위원 이순경 목사 등으로 조직된 예장 산업선교수호위원회는 8월 7일 "구속된 고영근, 인명진 목사를 위한 동역자 기도회"를 남대문교회에서 개최하고,[60] 9월 11일 "성명서"를 발표하여 당국을 향해서는 부당하게 구속된 고영근, 인명진 목사와 근로자들의 즉각 석방, 영등포산업선교회에 가한 부당한 조치의 원상회복, 도시산업선교에 대한 탄압 즉각 중단, 성서 본문과 설교 내용 기소 경위 해명과 공개 사과를 촉구했으며, 총회에 대해서는 책임있는 행동을 촉구했다.[61]

영등포산업선교회도 인명진 목사 석방을 위해 기도회와 함께 노회와 협력하여 이 일을 추진해나갔다. 5월 20일 산업선교회는 서울남노회

---

58 『제63회 총회(1978.9.21~25, 서울영락교회당) 회의록』, 69-70.

59 김명배 엮음, 예장산업선교수호위원회, "성명서"(1978.9.11), 『영등포산업선교회 자료집(VIII)』, 69, 111.

60 김명배 엮음, 『영등포산업선교회 자료집(VIII)』, 99-100.

61 김명배 엮음, 예장산업선교수호위원회, "성명서"(1978.9.11), 『영등포산업선교회 자료집(VIII)』, 69.

가 5월 9일에 발표한 '성명서'와 1975년에 발표된 도시산업선교 중앙위원회의 '도시산업선교의 기본자세에 대해' 각 500매를 서울동노회, 서울서노회, 서울남노회, 서울노회, 경기노회 소속 교회와 목사들에게 우송하여 정보를 전달하고 연대를 요청했다. 이에 금호동교회 최기준 목사 등이 산업선교회에 내방, 인명진 목사 구속사건에 대한 대책을 협의하기도 했다.[62] 인명진 목사는 10월 28일 선거공판에서 징역 1년, 자격정지 1년을 선고받았지만, 11월 11일 형집행정지로 석방됐다.[63]

　　1979년 인명진 목사는 YH사건 배후조종 혐의로 세 번째 구속됐다. 면목동에 소재한 가발공장 YH무역 문제에 영등포산업선교회는 당시 선택과 집중을 위해 "영등포라는 지역을 넘어서지 않는다"는 원칙 아래 직접 관여하지 않았다.[64] 그러나 인명진 목사는 사주(社主) 장용호의 폐업 조치에 항의하며 농성 중에 있는 여공들을 격려하기 위해 방문했다. 투쟁승리를 위해 그는 당시 김영삼 총재가 당권을 장악하고 유신반대 투쟁 중이던 신민당사에서 농성할 것을 제안했는데 이를 김영삼이 수용하여 성사됐다. 이에 박정희 유신정권은 김영삼 신민당 총재를 의원직에서 제명했고, 도시산업선교회에 YH사건 책임을 물어 인명진을 배후조정 주범으로 8월 11일 구속했다.[65]

62　김명배 엮음, "인명진 목사 구속사건 일지"(1978.5.20), 『영등포산업선교회 자료집(VIII)』, 44.

63　김명배 엮음, "인명진 목사 구속사건 일지"(1978.11.11), 『영등포산업선교회 자료집(VIII)』, 57, 116.

64　김명배 엮음, "인명진 목사 구술녹취전문", 2차(2011.1.7), 『영등포산업선교회 자료집(VIII)』, 363.

65　김명배 엮음, "인명진 목사 구술녹취전문", 2차(2011.1.7), 『영등포산업선교회 자료집(VIII)』, 366. YH사건으로 인한 김영삼의 의원직 제명은 부마항쟁으로 이어졌고, 10 · 26 사태로 유신정권이 무너지는 원인이 된다.

총회는 즉각 '교회연합사업 및 사회대책위원회'를 통해 도시산업선
교회에 대한 정부의 행동에 강력히 항의하며 총회장 김두봉 목사 명의
의 성명서를 8월 15일에 발표했다.

대한예수교장로회 총회는 최근 사회적으로 커다란 물의를 일으킨
사건과 관련하여 도시산업선교회에 대한 정부가 취한 행동에 대하
여 경악을 금치 못하는 동시에 비상한 관심을 가지고 예의 주시하면
서 본 교단은 그 진로에 대하여 다음과 같은 우리들의 기본적인 입
장을 밝히는 바이다.

1. 도시산업선교는 성서에 근거하여 가난하고, 힘없고, 소외당한 자
   들을 도우며 복음으로 희망을 안겨주는 선교의 행위로서 세계 교
   회와 더불어 그 일을 추진해왔다. 우리는 이 선교가 하나님의 명
   령으로 믿으며 앞으로도 역사 속에서 계속 본 교단의 산업선교
   지침에 의하여 추진할 것을 고백한다.
2. 사건과 영등포 도시산업선교회는 직접 어떤 관계가 없음에도 불
   구하고 마치 그 산업선교회가 배후에서 조종한 것처럼 인상을 주
   는 것은 도저히 납득할 수가 없다. 관계당국이 일방적인 보도를
   통해서 산업선교회가 기독교를 가장한 용공적인 불순 세력인 양
   보도하는 일에는 분노를 금할 수가 없다. 우리는 이 중대한 시점
   에서 국민 앞에 우리가 하고 있는 도시산업 선교는 결코 용공적
   인 불순 단체가 아님을 분명하게 선언한다.
3. 사건이 야기된 전후 저변에 흐르고 있는 사회적인 부조리 현상을
   정부 감독기관의 태만에 대해서 엄격히 문책하는 동시에 유감과

깊은 우려를 표망하는 바이다. 하루속히 일방적인 왜곡된 보도를 중지하고 구속 인사를 즉각 석방함으로 새 희망을 향해 함께 전진할 수 있기를 기대하는 바이다.

1979.8.15. 대한예수교장로회 총회장 김두봉[66]

총회는 "정부가 취한 행동에 경악", "관계당국이 일방적인 보도… 분노를 금할 수가 없다", "정부 감독기관의 태만에 대해 엄격히 문책", "구속 인사 즉각 석방"을 요구하는 등 강경한 어조로 입장을 밝혔다. 8월 24일 소집된 동 위원회는 김종대, 김형태, 김윤식, 한기원, 김소영을 대책위원으로 선정했고, 총회기간 중 9월 22일에는 구속된 고영근, 인명진 목사 석방 건의와 그 가족과 이들을 위한 현장 헌금을 가결했다. 헌금 507,420원이 모아졌다.[67] 또한 사회부 '구제 위원회'는 구속교역자 인명진 목사와 고영근 목사 가족에게 각각 위로금을 전달했다.[68] 1978년 긴급조치 9호 위반으로 구속됐을 때 총회 대책에 위기를 느껴 예장 산업선교수호위원회가 조직된 것에 비해 YH사건으로 인명진 목사가 구속되자 총회는 다른 때와는 달리 강경한 태도로 정부에 항의하고 대책을 마련한 것으로 보인다. 영등포산업선교회가 YH사건에 직접 개입하지 않았는데 정부가 배후조정, 용공 불순세력 등 이데올로기 공격을 가했기 때문이었을 것이다. 한편 인명진 목사가 YH사건으로 구속수감 중일 때 유신정권은 중앙정보부장 김재규가 박정희 대통령을 총격 살해한

---

66 『제64회 총회(1979.9.20~25, 서울영락교회당) 회의록』, 61-62.

67 『제64회 총회(1979.9.20~25, 서울영락교회당) 회의록』, 62.

68 『제64회 총회(1979.9.20~25, 서울영락교회당) 회의록』, 158.

10 · 26 사태로 막을 내렸다. 인명진 목사는 그 후 약 2개월 뒤 12월 12일 석방됐다.[69]

인명진 목사가 석방되어 나왔을 때 사회는 새로운 정치적 격동기였다. 신군부 전두환은 12 · 12 군사반란으로 권력을 장악하기 시작했다. 전두환의 신군부 세력은 이에 저항하는 학생 시위, 사북사태에 이은 노동자 투쟁들을 강력히 제압했으며, 1980년 5월 17일 24시를 기점으로 전국에 비상계엄령을 확대하면서 정치인, 재야 인사, 학생지도자 26명을 '권력형 부정축재 혐의자' 및 '사회불안 조성 및 학생 및 노조 소요의 배후조종 협의자'로 검거 연행했다.[70] 신군부 계엄사에 의해 이들은 '김대중 내란음모사건' 주모자로 조작됐다. 여기에 인명진 목사가 포함되어 5월 17일 새벽에 구속됐다. 그의 네 번째 구속이었다. 평창동 한 수도원에서 "데[대]일화학 노동자들"과 순례 중에 검거되어 중앙정보부로 연행됐다. 그곳에서 그는 내란 노동총책임을 자백 강요받으며 40일간 고문을 당했다.[71]

총회는 수감 중인 인명진 목사 가정을 부총회장과 각부 총무로 하여금 방문하여 위로하게 했고, 사회부 '교회 연합사업 및 사회문제 대책위원회' 실행위원회는 7월 24일 회집하여 인명진 목사 관계를 박치순, 이의호, 김윤식 위원에게 위임하고 다른 구속자 가족을 위해서 전국교회에 공문을 보내 기도와 헌금을 요청했다.[72] 총회와 더불어 호주연합교

69 김명배 엮음, "인명진 목사 구술녹취전문", 2차(2011.1.7), 『영등포산업선교회 자료집(VIII)』, 370.

70 정해구, 『전두환과 80년대 민주화운동』(역사비평사, 2015), 53.

71 김명배 엮음, "인명진 목사 구술녹취전문", 2차(2011.1.7), 『영등포산업선교회 자료집(VIII)』, 372-374.

72 『제65회 총회(1980.9.25~30, 서울영락교회당) 회의록』, 199, 231.

회는 호주 정부를 통해서 인명진 목사의 석방을 위해 다각도로 전두환 신군부와 협의했다. 그 결과 호주로 추방하는 조건으로 구속 4개월 만에 구속집행정지로 풀려났다.[73] 석방 후 곧바로 그는 호주로 출국하기 위해 9월 25일 정부에 신원조회 신청서를 제출했다. 그리고 호주연합교회 변조은 목사에게 서신을 보내 "호주에 가게 되면 몸은 편하지만 마음이 괴로울 것 같고, 여기 있으면 몸은 어려울지 모르지만 마음은 아주 편하고 떳떳할 것 같습니다"라고 그의 심정을 전했다.[74] 결국 그는 1981년 1월 20일 출국했다.

네 번의 구속수감 동안 노회와 총회는 정도의 차이는 있지만 인명진 목사 석방과 가족을 위한 기도, 헌금으로 지원한 사실은 분명하다. 그러나 동시에 노회, 총회는 1970~1980년대 영등포산업선교회를 향한 정부의 탄압과 활동 방해에 동조해왔다는 것도 사실이다.[75] 특히 인명진 목사에 대한 정부, 기업주 장로와 교인들의 압박이 총회 지도자와 총대들에게 계속되고 심해졌기 때문에 결국 그는 1984년 5월 영등포산업선교회를 완전히 사임하고 다시 호주로 떠날 수밖에 없었다. 그래서 인명진 목사는 "사실 나는 뭐 정부로부터 많은 탄압을 받고 어려움을 겪었지만 우리 총회 때문에 당한 아픔과 이게 탄압이 더 힘들고 서럽기도 하고

---

73 김명배 엮음, "인명진 목사 구술녹취전문", 2차(2011.1.7), 『영등포산업선교회 자료집 (VIII)』, 378.

74 김명배 엮음, 인명진, "변조은 목사님께"(1980, 월일 미상), 『영등포산업선교회 자료집 (V)』, 80.

75 특히 1983년 제68회 총회에 제출된 '교회 연합사업 및 사회문제 대책위원회 보고'에 의하면 위원회는 9월 8일 "도시산업 선교정책"을 개정하여 산업선교회를 산업전도회로 전환하여 1983년 12월 31일까지 영등포산업선교위원회를 해체하고, 산업선교 원리와 지침, 인사 문제를 재검토 등을 골자로 산업선교를 와해하려는 시도들이 구체적으로 진행됐다. 『제68회 총회(1983.9.23~28, 서울영락교회당) 회의록』, 176.

어려웠"다고 고백한다. 동시에 그는 "엄청난 정부의 탄압과 회유에 굴복하지 않고" 산업선교회를 지켜준 노회파송 산업선교회위원들 특히 이정학, 차관영, 조남기, 고환규, 이정규 목사에게 감사를 표한다.[76] 호주에서 2년간 머물다가[77] 1986년 귀국한 후 인명진 목사는 6월 1일 구로동에 갈릴리교회를 창립했다. 이제 산업선교회 실무자가 아닌 지역교회 담임목사로 그는 총회 총대, 노회 시찰장, 부노회장, 노회장 등에 선임되어 노회와 총회에서 적극적으로 역할을 감당했다.[78] 이후 그는 교단을 "고마운", "너그러운" 교단으로, 노회를 "굉장히" 은혜를 많이 준 노회로 회고하며 "지나놓고 생각해보면 우리 노회가, 우리 총회가 나한테 너무 잘해 줬습니다…. 은혜를 많이 입었어요"라고 말한다.[79]

7. 신학

제자도: 예수 따름

인명진 목사의 인생 행보에는 그의 심플한 신학적 원칙이 작동하고 있다. 그는 성경을 "혁명의 지침"으로 보고 예수가 어떤 혁명보다 더 폭

76 김명배 엮음, "인명진 목사 구술녹취전문", 1차(2011.1.6), 『영등포산업선교회 자료집 (VIII)』, 288-289.

77 인명진 목사의 호주에서의 활동과 생활에 대해서는 "인명진목사 구술녹취전문", 2차 (2011.1.7), 378-382; John P. Brown, "호주교회와 인명진", 『인명진을 말한다』, 409-413을 참고.

78 인명진 목사의 총회 활동에 대해서는 변창배, "인명진의 총회 활동과 에큐메니칼운동 공헌", 『인명진을 말한다』, 236-254 참고.

79 김명배 엮음, "인명진 목사 구술녹취전문", 3차(2020.4.12), 『영등포산업선교회 자료집 (VIII)』, 390, 391, 394.

발적이라고 강조했다. 그에게는 예수가 모델이고, 성경이 지침이었다. 예수를 따르는 삶, 인명진 목사가 노동운동, 인권운동, 민주화운동에 투신한 동기였고 그의 신학이자 인생원칙이다.

"신학이라는 게 심플하지. 예수 믿는다는 게 뭐냐. 예수를 따라서 사는 게 예수 믿는 거다. 목사라는게 뭐냐. 다른 사람보다 예수 좀 바짝 따라가는 게 목사다…. 목사의 성공이라는 게 뭐냐. 예수하고 가장 비슷하게 사는 놈이 목사의 성공하는 일이라. 나는 지금도 그 생각을 가지고 있어요…. 그래서 나는 뭐 산업선교회에서 시작하는 것도 너무너무너무 그냥 단순하게 그냥 뭐 예수가 한 일이 어디냐, 가난한 사람이다. 요즘 세상에 예수가 왔다고 하면 공장에 갔을 것이다."[80]

예수의 생애는 가난한 자들과의 삶이었고, 그 가난의 현장이 오늘날 공장이라고 판단했다. 그에게는 너무나 심플한 신학이요 원칙이었다. 이 원칙 위에 그의 삶의 주제어가 '가난', '노동', '인간변화'가 됐다. 예수를 따라 사는 것이 예수를 믿는 것이며, 목사는 다른 사람보다 예수를 더 닮아가는 것이라는 그의 심플한 신학과 원칙에 따라 그는 교회, 목사, 목회, 선교는 예수를 닮고 따라가는 행위여야 했다. 예수가 가난한 사람과 함께 있었으므로, 교회도 목사도 가난한 사람과 함께 있어야 하고, 선교, 목회는 그들과 삶을 나누는 것, 그들의 삶과 하나가 되는 것이

---

80 김명배 엮음, "인명진 목사 구술녹취전문", 1차(2011.1.6), 『영등포산업선교회 자료집(VIII)』, 308-309.

어야 했다.[81] 인명진 목사가 친구도 명예도 많은 것을 잃을 것을 알고도 2016년 12월 23일 새누리당 비상대책위원장을 수락한 것도 이런 맥락에서의 행보이다. 그는 "예수 믿는 사람은 그렇게 처절하게 도와달라는데, 좋은 자리도 아니고 어려운 자리라는데, 욕먹어 달라는데, 같이 조롱당해달라는데 어떻게 안 가냐고" 하고 예수가 죄인의 친구가 되어 죄인과 함께 욕을 먹었듯이 "간음하다 잡힌 여자"로 여겨진 새누리당에 가서 "같이 욕먹고, 같이 침 뱉음 당하고, 같이 조롱당하고, 비난당"했다.[82]

하지만 그에게도 '예수 따름'의 이 심플한 신학과 원칙은 실천하기 쉽지 않은 원칙이었다. YH사건 배우조정 혐의로 세 번째 구속되어 수감 중이던 1979년 9월 12일, 인명진 목사가 옥중에서 아내 김옥란 사모에게 보낸 편지에는 예수 따라 십자가의 길을 가는 것이 어렵고, 두렵다고 고백한다.

> "근래에 예수를 믿는다는 것이 얼마나 어려운 것인가를 새삼스럽게 생각하고 깨닫게 됐소…. "십자가를 지고 따르라" 이 말은 죽으라 는 말이 아니오? "죽는다" 그것이 그렇게 말처럼 쉽지는 않은 것 같 소. 징역을 사는 것도 힘든데…. 그런데 그것이 바로 우리 예수 믿는 사람이 — 아니 바로 내가 — 가야 할 길이라니 솔직히 말해 두려운 길이 아닐 수 없소. 그런데 이미 주님이 그 길을 가셨고 지난 2,000 년 동안 얼마나 많은 그의 제자들이 겁도 없이 그 길을 갔는지 모르

---

81 김명배 엮음, "인명진 목사 구술녹취전문", 1차(2011.1.6), 『영등포산업선교회 자료집 (VIII)』, 310.

82 김명배 엮음, "인명진 목사 구술녹취전문", 3차(2020.4.12), 『영등포산업선교회 자료집 (VIII)』, 409-410.

오. 이게 바로 기독교요. 나는 흔히 목사란 좋은 예배당에서 훌륭한 가운을 입고 아름다운 성가 속에서 수천의 성도들에게 멋진 설교를 하는 것인 줄로 알았는데 그것은 주님이 가신 것과는, 적어도 성서가 가르치는 것과는, 기독교 2000년 역사상 주를 따르던 그의 제자들이 걷던 길과는 차이가 있음을 비로소 나는 깨닫게 됐소. **십자가의 길 이외의 어떤 다른 길도 주님은 가르쳐주시지 않았소. 그러므로 십자가의 길 이외의 그 어느 길도 그것은 인간의 변명이오.** 그런 변명을 하는 자들이 많아서 서로서로 위로하고 이 길이(자기들이 걷는 길) 주님을 섬기는 현대적 방법이라고 우기고 있지만, 기독교가 로마의 탄압을 어떻게 이겼을까는 불가사의한 일이오. 그러나 엄연한 역사적 증거는 그렇게 사자에게 물려 죽이고 불에 태워 죽였지만, 기독교는 로마를 이겼다는 것이오. 이 믿음 속에서 이 확실한 살아있는 증거 속에서 낙심하지 말고 오늘을 삽시다."[83]

그는 예수가 가르쳐준 길은 십자가의 길 외에 다른 길이 없으며, 십자가 고난의 길 외에 다른 어떤 길도 성서가 가르치고 예수의 제자들이 따랐던 길과는 차이가 있는 "인간의 변명"일 뿐이라고 고백한다. 목사는 좋은 가운 입고 아름다운 성가 속에서 수천의 성도들에게 멋진 설교를 하는 이로 생각했지만, 이는 십자가의 길과는 차이가 있는 변명일 뿐이라는 사실을 깨달았다. 그는 변명하는 자들이 서로 위로하며 자신의 그 변명이 예수를 섬기는 "현대적 방법"이라 우기고 있지만, 이는 거짓임을 고발한다. 그는 수천, 수만 명이 모여도 교회에 고난당하고 가난한 사람

---

83 인명진, "당신에게 쓰오"(1979.9.12), 『영등포산업선교회 자료집(VIII)』, 149-150(강조는 필자).

이 없고, 교인이 고난 속의 가난한 사람과 삶으로 이어져 있지 않으면 그곳은 교회도 아니며, 그들은 예수 믿는 사람이 아니라고 말한다.[84] 로마의 탄압을 이겨내는 유일한 길은 십자가의 길뿐이고 이는 살아있는 증거이니 낙심하지 말고 오늘을 살자고 옥중서신으로 그는 아내를 위로하며 스스로 다짐한다.

주변으로부터의 선교: '성문 밖' 사람들의 교회

예수를 따르는 십자가의 길은 고난의 길, 죽음의 길이다. 1974년 긴급조치 1호 위반으로 처음으로 투옥됐을 때, 인명진 목사는 히브리서 13장 12절을 묵상하며 교회의 정체성을 고난 받는 교회로 정했다. "예수님이 '성문 밖에서 고난을 당하셨으니 우리도 '성문 밖'으로 나가 고난을 당하자"는 의미로 예수님과 함께 십자가를 지는 고난의 현장에 함께해야 한다는 것이다. 이렇게 해서 탄생한 교회 이름이 1974년 영등포산업선교회 노동자들의 기도모임으로 시작한 영등포노동교회의 새 이름인 성문밖교회이다. 그는 생각하기를 "예수를 믿는 사람들의 삶은 곧 성문 밖으로 향하는 삶"이어야 했으며, 이 성문 밖은 "가난한 사람들, 병든 사람들, 소외당한 사람들, 한 많고 억울한 사람들, 고달픈 삶을 살아가는 사람들이 예수님과 함께 살아가는" 자리였다.[85]

인명진은 노동자들은 바로 이 성문 밖에서 고난으로 살아가는 사람들이고, 고난을 당하는 이들의 삶의 현장에 교회가 존재해야 한다고 여겼다. 이런 의미에서 그는 성문 밖 공동체 곧 교회는 "예수를 따라 사는

---

84 인명진, 『위대한 부르심: 갈릴리교회 30년의 이야기』(비전북, 2015), 129.

85 위의 책, 290.

예수 운동"으로 "예수가 역사의 주인이며 우리의 구주임을 고백하는 사람의 운동"이어야 하며, 지금 이곳에서 "하나님 나라의 표본을 창조하는 하나님 나라 건설 운동"으로 이를 위한 "훈련장"이어야 하고, "성문 밖 사람들 스스로의 공동체"로 세상이 알아주지 않고 무시하고 천대하고 가진 것 없지만 스스로 주인 노릇하고 권리를 행사하는 주체적 공간이라고 주장한다.[86]

1986년 그가 호주에서 귀국하여 세운 갈릴리교회도 이 연장선에 있다. 구로동에 교회를 세운 이유는 바로 소외되고, 가난하고, 억울하고 고달픈 사람들 곧 '성문 밖 사람들'이 그곳에 있었기 때문이다. "우리는 가난한 사람을 찾아서 일부러 구로동을 왔습니다. 가난한 사람을 찾아서 구로동에 온 우리 교회에 가난한 사람의 발길이 끊어진다면 우리 교회의 존재이유가 없어지는 것입니다."[87] 인명진 목사는 예수를 따라 하나님 운동을 실현하는 훈련장, 곧 주체성을 갖고 삶을 함께 나누는 계약 공동체를 세워 여전히 소외되고 억눌리고 고통당하는 가난한 자, 이주노동자와 함께 삶을 나눴다. 노동현장에서 떠나 지역교회 담임목회자가 됐지만, 그는 아직 "노동자 귀신이 붙어서" 노동자를 놓지 못하고 있다.[88] 갈릴리교회가 영등포산업선교회에 실무자를 파송하고, 이주노동자를 위한 사역[89]을 놓지 않는 이유이다.

---

86 인명진 주일설교(1984.1.15); 손은하, "성문밖교회, 성문밖공동체 운동으로", 『인명진을 말한다』, 285-286에서 재인용.

87 인명진, 『갈릴리교회 25주년의 역사: 마가복음 17장을 쓰는 교회』(갈릴리교회, 2012), 32.

88 김명배 엮음, "인명진 목사 구술녹취전문", 2차(2011.1.7), 『영등포산업선교회 자료집 (VIII)』, 385.

89 갈릴리교회의 이주노동자선교에 대해서는, 인명진, 『위대한 부르심』, 94-125; 안기석,

인명진의 고난받는 교회, 가난한 사람들의 교회 곧 '성문 밖 사람들'의 교회는 '주변으로부터의 선교'를 표명한다. 소그룹을 형성했던 임시공, 여공들, 그와 신실하게 노동문제를 고민하고 활동했던 노동자들 등 그와 함께 한 '성문 밖 사람들'은 주변에 머물러 중심에 있는 사람과 대면하여 그들에게 교훈을 주고, 그들의 부정의와 불평등을 고발하며 교회로 하여금 이런 권력 구조를 변혁토록 한 선교의 주체가 됐다.[90] 예수는 주변인 '성문 밖 사람들'과 함께 먹고 마시며 삶을 나누었다. 예수가 그랬기 때문에 인명진 목사는 예수를 따라 아직도 그 일을 멈추지 못하고 있다.

8. 결론

인명진 목사는 산업선교의 노동운동을 교회운동으로 보고 모든 활동을 교회와 연계했고 또 교회를 개척했다. 산업선교의 현실적 문제와 한계를 극복하고 복음을 통한 인간변화를 실현하기 위해 1977년 영등포노동교회가 설립되고 1983년 그는 성문밖교회로 개칭했다. 1984년에서 1985년까지 호주에서 머무는 동안 시드니에 갈릴리교회를 개척했고, 한국으로 돌아와서는 1986년 구로동에 갈릴리교회를 설립했다. 교회와 함께한 목회 인생이다. 1972년 목사안수 후 그의 가장 우선하는 정체성은 '목사'였다. 산업선교 훈련을 위해 공장에 들어갔을 때 "인씨"로

"이주노동자선교의 첫 문을 열다", 『인명진을 말한다』, 329-342를 참고.

90 금주섭 엮음, 정병준 옮김, 『함께 생명을 향하여: 변화하는 세계 지형 속에서 선교와 전도』(대한기독교서회, 2016), 34-35.

호명되기도 했지만, 그는 이를 통해 성육신 사건을 다시 읽게 됐고, 노동자와 함께 삶을 나누는 목사가 됐다. 네 차례 구속됐지만 그때마다 산업선교위원회와 교회, 노회, 총회는 그의 석방을 위해 기도하고 가족을 후원하며 지원했다. 그의 노동운동, 인권운동, 민주화운동은 목사의 목회였기에 교회는 목회자 인명진 구명운동에 나섰다. 그가 주장하듯이 예수가 "온 세상 자체"를 구원하기 위해서 오셨기 때문에[91] 그가 활동한 전 영역에서의 활동은 그의 목회로 해석돼야 한다. 그러나 그는 스스로 자신을 교회, 사회선교 운동에서 천대받고 주변에 밀렸던 "비주류"였다고 평가한다.[92] 훌륭한 가운에, 아름다운 성가 속에서 멋진 설교를 하는 주류 목사들에 비해 그는 가난하고 고난당하는 노동자와 더 가까이서 삶을 나누었기 때문이다. 여기에 그의 심플한 신학이 작동했다. 성경을 지침으로, 예수를 모델로 한 '예수 따름'이다. 예수의 십자가 길을 두렵고 어렵지만 그는 좀 더 철저하게 따라 임시공, 여공 등 성문 밖 사람들과 함께 주변으로부터의 선교를 실천하는 목사가 되고자 했다.

코로나19 시대에 우리 국민은 개신교에 대해서 "거리를 두고 싶은"(32.2%), "이중적인"(30.3%), "사기꾼 같은"(29.1%) 부정적 이미지로 보고 있다.[93] 교회의 사회적 신뢰도는 바닥이다. 사회문제를 일으키는 개신교에 대해 이제는 '개독교'라고 욕도 하지 않고 '그러려니'하며 아예 관심도 가지지 않는다. 교회는 사유화됐고, 예언자로 기능하기보다 오히

91 인명진, 앞의 책(2012), 11.

92 김명배 엮음, "인명진 목사 구술녹취전문", 2차(2011.1.7), 『영등포산업선교회 자료집(VIII)』, 384-385.

93 목회데이터연구소, "코로나19 이후 개신교인 이미지", *Numbers* 61(2020.8.28), 3. http://mhdata.or.kr/mailing/Numbers61th_200828_Full_Report.pdf

려 사회의 문제가 된지 오래며, 게토(Ghetto)되어 '그들만의 리그'를 치르고 있다. 스스로 "자기를 지켜 세속에 물들지" 않은 경건한 자라 칭한다. 그러나 "고아와 과부를 그 환난 중에 돌아보"는 일에는 무관심하고 자기만 돌본다. 자기중심적 성서 읽기는 몰역사적, 비이성적, 맹목적, 이기적 교인을 양성했고 목사는 이런 현상을 부추긴다.

반면에 인명진 목사의 산업선교를 통한 노동운동은 교회가 고아와 과부와 나그네와 함께 삶을 나눈 목회현장이었다. 독재정부와 그에 유착한 기업가, 그 기업가가 소속된 교회의 목사가 세속에 물들어 "헛소리" 설교로 "사회의 불의를 종교적으로 합법화"할 때, 그는 이를 맹렬히 비판하며 '성문 밖 사람들', '갈릴리 사람들'과 환난의 삶을 나누고 돌아보는 목회를 실천했다. 그의 노동운동은 목회로서, 기득권에 박제되어 고난당하고 가난한 사람들을 외면하며 2000년 전 이야기만 되풀이하는 박물관이 아니라 '성문 밖 사람들', '갈릴리 사람들'이 함께 삶을 나누며 "더불어 함께 사는 세상"을 실현할 "삶의 공동체" 그 자체였다. 따라서 노동운동가, 인권운동가, 민주화인사, 환경운동가, 언론인, 시민운동가, 다문화활동가, 정치평론가 등 여러 이름으로 인명진 목사의 삶을 그려내도 그 모든 호명 앞에는 '목사', '목회자'가 있다. 인명진은 목사이다. 예수를 철저히 더 따르고자 "고아와 과부를 그 환난 중에 돌보고 또 자기를 지켜 세속에 물들지 아니"한(약 1:27) 경건한 '비주류 목사'이다.

참고문헌

김명배, "영등포산업선교회 노동운동이 한국사회 민주화와 인권운동에 끼친 영향", 『인명진을 말한다』(동연, 2016).

김명배 엮음, 『영등포산업선교회 자료집(IV)』(인명진 목사 사료편찬위원회, 2020).

_____, "해외여행 허락청원서"(영산선 제618호, 1981.1.20), 『영등포산업선교회 자료집(V)』(인명진 목사 사료편찬위원회, 2020).

_____, 인명진, "변조은 목사님께"(1980, 월일 미상), 『영등포산업선교회 자료집(V)』(인명진 목사 사료편찬위원회, 2020).

_____, 인명진, "당신에게 쓰오"(1979.9.12), 『영등포산업선교회 자료집(VIII)』(인명진 목사 사료편찬위원회, 2020).

_____, "인명진 목사 구술녹취전문", 1차(2011.1.6), 『영등포산업선교회 자료집(VIII)』(인명진 목사 사료편찬위원회, 2020).

_____, "인명진 목사 구술녹취전문", 2차(2011.1.7), 『영등포산업선교회 자료집(VIII)』(인명진 목사 사료편찬위원회, 2020).

_____, 김옥란(인명진 목사 아내), "감사의 말씀"(1975.1.10), 『영등포산업선교회 자료집(IV)』(인명진목사 사료편찬위원회, 2020).

_____, 영등포 도시산업선교위원회, "산업선교실무자 파송 요청서"(영산선 제520호, 1973.4.21), 『영등포산업선교회 자료집(IV)』(인명진목사 사료편찬위원회, 2020).

금주섭 엮음, 정병준 옮김, 『함께 생명을 향하여: 변화하는 세계 지형 속에서 선교와 전도』(대한기독교서회, 2016).

대한예수교장로회총회, 『제57회 총회(1972.9.21~25, 서울동신교회당) 회의록』(대한예수교장로회총회교육부, 1973).

대한예수교장로회 영등포산업선교회, 『영등포산업선교회 40년사』(영등포 산선, 1998).

목회데이터연구소, "코로나19 이후 개신교인 이미지", Numbers 61(2020.8.28), 3., http://mhdata.or.kr/mailing/Numbers61th_200828_Full_Report.pdf

변창배, "인명진의 총회 활동과 에큐메니칼운동 공헌", 『인명진을 말한다』(동연, 2016).

손은하, "성문밖교회, 성문밖공동체 운동으로", 『인명진을 말한다』(동연, 2016).

성문밖 30주년 역사자료편찬위원회 엮음, 『그 길의 사람들: 성문밖 30년사』(성문밖교회, 2007).

안기석, "이주노동자선교의 첫 문을 열다", 『인명진을 말한다』(동연, 2016).

안하원, "한국민중교회와 인명진", 『인명진을 말한다』(동연, 2016).

양명득, "편집의 글: 경계선을 넘어, 다리를 세우는", 양명득 편집, 『인명진을 말한다』(동연, 2016).

이명석, "한국, 독일, 가나 선교 협력과 인명진", 『인명진을 말한다』(동연, 2016).

인명진, 「훈련일지(미공개)」(장로교산업선교훈련원, 1972.4.30).

＿＿＿, 『갈릴리교회 25주년의 역사: 마가복음 17장을 쓰는 교회』(갈릴리교회, 2012).

＿＿＿, 『위대한 부르심: 갈릴리교회 30년의 이야기』(비전북, 2015).

인명진 주일설교(1984.1.15).

정해구, 『전두환과 80년대 민주화운동』(역사비평사, 2015).

정병준, "인명진 목사의 정치참여와 신학" 『한국교회사학회지』 제57집(2020.12).

진방주, "발간사", 『인명진을 말한다』(동연, 2016).

John P. Brown, "호주교회와 인명진", 『인명진을 말한다』(동연, 2016).

『제59회 총회(1974.9.19~23, 서울영락교회당) 회의록』.

『제63회 총회(1978.9.21~25, 서울영락교회당) 회의록』.

『제64회 총회(1979.9.20~25, 서울영락교회당) 회의록』.

『제65회 총회(1980.9.25~30, 서울영락교회당) 회의록』.

『제68회 총회(1983.9.23~28, 서울영락교회당) 회의록』.

IV

인명진 목사의 갈릴리교회 목회와 신학

김명배

* 김명배 박사(숭실대학교 교수, 역사신학)

1. 서론

인명진 목사는 한국의 현대교회사에서 매우 독특한 위치를 차지하는 인물이다. 그는 목회자이며, 노동운동가, 환경운동가, 민주화운동 인사, 시민운동가이다. 그러나 이러한 인명진 목사에 대한 수많은 수식어 가운데 인명진 목사의 정체성을 가장 잘 나타내는 용어는 '목사' 인명진이다. 그는 역대 정부들로부터 정부에 입각하거나 국회의원직을 제안받았지만, 천직인 '목사직'에 대한 소명으로 이를 모두 거부했다. 다만 교회의 담임목사로 있으면서 무보수 비상근직으로 보수정당의 당직을 맡았을 뿐이었다. 그는 오롯이 교회와 하나님의 말씀을 부여잡고, 한국사회의 문제와 씨름한 목회자였다. 한 손에는 성경을 한 손에는 신문을 들고 하나님 나라의 확장을 위해 고민했던 목회자였다.

인명진 목사의 목회사역을 살펴보면, 크게 네 시기로 구분할 수 있다. 첫째 시기는 1970년대 영등포산업선교회 총무로 노동운동에 헌신한 시기이다. 이 시기 인명진 목사는 예장 통합의 대표적인 노동운동가요, 인권운동가였다. 둘째 시기는 1980년대 초반부터 1987년 6 · 10 항쟁까지이다. 이때 인명진 목사는 민주헌법쟁취국민운동본부의 대변인을 맡아 반독재 · 민주화운동에 앞장섰다. 셋째 시기는 1986년 6월부터 2014년까지 갈릴리교회의 목회사역 기간이다. 이때 인명진 목사는 갈릴리교회를 개척하고, 가난한 사람들과 한국사회 이주노동자들을 위해 섬기고, 시민사회운동에 헌신한 시기이다. 넷째 시기는 2014년 갈릴리교회 담임목사를 은퇴 후 정치활동에 본격 참여한 시기이다. 이 시기 인명진 목사는 박근혜 대통령에 대한 탄핵 이후 흔들리는 자유한국당의 비상대책위원장을 맡아 보수정당을 재건하는 데 힘썼다.

그런데 그동안 인명진 목사에 대한 연구는 주로 그의 정치활동이나 노동운동에 치중되어 있다. 인명진의 정치활동에 관한 논문은 최근 『한국교회사학회지』 제57집(2020.12)에 발표된 정병준의 "인명진 목사의 정치참여와 신학"이 있고, 노동운동에 관하여는 『숭실사학』 제26집(2015.6)에 발표된 김명배의 "영등포산업선교회 노동운동이 한국사회민주화와 인권운동에 끼친 영향: 인명진의 구술 기억을 중심으로"가 있다.[1] 반면 그의 목회사역에 대한 연구는 아직 학술지를 통해 발표된 바가 없다.[2] 인명진 목사는 그의 정치활동과 다층적 삶의 궤적으로 인해 비판적 평가가 존재하지만, 분명한 것은 그가 한국의 현대교회사 속에서 매우 독특한 목회사역과 모델을 제시한 인물이라는 사실이다.

그래서 본 글은 그의 목회사역, 즉, 갈릴리교회의 개척과 역사, 그리고 그의 목회사역의 내용에 대한 소개를 일차적 과제로 삼고자 한다. 그리고 그의 목회사역에 나타난 신학사상을 분석하는데 그 중점을 두고자 한다. 이를 위해 본 논문은 1차 자료로 인명진 목사가 서술하고 갈릴리교회가 발행한 『갈릴리교회 25주년의 역사』(2012)를 주로 사용하였다. 또한 추가 1차 자료로 한국학중앙연구원의 구술사업으로 진행되어 숭

---

1   이 밖에 단행본으로는 영등포산업선교회가 60주년기념으로 발행한 『인명진을 말하다』(2016)가 있다. 이 책에는 인명진 목사의 정치활동, 언론활동, 노동·인권 그리고 민주화 운동, 환경운동, 교회와 목회, 선교와 통일, 이웃종교와의 대화, 해외선교협력 등에 관하여 21편의 글이 실려 있다. 학술지에는 등재되지 않았으나, 이 가운데 교회와 목회와 관련된 글로는 장윤재의 "인명진의 목회와 신학", 변창배의 "인명진의 총회와 에큐메니칼운동 공헌", 박명철의 "갈릴리로의 '위대한 부르심'에 응답하다", 손은하의 "성문밖교회, 성문밖공동체운동으로", 안하원의 "한국민중교회와 인명진" 등이 있다.

2   최근 장로회신학대학교 목회전문대학원에서 김광수 목사가 "한국교회의 진보성향 설교의 비평적 평가와 과제에 대한 연구: 문익환, 홍근수, 인명진을 중심으로"(2012)라는 제목으로 목회신학박사학위를 취득하였다. 이 논문에서 김광수 목사는 인명진 목사의 설교를 분석하여 그의 신학사상을 분석하였다.

실대 김명배 교수가 엮은 "인명진 목사 구술 인터뷰" 자료인 『한국산업 선교회자료집(Ⅷ)』(인명진목사사료편찬위원회, 2020)을 사용하였다. 2차 자료로 는 영등포산업선교회가 60주년기념도서로 출판한 『인명진을 말한다』 (2016)를 참고하였다.

2. 갈릴리교회 창립의 역사적 배경과 그 의미

1) 갈릴리교회 창립당시의 정치적 상황

1986년 6월 갈릴리교회가 창립될 당시 한국사회는 정치적으로 매 우 혼란한 상황에 처해 있었다. 1979년 12 · 12와 1980년 5 · 17 비상계 엄으로 집권한 전두환 군부독재세력은 통치의 한계를 드러내고 있었다. 1980년 광주시민들의 민주화운동을 강경 진압하는 과정에서 수많은 시 민들의 피를 흘린 군부독재세력에 대한 불신과 민주화에 대한 열망이 극에 달하고 있었다. 특히 광주민주화운동을 겪으면서 재야인사들과 학 생운동권은 군부독재를 방조한 미국에 대한 불신이 깊어졌고, 이념적으 로 무장하여 반독재와 반외세, 민주화투쟁을 해야 한다고 생각하였다.[3]

이때 생긴 이념서클이 소위 NL(National Liberatio)과 PD(People's Democratic Revolution)였다. NL 계열은 일명 주사파로 북한에서 출판한 서 적과 라디오 방송을 통해서 주체사상을 공부하고, 반미 · 자주화운동을 통해 남북통일을 이루고자 하였다.[4] PD 계열은 노동자들이 주체가 되어

---

3   김명배, 『해방 후 한국기독교사회운동사』(2009, 북코리아), 273-274.
4   인명진, "예수만이 유일한 길이다", 『갈릴리교회 25주년의 역사』(서울: 갈릴리교회, 2012), 38.

이 세상의 변혁을 이루고자 하였다. 이를 위해 많은 대학생들이 다니던 학교를 그만두고 위장취업의 형태로 노동현장에 들어갔다. 그런데 이 두 이념서클의 공통된 특징은 교회를 거부하는 것이었다. 이들은 교회로서는 사회변혁을 이끌어내기가 어렵다고 생각하였다. 우리 사회가 변혁되려면 북한의 주체사상이라든지, 노동당의 사회혁명을 해야 한다고 여겼다.[5] 더욱이 1986년 치안본부 대공분실에서 서울대 언어학과 재학생인 박종철 군을 고문치사한 사건이 발생하자, 민주화운동세력은 전두환 정권의 퇴진운동에 전력하였고,[6] 이 과정에서 NL 계열과 PD 계열의 노선투쟁이 전개되었다.

이렇게 대부분의 반독재 · 민주화운동세력이 '민족해방'과 '노동해방'의 관점에서 사회변혁을 시도하고 있을 때, 인명진 목사를 중심으로 일부의 사람들은 제3의 방법, 즉, 교회를 통한 사회변혁을 제시하였다. 당시 갈릴리교회에 참여한 사람들은 교회를 통한 사회변화와 변혁을 꿈꾸었다. 이들은 "아니다, 그래도 예수님이다, 그래도 교회다" 하면서 교회를 시작하였다. 이들은 '교회를 통해서, 예수 그리스도의 복음을 통해서, 우리 사회를 변혁시키고 희망을 줄 수 있다'는 제3의 생각으로 교회를 시작한 것이다. 인명진 목사는 이에 대하여 다음과 같이 증언하였다.

"당시 많은 사람들에게 비난을 받았지만 우리 몇 사람은 그게 아니라 아직도 교회에 예수님에게 희망이 있다고 강력하게 주장했습니다. 이때 저는 '예수님이 모택동보다 스탈린보다 못하다고 생각하는

---

5   위의 글, 39.
6   김명배, 앞의 책, 258.

가? 막스 만도 못하고 김일성 만도 못하다고 생각하는가? 성경이 주
체사상만도 못하다고 생각하는가? 이것은 잘못된 생각이다. 예수님
은 성경은 사회주의 공산주의 어떤 혁명보다도 이 사회를 변혁시키
는 가장 큰 힘을 가지고 있고 원동력이 있는 위대한 사상이라면 사
상이고, 신앙이라면 신앙이라고 예수님에게 우리 민족의 희망이 있
다'고 강력하게 주장하였습니다."[7]

당시 교회와 예수 그리스도를 희망으로 이야기하는 사람은 시대정
신이 없는 사람으로 보수주의적이고 개량주의적인 사람으로 매도당하
는 상황이었으나 갈릴리교회는 예수님의 이름으로 이 민족의 희망을 삼
아야 한다는 생각으로 교회를 시작한 것이었다.

2) 인명진 목사의 일반목회 비전

인명진 목사는 영등포산업선교회에서 10년간 일하면서 예장통합
교회의 대표적인 사회선교 목회자였지만, 신학교 시절에는 일반목회를
꿈꾸는 평범한 신학도였다. 그는 신학교 시절 동숭교회의 유년부 교육
전도사 사역을 하면서 부서를 크게 부흥시켜 담임목사와 교인들로부터
능력을 인정받았다. 또 설교를 잘해서 인명진 목사가 설교를 하면 많은
교인들이 몰려와 예배에 참석하였다.[8] 그야말로 신학교 시절 인명진 목
사는 탄탄대로의 길을 걸어 대형교회를 목회할 것으로 생각하였다.

인명진 목사의 목회에 대한 비전은 영등포산업선교회 총무로 사역

---

7   인명진, "예수만이 유일한 길이다", 39-40.

8   김명배 엮음, "인명진 목사 구술녹취전문", 1차(2011.1.6), 『영등포산업선교회 자료집
     (Ⅷ)』(인명진목사사료편찬위원회, 2020), 301.

하면서도 사라지지 않았었다. 그는 항상 지금은 상황이 이러니까 산업선교를 하지만 언젠가는 꼭 교회로 돌아간다는 꿈을 꾸고 있었다. 인명진 목사는 이러한 목회에 대한 비전을 갈릴리교회를 신도림에 건축하고 다음과 같이 말하였다.

"제가 우리 교회의 실내를 디자인 했는데 이것이 제가 어렸을 때부터 꿈꾸었던 교회의 모습입니다. 스페인 그라스 벽돌, 벽에 붙어 있는 등, 강대상이 다 제가 생각했던 그대로입니다. 특히 강대상은 말씀의 두루마리를 상징하여 디자인하였고, 제가 앉은 의자도 다른 교회 목사들이 앉는 의자처럼 높게 만들지 않고 교인들이 앉는 의자와 똑같이 만들었습니다. 그리고 피아노 대신 오르간을 연주하는 교회도 제가 꿈꾸었던 교회의 모습이었습니다. 교회의 규모도 꼭 이만하기를 바랐습니다. 지금 우리 교회의 모습이 제가 어렸을 때부터 꿈꾸었던 교회의 모습입니다."[9]

이처럼 갈릴리교회의 설립은 인명진 목사의 어린시절 목회에 대한 비전에 있었다. 그러나 인명진 목사의 목회비전은 아마도 장신대 신대원 과정에서 더욱더 구체화 된 것으로 보인다. 당시 장신대 교수들은 모두 경건하고 보수적인 신앙과 신학을 지닌 분들로 한국사회를 복음화하는 전도자들을 배출하는데 심혈을 기울였다. 특히 구약학을 가르친 존 브라운 선교사는 인명진 목사의 신학형성에 지대한 영향을 주었고,

---

9   인명진, "갈릴리, 그 이름의 의미", 『갈릴리교회 25주년의 역사』(서울: 갈릴리교회, 2012), 8.

신약학을 가르친 곽선희 목사는 갈릴리교회의 일반목회사역을 감당하는 데 물심양면의 지원을 아끼지 않았다.[10] 그러므로 인명진 목사가 갈릴리교회를 창립하여 특수목회가 아닌 일반목회를 시작한 것은 인명진 목사의 목회비전과 이를 실현할 수 있도록 신학적으로 물질적으로 지원해준 이 두 분의 지대한 영향이라 할 수 있다.

3) '갈릴리', 그 이름의 의미

1986년 6월 1일 첫 번째 예배를 드리고 두 번째 설립준비예배를 드리면서 교회 이름을 어떻게 지을까에 대한 논의가 있었다. 교회의 이름을 지어놓고 예배를 드린 것이 아니라, 예배를 드리면서 이름을 짓게 된 것이다. 처음에는 지역 이름을 따라 구로동교회로 하자는 의견이 나왔으나 구로동교회가 너무 많아 여러 다른 의견들이 제기됐고, '갈릴리교회', '제3교회'라는 이름으로 의견이 좁혀졌다. 갈릴리교회는 평신도들이 주장했고, 제3교회는 인명진 목사의 제안이었다.

인명진 목사가 새로 출발하는 교회의 이름을 제3교회로 제안했던 것은 예수님은 세상에 방관하거나 타협하기 않고, 또 세상을 힘을 통한 혁명으로 전복시키지도 않으셨는데, 전자는 체제에 순응하는 제1의 길이요, 후자는 세상에 반항하는 제2의 길이라는 것이다. 그러나 예수님은 사람들이 전혀 생각지도 못한 제3의 길인 십자가의 길을 가셨다는 것이다.

더 나아가 인명진 목사는 교회를 제3차원을 사는 신앙공동체로 정의한다. 제1차원의 공동체는 혈연 중심의 삶을 사는 사람들이요, 제2차원은 민족과 국가 이념을 위해서 사는 사람들을 의미한다. 그러나 제3차

---

10 김명배 엮음, "인명진 목사 구술녹취전문", 1차(2011.1.6), 『영등포산업선교회 자료집 (Ⅷ)』, 295.

원의 신앙공동체는 마태복음 12장의 말씀처럼 하나님의 뜻대로 사는 사람들의 공동체로 예수를 믿는 사람들의 공동체를 의미한다.[11] 그러나 인명진 목사가 제안한 제3교회는 교회 설립의 신학적 근거로 역할을 했으나, 교회의 이름은 평신도들이 주장한 갈릴리로 정하게 된다.

이러한 의미에서 인명진 목사는 1986년 6월 1일 교회 창립 첫 설교의 제목을 '제 3의 공동체'로 정하고 갈릴리 교회의 신학적 근거로 제시했다. 또한 인명진 목사는 교회가 시작할 때 세 가지 약속을 교인들에게 했다. 첫째, 교회당을 갖지 않는다. 둘째, 교인은 200명을 넘지 않는다. 셋째, 교회의 예산의 50%는 사회선교를 위하여 사용한다. 이 세 가지 가운데 두 가지는 사회적 변화의 영향으로 지키지 못했으나 세 번째 약속은 현재까지도 지속되고 있다.

3. 갈릴리교회의 애굽 시대

갈릴리교회는 1986년 6월 1일 인명진 목사의 사택에서 예배를 드리다 8월 3일 구로구청 사거리의 허름한 건물 3층으로 이사하여 1980년 2월까지 2년 6개월간 예배를 드렸다. 인명진 목사는 이 시기를 갈릴리교회의 애굽 시대라 부른다. 고난당하던 시대, 종살이 하던 시대란 의미이다.[12] 이때는 한국사회가 전두환 군사정권을 타도하기 위한 반독재·민주화운동을 활발히 전개하던 시기였다.

---

11 위의 글, 13.
12 인명진, "갈릴리교회의 애굽 시대", 위의 책, 45.

1) 첫 예배당: 구로5동 1-1번지

갈릴리 교회의 첫 예배당은 구로5동 1-1번지 3층의 50평 규모의 장소였다. 이 자리는 구로구청 사거리 신한은행 옆의 3층 건물로 1층은 기사식당, 2층은 전자공장이 자리 잡고 있었다. 원래 이 자리에는 합동 측 교회가 있었는데, 이곳을 갈릴리교회가 인수한 것이었다. 당시 의자가 없어 이 교회 저 교회에서 의자를 얻어다 예배를 드렸는데, 건물이 낡아 여름에는 덥고 겨울에는 추워 예배드리는 데 어려움이 많았다. 1986년 8월 10일 주일에 첫 번째 예배를 드렸는데, 이날 예배에는 남자 장년이 18명, 여자 장년이 18명 그래서 성인 36명과 어린이 16명이 참석했다. 이때부터 갈릴리교회는 다른 교회들과 달리 교인 구성비율이 남녀 각각 절반씩 구성됐다. 제1호 주보는 8월 17일 두 번째 주일에 발간됐고, 당시의 정치적 상황의 영향을 받아 찬송가 대신 민중을 위한 찬양을 많이 불렀다.[13]

2) 예배와 성례전

(1) 예배갱신: 하나님 중심의 예배

인명진 목사는 갈릴리교회를 설립하고 예배갱신을 교회의 핵심적 사역으로 삼았다. 그는 예배를 통하여 하나님을 만나고, 예배를 통하여 하나님께 진심으로 찬양과 감사를 드리고, 예배를 통하여 죄를 고백하고 뉘우치는 영적인 교제가 일어나는 것으로 이해했다. 그리하여 인명진 목사는 두 가지 차원에서 예배갱신을 시도했다. 첫째가 하나님 중심

---

13 인명진, "한국의 갈릴리 구로동을 찾아서", 위의 책, 34.

의 예배이다. 이를 위해 행한 것이 예배찬송의 갱신이었다. 그는 예배시간에 인간의 감정적 만족을 얻기 위한 찬송을 극도로 자제했다. 하나님이 예배의 중심이기 때문에 인간의 말초적 신경을 자극하고 오락적 예배를 드리는 것을 거부했다. 특히 예배시간에 손뼉을 치는 행위를 엄격히 금했다.[14]

> 찬송으로 시끄러운 교회가 아니라, 하나님이 기뻐하시는 신령과 진정을 드리는 예배를 지향하였다. 인위적인 기교가 들어가고, 찬양대도 자기들만이 아는 찬양을 드리기를 거부하였다. 모든 교인들이 함께 교감하고 감동하는 마음에서 우러나오는 찬양을 드리는 것을 지향하였다.[15]

그리고 하나님 중심의 예배를 위해 목회자의 말씀선포의 갱신을 실천했다. 그는 예배갱신의 차원에서 말씀의 선포도 교인들의 입맛에 맞는 설교를 행하는 것을 지양했다. 교회성장학은 교인들의 비위를 건드리지 말고 가벼운 말로 교인들이 부담 없이 교회에 출석하도록 유도해야 한다고 가르친다. 십자가를 이야기하고, 봉사와 헌신에 대한 이야기를 하여 교인들의 양심을 찔리게 하면 교회성장에 방해를 준다고 한다. 예배당에 와서 즐기는 예배로 이벤트 예배, 오락적 예배를 해야 한다고

---

14 인명진, "예수만이 유일한 길이다", 위의 책, 40-41.

15 위의 글, 41-43. 갈릴리교회는 설립 초기에 찬송가에 있지 않은 찬송을 많이 불렀다. 그 중에 하나가 '군중의 함성'이란 노래였다. 당시 이 노래는 많은 사람들이 감옥에 가고 이유도 없이 사라지고 고문을 당하던 시대에 부르던 노래였다. 군사독재의 깜깜한 암흑과 같은 시절, 많은 사람들이 고생하고 노동자들이 고난당하던 시절, 한국의 갈릴리인 구로동 갈릴리교회에서 부르던 노래였다.

가르친다.[16] 그러나 인명진 목사는 하나님 중심의 예배를 위해서는 찬양과 말씀선교의 갱신을 주장했다.

인명진 목사는 예배갱신의 두 번째 차원으로 목사 중심의 예배가 아니라, 평신도 중심의 예배를 주장했다. 그래서 갈릴리교회는 첫 예배부터 예배사회나 기도를 교인들이 돌아가면서 진행했다. 교독문도 교인들이 직접 가정에서 만들도록 했다. 한국교회의 전통 가운데 예배의 대표기도를 당회원인 장로가 담당했는데, 갈릴리교회는 개신교의 만인제사장직에 의거하여 모든 교인이 순서를 정하여 돌아가면서 드리도록 했다. 또한 강단의 설교자의 의자도 평신도의 그것과 동일한 것으로 사용했고, 장로석을 따로 마련하여 평신도와 구별 짓기를 행하지 않았다. 주일예배도 대예배, 소예배로 구분하지 않고, 9시 예배, 11시 예배로 부르도록 했다.[17]

이처럼 인명진 목사는 갈릴리교회 설립초기에 예배갱신을 통해 한국교회의 모범을 보여줬다. 무엇보다 예배가 목사 중심이 아니라 평신도와 함께 드리는 예배, 평신도들이 사회와 기도를 맡아 함께 참여하는 예배를 드렸다. 또한 예배시간에 종종 찬송가 대신 민중가요를 불렀는데, 이는 교인들 모두가 군사독재에 대항하는 민주화운동과 인권운동에 대해서 특별히 노동자의 어려움에 대하여 높은 의식을 가지고 있었기 때문이다. 민주화운동의 중심에 섰던 사람들이 갈릴리교회의 교인이었기 때문이었다.[18]

---

16 위의 글, 41.

17 위의 글.

18 인명진, "갈릴리교회의 애굽 시대", 위의 책, 46.

(2) 첫 세례와 항존직의 장립

갈릴리교회가 설립된 후 첫 세례를 1987년 4월 19일에 베풀었다. 이때 3명이 세례를 받았다. 장애인 노동자였던 신옥순, 최정순 장로의 아들과 며느리인 정요섭과 박은주가 세례를 받았다. 이때 유아세례도 거행했는데, 차성수 금천구청장의 아들 차남준 어린이였다. 그해 9월 7일에는 아홉 명의 어린이가 유아세례를 받았다.[19]

갈릴리교회는 교회설립 초기부터 서리집사를 1년에 한 번씩 교인들의 투표를 통해 선출했다. 1987년 투표로 서리집사 된 사람은 남자 10명, 여자 9명이었다. 이들 가운데 고봉은, 김학진, 류태선, 박준철, 안기석, 윤두병, 최진우, 그리고 금천구청장을 하고 있는 차성수, 안산시장 하던 송진섭 집사 등이 있었다.[20] 여자로는 이윤옥, 신명자, 박남식, 강남식, 정연희, 신미자, 김연자, 박점순, 조인시 등 9명이었다. 갈릴리교회는 이때부터 여자보다 남자의 비율이 많았던 민주적 교회였다.[21]

3) 성경공부

갈릴리교회는 하나님의 말씀 위에 세워진 교회이다. 1986년 3일 첫 예배당에서 예배를 드렸으나, 재정적으로 넉넉하지 않아 이웃을 돕고 어려운 노동자를 돕는 일을 할 수가 없었다. 그래서 구로동에 예배당을 만들고 첫 번째로 한 사역이 그해 10월부터 시작한 예배 후 성경공부였다. 인명진 목사는 성경공부에 대해 다음과 같이 말했다.

---

19 위의 글, 49.

20 위의 글, 48.

21 위의 글, 49.

"성경공부는 깊은 샘을 파는 것이다. 신학이 굉장히 중요합니다. 하나님의 말씀에 깊이 뿌리를 내려야 합니다. … 설교는 신학에 기초를 내려야 합니다. 아무리 설교를 잘해도 설교 속에 씨가 있어야 합니다. 그것이 신학입니다. 설교 잘하는 사람이 중요한 것이 아니라 근본적인 신학, 성경을 어떻게 이해하고 해석하는가가 더 중요하다고 생각합니다."[22]

이때 성경공부는 학기를 정하여 진행했다. 1강좌가 구약성경이었다. "모세오경연구", "히브리의 하나님", "계약의 백성 이스라엘"이라는 제목으로 첫 번째 학기가 진행됐다. 이 강좌의 제목에서 보듯이 갈릴리교회의 신학의 뿌리는 모세오경이었다. 모세오경이 끝나고 두 번째 학기의 강좌는 "우리에게 왕을 주소서"라는 주제였다. 이는 이스라엘 민족이 가나안 땅에 정착하여 왕을 세우는 과정에 대해서 공부했다. 세 번째 학기의 강좌는 "하나님의 사람들"로 예언서에 대한 공부였다. 이렇게 3학기가 구약성경에 관한 공부였다.[23] 이처럼 구약성경이 성경공부의 주제로 갈릴리교회의 신학적 뿌리가 될 수 있었던 것은 인명진 목사가 장로회신학교 신학대학원 시절 존 브라운 선교사에게 배운 구약성서신학에 힘입은 바가 컸다.

네 번째 학기에는 신구약 중간기를 공부했다. 구약의 말라기가 끝나고 예수님이 오시기까지의 시기로 500년간의 이스라엘의 역사를 공부했다. 다섯 번째 학기의 주제는 "예수님은 누구신가"였다. 주로 마가

---

22 위의 글, 48.

23 위의 글, 46.

복음을 통해 그때 당시 예수님은 어떤 분이셨는가를 공부했다. 그뿐만 아니라 4복음서에 나타난 예수님의 사역과 4복음서 저자들의 관점에 대한 신학적 견해를 공부했다. 여섯 번째 학기에는 "예수를 세계 모든 사람에게"라는 제목 아래 바울신학을 공부했다. 바울신학을 공부한 후에는 일곱 번째 학기의 강좌로 "한국에 오신 예수"를 공부하여 한국교회의 역사에 대해 공부했다.

여덟 번째 학기에는 '우리는 무엇을 믿고 고백하는가'에서 사도신경을 공부했다. 2년 코스로 1년에 4학기를 해서 한 과목당 10주를 했다. 하루에 2시간 정도씩 10주 20시간을 공부했다. 이때 성경공부를 한 사람은 확실하게 갈릴리의 신학, 갈릴리교회의 토대가 되는 갈릴리 공동체 계약, 갈릴리교회의 신앙고백에 대해서 배우고 익히고 체득했다. 갈릴리교회의 교인이 되려면 이 과목들을 이수해야 했다.[24] 이렇게 갈릴리교회가 설립 초기 성경공부를 열심히 했던 이유는 교회가 재정적으로 어려워 제대로 된 선교사역을 감당치 못함으로 오직 성경공부에 몰두한 측면도 있었다.[25]

4) 친교와 공동식사

갈릴리교회는 처음부터 주일 예배 후 공동식사를 실시했다. 그 당시 갈릴리 교우들은 성경공부를 1시간 하고 예배드리고 점심 먹고 헤어졌는데, 공동식사는 지금까지도 교회의 전통으로 내려오고 있다. 밥을

---

24 위의 글, 47.

25 인명진, "갈릴리교회의 출애굽 시대", 위의 책, 53. 인명진 목사는 한국교회가 성경공부를 열심히 하여 성경에 대한 지식이 늘어났지만, 성경을 머리로만 알고 실천하지 않는 문제점을 야기했다고 비판한다. 그런데 이러한 문제는 추후 갈릴리교회에서도 교회가 어려움을 겪게 되는 원인의 하나가 됐다고 평가한다.

함께 먹기 위해 많은 수고로움이 있지만 갈릴리교회가 고집스럽게 행하는 이유는 밥을 같이 먹는 것이 교회이고, 밥을 먹는 것이 예배이기 때문이다. 또한 초대교회의 예배는 밥을 먹는 것부터 시작됐고, 예루살렘교회에서 제자들이 함께 모여서 밥을 먹으면서 예배가 시작된 것으로 이해하기 때문이다. 인명진 목사는 공동식사에 대하여 이렇게 이야기했다.

> "우리는 공동식사를 하면서 많은 생각을 하게 됩니다. 예수님이 우리에게 주기도문을 가르쳐 주셨습니다. 오늘날 우리에게 일용할 양식을 주시고 이 말은 우리 모두가 같이 밥을 먹게 해달라는 것입니다. 밥을 먹으면서 하나님이 축복을 주신 것을 감사하고, 밥을 먹으면서 밥을 먹지 못하는 사람들을 생각하는 것이 우리 교회가 그동안 변치 않고 줄기차게 해온 일입니다. 이것을 축복으로 알아야 합니다."[26]

따라서 교회의 설립초기 즉, 갈릴리교회의 애굽 시대에 특별한 일이 여러 가지 있었지만 이때부터 친교를 매우 강조했다. 구로동이 가난했던 시대, 주일예배가 끝나고 나서 조그만 부엌에서 움직일 수도 없는 부엌에서 밥을 해서 먹었다. 환기도 되지 않는 곳에서 밥을 먹자, 많은 사람들이 꼭 밥을 먹어야만 하느냐고 문제를 제기했으나 그때부터 시작하여 지금까지 밥을 함께 먹었다.[27]

---

26 인명진, "예수만이 유일한 길이다", 위의 책, 43.
27 인명진, "갈릴리교회의 출애굽 시대", 위의 책, 55.

5) 교회의 첫 분열

1987년 6월 항쟁은 국민들의 손으로 대통령을 뽑고자 국민들이 일어난 민주적 사건이었다. 그래서 민주화세력인 기독교, 천주교, 불교, 학생, 농민, 노동자가 모여서 민주헌법쟁취국민운동본부를 만들었다. 전국적인 조직을 만들어서 상임고문으로 김영삼, 김대중이 맡고 상임집행위원회는 종교계인 기독교, 천주교, 불교에서 3명씩, 변호사에서 3명, 농민에서 3명 등 총 33인을 구성했고, 이들의 의사를 표명할 대변인을 정하게 됐다. 그러나 당시 대변인은 감옥에 갈 1순위였는데, 감옥 가기 적당한 사람으로 1987년 5월 24일 인명진 목사가 뽑혀 대변인에 임명됐다. 5월 26일 주일예배를 드리고, 말리는 교인들도 없어서 국민운동본부사무실로 들어갔다. 인명진 목사는 국민운동본부 대변인으로 6월 항쟁을 진두지휘했다.[28] 체포영장이 정부로부터 떨어졌으나 외신기자 20~30명이 늘 지키고 있어 체포를 모면했다. 그뿐만 아니라 갈릴리 교인들은 인명진 목사가 대변인으로 국민운동본부를 이끌어가자 날마다 인명진 목사를 위해 기도했고, 데모 군중으로 참여했다. 그래서 교인들 중 붙잡혀 구류를 살고 감옥 가는 사람들이 생겼다.[29]

1987년 6월 민주항쟁의 결과 6·19 선언으로 대통령 직선제가 관철되어 12월 대통령 선거가 실시됐다. 그런데 대통령 선거로 갈릴리교회는 교회가 나누어지는 큰 아품을 겪게 됐다. 대통령 직선제를 쟁취한 민주진영은 6월 항쟁에는 승리했지만 둘로 분열돼가고 있었다. 상임고문을 맡고 있던 김영삼 씨와 김대중 씨는 각자 먼저 대통령을 하려고

---

28 인명진, "갈릴리교회의 애굽 시대", 위의 책, 50.

29 위의 글, 51.

고집을 피우면서 민주진영의 단일화에 실패했다. 당시 인명진 목사는 단일화를 주장했는데, 교회 내에서 김대중 씨를 지지하던 교인들이 인명진 목사가 김영삼 씨를 지지한다고 여겨 교회가 분열했다. 그리하여 1987년 12월 50~60명의 교인들이 빠져나갔는데 이것이 교회의 제1차 분열이었다.[30]

4. 갈릴리교회의 출애굽 시대

인명진 목사는 희망의 집에서 예배를 드린 1989년 2월부터 2000년 11월 현재의 장소로 이전하기까지 시기를 갈릴리교회의 출애굽 시대라 부른다. 이 시기는 갈릴리교회가 소망교회로부터 재정적 후원을 받아 희망의 집을 짓고 어린이집과 문화센터 운영, 한국교회환경운동연구소와 노동상담소, 그리고 이주노동자 사역을 국내 최초로 시작한 시기이다. 또한 교회적으로는 갈릴리교회가 항존직을 선출하여 조직교회가 됐고, 최초로 항존직의 시무투표제, 신앙의 보증자 제도 실시, 그리고 갈릴리 공동체 계약을 만들어 예배를 드리기 시작한 시기이다.

1) 희망의 집 교회

(1) 희망의 집 교회의 시작

인명진 목사에 의하면 갈릴리교회의 출애굽 시대는 소망교회 곽선

---

30 위의 글, 52.

희 목사와의 만남으로 시작됐다. 구로5동의 첫 예배당에서 2년 6개월 살았지만 사람이 많지 않아 재정적으로 넉넉하지 않았다. 제대로 된 사역을 할 수 없는 상황에서 소망교회와 곽선희 목사의 지원으로 희망의 집 예배당을 짓고 교회를 이전하게 됐다. 이때 상황을 인명진 목사는 다음과 같이 기록하고 있다.

> 신학교 시절 로마서를 가르쳐주신 곽선희 목사님께서는 산업선교회에서 감옥에 드나들면서 뵙지 못하였던 때인데 어떻게 지내느냐고 물어오셨다. "구로동에서 목회를 시작했습니다. 우리가 교회당 없는 교회를 시작하려고 했는데 여의치 않아 조그만 월세를 얻어서 교회를 하고 있습니다"라고 대답하였다. "구로동은 어떤 지역인가?", "구로동은 우리나라에서 가장 가난한 동네입니다", "교회는 길목도 좋고 사람도 많은 곳에서 시작해야지. 그러면 교회가 부흥하기가 힘들 텐데", "아닌 게 아니라 구로동이 정말 가난한 사람이 많이 살고 있습니다. 얼마 전 맞벌이 부부가 아이들을 방에 놔두고 요강을 하나 넣어두고 먹을 것 넣어두고 밖에서 문을 잠그고 일하러 갔는데 아이들이 안에서 불장난을 하다 불이 나서 타죽었습니다." 그랬더니 그 자리에서 곽 목사님께서 "그러면 내가 구로동에 어린이집을 하난 지어주겠네"라고 하셨다.[31]

곽선희 목사와의 만남 후 소망교회의 헌금으로 대지 150평에 3층 건물 250평, 지하 50평을 더하여 총 300평의 건물을 짓게 됐다. 지하에

---

31 인명진, "갈릴리교회의 출애굽 시대", 위의 책, 57; 김명배 엮음, "인명진 목사 구술녹취전문", 3차(2020.4.12.), 『영등포산업선교회자료집(Ⅷ)』, 403.

는 부엌과 식당, 1층에는 어린이집과 교회 사무실을 만들었고, 담임 목사실은 1층에 긴 복도가 있어 거기를 막아서 만들었다. 그리고 2층에는 세미나실과 방을 만들고, 3층은 예배실을 만들었다. 그뿐만 아니라, 첫 예배당에서 쓰던 교회의 물건들을 다 버리고 심지어 숟가락과 젓가락까지 소망교회의 헌금으로 마련했다. 갈릴리교회가 가져간 것은 단 세 가지, 인명진 목사의 책상과 강대상, 그리고 십자가였다. 인명진 목사와 갈릴리교인들은 이 건물 이름을 '희망의 집'이라 명명하고, 맞벌이 부부를 위한 어린이집으로 시작했다. 이때 개원일이 1989년 4월 3일이었다.[32]

(2) 어린이집 운영

희망의 집에서 처음으로 시작한 사역은 지역에서 맞벌이 하는 부부들의 자녀들을 돌보는 '어린이집' 사역이었다. 갈릴리교회의 어린이집 전통이 여기에서 시작됐던 것이다. 깨끗하고 정직한 운영으로 구로동에서 이름난 어린이집이었다. 원장은 인명진 목사가 맡았고, 최순옥 권사가 원감을 맡았고 그 외에도 많은 선생님들이 수고를 했다. 어린이집을 통해서 교회를 다니는 사람이 많아졌다.[33]

(3) 문화센터의 운영

희망의 집에서 했던 두 번째 사역은 문화센터의 운영이었다. 당시 구로동은 문화적 환경이 좋지 않아 영화를 보기 위해서는 시내에 나가야 했다. 그래서 당시 유행하던 영화 비디오를 구입하여 예배당에서 상

---

32 인명진, "갈릴리교회의 출애굽 시대", 앞의 책, 57.

33 위의 글, 58.

영했다. 교회 예배당에서 영화를 상영하자, 동네 사람들이 많이 몰려왔고, 영화 보러 왔다가 교회 다니는 사람들이 생기게 됐다. 이때만 해도 한글을 모르는 사람들이 있어 교회에서 이들을 대상으로 한글을 가르치기 시작했다. 이것이 소문이 나 안양이나 인천에서도 사람들이 참석하여 40~50명이나 모였다. 그래서 한글반 외에도 한문반, 기타반, 탈춤반, 메이크업반을 만들고, 수지침도 가르쳤다. 한번 모집하면 100여 명이 모였다. 그렇게 문화센터가 2~3년 잘 운영됐는데 구로동에 애경백화점에 문화교실이 생기면서 그만 두게 됐다.[34]

(4) 한국교회환경연구소와 노동상담소

인명진 목사는 총회의 노동상담소와 지금의 기독교환경운동연대의 전신인 한국교회환경연구소를 만들어 소장직을 맡아 그 사무실을 갈릴리교회에 두었다. 또한 갈릴리교회는 교회 내에 희망의 전화를 설치하고 24시간 상담원을 배치하여 구로공단 지역에 사는 가난한 사람, 근로자들이 공장이나 회사에서 당하는 어려운 문제들을 상담해줬다. 이때 인명진 목사도 CBS 기독교방송에서 일주일에 한 번씩 노동문제에 대한 상담을 질문과 대답의 형식으로 진행했다. 인명진 목사는 이때 노동 상담한 내용들을 정리하여 『노동법문답풀이』라는 책을 냈는데 이것이 베스트셀러가 되기도 했다.[35]

---

34 위의 글.
35 위의 글, 59.

2) 이주노동자 사역의 시작

(1) 이주노동자 선교의 배경

희망의 집에서 예배를 드리기 시작한 후 1992년 12월 2일 이주노동자 예배를 처음으로 드렸다. 이주노동자들이 이 땅에서 함께 모여 예배를 드린 첫 번째 예배로 우리나라 교회 역사상 매우 중요한 일이었다.

갈릴리교회가 이주노동자 선교를 시작한 배경에는 두 가지 이유가 있었다. 첫째는 국내적 노동환경의 변화이다. 1990년대가 되면서 한국사회는 노동자들이 자신들의 문제를 스스로 해결할 수 있는 세상이 됐다. 갈릴리교회는 교회설립 초기부터 가난한 자의 교회요, 노동자들의 교회요, 노동운동가들의 교회였다. 교회의 사역이 노동자들의 권익과 인권보호를 위한 사역이었다. 그러나 1987년 노동자 대투쟁이 있고 노동자들의 힘이 강해지면서 굳이 교회가 나서지 않아도 노동자들 스스로 자신들의 권리를 보호받을 수 있게 됐다. 그래서 더 이상 노동자를 돕는 것이 의미가 없어진 상황에서 이주노동자가 인명진 목사의 눈에 띄게 됐고 이주노동자 사역을 시작하게 됐던 것이다.[36]

둘째로 이주노동자들이 당하는 어려움이었다. 이주노동자들은 공장이나 일터에서 많은 어려움을 당했다. 기업주들이 처음 이주노동자들을 고용하다 보니 복잡한 인권문제가 발생했다. 월급을 제때에 주지 않거나 심지어 주지 않기도 했고, 이주노동자들을 구타하고 모욕하고 감금하는 일들이 빈번했다.[37]

---

36 인명진, "소망교회와 갈릴리교회의 협력이 갖는 의미", 위의 책, 70.
37 인명진, "이주노동자 선교의 의미", 74.

그러나 당시 갈릴리교회의 일부 교인들은 불법체류 노동자들을 교회가 받아들여 예배를 드리도록 하는 것이 올바른 일인가 하는 의문을 가지고 있었다. 또한 일부 교인들 가운데에는 교회가 이주노동자 선교를 감당할 만큼 재정이 충분한지에 대한 문제제기도 있었다. 당시 교회가 노동조합교육, 희망공부방, 문화교실 등을 운영하여 재정적으로 굉장히 어려운 때였기 때문이었다. 그러나 인명진 목사는 이주노동자 사역은 갈릴리교회의 정신에 맞는 꼭 해야 할 일이며 돈과 관계없이 예산과 관계없이 시작할 수 있는 믿음을 가져야 한다고 설득했다.[38] 그리하여 갈릴리교회가 이주노동자 선교를 시작하게 됐다.

(2) 이주노동자 선교의 특징과 유형

갈릴리교회가 한국교회 최초로 이주노동자 선교를 시작할 수 있었던 것은 내적으로 인명진 목사의 신앙과 신학에 그 근거가 있었으며, 외적으로 당시 국내에 많은 수의 이주노동자들이 들어와 있지는 않았지만, 구로동 지역을 중심으로 이주노동자들이 취업을 하고 있었기 때문이었다. 처음에는 소수의 이주노동자들이 예배에 출석했으나 나중에는 800명 정도가 참석했다. 갈릴리교회는 이주노동자들이 많아지자 이들을 섬기기 위해 몇 가지 조치를 취했다. 첫째로 교회의 화장실에 샤워시설과 이발시설을 마련하는 것이었다. 당시 한국의 목욕탕에서는 이주노동자들이 오는 것을 꺼려했다. 외국인에 대해 배타적인 한국인의 속성상 이들이 오면 손님 떨어진다는 이유에서였다. 특히 중소기업에 다니는 이주노동자들이 목욕을 못 해 어려움을 겪고 있었다. 그래서 갈릴리

---

38 인명진, "소망교회와 갈릴리교회의 협력이 갖는 의미", 70.

교회는 이들의 삶의 질을 향상시키기 위한 차원에서 샤워시설과 이발시설을 교회에 마련했다.[39]

둘째로 이주노동자들은 타국에 와서 기후와 음식에 적응을 못 해 몸이 아픈 경우가 많았다. 언어의 소통이 원활하지 않아 병원에서 진료와 약국의 처방을 받는 데 어려움을 겪고 있었다. 그래서 갈릴리교회는 의료행위를 중점적으로 실시하여 이들을 돌보았다. 특별히 갈릴리교회 교인 가운데 여러 명의 의사와 약사가 있어 이들을 처방하고, 치료해줬다. 이때 소요된 예산은 약값만 하더라도 1백만 원이 지출됐다. 셋째로 임금체불로 인하여 고통을 당하는 이주노동자들을 위해 임금을 받을 수 있도록 행정적 도움을 줬고, 이들이 본국에 돈을 송금하는 일에도 도움을 줬다.[40] 넷째로 갈릴리교회는 주일 한국인 예배가 끝나면 남녀 성도들이 이주노동자들을 위한 만찬을 준비했다. 특히 국적을 불문하고 모두가 먹을 수 있는 닭튀김과 콜라와 바나나를 나눠줘[41] 각 국가별 예배 공동체를 섬겼다. 이처럼 초기에는 복음을 전파하기보다 이주노동자들의 어려움을 돌보는 차원에서 선교했다. 그러나 갈릴리교회 내에 이주노동자들의 각 국가별 교회가 설립되면서 각 공동체별로 복음전도 사역이 활발하게 전개됐다. 따라서 인명진 목사는 갈릴리교회의 이주노동자 선교사역에 대하여 다음과 같이 정의했다.

이주노동자 선교 유형에는 세 가지가 있습니다. 첫째는 복지와 인권을 위한 것으로 많은 시민단체들이 하고 있습니다. 또 이주노동자를

---

39 인명진, "예수만이 유일한 길이다", 위의 책, 36.
40 인명진, "이주노동자 선교의 의미", 위의 책, 74.
41 인명진, "예수만이 유일한 길이다", 위의 책, 37.

위한 선교 가운데 어떻게든지 이 사람에게 예수님을 믿게 해야 한다고 복음적으로만 접근하는 교회도 있습니다. 월급을 받든지 다치든지 그냥 예수님을 믿게 하는 것입니다. 그러나 갈릴리교회는 이 두 가지를 같이 통합적으로 통전적으로 합니다. 이 사람들의 복지와 인권을 위해서도 일하고, 예수님을 믿게 하는 복음적인 일도 하고 있습니다.[42]

정리하면 갈릴리교회의 이주노동자 선교사역은 한국인들로 구성된 공동체는 복지와 인권적 차원에서 이주노동자를 도왔고, 외국인들로 구성된 국가별 교회공동체는 자체의 교역자들을 세워 복음전도사역을 담당하는 통합적 혹은 통전적 선교유형이라고 할 수 있다.

(3) 이주노동자 국가별 교회 설립

1992년 12월 2일 첫 예배를 드렸다. 가리봉 5거리에서 이주노동자 몇 명을 불러서 예배를 드린 것이 선교의 시작이었다. 한국교회 역사상 처음 있는 일로 이방 나그네들이 낯선 땅에 와서 드린 첫 번째 예배였다. 초기에 이주노동자 예배는 영어로 드렸다. 한국인 목회자가 영어설교를 하고 찬송도 영어로 불렀다. 그래서 자연스럽게 영어를 알아들을 수 있는 필리핀, 파키스탄, 방글라데시, 스리랑카, 인도 사람들이 참석했다.[43]

이주노동자 선교초기 영어를 할 줄 아는 필리핀 사람들이 많이 나왔으나 천주교회가 이주노동자 선교를 담당하면서 이들은 천주교회로

---

42 인명진, "소망교회와 갈릴리교회의 협력이 갖는 의미", 위의 책, 70-71.
43 인명진, "이주노동자 선교의 의미", 위의 책, 73.

갔다. 대신에 점차 인도네시아, 몽골 등 영어를 모르는 나라들의 이주노동자들이 중심이 되어 예배를 드리게 됐다. 이주노동자들의 숫자가 늘어나면서 국가별 교회를 세워 예배를 드리게 시작했는데, 가장 먼저 세워진 교회는 1999년 세워진 조선족교회이다. 이어서 2000년에 몽골교회가 세워졌고, 그 다음에 인도네시아교회, 이어서 파키스탄교회를 세웠다. 언어가 통하지 않는 국가들은 본국의 교역자를 불러 예배를 인도하게 하고, 갈릴리교회는 복지와 인권을 위해서 일하고 있다.

이처럼 갈릴리교회는 한국말로 예배를 드리는 한국인교회, 몽골교회, 인도네시아교회, 그리고 파키스탄교회와 영어로 드리는 GIC교회가 있다. 이 다섯 교회가 동등한 하나님의 교회이며, 누구든지 다 하나님의 백성이다. 그리고 이들 5개의 교회들은 교회건물을 함께 사용하고 있다. 갈릴리교회는 본당을 인도네시아교회와 함께 쓰고 있는데 이는 한국교회 역사상 최초의 일이었다.[44]

3) 갈릴리교회의 출애굽 시대에 했던 그 밖의 일들

(1) 조직교회의 구성

구로동 희망의 집에서 여러 가지 선교사업을 하였지만, 이때 행한 가장 중요한 사역 가운데 하나는 조직교회를 구성한 일이었다. 본래 갈릴리교회는 처음 시작할 때 전통적인 교회법에 따른 조직교회를 하지 않겠다는 생각을 가지고 있었다. 또 200명이 모이면 교회를 나누고, 조직교회를 하지 않겠다는 생각, 즉, 평신도 중심의 교회를 하겠다고 했다.

---

44 위의 글, 79.

목사와 장로의 독주가 아니라, 교인들이 참여하는 민주적인 교회를 운영코자 했다. 그러나 현실적으로 교회가 커지면서 장로와 권사를 세우는 전통이 부작용이 있지만 필요한 조직임을 인정하고 부작용을 최소화하는 것으로 결론이 났다.

교단 헌법에 의하면 임시목사가 담임목사로 있으면 부목사를 청빙할 수 없는데, 이주노동자 선교사역이 증대되면서 갈릴리교회도 부목사가 필요했다. 그래서 1993년에 갈릴리교회는 김신임 권사, 박정희 권사, 김영자 권사 3명을 권사로 세웠다. 같은 해 고봉은, 소용순, 박남열, 송태관, 김준현, 홍기원, 김태환 등 7명을 안수집사로 세웠다. 그리고 1995년에 장로선거를 하고, 1996년에 송건태, 김영자, 김영수, 고봉은 4명을 장로로 세웠다. 그리고 임시목사를 위임목사로 임직하고 부목사를 두게 되어 조직교회로서 면모를 갖추게 됐다.[45]

(2) 항존직 시무투표제 도입

한국교회는 외국교회와 달리 장로로 선출되면 70세까지 종신으로 시무할 수 있다. 갈릴리교회는 평생을 교인의 대표로 시무하는 장로제도에 무리가 있다고 판단하여, 목사와 장로, 권사, 안수집사 등 항존직의 시무에 대한 신임투표제를 도입했다. 장로는 4년 임기로 하고 한번 더 재임할 수 있고, 그 다음에는 무조건 쉬도록 했다. 1996년 장로 임직을 하고 3년 뒤 1999년에 첫 번째 사무투표를 실시했다. 과반수를 못 얻으면 목사도 장로도 그만두는 것으로 했다. 이는 교인들에게 신임을 물어 기존 교회의 항존직의 독주를 막고 민주적인 교회가 되도록 도입한 제

---

45 인명진, "갈릴리교회의 출애굽 시대에 했던 일들", 위의 책, 81-82.

도였다. 담임목사가 불신임을 받으면 부목사도 모두 불신임 받는 것으로 했다. 그런데 교단총회는 교단헌법에 위배된다고 이를 허용하지 않는 것으로 결정했다. 그럼에도 갈릴리교회는 계속적으로 이 제도를 시행해오고 있다.[46]

(3) 신앙의 보증자

갈릴리교회는 1996년부터 어린이들에게 신앙의 보증자를 두어 세례를 주고 있다. 이 제도는 원래 천주교 전통에서 사용하는 신앙의 대부 제도를 빌려온 것으로 개신교회에서는 갈릴리교회가 유일하게 시행하고 있다. 신앙의 보증자가 나서면 세례받는 어린이를 믿음의 아들로 삼아 일평생 그 아이를 위해 기도하고, 그 아이가 신앙생활을 잘할 수 있도록 돌봐줘야 한다. 특히 신앙의 보증자는 매년 몇 차례에 걸쳐 신앙의 보증을 한 어린이를 집으로 초청해서 며칠 동안 함께 지내면서 신앙의 본을 보이도록 했다. 아이를 신앙적으로 잘 돌보고 기른다는 마음으로 책임을 가지고 보증자가 돼야 한다.[47] 그러나 이러한 취지로 만들어진 신앙의 보증자 제도는 시간이 지나면서 점차 그 실천이 약해져 지금은 과거의 제도로 남아있다.

(4) 갈릴리 공동체 계약예배

갈릴리교회는 교회가 세워진 지 6년 후인 1992년에 첫 번째 갈릴리 공동체 계약을 만들어 지금까지 매해 1월 첫 주일에 갈릴리 공동체

---

46 위의 글, 83.

47 위의 글, 86-87.

계약갱신예배를 드리고 있다. 연초에 갈릴리교회의 전 교인들은 공동체 계약을 함께 읽고, 공동체계약서의 내용대로 살겠다고 다짐하고 서명을 한다. 갈릴리교회가 한국교회에서 처음으로 한 것이 많지만 갈릴리 공동체 계약갱신예배는 그 가운데서도 가장 대표적인 것이다. 갈릴리교회는 계약서의 전문에서 신명기 26장 16~19절을 서술한 후 다음과 같이 고백했다.

> "여호와 하나님께서는 크신 섭리와 구원의 역사 가운데 죄로 말미암아 죽을 수밖에 없었던 우리를 예수 그리스도를 통해 구원하여 하나님의 자녀가 되게 하셨습니다. 이처럼 하나님의 자녀가 된 우리 갈릴리 공동체는 다음과 같이 우리의 신앙을 고백합니다. 여호와 하나님은 천지만물을 지으신 우리의 아버지로서 이 세상의 모든 것은 하나님의 것입니다. 그러므로 우리 모두가 지금 가지고 있는 모든 것 또한 내 것이 아니며 우리의 몸과 생명까지도 하나님께 속한 것, 우리는 잠시 그것을 맡아 가진 청지기에 불과합니다. 우리는 이와 같은 사실을 우리의 신앙으로 고백하며 예수를 믿는다는 것은 우리의 삶의 구체적인 행위로서 이를 확인하고 나타내는 일임을 확신합니다. ① 하나님과 우리의 관계는 근본적으로 위와 같은 신앙고백에 근거한 계약관계입니다. ② 주일은 나 자신은 물론 내가 가진 모든 것, 세상의 모든 것이 하나님께 속한 것임을 확인하는 날이며 그 계약의 확인의식이 바로 예배입니다. ③ 이 세상의 모든 것이 하나님의 것임을 고백하는 확실한 신앙고백적 행위가 헌금입니다. ④ 여호와 하나님께서 만물을 창조하시고 이를 하나님의 자녀인 모든 사람이 함께 평등하게 사용하도록 축복하셨습니다."

이어서 공동체계약서는 교인들이 지켜야 할 구체적 실천사항으로 "날마다 생활 속에서 하나님을 찬양하고 감사하는 경건한 삶 살기", "주일을 거룩히 지켜 계약자로서 위치를 재확인하기", "가족 이기주의, 개인주의를 극복하고 사랑의 삶을 실천하기", "자녀들을 주체적 인격과 건전한 가치관을 갖춘 신앙인으로 올바로 교육시키기", "신앙적 결단에 의한 헌금생활을 하며 삶의 모든 영역에서 꼭 필요한 만큼만 소유하고 절약해서 검소한 삶 살기", "교회예산의 50% 이상을 사회선교에 사용하기", "하나님께서 만든 자연을 지키고 보호하며 환경을 가꾸기", "하나님께서 허락하신 물질과 인간관계 올바르게 정리하기", "갈릴리 공동체 형제자매들과 함께 약속한 계약의 내용을 성실하게 실천하기" 등을 제시하고 이의 실천을 서약하고 있다.[48] 이러한 갈릴리 공동체의 계약갱신 예배는 우리의 모든 것이 하나님의 것이라는 구약성서의 사상에 기반을 둔 것이었다.[49]

4) 갈릴리교회의 제2차 분열과 의미

갈릴리교회가 희망의 집을 짓고 교회가 이사하면서 교우들 간에 교회 이전 문제로 갈등이 일어났다. 갈릴리교회와 소망교회와의 관계에 관한 것이었다. 즉, "부자교회인 소망교회가 지어준 예배당에 들어가야 하는가", 또 "어린이집, 문화센터 등 다양한 프로그램을 운영하면서 일정 부분의 경비를 소망교회로부터 지원받아야 하는가"에 대한 문제였다. 당시 이 문제는 교인들에겐 커다란 문제로 인식됐다. 결국 이 문제로

---

48 위의 글, 87-92.

49 위의 글, 92-93.

교인들 사이에 심각하게 논쟁이 발생했고, 일부의 교인들이 교회를 떠나가게 됐다. 이것이 1989년에 일어났던 교회의 제2차 분열이었다.[50]

교회의 제2차 분열은 갈릴리교회 역사 속에서 커다란 아픔이었다. 그러나 갈릴리교회가 시대적 상황 속에서 하나님의 선교를 감당하기 위한 현실적 결단이기도 했다. 후에 인명진 목사는 갈릴리교회와 소망교회의 협력의 모델을 다음과 같은 의미로 정의했다. 첫째, 소망교회와 갈릴리교회의 협력의 모습은 부유한 교회와 가난한 교회의 이상적인 협력관계였다는 점이다.[51] 즉, 부자교회인 소망교회가 할 수 없는 이주노동자 선교를 재정적 지원을 통해 가난한 교회인 갈릴리교회가 담당할 수 있도록 했다는 것이다.[52] 둘째로 보수적인 교회와 진보적인 교회의 협력관계이다. 인명진 목사에 의하면, 한국교회에는 보수교회와 진보교회가 있는데, 보수적인 교회는 보수적인 교회대로 역할이 있고 진보적인 교회는 진보적인 교회대로 역할이 있다.[53] 그런데 갈릴리교회 사역은 바로 보수교회와 진보교회의 협력관계로 이뤄진 사역이라는 것이다.

5. 갈릴리교회의 가나안 시대

1989년 2월부터 희망의 집에서 예배를 드리다 2000년 11월 현재의 신도림동 갈릴리교회로 이전했다. 인명진 목사는 2000년 11월 갈릴리

---

50 인명진, "갈릴리교회의 출애굽 시대", 위의 책, 59.

51 인명진, "소망교회와 갈릴리교회의 협력이 갖는 의미", 63.

52 인명진, 위의 글, 64.

53 인명진, 위의 글, 67-68.

교회가 신도림동 이사와 은퇴할 때까지의 시기를 갈릴리교회의 가나안 시대라 말한다. 신도림동으로 이주하게 된 계기는 수많은 이주노동자들이 교회로 몰려들어 예배 장소가 협소해졌고, 이주노동자 선교사역을 당시 내국인 교인 150명의 헌금으로는 감당할 수가 없었기에 자연스럽게 교회성장을 통해 이주노동자들을 돌보고, 그들과 함께 사용할 수 있는 예배당을 짓자는 의견이 대두됐다.[54]

1) 신도림 갈릴리교회의 설립

희망의 집 교회의 장소가 협소하고 150여 명의 적은 교인으로 이주노동자 선교사역을 더 이상 감당할 수 없는 상황 속에서, 그동안 갈릴리교회를 후원하던 소망교회의 지원이 끊어질 상황이 됐다. 이때 갈릴리교회가 선택할 수 있었던 것은 두 가지였다. 하나는 교회를 크게 지어서 스스로 재정적으로 자립해서 선교를 이어가든지, 아니면 선교사업을 포기하는 것이었다. 그러나 당시 갈릴리교회는 교인이 150여 명밖에 안 돼 자력으로 교회를 짓는다는 것은 어려운 일었다. 그런데 마침 당시 갈릴리교회 시무장로로 기산건설 부회장인 고(故) 이신행 장로가 기아기공이 있는 부지에 아파트를 짓겠다고 했다. 그래서 인명진 목사는 이신행 장로에게 "땅도 주시고 예배당도 주십시오, 땅은 교회가 가지고 있는 구청 근처 도로변의 150평과 맞바꾸고, 교회당 짓는 값은 차차 드리겠습니다"라고 제안했다. 이 제안에 이신행 장로는 흔쾌히 문서작성도 없이 구두로 약속했다. 인명진 목사에 의하면 처음에 교회부지로 500평을 요구했으나, 미래초등학교가 들어서는 바람에 266평을 얻게 됐고, 태영아

---

54 인명진, "예수만이 유일한 길이다", 위의 책, 37.

파트 조감도에 종교부지로 갈릴리교회를 포함시키게 됐다고 한다.[55]

신도림동 기아기공 자리에 교회부지가 마련되자, 인명진 목사는 소망교회 곽선희 목사를 만나 교회건축계획을 알리고, 소망교회의 20주년 기념사업으로 갈릴리교회의 교회당을 지어달라요청했다. 곽선희 목사는 흔쾌히 허락하고 40억 원 지원을 약속했다. 그래서 갈릴리 교인들은 내부 인테리어를 할 금액을 헌금하기로 했다. 그러나 갈릴리교회 제직회에 교회건축 안건이 제출되자, 교회당 짓는 것에 반대하며 교회를 떠나는 사람들이 생겨났다. 부자교회인 소망교회의 지원으로 교회당을 짓는 것에 대한 반감이었다. 그래서 인명진 목사는 교인들에게 교회당은 혼자지을 테니 이사만 오라고 설득했다. 결국 교인들은 교회당 짓는 동안 기초공사 시작할 때와 공사가 마쳐질 때를 빼고는 아무도 오지 않았다.[56]

그러나 교회를 지으면서 어려움이 닥쳤다. 1997년 한국경제에 IMF가 시행되고 기아그룹의 계열사인 기산건설이 어려움이 생겼고, 아파트 건설사업이 태영건설로 넘어갔다. 교회를 짓는데 큰 공헌을 한 이신행 장로도 물러나게 됐다. 그리고 소망교회에서도 문제가 발생했다. 20주년 기념사업으로 소망교회 당회가 40억을 지원하기로 결정했는데, 물가가 두 배로 올라 40억으로는 도저히 지을 수가 없었다. 그뿐만 아니라 당시 교회의 부지를 새 부지와 맞바꾸자고 했는데 이것도 무효가 됐다. 태영건설이 이신행 장로와 맺은 문서를 가져오라는 것이었다. 그러나 구두계약이었기에 문서는 존재하지 않았다. 태영건설은 266평 분양가로 17억 5천만 원, 교회당 건축비를 포함하여 총 60억 원을 요구했다.[57]

---

55 인명진, "가나안으로 돌아가기까지", 위의 책, 101.

56 위의 글, 102.

57 위의 글, 102-103.

그러나 이러한 어려움 가운데서도 하나님께서는 은혜로 교회당을 완공하도록 도와주셨다. 정말로 어렵고 힘든 상황이었지만은 인명진 목사는 눈물과 기도로 교회가 지어졌다고 증언했다.

2) 예배와 성례전

인명진 목사는 신도림에 교회를 짓고 이사와 이전보다도 더 예배와 성례전을 강화하였다. 갈릴리교회의 예배의식은 일반교회와 비교하여 여러 가지 다른 특징을 가지고 있다. 무엇보다도 갈릴리교회의 예전은 4세기경에 고대교회가 드리던 예배와 가까운 예전이다. 인명진 목사는 예배에 있어서 세 가지 차원을 강조했다. 첫째, 예배순서에 가장 중요한 시간은 사죄의 기도시간이다. 그래서 갈릴리교회는 죄의 고백 없이 드리는 예배는 하나님의 말씀과 은혜를 받기가 어렵다고 보아 예배시간의 10분을 할애하여 죄의 고백을 드린다. 그리고 죄의 고백을 할 때는 무릎을 꿇는다. 인명진 목사는 하나님 앞에 우리 모두가 죄지은 부끄러운 사람이기에 무릎을 꿇는 것만이 아니라 오체투지로 땅바닥에 엎드려야 한다고 주장한다.[58] 둘째, 찬송을 부를 때 모두 일어서서 부르도록 했다. 초대교회 교인들은 하나님 앞에 찬송을 부를 때 모두 일어서서 불렀기 때문이다. 그래서 우리도 일어서서 찬송을 불러야 한다. 그러나 결단의 찬송은 일어서서 하지만, 고백의 찬송은 그냥 앉아서 부른다. 그리고 예배는 사람들의 흥을 돋우는 것이 아니라 하나님께 영광을 돌리는 것이기에 피아노와 같은 악기 사용을 금했다.[59] 셋째, 성경봉독은 세 군데를 읽

---

58 인명진, "갈릴리의 가나안 시대", 위의 책, 109.

59 인명진, "우리가 꿈꾸는 이상적인 교회", 위의 책, 118.

는다. 갈릴리교회는 초대교회 전통을 따라 구약성경, 서신서, 복음서를 읽는다. 그리고 복음서를 읽을 때는 예수님의 말씀을 읽기 때문에 모두 일어선다. 또 예배 시간에 들어가야 할 중요한 순서는 예수님이 가르쳐 주신 주기도문과 우리가 신앙을 고백하는 사도신경이다. 사도신경은 말로써 주기도문은 찬송으로 드린다.

한편, 갈릴리교회는 성만찬을 개신교 전통보다 더 강조하여 매주 시행한다. 인명진 목사에 의하면, 로마가톨릭교회는 2천 년 동안 성찬식을 거행해왔다. 성찬식은 신앙의 신비이다. 따라서 갈릴리교회는 초대교회의 전통에 따라 매주 1부 예배에 성찬식을 거행하여 예수님의 희생을 기념하고 있다.[60] 이처럼 갈릴리교회는 신도림으로 이전한 후 더욱더 교회의 전통적 신학에 입각한 예배와 예전을 집행하였다.

3) 수요성경공부과 새벽기도

갈릴리교회는 수요예배시간을 성경공부로 대신한다. 교회가 설립된 후 창세기부터 시작해 성경 66권을 공부해왔다. 구약과 신약 사이의 중간시대도 수요 성경시간에 공부했다. 사도행전과 세계교회의 역사도 공부했다. 세계를 향하여 어떻게 복음이 전파됐으며, 교회의 역사가 2,000년 동안 어떻게 진행됐는가를 공부했다. 그리고 그리스도의 복음이 어떻게 한국교회에 들어와서 오늘날까지 이르게 됐는가 하는 한국교회 역사를 공부했다.[61]

새벽기도 시간은 수요성경공부처럼 신학적으로 이야기하지 않고

---

60 인명진, "갈릴리의 가나안 시대", 위의 책, 110.

61 위의 글, 111.

주일예배처럼 의식을 갖추지도 않았다. 성경 한 장을 읽고 성경에서 주시는 하나님의 말씀을 생각하는 영성훈련의 시간으로 진행했다.[62]

4) 선교

(1) 이주노동자교회의 설립: 몽골교회와 인도네시아교회

갈릴리교회가 이주노동자 사역을 시작하고 약 800명의 노동자들에게 세례를 줬다. 그런데 갈릴리교회의 이주노동자 선교사역이 다른 교회의 그것과 다른 가장 중요한 특징은 각국의 이주노동자들이 본국에 돌아가 교회를 세우고 자국민들을 대상으로 복음전도 사역을 지속하고 있다는 사실이다. 이 이주노동자들이 본국에서 설립한 대표적인 교회가 몽골교회와 인도네시아교회이다.

이 가운데 가장 먼저 본국에 이주노동자 교회를 세운 곳은 몽골교회였다. 소망교회가 김동훈 집사가 몽골에 무료진료를 다니면서 병원을 짓게 되자, 인명진 목사는 직원교육이나 회의나 행사 때문에 강당을 만들게 되면 그 강당을 예배당으로 쓰게 해달라고 부탁을 했다. 김동훈 집사가 울란바토르에 3,000평 규모의 병원을 짓게 되면서 강당을 예배당으로 사용할 수 있게 됐다.[63] 몽골의 인구가 275만 명으로 300만 명이 되지 않는다. 그런데 갈릴리교회가 몽골인 300명을 세례를 줬으니, 1만 명당 1명이 갈릴리교회로부터 세례를 받은 것이었다. 최근에는 노동자뿐만 아니라, 유학생들도 공부하러 왔다가 세례를 받고 있다.[64]

---

62 위의 글.

63 인명진, "가나안으로 돌아가기까지", 위의 책, 97.

64 위의 글, 99.

두 번째로 본국에 이주노동자들이 교회를 세운 곳은 인도네시아 공동체이다. 전통적으로 인도네시아는 이슬람 교인들이 인구의 대다수를 차지하고 있다. 그러나 한국에 이주해온 인도네시아 이주노동자들은 갈릴리교회의 이방인에 대한 사랑의 환대와 인도네시아인 이주노동자 공동체 내에 기독교 신앙과 복음전도의 열정으로 무장한 뛰어나 지도자 페르난도 목사의 사역으로 갈릴리교회 내에 각국별 이주노동자공동체 가운데 가장 많은 신자 수를 지니고 있었다. 이들은 600여 명의 이주노동자 신앙공동체를 이뤄 갈릴리교회 본당에서 오후에 예배를 드렸다. 그리고 이들은 본국으로 돌아가 페르난도 목사를 중심으로 자카르타에 교회를 개척하여 70~80여 명이 예배를 드리더니,[65] 교회가 성장하고 부흥하여 지금은 인도네시아에 다수의 교회를 개척하여 교단을 형성하고 있다.

(2) 북한 어린이 돕기와 사랑의 도시락 봉사

갈릴리교회의 가나안 시대에 시도한 사역은 가난한 이웃에 대한 특별한 사랑과 배려였다. 이러한 사역은 갈릴리교회가 신도림에 교회를 세우고 교세가 확장되기도 했지만, 평소 인명진 목사가 지닌 목회신학에 기반하고 있었다.

우리 생활이 가난한 사람들을 위한 헌금으로 이어져야 한다. 우리 생활이 가난한 사람들과 뒤섞여 있어야 한다. 헌금이 가난한 삶에게 가야 한다. 먹는 것도 나 혼자 먹는 것이 아니라 가난한 사람들과 함

---

65 인명진, "우리가 꿈꾸는 이상적인 교회", 위의 책, 125.

께 나누어 먹는 것이어야 하고, 우리의 잔치가 아는 사람만의 잔치
가 아니라 얼굴도 모르지만 가난한 사람들과 함께 즐기는 잔치이어
야 하며 북한의 어린이들을 내 자식이라 생각하고 돕는 일들이 우리
의 삶 속에 있어야 한다.[66]

그리하여 갈릴리교회가 가난한 자들을 위해 한 사역이 북한 어린이
돕기이다. 이 사역은 인명진 목사가 우리민족서로돕기 상임공동대표로
북한을 방문하면서 북한의 어린이 돕기 사역을 본격화한 것이었다.[67] 그
래서 갈릴리교회는 북한의 어린이 500명에게 한 달 식비로 1만 원씩 전
달하는 북한 어린이 돕기 헌금을 하고 있다. 또한 갈릴리교회는 식탁에
서 절약한 돈으로 헌금하여 가난한 이웃에게 사랑의 도시락을 전달하고
있다. 이는 평소 가난한 사람들에 대한 각별한 관심을 가진 인명진 목사
와 갈릴리교회의 사회선교의 일환이다.

(3) 몽골 나무 심기와 베트남 카우뱅크 사역

갈릴리교회가 사회선교의 일환으로 행한 일 가운데 하나는 몽골 나
무 심기와 베트남 카우뱅크 사역이었다. 일찍이 인명진 목사는 1981년
호주의 망명생활에서 돌아와 한국공해문제연구소를 개설하여 한국교회
최초로 환경운동을 시작하였다.[68] 인명진 목사는 몽골교회의 설립을 위

---

66 인명진, "우리가 꿈꾸는 이상적인 교회", 129

67 강영식, "인도적 대북지원과 인명진", 『인명진을 말하다』, 320.

68 김동훈, "인명진의 시민운동과 정치개혁", 『인명진을 말하다』, 58-59; 유미호, "한국기
    독교환경운동과 인명진", 『인명진을 말하다』, 174; 김명배 엮음, "인명진 목사 구술녹취
    전문" 2차(2011.1.7), 『영등포산업선교회 자료집(Ⅷ)』, 385-386.

해 여러 차례 다녀오면서 기후변화로 인한 몽골의 사막화 현상을 심각하게 생각하고, 몽골에 나무 심기 운동을 전개하였다. 인명진 목사는 몽골에 나무를 심는 것은 우리의 죄를 속죄하기 위한 것이라고 강조하였다.

> 우리 때문에 지구가 병들고 창조의 질서가 무너진 것을 살려보자고 CO_2 헌금을 하고 있다. 우리 시대에 맡겨주신 가장 큰 사명은 하나님이 주신 지구를 지키는 일이다. 하나님의 창조의 질서를 다시 회복시키는 일이다. 몽골에 한 그루의 나무를 심기 위해서 드는 돈이 만 원이다. 우리 자녀들을 위한 투자이며 우리가 괴롭힌 지구를 치료하는 치료비이다. 우리가 병들게 한 지구를 치료하는 헌금이 CO_2 헌금이다.[69]

이러한 인명진 목사의 신학적 관점과 노력은 갈릴리교회가 몽골의 사막에 숲을 조성하는 사업에 참여하게 되었고, 이 공로로 인명진 목사는 몽골 정부로부터 훈장을 수여하기도 하였다. 마지막으로 인명진 목사와 갈릴리교회가 해외 선교차원에서 시도한 사업은 베트남의 가난한 농가에 송아지 보내기 운동이었다. 이는 베트남 전쟁에서 한국인들이 저지른 잔혹한 행위에 대한 속죄의 성격이 있었다. 또한 베트남 전쟁에서 남편을 잃은 미망인과 고아들, 병든 사람들을 자립할 수 있도록 도와주는 사업이기도 하였다.[70]

---

69 인명진, "우리가 꿈꾸는 이상적인 교회", 128.

70 최호득, "잔치는 가난한 이들과 더불어:베트남 선교와 인명진", 『인명진을 말하다』, 364-365; 인명진, "우리가 꿈꾸는 이상적인 교회", 129.

6. 인명진 목사의 신학

인명진 목사는 1986년 갈릴리교회를 설립한 후 세 차례에 걸쳐 교회를 이전하면서 한국교회에 매우 독특한 목회모델을 제시했다. 그가 설립한 갈릴리교회는 초기에 노동운동의 배후세력이었고, 민주화운동의 근거지였다. 그러나 인명진 목사의 갈릴리교회 목회는 단순히 진보적인 노동운동의 교회는 아니었다. 지역사회의 가난하고 소외된 자들, 한국사회의 가난하고 소외된 자들을 위한 목회였다. 또한 철저히 성서에 근거를 둔 신학적 목회였으며, 고대 교회의 에큐메니컬 전통에 깊게 뿌리를 내리고 있는 통전적 목회신학이었다.

1) 복음서의 가난한 자들을 위한 신학

인명진 목사는 고등학생 시절 예수 믿는 가정에서 태어나 '굉장히 신비주의적 신앙체험을' 하였음에도, 다수의 가난한 사람들에 비해 호의호식하며 사는 목회자와 교회에 대한 강한 비판의식을 지니고 있었다. 당시 그는 '기독교는 참 좋은데', '예수님의 가르침은 괜찮은데', '목사는, 교회는 틀렸다'고 생각하여 '무교회주의에 빠지기'도 하였다.[71] 그래서 그는 고등학교를 졸업한 후 가난한 자들에 대한 관심과 비판의식으로 인해 모 교회가 예장통합임에도 한신대학에 진학하였다. 그는 한신대학에서 신학을 공부하면서 소위 '민중신학'과 '민중신학자'들로부터 깊은 영향을 받았다. 그가 한신대학을 다닐 때에는 김재준 목사를 비롯하여 성서학에 문익환, 김정준, 김철현 목사, 신약학에 서남동과 안병

---

71 김명배 엮음, "인명진 목사 구술녹취전문", 1차(2011.1.6), 『영등포산업선교회 자료집 (Ⅷ)』, 292.

무 박사, 기독교교육학에 문동환 목사, 기독교윤리에 정하은, 교회사에 이장식 목사 등과 같은 학자들이 신학을 가르치고 있었다. 특히 이때 인명진 목사는 기독교교육학자 문동환 목사의 영향을 크게 받아 기독교교육을 통한 주체적 자아확립과 인간개조, 그리고 세계변혁을 꿈꾸었다.[72]

이렇게 한신대학의 진보적 신학자들에게 영향을 받은 인명진 목사는 목회현장에서 철저한 '민중적 신학', 즉, '가난한 자들을 위한 신학'을 지향하였다. 그래서 그는 1986년 갈릴리교회를 개척하고, '가난한 자들을 위한 신학'을 목회의 신학적 근거로 삼았다. 그는 '갈릴리교회의 신학적 배경'이라는 설교에서 갈릴리교회는 마가복음 16장의 말씀에 근거해서 세워진 교회라고 천명한다.

"우리 교회가 마가복음 16장 1~8절까지의 말씀을 우리 교회의 성서적 배경으로 삼고 있다는 것은 예수님이 갈릴리에 계시기 때문에 예수님을 만나기 위해서 갈릴리로 가야 한다는 것입니다. 갈릴리는 당시 가난한 사람들, 소외되고 배고프고 병든 사람들이 살던 곳이었습니다. 성경을 보면 "너도 갈릴리 사람이냐?", "나사렛에서 무슨 선한 것이 나오느냐?" 하는 말씀을 찾아볼 수 있습니다. 당시 갈릴리는 지역적으로 비하하고 경멸하고 상대하지 않았던 곳으로 갈릴리 사람이라는 것은 촌놈이라는 뜻입니다."[73]

인명진 목사는 마가복음 16장에 예수님께서 부활하신 후 곧바로

---

72 김명배 엮음, "인명진 목사 구술녹취전문", 1차(2011.1.6), 『영등포산업선교회 자료집 (Ⅷ)』, 293.

73 인명진, "갈릴리교회의 신학적 배경", 4

지역적으로 가장 소외되고, 배고프고 병든 가난한 사람들이 있는 갈릴리로 가셨다는 사실에 주목한다.[74] 당시 갈릴리는 이스라엘에서 가장 소외된 곳이요, 배고프고 병든 자들이 사는 곳이요. 가난한 자들의 장소이다. 비하와 경멸의 대상이다. 바리새파는 유대 정결법에 저촉되거나 십일조를 내지 않는 사람들을 '암하레츠'라 불렀는데, 갈릴리는 그 '암하레츠'의 중심지였다.[75] 갈릴리는 절대빈곤의 소농과 땅 없는 소작인이 압도적으로 많았고, 이들은 부재지주에 의해 착취를 당하고 있었으며, 노예가 있을 수 없는 유대사회에서 스스로 가족과 함께 농노가 되는 일이 속출하던 곳이었다.[76] 그런데 예수님께서는 무덤에서 부활하신 후 가장 먼저 이 '암하레츠'의 중심지인 갈릴리로 가신 것이다.

따라서 인명진 목사는 예수가 부활 후 가난한 사람과 함께하였던 것처럼, 교회도, 목사도 가난한 사람과 함께 있어야 한다고 주장한다. 그는 선교와 목회는 그들과 삶을 함께 나누는 것이며, 그들의 삶과 하나가 되는 것이라 본다.[77] 그래서 갈릴리교회는 가난한 자들의 공동체로 설립되었다는 것이다. 그런데 인명진 목사에 의하면, 갈릴리교회가 설립될 당시 구로동은 "공장에서 매연과 연기가 내뿜어지고 … 벌집들이 다닥다닥 붙어있는" 가난한 사람들이 살아가는 한국의 갈릴리였다. 그래서 갈릴리교회는 가난한 자들을 찾아서 구로동으로 왔으며, 갈릴리교회에 가난한 자들의 발걸음이 끊어지면 갈릴리교회의 존재 이유가 없다고 말

---

74 인명진, 위의 글, 2.

75 H. Kreissig, *Die Sozialen Zusammenhange des judischen Krieges*, Berlin, 1970, 85.

76 안병무, 『갈릴래아의 예수』(서울:한국신학연구소, 1990), 95.

77 김명배 엮음, "인명진 목사 구술녹취전문", 1차(2011.1.6), 『영등포산업선교회 자료집(Ⅷ)』, 310.

한다.[78]

한편, 인명진 목사는 "우리가 꿈꾸는 이상적인 교회"라는 제목의 설교에서 이 가난한 사람들을 구체적으로 이주노동자로 이해하기도 한다. 그는 "가난한 사람들을 보면 이들이 혹시 예수님이 아닐까 긴장하고", "이주노동자들이 오면 마음속으로 예수님이 오신다고 생각한다"고 한다.[79] 그는 또한 교회가 가난한 자들을 복음화하는 것이 아니라, 가난한 자가 교회를 복음화하며, 가난한 사람들이 교회를 교회답게 만든다고 한다.[80] 따라서 예수님을 만나기 위해 갈릴리로 가서 가난한 사람, 병든 사람, 소외된 사람, 나그네 된 사람들을 만나야 한다는 것이 갈릴리교회의 신학이요, 신앙의 고백이다. 그러므로 인명진 목사에 의하면, 가난한 자들의 교회가 곧 예수 그리스도의 참된 교회이다.[81]

그런데 마가복음 16장의 갈릴리의 가난한 자들을 위한 신학은 여기서 머무르지 않고 마태복음 25장의 예수님의 종말론적 심판의 말씀으로 확대된다. 마태복음 25장은 최후의 심판 기사에서 예수님께서 "여기 내 형제 중에 지극히 작은 자 하나에게 한 것이 곧 내게 한 것이다"라고 말씀하심으로 자신과 가난한 자를 일치시키고 있다. 따라서 인명진 목사는 "마가복음의 예수님이 갈릴리로 가셨다는 말씀과 예수님께서 마지막 심판을 할 때 가난한 사람에게 잘해준 것이 나를 대접한 것이라는 마태의 기록은 잘 연결된다는 것이다."[82] 즉 마가복음 16장의 가난한 자

78   인명진, "한국의 갈릴리 구로동을 찾아서", 31.
79   인명진, "우리가 꿈꾸는 이상적인 교회", 115.
80   장윤재, "인명진 목사의 목회와 신학", 『인명진을 말하다』, 219.
81   위의 책, 218.
82   인명진, "갈릴리의 가나안 시대", 106.

들과 함께하시는 예수님과 가난한 자들을 위한 태도를 기준으로 종말론적 심판을 이야기하는 마태복음 25장은 모두 가난한 자들을 위한 복음을 말하고 있다는 것이다. 그러므로 갈릴리교회의 설립의 신학적 배경은 마가복음 16장의 갈릴리의 가난한 자들을 위한 신학과 마태복음 25장의 가난한 자들에 대한 태도를 기준으로 한 종말론적 심판의 신학이라 할 수 있다.

2) 하나님 중심의 계약공동체 신학

인명진 목사는 1968년 한신대학을 졸업하였으나, 기장보다는 예장 통합의 목사가 되고자 장신대학교 신학대학원에 입학하였다. 이러한 결정의 배경에는 4대째 내려오던 집안의 보수적 신앙진통에 있었던 것으로 추측된다. 그는 당시 한신대학교는 '진보적인 신학', '최고의 신학'이요, 장신대학교는 '초등학교 수준', '성경학교 수준'이었으나 장신대학교 교수님들로부터 '인간을 배웠다'고 고백한다.

"우리 장신대 교수님들은 인간적으로 목회자로서 굉장히 훌륭한 성품, 훌륭한 인격을 갖추신 분들이에요. 나는 그래서 한신에서는 학문을 배웠고, 장신에 가서는 사람을 배웠어요, 그래서 나는 장신에 대해서도 굉장히 고맙게 생각하고, 장신대에서의 삶, 굉장히 소중했고, 또 하나는 보수신학에 대해 나는 깊이 비판하지 않고 그대로 보수신학을 배우려고 많이 애를 썼어요."[83]

---

[83] 김명배 엮음, "인명진 목사 구술녹취전문", 1차(2011.1.6), 『영등포산업선교회 자료집 (VIII)』, 294.

인명진 목사는 한신대학교에서 '학문'을 배웠고, 장신대학교에서는 '사람'을 배웠다. 요컨대 인명진 목사는 한신대에서는 '진보신학'을, 장신대학교에서는 '보수신학'을 배웠다. 그러나 이러한 고백과는 달리 그는 장신대학교에서도 깊은 신학적 훈련을 하였다. 그는 장신대학교 신학대학원 재학 당시 구약학을 가르치던 호주 선교사 존 브라운 목사로부터 '폰 라트에 대한 공부를 많이 했고', '특별히 모세오경에 대한 공부를 많이 하고', '논문도 모세오경을 썼다.'[84] 이러한 인명진 목사의 구약학 연구는 그가 갈릴리교회를 개척하고 목회사역을 감당하는 데 또 하나의 신학적 토대가 되었다. 그래서 인명진 목사는 구약의 모세오경, 그 중에서도 신명기 법전의 중심이라 할 수 있는 시내산 계약을 목회의 신학적 근거로 삼았다.

구약성서 신학자인 발터 아이히로트(Walther Eichrodt)는 그의 대표적 저작인『구약성서신학』에서 '계약' 개념을 축으로 '계약의 도구들'(선견자, 사사, 선지자)과 '공식적 지도자들'(제사장과 왕)을 전개하였다. 그는 이 '계약' 주제가 때로는 저지되고 고착화되지만 언제나 분출하며 발전하여 결국 신약의 그리스도 안에서 그 목표가 달성되고 하나님 나라가 계시된다고 보았다.[85] 인명진 목사는 구약 신명기의 시내산에서 하나님과 이스라엘 백성이 맺은 이스라엘의 공동체 계약사상을 자신의 목회의 신학적 한 축으로 삼았다. 그리하여 그는 1986년 6월 갈릴리교회를 설립한 지 6년 후인 1992년 갈릴리 공동체 계약을 만들고 매해 1월 첫 주일에 계약갱

---

84 김명배 엮음, "인명진 목사 구술녹취전문", 1차(2011.1.6), 『영등포산업선교회 자료집(Ⅷ)』, 295.

85 Walther Eichrodt, *Theology of the Testament,* 박문재 옮김, 『구약성서신학』(서울: 크리스챤다이제스트, 1994).

신예배를 드렸다. 그런데 갈릴리공동체계약서는 그 전문에서 신명기 26장 16~19절을 언급한 후 다음과 같이 자신들의 신앙을 고백하고 있다.

"여호와 하나님께서는 크신 섭리와 구원의 역사 가운데 죄로 말미암아 죽을 수밖에 없었던 우리를 예수 그리스도를 통해 구원하여 하나님의 자녀가 되게 하셨습니다. 이처럼 하나님의 자녀가 된 우리 갈릴리 공동체는 다음과 같이 우리의 신앙을 고백합니다. 여호와 하나님은 천지만물을 지으신 우리의 아버지로서 이 세상의 모든 것은 하나님의 것입니다. 그러므로 우리 모두가 지금 가지고 있는 모든 것 또한 내 것이 아니며 우리의 몸과 생명까지도 하나님께 속한 것, 우리는 잠시 그것을 맡아 가진 청지기에 불과합니다. 우리는 이와 같은 사실을 우리의 신앙으로 고백하며 예수를 믿는다는 것은 우리의 삶의 구체적인 행위로서 이를 확인하고 나타내는 일임을 확신합니다."[86]

인명진 목사에 의하면, 이 갈릴리 공동체 계약은 크게 두 가지로 설명할 수 있다. 첫째는 하나님 중심으로 사는 것이다. 그는 기독교인들에게 어려운 시험은 하나님을 대신하는 여러 가지 세상의 유혹이라고 강조한다. 하나님보다 물질과 자식과 이념을 더 사랑하는 경우 이는 모두가 우상에 해당한다는 것이다. 따라서 갈릴리교회에서 가장 큰 죄는 하나님보다 자신을 더 사랑하는 삶이다. 이에 갈릴리교회 공동체는 주일 예배 시간에 죄 고백을 할 때 공동체 전체가 '하나님보다 세상을 더 사랑

---

86 인명진, "갈릴리교회의 출애굽시대에 했던 일들", 88.

했습니다. 하나님을 제일로 사랑하지 않고 다른 것을 더 사랑하며 살았음'을 고백한다.[87]

갈릴리공동체계약의 두 번째 내용은 이웃을 사랑하는 삶을 살아야한다는 것이다. 모든 사람들이 자기만을 사랑하고 자기 가족만을 사랑하는 이기주의에 빠져있다. 그러나 갈릴리교회 교인은 가난한 사람들을 사랑하며 그들을 돌보는 것을 하나님께서 우리에게 주신 사명으로 생각하고 살아가는 사람들이다. 기도 중에도 가난한 삶들을 위한 기도가 있어야 한다. 또한 삶 가운데서도 가난한 사람들을 위한 것이 있어야 한다. 그러므로 갈릴리공동체계약서는 교회 헌금의 50%를 가난한 자들을 위해 사용하도록 규정하고 있다. 헌금의 50%를 교회를 위해서가 아니라 사회선교를 위해서 사용하는 것이다.[88]

이러한 갈릴리교회의 공동체계약사상은 1992년 1월에 만들어져 계약갱신예배를 드린 후 지금까지도 계속 이어져 오고 있다. 특히 공동체계약의 구체적 실천으로 갈릴리교회는 하나님 중심의 예배와 삶을 실천하고자 하는 프로그램을 만들어 진행하였다. 무엇보다 예배갱신 차원에서 모든 교인들이 무릎을 꿇고 하나님께 죄 고백을 드리고, 인간의 흥을 돋우는 예배를 지양하였다. 또한 기존의 권위주의적이고 폐쇄적인 성직자 중심주의 예배를 타파하고 평신도 중심의 민주적인 교회를 지향하였다.[89] 이를 위해 인명진 목사는 항존직 시무투표제, 신앙의 보증자제도를 실시하였다.

또한 갈릴리공동체계약의 두 번째 내용인 이웃사랑의 구체적 실천

---

87 인명진, "한국의 갈릴리 구로동을 찾아서", 27.

88 위의 글, 28.

89 장윤재, "인명진의 목회와 신학", 222.

으로 교회예산의 50%를 사회선교에 사용하였다.[90] 사회선교의 일환으로 시도된 몽골, 인도네시아, 베트남, 파키스탄, 인도, 조선족 등 이주노동자들에 대한 선교사역은 몽골과 인도네시아 본토에 교회를 세우는 결실을 가져왔다. 이 밖에도 갈릴리공동체계약에 따른 사회선교사역은 희망의 어린이 집과 공부방 사역, 상태환경운동 차원에서 교회환경운동연구소 운영과 몽골에 나무심기, 북한어린이 돕기와 베트남 카우뱅크 설립운동으로 나타났다.

3) 고대교회 전통의 에큐메니칼 신학

인명진 목사의 갈릴리교회 목회사역의 또 하나의 중요한 사상은 전통적 에큐메니컬 신학이다. 갈릴리교회는 교회설립 후 A.D 4세기 에큐메니컬 공의회가 결의한 예배와 가까운 예배를 드리고 있다.[91] 인명진 목사는 예배에 있어서 세 가지 차원을 강조하였다. 첫째, 예배순서에 가장 중요한 시간은 사죄의 기도시간이다. 그래서 갈릴리교회는 죄의 고백 없이 드리는 예배는 하나님의 말씀과 은혜를 받기가 어렵다고 보아 예배시간의 10분을 할애하여 죄의 고백을 드린다. 그리고 죄의 고백을 할 때는 무릎을 꿇고 드린다. 둘째, 찬송을 부를 때 모두 일어서서 부르도록 하였다. 초대교회 교인들은 하나님 앞에 찬송을 부를 때 다 일어서

---

90 인명진, "갈릴리교회가 꿈꾸던 교회의 모습", 23-24. "저는 교회는 교회당 건물이 아니라 신앙고백이라고 생각합니다. 역사적으로 교회가 세 종류가 있습니다. 국가교회가 있고, 지역교회가 있고, 공동체 교회가 있습니다. … 다음으로 공동체 교회가 있습니다. 지역에 상관없이 같은 뜻이 맞는 사람이 모인 교회입니다. 바로 우리교회가 그런 교회입니다. 우리 교회는 우리 교회만의 뜻이 있습니다."; 인명진, "한국의 갈릴리 구로동을 찾아서", 27. "갈릴리교회는 갈릴리공동체계약을 중심으로 해서 모인 교회입니다."

91 장윤재, "인명진의 목회와 신학", 225.

서 불렀기 때문이다. 그래서 우리도 일어서서 찬송을 불러야 한다. 그러나 결단의 찬송은 일어서서 하지만, 고백의 찬송은 그냥 앉아서 부른다. 그리고 예배는 사람들의 흥을 돋는 것이 아니라 하나님께 영광을 돌리는 것이기에 피아노와 같은 악기 사용을 금하였다.[92] 셋째, 성경봉독은 세 군데를 읽는다. 갈릴리 교회는 초대교회 전통을 따라 구약성경, 서신서, 복음서를 읽는다. 그리고 복음서를 읽을 때는 예수님의 말씀을 읽기 때문에 다 일어선다.[93] 이는 고대교회의 예배와 예전에 따른 것이다.

그리고 최근 세계교회협의회를 중심으로 한 에큐메니컬 진영은 BEM문서를 통해 초기 기독교의 예배는 설교와 성만찬이 동일한 중요성을 띠는 것으로 정의하고 있다. 세계교회가 고대 에큐메니컬 교회의 예배와 예전을 재발견한 것이다.[94] 그래서 갈릴리교회는 성만찬을 개신교전통보다 더 강조하여 매주 시행해 왔다. 인명진 목사에 의하면, 로마가톨릭교회는 2천 년 동안 성찬식을 거행해 왔다. 성찬식은 신앙의 신비이다. 따라서 갈릴리교회는 초대교회의 전통에 따라 매주 1부 예배에 성찬식을 거행하여 예수님의 희생을 기념하고 있다.[95] 이는 다른 개신교회들이 중요한 교회의 절기에나 드리는 것에 반하여 매우 자주 드리는 것이다. 설교와 성만찬 모두를 강조하는 초대교회의 예배형식에 가까운 것이다.

한편, A.D. 381년 콘스탄틴공의회는 교회를 '하나의'(One), '거룩한'(Holy), '사도적'(Apostolic), '보편(Universal) 교회'로 정의하였다. 인명진

---

92 인명진, "우리가 꿈꾸는 이상적인 교회", 118.

93 인명진, "갈릴리의 가나안 시대", 109.

94 세계교회협의회, 이형기 엮음, 『세계교회협의회 BEM문서: 세례, 성만찬, 직제』(서울: 한국장로교출판사, 1993), 33-46.

95 인명진, "갈릴리의 가나안 시대", 110.

목사는 갈릴리교회의 목회사역을 통해 고대교회의 전통적 교회론을 추구하였다. 갈릴리교회는 인종과 국적을 초월하여 다양한 사람들이 모인 '하나의', '보편적' 교회이다.[96] 한국인, 몽골인, 인도네시아인, 파키스탄인, 필리핀인들이 모여 다문화교회, 다인종교회, 다국적 교회를 이루지만 예수 그리스도안에서 '하나의', '보편적' 교회를 구성한다. 또한 갈릴리교회는 예수님의 말씀에 따라 갈릴리로 나아가 가난한자들을 만난다는 점에서 '사도적'이고, '거룩한' 교회이다. 예수님의 제자가 되어 그분의 말씀에 순종하여 가난한 자들에게 복음을 전한다는 차원에서 '사도적'이고, 거룩한 예수그리스도의 빛을 가난한 자들을 위한 사역을 통해 반사한다는 점에서 '거룩'하다.

그런데 이 '하나의', '거룩한', '사도적' '보편' 교회의 모습은 갈릴리교회와 소망교회와의 관계에서도 찾아볼 수 있다. 소망교회와 갈릴리교회의 관계는 부유한 교회와 가난한 교회의 협력모델, 보수교회와 진보교회의 협력모델, 부자교회가 가난한 교회를 통해 일하게 되었다는 세가지 의미에서 '하나의' 교회, '보편적' 교회를 지향한다. 따라서 인명진 목사와 갈릴리교회의 사역은 고대교회의 에큐메니컬 공의회의 교회론과 신학전통에 뿌리를 깊게 박고 있다고 볼 수 있다.

7. 결론

인명진 목사는 1986년 6월 갈릴리교회를 개척하고, 3번에 걸쳐 교

---

96 장윤재, "인명진의 목회와 신학", 232.

회를 이전하면서 목회사역을 전개하였다. 그는 교회개척 초기부터 지역의 가난한 사람들의 자녀들을 위한 어린이 집과 공부방을 운영하였고, 한국교회 역사상 처음으로 항존직 시무투표제와 신앙의 보증자 제도를 실시하였다. 또한 매년 1월 초에 갈릴리신앙공동체의 계약갱신예배를 통하여 교인들의 신앙의 다짐을 하였고, 교회헌금의 50%를 사회선교에 사용하였다. 무엇보다도 그의 목회사역 중 대표적인 사역은 이주노동자 선교를 국내 최초로 시작하였다는 사실이다.

이러한 인명진 목사의 갈릴리교회 목회사역은 크게 세 시기로 나누어질 수 있다. 첫째 시기가 갈릴리교회의 애굽시대이다. 이 시기는 갈릴리 교회가 1986년 6월 1일 인명진 목사의 사택에서 시작하여 8월 3일 구로구청 사거리의 허름한 건물 3층으로 이사하여 1980년 2월까지 2년 6개월간 예배를 드린 시기이다. 이때는 교회창립 초기였지만 인명진 목사는 예배갱신과 성경공부를 통하여 그리고 공동식사의 친교를 통하여 교회의 기초를 놓았다.

두 번째 시기는 갈릴리교회의 출애굽 시기이다. 희망의 집에서 예배를 드린 1989년 2월부터 2000년 11월 신도림으로 교회를 이전하기 전까지이다. 이 시기는 갈릴리교회가 소망교회로부터 재정적 후원을 받아 희망의 집을 짓고 어린이집과 문화센터 운영, 한국교회환경운동연구소와 노동상담소, 그리고 이주노동자 사역을 국내 최초로 시작한 시기이다. 또한 교회적으로는 갈릴리교회가 항존직을 선출하여 조직교회가 되었고, 최초로 항존직의 시무투표제, 신앙의 보증자 제도실시, 그리고 갈릴리공동체계약을 만들어 예배를 드리기 시작한 시기이다.

세 번째 시기는 갈릴리교회의 가나안 시기이다. 2000년 11월 갈릴리교회가 신도림에 이사와 인명진 목사가 2014년 은퇴할 때까지의 시기를 말한다. 신도림으로 이주하게 된 계기는 수많은 이주노동자들이 교회로 몰려들어 예배 장소가 협소해졌고, 이주노동자 선교사역을 당시 내국인 교인 150명의 헌금으로는 감당할 수가 없었기 때문이었다. 이 시기 갈릴리교회는 내국인 500명에 이주노동자 1000명이 예배를 드리며, 북한 어린이돕기와 사랑의 도시락 봉사, 몽골에 나무 심기, 베트남에 카우뱅크를 설립하는 등 사회선교를 감당하였다. 뿐만아니라, 이주노동자들이 본국에 귀국하여 몽골과 인도네시아 본토에 이주노동자들이 교회를 설립하였다.

이러한 인명진 목사의 목회사역은 한국교회에 매우 독특한 목회모델을 제시하였다. 그가 설립한 갈릴리교회는 초기에 노동운동의 배후세력이었고, 민주화운동의 근거지였다. 그러나 인명진 목사의 갈릴리교회 목회는 단순히 진보적인 노동운동의 교회는 아니었다. 지역사회의 가난하고 소외된 자들, 한국사회의 가난하고 소외된 자들을 위한 목회였다. 또한 철저히 성서에 근거를 둔 목회였다. 그는 복음서 가운데서도 마가복음 16장과 마태복음 25장에 근거하여 갈릴리교회에서 가난한 자들을 위한 목회를 실험하였다. 특히 그는 구약성경의 모세오경에 나타난 하나님의 중심의 공동체계약사상을 그의 목회의 뿌리로 삼았다. 그래서 그의 목회는 철저히 하나님 중심의 목회를 지향하였다. 마지막으로 그의 목회는 고대교회의 에큐메니컬 전통과 신학에 따른 목회를 추구하였다. 그래서 교회의 예배와 예전을 개신교전통을 넘어 고대교회에 전통에 뿌리를 두고자 했다. 따라서 인명진의 신학사상은 한마디로 신약과 구약, 그리고 고대교회 전통을 아우르는 통전적 목회신학이었다고 할 수 있다.

참고문헌

강영식, "인도적 대북지원과 인명진", 『인명진을 말하다』(서울: 도서출판 동연, 2016).

김광수, "한국교회의 진보성향 설교의 비평적 평가와 과제에 대한 연구: 문익환, 홍근수, 인명진을 중심으로" (서울: 장로회신학대학교 목회전문대학원, 미간행박사학위논문, 2019).

김동흔, "인명진의 시민운동과 정치개혁", 『인명진을 말하다』(서울: 도서출판 동연, 2016).

김명배, 『해방 후 한국기독교사회운동사』(2009, 북코리아).

_____, "영등포산업선교회 노동운동이 한국사회민주화와 인권운동에 끼친 영향: 인명진의 구술 기억을 중심으로", 『숭실사학』 제26집(2015.6).

_____, "고대와 중세교회사", 『현대인과 성서』(서울: 숭실대학교 출판부, 2018).

김명배 엮음, "인명진 목사 구술녹취전문", 1차 사료(2011.1.6), 『영등포산업선교회 자료집(Ⅷ)』(인명진목사사료편찬위원회, 2020).

_____, "인명진 목사 구술녹취전문", 2차 사료(2011.1.7), 『영등포산업선교회자료집(Ⅷ)』(인명진목사사료편찬위원회, 2020).

박명철, "갈릴리로의 위대한 부르심에 응답하다", 『인명진을 말하다』(서울: 도서출판 동연, 2016).

세계교회협의회, 이형기 엮음, 『세계교회협의회 BEM문서: 세례, 성만찬, 직제』(서울: 한국장로교출판사, 1993).

안기석, "이주노동자선교의 첫 문을 열다", 『인명진을 말하다』(서울: 도서출판 동연, 2016).

안병무, 『갈릴래아의 예수』(서울: 한국신학연구소, 1990).

인명진, 『갈릴리교회 25주년의 역사』(서울: 갈릴리교회, 2012).

유미호, "한국기독교환경운동과 인명진", 『인명진을 말하다』(서울: 도서출판 동연, 2016).

장윤재, "인명진의 목회와 신학", 『인명진을 말하다』(서울: 도서출판 동연, 2016).

정병준, "인명진 목사의 정치참여와 신학", 『한국교회사학회지』 제57집(2020.12).

최호득, "잔치는 가난한 이들과 더불어: 베트남 선교와 인명진", 『인명진을 말하다』(서울: 도서출판 동연, 2016).

Walther Eichrodt, *Theology of the Testament*, 박문재 옮김, 『구약성서신학』(서울: 크리스챤 다이제스트, 1994).

H. Kreissig, *Die Sozialen Zusammenhange des judischen Krieges* (Berln, 1970).

V

인명진 목사의 설교에 나타난 신학사상

김광수

＊   김광수 박사(행복한샘터교회 담임목사, 설교학전공)
      본 논문은 "한국교회의 진보성향 설교의 비평적 평가와 과제에 대한 연구"(미간행 박사
      학위논문, 장로회신학대학교, 2019)에서 "인명진의 설교의 특징과 신학사상"을 수정 ·
      보완한 것임.

1. 서론

한반도에 남한과 북한의 다른 체제가 수립되고, 한국전쟁을 거치면서 남한과 북한의 이념구도는 강력한 적대적 관계로 변했다. "남한은 보수 우파가 정치권력을 독점하면서 '반공주의와 북진통일'이 국가의 목표가 됐고, 반면 북한은 급진 좌파가 주도하는 '남조선 혁명과 사회주의 건설'이 지상과제가 됐다. 분단체제는 정권의 정당성을 유지하기 위해 성장과 발전의 신화에 매달렸다."[1]

한국은 1960년대 이후 관료와 재벌의 발전연합(Developmental Coalition)을 통한 성장전략을 구사했다. 국가가 금융 부분을 지배하면서 적극적 산업정책을 추진했다. 박정희 정부는 국가주도 경제 전략을 통해 고도 경제성장을 이뤘으나, 정책결정 과정에서 노동조합과 민중을 철저히 소외시켰고, 시민적 자유와 민주화운동을 억압했다.[2]

이에 한국의 진보적 인사들은 시민적 자유와 정치적 민주화운동에 관심을 집중했다. 유신과 5공화국에 저항하던 민주화운동은 점차 산업화 과정에서 소외된 노동자, 농민, 도시빈민 등 민중 부분의 이해를 대표하면서 새로운 운동을 주도했다. 이들의 목표는 민주화의 전면적 실현, 노동자들의 권리보호, 복지의 확대, 민족 자주 그리고 평화통일이다.

이러한 운동을 선도하는 데는 한국 개신교회의 역할도 적지 않았다. 특히 1970년대 이래 진보성향의 개신교 목회자들의 역할은 지대했다. 인명진은 그 선두에 있었다. 그는 박정희 정부의 유신 치하, 전두환

---

1   한반도선진화재단, 한국미래학회, 좋은정책포럼 공편, 『보수와 진보의 대화와 상생』(파주: ㈜나남, 2010), 81-83.

2   위의 책, 82.

정부의 억압적인 통치하에서도 독재정권에 맞섰고, 열악했던 산업현장에서 사회적 약자와 소외 계층을 대변했다. 그는 교회됨의 정체성을 본래적 차원에서 정립하려고 설교를 통해 노력했으며,[3] 반세기 이상 분단된 채 적대해오고 있는 남북 민족 간에 화해와 평화와 통일을 설교했다.

인명진은 사역과 설교를 통해 한국사회의 새로운 시대를 구축하는데 많은 영향을 미쳤으며, 또한 종교적인 것(the Religious)과 세속적인 것(the Secular)[4]을 함께하며 예언자적 사명을 감당하여 교회와 국민에게 비전과 치유, 그리고 회복과 화해의 길을 제시했다. 데이비드 랜돌프(David J. Randolph)는 우리가 유산으로 물려받은 것과 지금 가지고 있는 것이 무엇인지를 파악하고 이것을 오늘날 등장하는 문제해결의 자원으로 삼아야 한다고 주장한다.[5] 그런 점에서 분열과 대립의 시대인 오늘날 인명진의 설교에 나타난 하나님 사랑과 이웃 사랑, 시대를 향한 통합과 포용을 재조명해보는 것은 큰 의미가 있다. 본 연구는 인명진의 생애를 개략적으로 살펴본 후 그의 설교의 특징과 신학사상을 고찰하여 오늘의 필요에 대응하기 위한 방향을 모색해보고자 한다.

---

3 최진봉, "16세기 신앙고백서들에 나타난 교회의 표지로서의 설교에 대한 연구", 『교회와 신학』 제81집(2016), 219.

4 최진봉, "본문과 삶 간의 유비적 읽기로서의 새로운 설교학에 대한 이해", 『장신논단』 제41집(2011.7), 270-271. 폴 틸리히(Paul Tillich)는 종교와 문화의 관계는 상관적(Cor-related)이라고 주장하는데, 이를 받아들인 설교학자 헨리 미첼(Henry H. Michell)은 설교자가 기꺼이 청중들의 실존적 삶의 자리에 같이 앉으려 할 때 설교의 회복이 가능하다고 한다. 인명진은 청중뿐만 아니라 세상 사람들의 실존적 삶의 자리에 함께한 대표적인 설교자이다.

5 David J. Randolph, *The renewal of Preaching in the Twenty-First Century: The Next Homiletics* (Eugene: Cascade Books, 2009), 16쪽 이하를 참조하라.

2. 인명진의 생애와 전기

1) 인명진의 가계와 생애

인명진은 1945년 6월 1일 충남 당진에서 태어났다. 그는 아버지 인치희 장로와 홍경희 권사의 6남매 중 장남으로 태어났으며 인씨 가문의 11대 종손이다.[6]

인명진의 신앙은 증조할머니로부터 시작한다. 그녀는 인명진을 데리고 교회에 다녔으며, 매일 새벽 종손을 위해 기도를 했다. 그녀는 "매일 새벽예배를 나가셨는데 눈이 와서 길이 막힌 날에는 교회가 보이는 집 뒤 언덕에 올라가 기도를 하셨다. 단 하루도 그치지 않았던 증조할머니의 간절한 기도는 인명진을 위한 것이었다."[7] 인명진이 '하나님의 큰 일꾼'이 되게 해달라는 그녀의 눈물 어린 기도는 오늘의 인명진 목사를 있게 한 가장 큰 원동력이었다. 인명진은 이렇게 말한다. "저는 목사로서도, 신앙인으로서도 모자란 사람이지만, 한 가지 하나님 앞에 내세울 것이 있는데 제 평생 예배 시간에 늦어본 적이 없다는 것입니다. 이러한 믿음은 바로 증조할머니의 모습에서 배운 것입니다."[8]

인명진의 어린 시절 고향 교회는 새벽기도회와 수요예배 설교를 장로님이 담당했는데, 농사를 짓던 장로님은 농사일 때문에 설교를 준비하기 어려워 매번 '삭개오 이야기'만 했다고 한다. 장로님은 다음과 같이 말했다. "삭개오가 예수님을 얼마나 보고 싶어 했는지 아느냐? 그러니 우리도 삭개오처럼 예수님을 보고 싶어 해야 하는 거야. 삭개오가 자

---

6   영등포산업선교회, 『인명진을 말한다』(서울: 도서출판 동연, 2016), 453.

7   인명진, 『한국교회를 새롭게』(서울: 대한기독교서회, 2010a), 183.

8   위의 책, 185.

기 재산을 가난한 사람에게 나눠준 것처럼 우리도 우리의 가진 것을 가난한 사람에게 나눠줄 수 있어야 한다." 그런데 인명진은 30년 넘는 목회 생활 하는 동안 어린 시절 장로님에게 들었던 '삭개오 이야기'를 가장 많이 하는 자신을 발견했다고 한다.

> "여러분, 세상의 그 어떤 것보다도 예수님을 가장 좋아해야 합니다.
> 예수님을 제일로 여기고 잘 대접해야 합니다. 우리가 가진 것을 가
> 난한 자에게 나눠줘야 합니다. 예수님에게 칭찬받는 것을 제일로,
> 자랑으로 생각하며 살아가십시오."[9]

인명진은 "자신의 신앙의 줄기는 훌륭한 신학자의 가르침이나 유명한 설교자의 설교가 아니라, 신학교 문턱에도 가보지 못한 장로님의 설교로 형성됐다"고 고백한다.[10] 인명진의 가문은 당시 만석꾼의 부농이었다. 아버지 인치회 장로는 일본에서 법과대학을 졸업하고, 고향에서 평생 후학을 양성하는 교육자였다. 인명진은 모태신앙으로 출발하여 독실한 기독교 가정에서 자랐기에 기독교 신앙이 그의 온 삶을 지배했다.[11]

2) 인명진의 교육배경

1962년 3월 인명진은 대전고등학교에 진학한다. 그는 모태신앙이었고 "마을 사람들이 다 예수를 믿으니까 사람들은 모두 다 예수를 믿는 줄로 알았다"고 한다. 그러다 철이 들면서 예수 믿는 것이 성경에 기록

---

9   위의 책, 186.

10 위의 책.

11 영등포산업선교회, 앞의 책, 453.

된 대로 "예수께서 이르시되 네 마음을 다하고 목숨을 다하고 뜻을 다하여 주 너의 하나님을 사랑하라 하셨으니 이것이 크고 첫째 되는 계명이요 둘째도 그와 같으니 네 이웃을 네 자신같이 사랑하라"(마 22:37-40)는 것이었다.

인명진은 "하나님을 사랑하라는 말씀은 예수 믿는 사람으로서 당연히 해야 할 일이니까 힘들어도 해야 하지만 네 이웃을 네 자신같이 사랑하라는 말씀은 도저히 지킬 수 없는 말씀으로 생각됐다." 정말로 이웃을 내 몸처럼 사랑하는 것이 가능할까? 인명진의 이런 고민은 고등학교 시절 한때 무교회주의자가 되는 원인이 되기도 한다.[12] 그는 "예수님의 가르침은 너무나 좋은데 예수 믿는 사람들이 모인 교회는 좋지 않다"는 생각을 한 것이다.

이처럼 많은 생각 끝에 인명진은 결국 목회자의 길을 가기로 결심하고 한국신학대학교(B. A.)와 장로회신학대학교 신학대학원(M. Div)에 들어가게 된다. 그는 "신학을 공부하면서 본격적으로 이웃사랑 문제에 대해 고민하기 시작했다"고 말한다. 인명진은 이웃을 내 몸처럼 사랑하며 사는 삶이란 예수를 따르는 삶인데, 특히 목사는 다른 사람보다 더 바짝 예수를 따라가며 다른 사람보다 더 예수를 닮으려고 노력하는 사람이라고 생각했다. 그러면서 그는 이웃을 다음과 같이 정의한다.[13]

---

12 인명진은 고등학교 시절 목사님 댁에서 저녁식사를 하게 됐는데 밥상에 흰쌀밥이 올라온 것을 보고 충격에 빠졌다고 한다. 가난한 이웃이 주변에 얼마나 많은데 이렇게 흰 쌀밥을 드실 수 있을까 하는 생각이 들었던 것이다. 예수님은 가난한 이웃을 위해 자신의 생명까지도 버렸는데 예수 믿는 사람은 예수님의 가르침을 깨닫지 못하고 성경과 다르게 살아간다는 생각 때문에 교회와 멀어졌고, 한때 무교회주의에 빠졌다는 것이다. 인명진, 앞의 책, 187-188.

13 위의 책, 189.

"우리의 이웃은 누구이고, 그 이웃을 어떻게 사랑하는 것이 내 몸처럼 사랑하는 것인가? 성경에 의하면 예수님께서는 가난한 자, 슬픔을 당한 자, 외로움을 당하는 자와 함께 계실 것이라고 말씀하셨다. 예수님께서 지금 이 세상에 계시다고 하면 어디에 계신 것일까? 틀림없이 이 사회의 경제 발전의 그늘에서 살아가는 노동자, 근로자들과 함께 계실 것이라고 생각했다. 그래서 인 목사도 평생 가난하고 힘없는 노동자들을 섬기며 살아야겠다는 결심을 하게 됐다."[14]

인명진은 이러한 생각을 실제 목회에서 구현한다. 1986년 갈릴리교회를 시작하는 첫 설교에서 이렇게 고백한다.

"나는 우리가 시작하는 이 교회에 대해서 무슨 거창한 계획을 가지고 있지 않습니다. 아주 소박한 생각 즉 보통 세상 사람들과 잘 어울리지 못하는 사람들, 세상을 이렇게 살아서는 안 되는데 생각하며, 있는 처지에서 세상을 거슬러 바르게 살아보려는 사람들, 그렇게 살아보려는 것 때문에 외로움도 느끼고 주위에서 따돌림도 당하는 사람들, 서울 장안 곳곳에 흩어져 있는 이런 사람들이 모일 수 있는 곳이 우리가 시작하는 교회였으면 합니다."[15]

인명진은 장로회신학대학원 2학년이던 1970년 전태일 사건[16]을 경

---

14 위의 책.

15 인명진, "제3의 공동체", 『갈릴리에서 만나자』(서울: 도서출판 늘벗, 1990), 318.

16 1970년 11월 13일 서울 평화시장 재단사였던 전태일이 평화시장에서 "근로기준법을 준수하라!", "내 죽음을 헛되이 하지 말라!"고 절규하면서 분신자살을 했다. 20살 청년

험하고, 다음 해 서울 한영섬유 김진수 사건[17]에 직접 관여하면서 우리 나라의 노동문제의 심각성을 깨닫고 1972년부터 영등포산업선교회에서 1984년까지 노동운동을 했다. 인명진은 노동자들과 13년 동안 함께하면서 양복을 입지 않고 노동자들과 같은 점퍼를 입었으며 같은 월급을 받고 명절을 함께했다. 그는 그렇게 노동자들의 편을 들다 테러도 당하고 정보부에서 매도 맞고 결국 옥살이를 했다.[18] "영등포산업선교회에서 사역하는 동안 인명진은 1974년 긴급조치 1호, 1978년 긴급조치 9호, 1979년 YH사건, 1980년 김대중 내란음모사건 등 네 차례에 걸쳐 약 3년간 투옥됐고, 1981년 결국 호주로 추방되는 일을 겪었다."[19]

1984년 5월 호주연합교회의 존 브라운 목사의 초청으로 호주에 머무르게 된다. 그는 샌프란시스코신학교에서 목회학 박사학위를 받았으나, 아직도 군사독재가 계속되고 많은 사람들이 고난당하며 감옥에 가는 현실 속에서 편안한 호주에만 있을 수 없었다. 죽든지 살든지 그 사람들과 함께 고생하며 사는 것이 평생을 마음 편히 사는 길이라 생각하고 한국 땅에 돌아온다.[20]

노동자의 죽음은 노동자들뿐만 아니라 국민 각계각층에 많은 충격을 줬다. 결국 전태일의 분신은 노동운동의 한 획을 긋는 사건이 됐다.

17 1971년 3월 서울 한영섬유 김진수가 사용자 측의 노동조합 탈퇴강요를 거부하다가 노동조합을 파괴하려는 구사대에게 피습당해 드라이버에 맞아 숨진 사건이다.

18 인명진, 앞의 책(2010a), 189-190.

19 영등포산업선교회, 앞의 책, 454.

20 인명진, 앞의 책(2010a), 194.

3. 인명진의 설교의 특징

인명진의 설교가 가지는 특징과 신학사상을 이해하기 위해 1986년
부터 2013년까지 갈릴리교회 강단을 중심으로 선포된 설교문 약 670편
을 표본으로 분석했다.

설교의 본문 선정에 있어서 인명진은 구약보다 신약을 선호했다.
분석대상 설교의 약 69.4%가 신약에서 본문을 선정하고 있었다. 그중
에서도 복음서 특히 마태복음과 누가복음이 많은 비중을 차지했다. 구
약에서는 창세기의 본문이 가장 많았으며 다음으로는 시편이었다. 본문
사용에 있어서 성경의 전체적인 조화나 교회력에 따른 분문보다는 시대
적 상황에 따른 본문 선정과 핵심 구절보다는 문맥을 고려한 본문 선정
이 많았다. 또한 전혀 본문으로 사용하지 않는 책도 있었다. 구약은 13
권, 신약은 4권의 책을 전혀 다루지 않았다. 성서 일과에 따른 본문 선정
이 아닐 경우 나타나는 필연적인 현상이다.

설교의 주제는 시대에 따라 변하는 모습을 보였다. 목회 초창기 설
교의 주제는 정치 · 사회적 격랑의 시대에 교회와 성도의 길이 무엇인가
를 예언자적 시각에서 선포했다면 점차 믿음, 기도, 사랑, 헌신, 섬김 등
성도의 신앙생활과 기도에 관련된 주제를 많이 다뤘다. 설교주제의 조
화와 균형이라는 관점에서 바람직한 현상이나 목회자이면서 현장 정치
에 참여한 위치[21]가 반영된 것으로 보인다. 특히 그의 설교 전체를 관통
하는 주제는 약한 자들에 대한 나눔과 섬김이다. 그는 "선을 행함과 나

---

21 인명진은 정당의 비상대책위원장을 하는 등 현실 정치에 직접 참여했고 정치적 발언을
많이 했다. 그러나 인명진 자신은 "정치적 발언이었다기보다, 목사가 사회를 향한 설교
였다"고 주장한다.

눔의 삶, 이것이 하나님을 기쁘시게 하는 제사"[22]라고 주장한다. 그는 때로는 예리하고 날카로운 시선으로 교회와 성도를 세우고 각성시키려는 목양과 교훈적 설교도 많이 했다. 그는 히브리서 13장 12~16절 "하나님은 이 같은 제사를 기뻐하십니다"[23]라는 구절은 인용한 설교에서 현대인의 이기심을 질타한다. "많은 경우 그 생각이나 살아가는 모습이 온통 욕심으로 가득 차 있습니다. 약삭빠르게 계산에 밝고 자기 이해관계에 민감하고 이기심으로 똘똘 뭉쳐있는 추한 모습입니다." 그러다 보니 그의 설교에서 사용하는 문체는 일반적으로 구어체보다는 문어체 표현이 많으며, 간결하고 정제된 문장 표현을 사용한다.

인명진의 설교는 성서의 내용을 그 절수나 어떤 단위에 따라서 적절하게 강해해나가는 주석 설교이기보다는 성경 본문을 깊이 묵상하고 삶과 연결 지으면서 설교를 전개시킨다. 이러한 것은 성경 본문이 말하게 한다는 점에서 바람직하나 자칫 개인적 삶이 설교의 많은 부분을 차지하는 경우가 있어 성경본문이 보조도구로 사용되는 약점도 있다.

그의 설교는 쉽고 명쾌하다. 지성적인 설득이나 지나친 미사여구를 사용하지 않고 직관적이며 경험적인 체험에 근거한 평범한 복음(Plain Gospel)의 선포라 할 수 있다. 그는 "내 사랑 갈릴리교회"라는 설교에서 좋은 교회의 만남의 축복을 말한다. 그는 영등포 구치소에 수감됐을 때 학생운동을 하는 서울대생을 만났다고 한다. 그 학생이 하루는 "어머니, 아버지가 면회를 오는데 얼마나 실망하고 원망하며 걱정을 하실까" 큰 걱정에 휩싸였다고 한다. 그러나 면회를 마치고 온 학생은 밝은 모습이

---

22 인명진, 『2001년 설교집 문 앞에서 서성거리는 하나님』(2001), 9.

23 위의 책, 7.

었다. 이유는 부모님이 논에서 일하다가 잠방이 바람 그대로 달려오셨
는데 아버지가 감옥에 있는 아들에게 이렇게 말했다는 것이다. "아들아,
나는 네가 자랑스럽다. 뜻을 굽히지 말고 당당하게 징역 살아라. 사내자
식이 세상에 태어나서 나라를 위해서 이만한 일을 하지 못한다면 부끄
러운 일이다."[24]

인명진은 배우지 못한 촌로이지만 이렇게 자식을 격려하는 훌륭한
부모 밑에 훌륭한 사람이 나온다면서 교회도 그렇다는 것이다. 좋은 부
모를 만난 아들이 행복한 것처럼 성도는 좋은 교회를 만나는 것이 행복
이고 축복이라는 것이다. 그렇다면 좋은 교회는 무엇일까? 참예배가 있
는 교회이다. 그는 갈릴리교회 예배를 통하여 참예배상을 설명한다. "갈
릴리교회는 눈물의 참회 기도가 있고, 정제된 언어의 기도가 있고, 살아
있는 말씀이 있고, 거룩한 성례전이 있고, 아름다운 성도의 교제가 있고,
하나님께서 우리들 가운데 임재하시는 하나님의 임재를 경험하는 거룩
한 예배가 있습니다."[25] 그는 예배가 신앙의 중심이고 신령한 예배를 통
해 하나님을 더욱 사랑하는 믿음으로 나아간다고 주장한다.

1) 삶의 연장이며 고뇌의 표현

"설교자란 신이 아닌 순수한 인간으로서 인간세계에 살면서 자신
에게 맡겨진 사역을 감당하는 존재이다. 따라서 설교자는 설교사역자라
는 공인 이전에 한 인간으로서의 인격적인 모습을 보여야 한다."[26] 이것
은 자연인으로서의 모습과 말씀의 종으로서의 역할이 일치해야 함을 의

---

24 인명진, 『2013년 설교집 오직 기도로만』(2013), 12.

25 위의 책, 14-15.

26 정인교, 『설교학 총론』(서울: 대한기독교서회, 2003), 102.

미한다. 인명진은 설교단 아래서의 모습과 설교단 위에서의 모습이 통일성이 있었다. 그는 예수 사랑과 이웃 사랑을 삶으로 표현했고 그 열정과 고뇌를 설교를 통해서 담백하게 표현한다. 그는 황금기의 젊은 시기를 감옥에서 보내고 시편 33편 1~3절을 인용한 "신령한 노래를 부르며"라는 설교에서 인생의 폭풍우와 큰 시험을 다음과 같이 선포한다.

> "그렇습니다. 평안하기만 했던 내 인생에 폭풍우가 몰아칩니다. 환란과 위험이 닥칩니다. ⋯ 내 인생이 마구 흔들립니다. 밤잠을 잘 수 없습니다. 밥이 먹히지 않습니다. 인생의 위기입니다. 그런데 참으로 놀라운 것은 내 인생에 닥친 이 풍랑으로 인하여서 더 빨리 갑니다. 더 하나님께 가까이 갑니다. 믿음이 자랍니다. 성숙해집니다. 하나님의 뜻을 이루게 됩니다. 그 거친 풍랑을 따라서 더 빨리 갑니다. 나에게 닥친 환란과 시험과 고난이 나를 더 빨리 하나님에게로 가게 합니다."[27]

인명진의 설교에는 그의 삶의 태도가 잘 반영돼 있다. 고난과 역경을 인생의 위기나 어려움으로 생각하기보다 인격적으로 성숙해가고 하나님의 뜻을 이뤄나가는 과정으로 파악한 것이다. 그는 고난당하는 한 생명에 깊은 관심을 갖고 자신에게 닥쳐올 위험과 비난을 무릅쓰고 나아간다. 이것은 그를 인고의 사건으로 밀어넣었지만 하나님께 빨리 다가가고 하나님의 뜻을 이루는 기회로 설교한다. 그의 설교는 고난의 역사를 고뇌 속에 살아가는 한 기독인의 신앙고백이기도 하다. 설교자는

---

27 인명진, 『2000년 설교집 그에게까지 자랄지라』(2000), 11.

경건한 사람인 동시에 지혜롭고 인내하며 견딜 줄 알아야 한다.[28] 설교자의 삶과 언어가 일치하고 예수 그리스도와 연관돼 있을 때 역사가 일어난다.[29]

오늘날 설교는 다양한 가치관과 믿음들이 혼재해서 그리스도의 복음이 요청하는 고유한 가치관과 윤리적 비전을 제시해야 하는 상황에 직면해 있다고 볼 때,[30] 인명진의 설교 속에 나타나는 설교자로서 인내와 고뇌, 설교와 삶의 연장은 큰 의미가 있을 것이다.

2) 하나님 사랑과 이웃 사랑

인명진의 설교는 늘 하나님 사랑과 이웃 사랑을 강조한다. 그는 성경의 대명제는 '하나님 사랑, 이웃 사랑'이라고 주장하며 예수님의 말씀도 이 두 가지에 귀착된다고 한다.

"교회에서 매 주일 다른 제목으로 다른 본문으로 설교를 하지만 결국은 하나님 사랑, 이웃 사랑 그 이상도 이하도 아닙니다. … 설교의 주제와 내용은 하나님 사랑과 이웃 사랑에 관한 것이어야 합니다. 아무리 재미있고 감동적인 설교라 할지라도 설교의 내용이 하나님

---

28 Martin Lloyd Jones, *Preaching and Preachers*, 정근두 옮김, 『설교와 설교자』(서울: 도서출판 복 있는 사람, 2015), 182-184. 마틴 로이드 존스는 설교자의 인격의 중요성을 강조한다. 그는 설교자는 각자 문제를 안고 있는 사람들에게 설교를 하기에 자기 자신의 문제에 빠져 있는 사람은 적절치 않고, 설교자의 인격에 있어서 경건과 지혜와 인내는 중요 요소라고 주장한다.

29 Charles L. Cambel et al., *Preaching Gospel* (Eugene: Wipf and Stock Publishers, 2016), 71.

30 최진봉, "후기 새로운 설교학의 등장에 곤한 연구", 『신학과 실천』 제22호(2010년 봄), 193.

을 사랑하고 이웃을 사랑하라는 하나님의 근본적인 가르침에 접근해 있지 않으면 그것은 교양강좌요 만담이요 개그라는 것입니다."[31]

인명진의 설교에는 목적의식이 분명하다. 하나님 사랑을 이웃 사랑으로 나아가는 사랑의 실천이다. 우리는 하나님을 사랑하고, 하나님을 생각하고, 하나님을 기억해야 하지만 동시에 하늘나라에 사는 것이 아니고 세상 사람들과 어울려 살기 때문에 하나님 사랑을 이웃 사랑으로 실천해야 한다는 것이다. 그러기에 그는 이기적인 현대인들을 다음과 같이 질타한다.

"우리들이 세상을 살아가는 모습을 보면 참으로 이기적입니다. 나밖에 없는 것처럼 나 중심적으로 살아갑니다. 특별히 우리가 경쟁사회에서 살아가기 때문에 다른 사람들의 처지를 생각하기보다 내이익을 챙기기에 급급합니다. 조금도 양보하지 않습니다. 부모 자식 간에도, 부부간에도 그렇습니다. 결국은 나 혼자 사는 것이라고 고백하게 됩니다. 이웃 사랑은 모든 일에 나 말고 하나를 더 생각하는 삶을 말합니다."[32]

예수 믿는 사람들은 무슨 일이든 간에 하나를 더 생각해야 하는데, 그것은 우리 교회만이 아니라 어려움에 처해 있는 교회, 나만을 위한 기도가 아니라 이웃을 향한 기도, 내 지경을 세계 곳곳으로 넓혀달라는 것

---

31 인명진, "플러스 1의 삶", 『2007년 설교집 갈릴리의 꿈』, 10.
32 위의 책, 11-12.

이다. 인명진은 세상에서 가장 어리석고 불행한 사람은 혼자 밥 먹는 사람이라고 한다. 그는 우리의 식탁에 배고프고 굶주린 사람을 초대해야 하고 나를 위해 수고하고 애쓴 사람을 초대하여 함께 식사할 것을 권면한다. 그는 우리 인생의 삶이 지금 내가 처한 이곳에서의 삶에 머무르지 말고 내 인생의 지경을 넓혀가기를 말한다. 인명진이 이처럼 하나님 사랑과 이웃사랑을 강조한 것은 어린 시절 고향 교회 장로님의 '삭개오 신앙'[33]의 영향도 있지만 본질적으로 구원의 은혜를 입은 후 은둔하거나 현실에 초연하기 위한 것이 아니라 사랑으로 역사하는 믿음과 같은 현실 참여적 신앙을 염두에 두고 있는 것처럼 보인다. 그의 "내게 배우고 받고 듣고 본 바를 행하라"는 설교에서 설교자로서 그의 면모를 다시 확인하게 된다.

> "제가 27년 동안 줄기차게 여러분에게 증거한 말씀은 하나님을 사랑하고 이웃을 사랑하라는 말씀이었습니다. 성경의 가장 핵심적인 진리입니다. 예수님께서도 서기관들이나 율법학자들이 성경의 대의가 무엇이냐고 물어보았을 때 한마디로 하나님 사랑과 이웃 사랑이라고 대답하셨습니다. 하나님 사랑은 하나님보다 돈을 더 사랑해서는 안 된다는 것입니다. 한국교회 강단에서는 예수 믿으면 돈 많이 벌고 축복받는다고 말합니다. 그러나 아닙니다. 그것은 거짓 복음입니다. 돈은 하나님의 것입니다. 어떤 경우든지 돈보다 하나님을 사랑해야 합니다. 하나님을 위해서 돈을 벌어야 합니다. 하나님 사

---

33 김광수, "한국교회의 진보성향 설교의 비평적 평가와 과제에 대한 연구: 문익환, 홍근수, 인명진을 중심으로"(미간행 박사학위 논문: 장로회신학대학교, 2019), 66-78. 인명진의 생애와 사역을 참조하라.

랑은 하나님보다 내 자식을 더 사랑해서는 안 된다는 것입니다."[34]

그는 우리의 삶 속에서 하나님보다 더 사랑하는 우상을 몰아내고 하나님만을 진심으로 섬기는 하나님 제일주의의 신앙과 내 가족과 나만을 사랑하는 이기주의에서 벗어나 '네 이웃을 내 몸처럼 사랑하라'는 사명을 감당할 것을 늘 강조했다.

3) 사회 · 정치적 책임 강조

"성경의 살아계신 하나님은 언약의 하나님이시요, 또한 창조의 하나님이시다. 그러므로 그의 관심은 그의 언약 공동체를 넘어서 온 인류 사회 전체에 미치는 것이다. 그리고 그분이 정의와 긍휼의 하나님이시므로, 각 사회마다 정의와 긍휼이 번성하는 것을 보기를 원하신다."[35] 그러므로 하나님 말씀을 전하는 설교자는 각 사회에서 정의와 인간다운 행실에 대해 관심을 가져야 한다. 설교자는 사회 · 정치적 문제들을 하나님의 표준을 가지고 명확하고 용기 있게 또한 타협 없이 해명할 책임이 있으며, 그 표준들을 세속 사회에 권할 책임이 있다.[36]

인명진의 설교에는 사회 · 정치적 문제가 많이 등장한다. 그는 사회 · 정치적 문제를 개인의 의무나 교회적인 의무 또는 가정적인 의무보다 더 넓은 사회 전체 속에서 우리가 나아가야 하는 삶의 방향으로 제시

---

34 인명진, "내게 배우고 받고 듣고 본 바를 행하라", 앞의 책(2013), 126.

35 John R. W. Stott, *I Belive in Preaching*, 원광연 옮김, 『존 스토트 설교론』(고양: 크리스챤다이제스트, 2005), 173.

36 위의 책, 169-184. 사회적 정치적 이슈들과 논란을 일으키는 문제들의 처리에 관해서는 '설교의 가교역할'을 참조하라.

하며 변화를 촉구한다. 그는 세상이 악한 것이 사실이지만 하나님의 뜻이란 악한 세상을 도피하는 것이 아니라 그 악한 세상에 하나님의 선한 뜻이 이뤄지도록 적극적으로 노력하는 것이라고 주장한다. 그는 현실정치에 참여하는 문제도 하나님이 계신 곳은 교회당뿐만 아니라 세상 그곳도 하늘과 맞닿은 거룩한 곳이기 때문이라고 한다. 하나님께서 그곳에 계시고 주님께서 그곳에서 일하시니 우리가 가야 하고, 주님께서 부르시니 부르심에 따라 그곳에서 주님과 함께 일해야 한다는 것이다.[37]

사회정치를 바라보는 이념적인 측면에서 인명진은 "예수님을 믿는 사람은 인간의 자유와 존엄, 인권에 보장되는 자유민주주의, 자신의 능력에 따라 자유롭게 경제활동을 할 수 있는 자유와 권리를 주장하는 체제를 확고히 지켜나가는 입장을 가져야 한다"[38]라고 강조한다. 이것이 기독교가 믿고 지지하는 진리이기에 우리는 보수주의자여야 한다고 주장한다. 반면에 "우리 사회의 사회적 약자에 대한 적극적 관심과 인간의 존엄성과 인권과 자유를 지키기 위한 투쟁과 북한 정권이 아닌 북한 동포에 대한 인도적인 지원에 있어서는 대담하고 진취적인 생각을 갖고 행동해야 한다"[39]라며 이런 점에서 진보적이어야 한다고 말한다. 인명진의 이러한 주장은 때로는 회색주의자라는 공격을 받기도 한다. 그러나 대립과 갈등이 심각한 우리나라의 실정에서 보수와 진보를 넘어섰던 예

---

37 인명진, "여기에도 야훼가", 앞의 책(1990), 120-129.

38 인명진, "보수와 진보를 넘어서는 신앙", 『2010년 설교집 보수와 진보를 넘어서는 신앙』, 89.

39 인명진은 예수님은 하나님에 대해서는 철저하게 보수적인 생각을 가지시고, 사람과 세상에 대해서는 열린 마음 너그러운 마음으로 거침없이 사람들과 자유롭게 사시는 진보주의자였다고 주장한다. 따라서 예수를 따르는 자들의 삶의 모습은 하나님에 대한 신앙은 철저한 보수주의, 사람과 세상에 대해서는 열린 마음의 진보주의적 삶을 강조한다. 위의 책, 90-91쪽을 참조하라.

수님의 모습 속에서 인명진의 주장을 재조명해볼 필요성이 대두된다.

4) 한미관계에 대한 비전 제시

인명진은 한미관계에 있어서 비판적인 경향성을 가지고 있다. 미국은 한국의 반공과 자본주의 그리고 보수주의 정치구조의 성립과 유지에 지대한 영향력을 끼쳤고, 미국의 국가이익을 위해서는 다른 나라의 민주주의, 정의 그리고 인권도 무시하고 제국주의 모습을 보여줬기 때문일 것이다.

인명진은 마태복음 23장 29~36절을 인용한 "너희 위선자들은"이란 설교에서 미국에 대한 인식을 잘 보여주고 있다. 세계에서 가장 세계평화라는 단어를 많이 사용하는 사람은 미국 대통령인데 미국은 해방 후 지금까지 30분마다 원자탄을 한 개씩 만들었다고 한다. 그러면서 세계평화를 이야기한다는 것이다.

"미국이란 나라만큼 어떻게 보면 보다 더 효과적으로 다량으로 사람을 죽일까를 연구하는 나라가 없는데, 그 나라의 대통령은 입만 열면 뻔뻔스럽게 평화가 어쩌구 저쩌구 그러고 있으니 도무지 속이 뒤집혀 견딜 수가 없습니다. 회칠한 무덤과도 같은 현대판 바리새인들입니다."[40]

"온갖 미사여구를 다 쓰면서 자기들만이 정의와 자유의 수호자요, 평화의 사도인 양 떠들면서 실상은 철저하게 자기네 국가이기주의

---

40 인명진, "너희 위선자들은", 앞의 책(1990), 43.

에 빠져서 힘이 약한 국가들을 등치며 온갖 못된 짓을 일삼는 미국과 같은 강대국에 하나님의 저주가 있을 것입니다."[41]

인명진의 미국에 대한 생각은 군사독재와 투쟁하면서 미국의 이중성에 기인할 것이다. 또한 국제관계에서 미국의 독선과 오만, 자국이기주의에 기인한 것으로 여겨진다. 마태복음 26장 47~56절을 인용한 "네 칼을 도로 칼집에 꽂으라"라는 설교에서 미국을 보는 시각을 잘 드러낸다. 이 설교는 미국에서 대규모 테러사건이 발생한 후에 한 것이다. 비행기 납치범들에 의해 무역센터 건물이 무너지고 수많은 인명피해가 있은 후이다. 미국은 철저히 응징하고 보복하겠다고 벼르고 있는데 설교자는 다른 각도로 해석하고 있는 것이다.

"그런데 여러분, 우리가 여기서 냉정하게 생각해볼 것이 있습니다. 특히 신앙적으로 이 시대를 잘 해석하고 이해할 수 있어야 합니다. 첫째로 우리가 생각할 것은 미국이 공격받았다. 감히 누가 미국을 공격할 수 있는가 이 말의 의미입니다. 이것은 미국의 독선입니다. 교만입니다. 우리는 다른 나라와 다릅니다. 다른 대접을 받아야한다. 우리가 하는 일에 감히 누가 시비할 수 있는가? 우리는 절대로 옳다는 것입니다. 이것이 미국의 독선이고 미국의 우월주의입니다."[42]

---

41 위의 책, 45.

42 인명진, "네 칼을 도로 칼집에 꽂아라", 앞의 책(2001), 135.

인명진은 신앙 안에서 하나님 앞에서 세계의 모든 국가는 같은 나라라는 입장이다. 미국보다 작아도 힘이 없어도 못살아도 동일한 국가이며, 미국은 절대로 옳다는 사상은 철저히 미국 중심의 이기적인 생각이라는 것이다. 미국이 당한 불행은 미국의 독선과 오만에서 비롯된 것이며, 미국 때문에 맺힌 한과 억울함이 목숨을 바치게 했다는 것이다. 인명진은 예수님이 까닭 없이 테러를 당하고 칼을 뽑는 제자들에게 안 된다고 하신 것처럼 "미국이 진정으로 승리를 원한다면, 미국이 진정으로 폭력에 대해 보복하기를 원한다면 총칼이 아니라 인내와 사랑으로 해야 할 것"[43]을 주장한다.

결국 인명진의 통일관은 북한은 함께 살아야 할 민족으로 인도적 지원을 통한 점진적인 이해와 화해협력을 통한 통일을 이뤄야 한다는 입장이다. 그는 미국과의 관계에서 비판적 성향을 지녔으며, 미국을 철저히 자국 이기주의 국가로 파악했다.

5) 현장에서 사건으로서 설득력 있는 설교

인명진은 자신의 삶의 경험과 이야기를 설교의 바탕으로 삼고 청중들과 쉽게 공감대를 형성한다. 그는 평범한 언어와 쉬운 논리 전개로 대중성을 확보한다. 또한 시대적 상황에도 쉽게 접목해서 인생의 짐을 지고 살아가는 자들에게 비전을 제시한다. 이러한 비전 제시가 능력 있는 말씀과 삶의 변화를 이끄는 사건이 되기 위해서는 설교자의 영적인 힘이 필요하다. 인명진의 설교가 힘 있게 전달되는 것은 그의 깊은 기도생활에서 연유된 것으로 보인다. 그는 매일 새벽 세 시 반에 일어나, 새벽

---

[43] 위의 책, 137.

마다 목욕을 하고 새 옷을 갈아입고 머리를 단정히 하고 강단에 올랐다고 한다. 기도란 곧 정성이라는 미신 같은 믿음 때문이었다고 한다.[44] 그는 "오직 기도로만"이란 설교에서 한평생 인생을 살아오면서 깨달은 인생의 마지막 결론은 기도라고 주장한다.

"저는 하루에 8번씩 기도하는 증조할머니의 품에서 자랐습니다. 증조할머니의 기도소리에 잠을 깨었고 증조할머니의 기도소리를 들으며 잠이 들었습니다. 저는 어린 시절에 쉼 없는 증조할머니의 기도 속에서 자랐습니다. 지금 생각해보면 이것은 저를 향하신 하나님의 크신 은혜요, 축복이었습니다.

그뿐만 아니라 저는 제 인생의 황금기 같은 30대에 집중적으로 밤낮으로 기도하는 삶을 살았습니다. 사실은 제가 기도하고 싶어서 기도한 것이 아니라 기도할 수밖에 없는 환경이어서 기도했습니다. 다시 말해 감옥에서, 중앙정보부 저 깊은 캄캄한 지하방에서 할 수 있는 일은 기도밖에는 없어서 기도했습니다. 심지어 읽은 책조차 없었을 때 제가 할 수 있는 일은 기도밖에 없었습니다. 아무도 도와줄 수 없고 생명이 경각에 달려있는 삶 속에서 오직 하나님에게만 매달릴 수밖에 없는 절박한 상황에서 제가 할 수 있는 일은 목숨을 걸고 기도하는 일밖에 없었습니다. 차가운 감옥에서 무릎을 꿇고 하나님 앞에 밤낮으로 밤을 새워 기도했습니다. 핏자국이 얼룩진 중앙정보부 시멘트 바닥에 무릎을 꿇고 엎드려서 밤을 새워 몸부림치며 기도한 세월이 3년이었습니다. 그때는 참으로 괴로운 시간이었지만 지금

---

44 인명진, 『위대한 부르심』(2015), 15.

생각해보면 하나님께서 저에게 주신 가장 큰 은혜와 축복의 시간이었습니다. 왜냐하면 하나님 앞에 기도할 수밖에 없는 시간이었기 때문에, 하나님께서 강권하시는 기도의 시간이었기 때문입니다."[45]

그는 다른 사람이 받지 못한 큰 은혜와 축복을 받았는데 그것은 하나님께서 기도할 수밖에 없는 상황을 주셨다는 것이다. 그는 설교에서 기도는 저축이 가능하고 어려운 인생의 문제를 해결하며 사탄의 세력을 물리칠 수 있다고 한다. 정인교는 기록된 설교문보다 직접 듣는 설교가 영적인 파워가 넘치는 이유는 성령충만과 깊은 기도생활을 통한 영적인 깊이라고 말한다.[46] 인명진의 이러한 깊은 기도생활은 그의 설교를 능력 있는 말씀과 삶을 변화시키는 사건으로 만든다.

한편 인명진의 설교에서 아쉬운 점은 설교에 성령이라는 단어를 잘 사용하지 않는다는 점이다.[47] 정장복은 설교의 모든 준비와 외침은 성령님의 감화(Under Dynamic of Holy Spirit)하시는 역사 속에서 실천해야 한다고 주장한다.[48] 최진봉 역시 성경의 사건과 이야기를 오늘의 교회가 모범으로 삼아야 하는 삶의 유형으로서 역할을 하기 위해서는 성령의 역사를

---

45 인명진, "오직 기도로만", 앞의 책(2013), 198-199.

46 김운용, 『한국교회의 설교 역사』(서울: 새물결플러스, 2018), 645.

47 김동수는 성령의 은사에 대해서 소극적인 입장을 두 종류로 나누는데, 하나는 진보적인 그리스도인 계열의 입장이다. 이 입장에서는 성령의 은사를 강조하는 서클에서는 신앙이 개인의 체험 위주가 되고 사회정의에 무감각하며 그것을 주장하는 목사들은 대개 가부장적인 권위주의자들이 된다. 또 하나는 보수적 서클에서 형성된 입장이다. 이들은 성령의 은사가 사도성의 표시였기 때문에 그쳤다거나 혹은 바울이 은사로 인해 혼란이 일어난 고린도교회에서 마지못해 성령의 은사를 인정할 뿐 실제로는 사랑을 강조할 뿐이라고 한다. 김동수, "고린도전서에 나타난 성령의 은사와 활동", 『그말씀』통권 264호(2011.6), 27.

48 정장복, 『설교학개론』(서울: 예배와 설교 아카데미, 2003), 234.

강조한다.[49] 옥한흠은 "성령님, 진리를 가르쳐 주옵소서"란 설교에서 성령은 진리 되신 예수 그리스도에 대해 말씀하시고 예수 그리스도를 알게 하시며 성경을 우리에게 가르쳐주신다고 증언한다. 그는 성령은 예수님을 증언하게 하고, 예수님을 전파하게 하며, 예수님을 간증하게 하기 때문에 설교에서 성령의 역할이 절대적이라는 점을 강조한 것이다.[50]

　　인명진이 설교에서 성령이라는 단어를 잘 사용하지 않는다고 해서 성령의 은사나 역사를 부인하는 것은 아니라고 여겨진다. 그는 사도행전 2장 8~13절을 인용한 "술에 취한 사람들"이란 설교에서 초대 교인들이 성령의 은사로서 첫 번째 받은 것이 방언의 은사이며, 방언은 세상과 구분되는 말이라고 한다. 그는 초대교회 교인들이 성령을 받은 후에 눈이 밝아졌고, 제정신이 난 것이라고 주장한다.

> "지금까지 으레 그러려니 했던 것들, 아무 생각 없이 따라갔던 그것
> 들이 가지고 있는 허위의식을 꿰뚫어 본 것입니다. 지금까지 아무
> 이유 없이 따라왔던 상식처럼 여겨졌던 거짓말들, 잘못된 가치관들
> 에 대해서 도전하고 그 속에 감춰진 진실을 말하기 시작한 것입니
> 다. 어떻게든 돈 잘 벌면 성공이요, 수단이 어떻든 권력을 잡으면 출
> 세요, 남을 등을 쳐서 억울하게 해서라도 저만 잘되면 재수 좋은 것
> 이라고 지금까지 맞장구를 쳐왔는데 갑자기 하루 아침에 그런 것이
> 왜 성공이냐고 이의를 제기하고 그동안 으레 존경하고 굽실거려 왔
> 던 권력자를 우습게 보니, 이 사람들이 왜 이러나, 술 취하지 않고는

49　최진봉, 앞의 논문(2010. 봄), 197.

50　옥한흠, "성령님 진리를 가르쳐 주옵소서", 『그말씀』 통권 264호(2011.6), 104-114.

제정신으로는 이럴 수가 없다는 것입니다."[51]

그는 성령을 받은 사람은 생각과 가치관 그리고 삶의 목적이 달라진다고 한다. 그들은 회개하고 예수를 믿고 세상 사람들과 다른 말을 하게 된다. 그는 동일한 본문으로 11년 후에 한 설교에서도 비슷한 견해를 견지한다. 성령을 받은 사람은 "돈이 아니라 하나님을, 내 식구 내 자식이 아니라 이웃을, 무엇을 얼마나 가질까가 아니라 어떻게 내가 가진 것을 나눌까 하는 것을 생각하고 어떻게 원수를 갚을까 하지 않고 선으로 악을 이길 생각을 한다."[52] 이와 같이 인명진은 성령의 은사에 관해 소극적으로 변화와 사회 정의적 관점에서 바라보는 것을 알 수 있다. 그는 "성령을 받은 사람은 그리스도의 영이 우리의 삶을 지배함으로 우리의 생각과 뜻이 하나님의 생각과 뜻으로 바뀐 사람"[53]이라고 주장한다.

4. 인명진 설교에 나타난 신학사상

1) 포용적 개혁주의

인명진의 신학사상을 한마디로 규정하기는 쉽지 않다. 이것은 그의 사상적 배경이 복합적이기 때문일 것이다. 그는 한신대학교에서 수학했는데, 이는 그의 신학사사의 기초를 이뤘다. 이 학교는 "비판적 사고하에 더 나은 사회를 위해 필요한 문제를 발굴하고 해결에 참여하는 실천

---

51 인명진, "술에 취한 사람들", 앞의 책(1990), 290-201.

52 인명진, "새 술에 취한 사람들", 『2009년 설교집 다시 하늘을 보라』, 115.

53 위의 책, 116.

지성의 역량"54을 중시하는 진보대학이다. 그의 신학사상을 온전히 형성하는 시기인 신학대학원 과정은 장로회신학대학교에서 수학했다. 이 학교는 "경건훈련을 통한 교역자의 인격(태도) 함양과 국내외 교역현장을 고려한 신학적 지식 습득 그리고 교역의 전문기술과 창의적 능력개발"을 목표로 하고 있다.

인명진의 목회 여정과 설교에는 위의 두 학교에서 추구하는 교육목표가 교묘하게 어우러져 있다. 그가 "성문 밖에 있는 사람들과 함께하며 외치고, 웃고, 분노"하는 모습은 민중 목사이다. "군부독재에 맞서 처절한 저항과 고난을 겪고, 가난한 이웃들과 눈물겨운 십자가의 길을 걸으며, 남북분단의 대결과 갈등 속에서 평화의 사도로서 역할을 감당"하는 모습은 분명 민중목사이며 진보주의적으로 행동하는 목사이다.55

그러나 그의 이런 모든 행동의 배후에는 철저한 신앙고백의 모습이 보인다. 그는 스스로 "개신교회 목사이며 개신교의 교리와 신앙을 믿고 있다"고 말하면서 "우리 믿음의 선조들이 수백 년 동안 피 흘려 싸워서 얻은 개혁교회의 신앙과 전통, 개혁교회의 신앙고백을 따라 한국교회를 새롭게 변화"시키자고 주장한다.56 그의 설교에는 이러한 사실이 잘 나타나 있다.

---

54 한신대학교는 "참여와 도전정신으로 더불어가는 실천지성인 양성, 글로벌 서번트십으로 나눔과 섬김을 실천, 시대를 앞서가며 세상을 이끄는 진보대학"을 추구하고 하고 있다. 반면에 장로회신학대학교는 대한민국의 교육이념에 입각하여 대한예수교장로회 총회 직할하에서 성경적 신학에 기초하고 장로회 신조와 헌법에 기준하여 교회의 지도자와 교역자 양성을 위한 고등교육을 실시함을 목적으로 한다.

55 인명진, 『성문밖 사람들 이야기』(서울: 대한기독교서회, 2014), 10.

56 인명진, 앞의 책(2010a), 16.

"우리 모두는 죄인이지만 예수님의 피 공로로 죄 사함을 받았습니
다. 십자가의 보혈로 속죄함을 받고 우리의 죄가 깨끗하게 됐습니
다. 이것이 우리가 믿는 신앙입니다. 성찬을 받을 때 떡은 생명의 양
식 곧 영적인 양식을 의미합니다. 포도주는 예수의 피를 의미합니
다. 우리 죄를 용서하시고 죄를 씻어주시는 피를 의미하는 것이 성
찬의 잔입니다. 그러므로 잔을 들 때 예수의 피를 마시는 것이고, 피
를 마심으로 우리 죄가 용서함을 받았다는 것을 고백하는 것입니
다."[57]

그는 종교개혁은 성경 읽기부터 시작됐다고 하면서 성경을 하나님
의 살아있는 말씀으로 말씀을 읽을 때 능력이 나타난다고 강조한다. 그는
종교개혁을 통하여 개혁교회가 살아있는 말씀을 얻게 됐다고 주장한다.

"성경은 그냥 인쇄로 찍은 보통 책이 아닙니다. 읽으면 유익한 정도
의 책이 아닙니다. 성경은 살아있는 하나님의 말씀입니다. 성경을
읽을 때에 하나님의 능력이 역사합니다. 성경을 읽으면서 많은 사람
들이 변화됐습니다. 성경을 읽으면서 많은 사람들이 능력 있는 사람
들이 됐습니다. 인류역사의 위대한 인물들 대부분이 성경을 통하여
감동을 받은 사람이며, 성경을 통해서 교육을 받은 사람이며 성경을
통해서 능력을 덧입은 사람들입니다."[58]

---

57 위의 책, 18-19.
58 위의 책, 37.

이처럼 인명진의 신학은 양면성을 가지고 있다. 철저히 종교개혁을 통한 개혁주의 신학을 소유한 반면에 동시에 한국의 시대적 상황을 반영하는 민중신학의 실천적 · 참여적 진보신학을 목회 여정으로 보여준다. 손봉호는 이를 다음과 같이 설명한다.

"일반적으로 보수는 하나님에 대한 사랑을, 진보는 이웃에 대한 사랑을 강조합니다. 그러나 그 어느 하나에만 충실해서는 성경의 요구에 충실할 수 없습니다. 갈릴리교회는 매우 의식적으로 그 어느 것 하나라도 무시하지 않으려고 애를 썼고, 그 때문에 다른 교회와 다르게 된 것 같습니다. 보수적 입장에서 보면 갈릴리교회는 가난한 자와 약한 자들에게 지나친 관심을 보이는 교회이고, 진보적 입장에서 보면 매우 하나님 중심적인 데다 성경과 예배를 지나치게 강조합니다."[59]

인명진은 다른 종교에 대해서도 관대하다. 그는 다른 종교를 비판하는 행위를 예수를 믿는 사람들이 가지고 있는 편견 중에 가장 대표적인 것이라 지적하며 다음과 같이 말한다. 그는 "다른 사람을 비판하는 것, 다른 사람의 허물을 들추는 것을 조심해야 하며, 다른 사람을 비판하거나 다른 사람의 허물을 들춰내면 하나님께서도 그를 비판하고 그의 허물을 들춰내실 것"이라고 한다.[60] 그는 "천주교라면 거부감을 갖고, 심

---

59 인명진, 앞의 책(2015), 12. 김명혁 목사는 "갈릴리교회는 사람들이 아닌 하나님을 주인으로 높이는 교회이며, 보수적 신앙과 진보적 신앙을 아우르는 교회이며, 이주노동자들과 함께하며 가난하고 소외된 노숙자를 품는 교회이고, 다음 세대에 희망을 주는 교회"로 평한다.

60 인명진, 앞의 책(2010a), 14.

한 경우 이단이나 사탄이라고 생각하는 것이 개신교의 일반적인 정서인데" 이것은 편견이라고 지적한다. 결국 인명진은 종교개혁을 통한 개혁주의 신학을 바탕으로 진보주의 입장인 민중신학을 수용하고, 심지어 천주교를 이해하려고 하는 포용적 신학적 입장을 견지하고 있다.

2) 민중을 위한 신학(가난한 자들을 위한 신학)[61]

"민중신학은 서재에서 나온 사변이 아니고, 한국의 정치현장에서 형성된 역사적 산물이요, 신학적인 귀결이다. 구체적으로 군사정권이 수립된 이래 그들의 탄압 밑에서 그 정체를 드러낸 민중과 만나 그들의 고난을 헤아리고 어떠한 형태로든 정치에 참여한 결과 민중신학을 낳았다."[62]

인명진은 이러한 시대적 상황 속에서 태어났고, 진보주의 신학인 민중신학이 대세를 이루는 신학교를 수료한 관계로 민중신학의 영향을 받은 것은 주지의 사실이다. 하지만 인명진이 추구하는 민중신학은 서남동이나 안병무 등이 추구하는 민중신학과는 많은 차이가 있는데, 다음과 같이 정리할 수 있다.

첫째, 신학의 주제에서 구별된다. 서남동은 "신학의 주제는 예수가

---

61 서진한, "다시 돌아보는 죽제 서남동의 민중신학", 민중신학 연구를 위한 모임 엮음, 『민중신학의 오늘과 내일』 제2권(기상, 1993), 2. 인명진의 신학사상에서 '민중신학'은 '민중을 위한 신학'이라고 기술한 것이 옳은 것 같다. 왜냐하면 서남동, 안병무 등의 '민중신학'과 '민중을 위한 신학'이라는 점은 유사하나, 본질적인 측면에서 차이가 있기 때문이다. 인명진은 민중신학자들과 동일한 신학교에서 학업을 한 관계로 '민중신학'을 잘 이해하고 있으며, 목회 여정을 보면 '민중신학'의 영향을 받은 것은 명확하다. 민중을 바라보는 시각 또한 같다. 그러나 기존의 민중신학자들과 성서해석이나 신학의 주제 등 본질적인 측면에서 뚜렷이 구별된다. 서남동은 "민중신학의 주제는 예수라기보다는 민중이다"라는 입장인 반면 인명진은 "예수 중심 하나님 중심"을 벗어나지 않고 있다. 인명진은 장로교 통합 측 목사의 영역 안에 있는 것이다. 따라서 인명진의 신학사상은 '민중신학'이라기보다는 '민중을 위한 신학'을 추구했다고 볼 수 있다.

62 안병무, "민중신학의 어제와 오늘", 『민중신학의 오늘과 내일』, 제2권(기상, 1993), 18.

아니라 민중이다"라고 주장하며 안병무는 "신학의 주제는 예수나 민중 어느 한편이라기보다는 예수와 민중 가운데서 일어나는 '구원사건'으로 설명한다."[63] 인명진은 신학의 주제가 무엇인지 구체적으로 밝힌 적은 없으나 다양한 설교와 저술을 통해 명확히 하고 있다. 그는 신학의 주제를 "하나님 중심과 예수 그리스도의 피"라고 설명한다. 그는 자신이 시무했던 갈릴리교회 신앙고백에서 다음과 같은 약속을 한다.

> "'갈릴리 공동체 계약'은 크게 다음 두 가지를 약속한다. 첫째, 하나
> 님 제일주의로 살아간다는 약속이다. 세상에는 하나님을 대신하려
> 는 수많은 유혹들로 가득 차 있다. 돈, 자식, 이념 등이 그것이다. …
> 갈릴리교회는 하나님 중심으로, 하나님 제일주의 삶을 살겠다고 모
> 인 그리스도인들의 공동체이다. 둘째, 이웃을 사랑하는 그리스도인
> 으로 살아간다는 약속이다. 정상이 비정상으로 내몰리기도 하는 세
> 상에서 갈릴리교회는 가난한 사람들을 사랑하며 그들을 돌보는 삶
> 이야말로 하나님이 부여한 사명이라고 여기는 사람들이다."[64]

인명진은 "잃어버린 성찬의 축복을 찾아서"라는 설교에서 예수 그리스도의 피로 말미암아 구원함을 얻고 죄 사함을 받을 수 있는 은총을 입게 됐다며 개신교의 상징은 십자가가 아니라 잔이라고 주장한다.[65] 결국 인명진은 '하나님, 예수 그리스도와 그의 피'를 신학의 주제로 삼고 있다.

둘째, 사물을 바라보는 시각의 차이이다. 민중신학에서는 모든 사

---

63 서진한, 앞의 글, 10-11.

64 인명진, 앞의 책(2015), 20-21.

65 인명진, 앞의 책(2010a), 20-21.

물을 아래로부터 보는 시각을 갖고 있다. '신으로부터 인간'이 아니라 '인간으로부터 신', '인간으로부터 민중'이 아니라 '민중으로부터 인간'이다. 계시에서도 '하늘에서부터가 아니라 아래', 즉 '고난의 현장'에서 오는 것이다. 그러나 인명진을 비롯한 기존 신학에서는 '위에서부터 아래로', '신으로부터 인간' 구도이다.[66]

셋째, 성서 자체에서도 민중신학은 '높여진 예수에게서 민중에게로'가 아니라, '민중으로부터 예수'를 조명하는 것이다. 성경에 나타난 지배체제에서도 '다윗 왕조 이래로 군림하고 통치하는 왕조체제로부터 가난하고 눌린 사람들을' 보는 것이 아니라 '왕권 아래에서 절규하고 신음하고 저항하는 민중의 시각에서 왕권'을 바라보는 것이다.[67] 이러한 점은 분명 인명진의 성경을 보는 시각과 차이가 있다.

인명진의 신학과 민중신학의 공통점은 다음과 같다.

첫째, 신학의 현장성이다. "민중신학은 1970년대에 이르러 정치 · 경제 · 사회적으로 고통받는 현장에서 민중들의 삶의 의미와 목표를 설정하며 생겨난 현장신학"이라 할 수 있다.[68] 따라서 오늘의 구체적 삶의 현장에서 억압받고 고통받는 민중의 아픔에 동참한다. 인명진은 신학을 공부하면서 예수님을 따르는 삶이란 '네 이웃을 내 몸과 같이 사랑하며 사는 삶'이며, "목사는 다른 사람들보다 예수를 더 바짝 따라가는 사람, 다른 사람보다 더욱 예수를 닮으려고 노력하는 사람"이라고 생각했다. 그는 성경에 예수님께서 가난한 자, 슬픔을 당한 자, 외로움을 당한 자와

---

66 안병무, 앞의 글, 20.

67 위의 책.

68 김지철, "민주신학의 성서읽기에 대한 비판적 고찰", 『민중신학의 오늘과 내일』을 참조하라.

함께 계셨기에 지금 이 세상에 계신다면 경제 발전의 그늘에서 살아가는 노동자, 근로자들과 함께 계실 것으로 생각했다. 따라서 인명진은 평생 가난하고 힘없는 노동자들을 섬기며 살아간다.[69]

인명진은 1972년 신학교를 졸업한 후 면목동 '무궁화유지 가루비누'를 만드는 임시공을 시작으로 1984년까지 영등포산업선교회에서 노동운동을 했다. 그는 공장에서 노동자들과 함께 일하면서 놀라운 경험을 하게 된다.

> "가난한 사람을 섬기기 위해 교회가 아닌 공장에서 말단 노동자로 살아가면서, 입이 아니라 손발을 움직여 고된 노동을 하는 가운데 비로소 나 같은 죄인을 살리시기 위하여 하늘 보좌를 버리고 하나님이 사람이 되어 이 땅에 오신 놀라운 은혜를 깨달은 것이다. 좋은 것 대접받고, 좋은 옷 입고, 높은 강단에 서서 설교할 때 만나지 못한 예수를 그곳에서 만날 수 있었다. 대접받은 자가 아니라 섬기는 자가 돼서 낮은 자리에서 헐벗고 굶주리면서 다른 사람들에게 천대를 받아보니까 나를 위해서 굶주리고 천대를 받으신 예수 그리스도를 만날 수 있었던 것이다."[70]

인명진은 육체적으로는 고단하고 힘들고 어려웠지만 예수님과 함께하는 공장노동자 생활은 인생에서 가장 행복한 시간이었다고 고백한다. 이처럼 인명진은 고통받는 현장에서 가난한 자, 낮은 자, 약한 노동

---

69 인명진, 앞의 책(2010a), 188-189.

70 위의 책, 191.

자 즉 민중들을 위해서 일했다.

당시 한국은 유신헌법이 공포되고 폭압정치가 기승을 부릴 때였는데, 인명진은 유신독재에 항거하여 1973년 긴급조치 위반으로 수감된다. 그는 춥고 빈대와 벼룩 때문에 잠들 수 없는 감옥에서 십자가에 못 박히신 예수님을 만난다. "나를 위해 십자가를 지고 피를 흘리고 매를 맞으시는 죄인의 모습으로 계신 예수님을 만나게 된 것이다."[71] 인명진은 감옥의 역사적인 사건 속에서 만난 예수님은 늘 곁에 계셔서 어떤 어려움도 이길 수 있는 힘이 돼주셨다고 한다. 그는 1978년 긴급조치 9호 위반으로, 1979년 YH사건 배후조종혐의로, 1980년 민주화항쟁을 위한 투쟁으로 네 차례에 걸쳐 옥고를 치렀다. 이것은 인명진이 서재에 갇힌 사변적 목회자가 아니라 현장에서 뛰는 목회자임을 보여준다.

둘째, 민중교회를 추구했다. 민중교회는 민중운동을 중심으로 하는 교회를 말하며, 민중의 한을 푸는 것을 중요시 여긴다. 이 교회는 현장의 운동과 관련을 맺기에 현장교회란 말로도 표현한다. 서남동은 "도시산업선교회, 금요기도회, 목요기도회, 갈릴리교회, N.C.C. 인권위원회, 기독자 교수협의회 등을 민중교회라 한다. 그는 이와 같은 교회를 로마가톨릭교회와 프로테스탄트에 버금가는 성령의 제3교회라고 부른다."[72] 안병무는 민중교회를 소외됐던 민중들의 부활공동체, 종말공동체 그리고 보내는 공동체로 파악하고 있으며, 제도교회의 타락에 항거했던 민중운동이 교회혁신운동으로 이어지고 민중교회로 발전됐다고 주장한

---

71 위의 책, 192.

72 문동환, "민중 신학의 전망", 『민중신학의 오늘과 내일』, 172-181. 현실의 조직교회(기존 교회)는 서구에서 지배자의 이데올로기가 됐기에 예수의 민중운동 공동체와는 거리가 멀다는 것이다. 따라서 민중신학자들의 지배적인 견해는 민주운동을 하는 가운데 탄생하는 부활된 민중의 공동체가 참교회라는 것이다.

다. 안병무는 서남동과 동일하게 새로운 민중교회의 모델로 인명진이 활동했던 '영등포산업선교회'와 인명진이 개척한 '갈릴리교회'를 들고 있다.[73]

인명진은 "1979년 영등포산업선교회는 산업선교의 새로운 전략의 하나로 민중교회를 시작하게 됐다"고 말한다. 그는 "이 새로운 방식을 3년간 실행해본 후에 영등포산업선교회는 민중교회가 변화하는 사회 상황과 다양한 도전에 가장 적합한 응답이라고 확신하게 됐다"고 주장한다. 그러나 영등포산업선교회는 1982년 말 정부의 탄압과 기업들의 철저한 감시 그리고 총회의 자진 폐쇄 강요, 실무자 해임 등의 이유로 교회 형태를 전략적으로 변경하기로 결정하고 '성문밖교회'로 새롭게 태어난다.[74] '성문밖교회'의 기본사상을 살펴보자.

'성문밖교회'는 가난한 이들의 신앙공동체입니다. 우리 교회는 성문 밖에서 태어나 성문 밖의 사람들과 살며 성문 밖의 골고다 언덕에서 십자가에 못 박히셨으며 죽음에서 부활하신 예수 그리스도를 따릅니다. '성문밖교회'는 수고하며 일하는 노동자들과 세계에서 억압받으며 인간답게 대접받지 못하는 노동자들이 그들의 마음에 예수를 받아들이고 서로서로를 신실하게 격려하고 사랑하는 믿음의

---

73 위의 책, 174-176. 안병무는 기성교회는 민중교회의 종말론적인 교회의 요소를 배워야 한다면서 다음의 세 가지에 유의해야 한다고 주장한다. 첫째, 민중운동 사건에 예의 관심을 가지고 이에 동참해야 한다. 둘째, 교회 안에 계급관계를 타파하고 나누는 삶을 강조해야 한다. 특히 교회의 삶의 양태를 개선해서 민중들이 와서도 그것이 자기들이 있을 수 있는 곳이라고 느낄 수 있게 돼야 한다. 특히 안병무는 기존 교회와 민중교회가 서로 존경하며 배워가면서 서로의 갱신에 도움을 주는 것이 중요하다고 말한다.

74 인명진, 앞의 책(2014), 151-152.

공간입니다. 우리는 하나님의 사랑, 정의, 평화를 우리의 일터에서, 우리의 삶에서 심는 교회입니다."[75]

3) 산업선교 신학

인명진의 신앙의 줄기를 말할 때 등장하는 인물은 고향 교회 장로님이다. 인명진의 주일학교 때, 목회자가 부재한 경우가 많은 관계로 장로님이 설교한 경우가 많았다. 농사일에 바쁜 장로님은 삭개오 이야기를 주로 했다. "삭개오가 예수님을 자기 집에 모시고 간 것처럼 우리도 예수님을 잘 모실 수 있어야 한단다. 삭개오가 자기 재산을 가난한 사람에게 나눠준 것처럼 우리도 우리의 가진 것을 가난한 사람에게 나눠줄 수 있어야 한단다. 그래서 삭개오처럼 예수님의 칭찬을 받는 사람이 돼야 한다."[76]

인명진은 그동안 목회를 하면서 자신이 늘 하는 이야기가 바로 어린 시절 장로님께 들었던 바로 그 말씀이라면서 자신의 신앙의 줄기는 고향 교회 장로님의 '삭개오 이야기'라고 고백한다. 이것이 바탕이 되어 그는 신학교 시절 고뇌했던 "네 이웃을 네 자신같이 사랑하라"(마 22:39)는 주님의 말씀을 실천하기 위해 '가난하고 힘없는 노동자'의 세계에 뛰어든다.

1972년부터 인명진은 노동현장에서 노동을 했고 이듬해 '영등포산업선교회'에서 노동자들과 함께한다. 그는 산업선교를 하게 된 구체적 계기를 "첫 번째는 신학교 시절 노동자 김진수 사망사건을 경험한 것이

---

75 위의 책, 152-153.
76 인명진, 앞의 책(2010a), 185.

고, 두 번째는 삼선개헌을 반대하면서 기존 교회에서 청빙받기 어려운 상황이 됐고, 세 번째는 존 브라운 목사가 산업선교를 하라고 권했기 때문"이라고 한다.

인명진은 영등포산업선교를 4단계로 설명한다. 첫 단계로 공장목회를 통한 복음전도(1958~1963)이다. 공장에 찾아가서 설교를 통해 말씀을 전함으로 복음을 전하는 것이다. 하지만 교회와 복음에 대한 노동자들의 불이해, 교회의 기업가와 노동자의 이익 충돌에 대한 산업사회의 성격 불이해로 실패한다.[77] 두 번째 단계로 평신도 노동자 교육을 통한 복음전도(1954~1967)이다. 평신도 노동자를 훈련하여 그들을 통해 산업사회에 복음을 전하려 했으나, 평신도 노동자들의 공장 내 삶의 어려움과 산업사회의 구조적 어려움으로 한계가 있었다. 세 번째 단계로 노동조합을 통한 선교(1968~1971)이다. 산업사회의 구조적 문제를 해결하는 방법으로 노동조합을 결성하여 복음을 전하려 했다. "영등포산업선교회는 하나님의 선교신학(Missio Dei)을 토대로 하여 노동자와 자본가 둘 다 상생할 수 있는 공정하고 평화로운 산업사회를 건설하는 것이 자신들의 선교적 과제라고 인식했다."[78] 그러나 노조 지도자들이 동료 노동자들의 권익을 팔아넘기거나 배반함으로 어려움이 있었다. 네 번째 단계로 노동자들의 의식화 단계를 통한 선교(1972~1981)이다. 산업사회의 현존하는 구조를 변화시키는 진정한 힘의 근원은 가장 아래에 있는 노동자들이라는 인식하에 그들을 의식화하는 것이다. 그들을 조직화하고, 일깨우고, 가장 밑바닥에 있는 여성 근로자들을 훈련하는 일이다. 이것은 노

---

77 인명진, "산업사회에 있어서의 복음전도의 의미", 『기독교 사상』 제403호(1983.3), 33.

78 인명진, 앞의 책(2014), 49.

동자들을 가르치는 것이 아니라 그들과 삶을 함께 나누는 것이다. 그들과 함께 사는 것이었으며 민중 속에서 그들 삶 속에 함께 있었던 것이다.[79] 인명진은 그 상황을 다음과 같이 말한다.

"그들이 웃으면 같이 웃고, 그들이 울면 같이 울고, 그들이 화내면 같이 화내었다. 얼마 후 놀라운 사실을 발견하기 시작했다. 즉 우리와 함께 살면서 그들이 변하기 시작했다. 하나님의 형상대로 지음 받은 한 인간으로서 노동자로서 그들은 스스로를 자각하고 자기 권리를 주장하기 시작했던 것이다. 그들은 자기들을 억압하고 있는 구조적인 악에 용감하게 도전하기 시작했고 피나는 싸움을 통하여 끝내 그들을 고통을 주던 구조적인 악을 변화시키는 데 어느 정도는 성공하게 됐던 것이다."[80]

"이러한 산업선교의 활동은 YH사건을 통해 18년 동안의 군사정치를 끝장내는 역사적인 사건"[81]을 이끌어냈으나 내부적 도전과 교회로부터의 도전 그리고 정부로부터의 도전으로 많은 고난과 역경을 당한다. 전 중앙정보국 직원인 홍지영은 "산업선교는 공산당 전략에 따라 노동사회에 침투한 용공세력"[82]으로 규정하고 전 경찰 고위간부인 김재국 장로는 "산업선교가 공산주의와 연결돼 있으며, 그들은 무산대중 무력혁

---

79 인명진, 앞의 논문, 33.

80 위의 책, 34.

81 인명진, 앞의 책(2014), 118.

82 위의 책, 129.

명을 지지하고 있다"[83]라고 주장한다. 결국 산업선교회 실무자인 인명진은 1978년 5월 1일 구속된다.

인명진이 이처럼 구속과 탄압에도 불구하고 산업선교에 매진했고 그리고 갈릴리교회 공동체를 이룰 수 있었던 본질적인 배경은 다음과 같다. 첫째, 이웃 사랑(마 22:37~40)과 가난한 사람들을 위한 교회(마 16:1~8)이다. 인명진이 고교 시절 '이웃 사랑'에 대한 고민 이후 산업선교에 매진할 수 있었던 배경은 마태복음 22:37~40이다. 그리고 그 이웃이 예수님이 함께 하셨던 가난한 자, 슬픔을 당한 자, 외로움을 당한 자 즉 가난하고 힘없는 노동자였다.[84] 인명진은 산업선교 현장에서 노동운동, 독재정치를 향한 민주화운동, 노동자와 민중의 힘으로 혁명을 통한 독재와 억압의 질곡을 벗어날 수 있을 것으로 기대도 해봤지만, 1986년 5월 호주에서 귀국 후 어렵다는 결론을 내린다.

인명진은 "민족 구원은 그 어떤 이념이나 주체사상이나 민중혁명이 아니라 예수 그리스도에 있다고 생각했다. 예수 그리스도만이 우리의 길이요, 해답이요, 소망이라고 생각했다."[85] 그는 예수만이 민족의 질곡에서 벗어나게 해주며, 이 나라의 모든 문제를 해결할 수 있는 해답이라는 결론에 도달한다. 이런 신앙고백 하에 갈릴리교회를 설립한다. 인

---

83 위의 책.

84 Paul Scott Wilson, *God Sense*, 최진봉 옮김, 『설교를 위한 성경 속 하나님 읽기』(서울: 예배와 설교아카데미, 2019), 189-190. 그리스도를 모범으로 하면서 거기서 도덕적 교훈을 이끌어내는 것은 위험 부담이 있다. 그리스도께서 성취하신 구원에 대한 왜곡된 진술이 있을 수 있기 때문이다. 예수 그리스도는 성도들에게 옳은 길을 가르치거나, 그들이 더 올곧은 삶을 살아가도록 세상에 오신 것이 아니라 세상을 구원하시기 위해 오셨다. 만일 설교가 주님을 모방해야 하는 삶의 모범으로 교훈한다면, 설교자는 세상의 죄와 악의 권세를 과소평가하는 것이다.

85 위의 책, 196.

명진의 갈릴리교회 설립배경은 마가복음 16:1~8절이다. 부활하신 예수님이 어머니가 계신 예루살렘을 제쳐두고 제일 먼저 찾아간 곳, 그곳은 가난한 자들이 있기 때문이었다.

> "20여 년 전 이 땅의 갈릴리는 구로동이라고 생각했다. 구로동은 이
> 땅의 가난한 사람들의 눈물과 한숨이 출렁이던 곳이었다. 인 목사는
> 날마다의 고달픈 노동에 지친 노동자들의 한숨과 눈물이 있는 구로
> 동이 부활하신 예수님께서 찾아가신 갈릴리라고 생각했다."[86]

당시 구로동은 서울에서 가장 소외된 곳이고 가난한 사람들이 사는 열악한 지역이었다. 인명진은 이곳을 일부러 찾아왔는데 거기가 한국의 갈릴리였고 예수님이 먼저 와 계셨기 때문이었다. "교회의 존재이유는 가난한 사람들을 섬기고 그들을 예수님처럼 대접하는 것이다. 그것이 갈릴리교회의 창립이유였고 존재이유였다."[87] 그것이 인명진 신학의 본질이다.

둘째, 소금된 삶의 실천이다(마 5:13~16). 인명진은 2006년 한나라당 윤리위원장을 맡았고, 2007년에는 한나라당 후보검증위원을 맡았다. 이로 인해 인명진은 많은 비난에 직면하게 된다. 열악한 산업현장에서 노동자와 소외계층을 대변하는 격동의 삶을 살았고, 노동자와 민주화운동으로 옥고를 치르고 해외 추방까지 당했기에 많은 비난을 받았다. 그는 "교계와 사회의 진보진영으로부터 변절자라는 비난을 받았고 보수진영

---

86 위의 책, 197.

87 장윤재, "인명진의 목회와 신학", 『인명진을 말한다』, 217.

으로부터는 세작을 한나라당에 됐다"[88]는 비난을 받았다. 그럼에도 불구하고 인명진은 왜 그 길을 택했을까? 정병준은 이렇게 평가를 한다.

"인명진은 목회의 영역을 교회로만 생각하지 않고 사회 전반에서 사회적 책임을 다해야 한다고 생각한다. 그런 생각이 표현된 것이 '소금 역할론'이다. 소금은 장소를 가리지 않고 필요한 곳에 들어가야 맛을 내고 부패를 방지한다. 그래서 그곳이 여당이든 야당이든 가리지 않고 필요한 곳에서 역할을 하겠다는 것이 그의 입장이다. 인명진 목사의 정치적 발언은 상당히 균형이 잡혀있기 때문에 비난하는 목소리도 크지만 그의 소리를 달게 듣는 사람들이 더 많다는 것은 다행스러운 일이다."[89]

마태복음 5장 13~16절의 세상의 소금과 빛의 기사에서 예수님은 "너희는 세상의 소금이니 소금이 만일 그 맛을 잃으면 무엇으로 짜게 하리요. 후에는 아무 쓸 데 없어 다만 밖에 버려져 사람에게 밟힐 뿐이니라"고 말씀하시면서 '세상의 소금의 역할'을 강조하신다. 인명진은 소금의 역할을 실천한다. 그는 YS에게 3당 합당을 권유하면서 그리스도인의 '소금 역할론'을 주장했다고 한다. "소금은 보수도 아니고 진보도 아니며 필요한 곳에 들어가야 한다는 것이다."[90]

---

88 정병준, "인명진의 정치운동: 반독재 민주화 운동을 중심으로", 『인명진을 말한다』, 45.

89 위의 책, 45.

90 위의 책, 43.

4) 예언자 신학

일반적으로 예언이라 하면 앞날의 길흉화복(吉凶禍福)을 미리 말하는 것으로 '장래 일어날 일을 미리(豫) 알거나 짐작하여 말하는 일(言)'이라고 생각한다. 그러나 성서의 예언에 이런 뜻이 전혀 없는 것은 아니지만 본래 "성서의 예언은 장래의 일을 말하기보다는 하나님이 맡겨주신 말씀을 전하기"라는 뜻이 있다.[91] 예언자는 하나님의 말씀을 전해주는 전달자이다. 월터 부르그만(Walter Brueggemann)은 예언자를 미래에 대해서 단순히 점을 치거나 사회적인 문제에 대해서 저항하는 사람이 아니라 사회의 현실을 성경을 통해 새롭게 조명하고 해석하는 사람으로 파악했다.[92] 그는 예언자적 설교란 "야웨(YHWH), 곧 세계의 창조자, 이스라엘의 구원자, 우리 주 예수 그리스도의 아버지, 그리스도인들이 '아버지와 아들과 성령'이라고 부르는 그분이 마치 이 세상에 나타나는 실제 등장인물이자 결정적 행위자인 것처럼 이 세상을 상상하려는 노력"[93]이라고 말한다. 예언자적 설교는 세상을 지배하는 가치관과 전혀 다른 전복적인 현실관을 얘기하는 상황에서 이뤄지는 경우가 많다.[94]

인명진은 예언자에 관해 신학사상을 조직화하거나 이론적인 작업화는 하지 않았다. 하지만 그의 설교에는 많은 부분 예언적 기능을 담고 있으며 예언적 메시지를 선포했다. 설교의 지향점은 개인적(Personal)이면서 사회적(Social)이기에 "설교는 개인의 삶 속에서뿐만 아니라 사회 속에

---

91 차준희, "오순절적 사명자의 예언자적 소명"(한세대학교, 2005).

92 Walter Brueggmann, *The Prophetic Imaginnation*, 김기철 옮김, 『예언자적 상상력』(서울: 성서유니온, 2012), 45.

93 Walter Brueggmann, *The Practive of The Prophetic Imaginnation*, 홍병룡 옮김, 『예언자적 설교』(서울: 성서유니온, 2017), 18.

94 위의 책, 21.

치유와 화해의 복음을 전해야 하며 개인의 삶과 그 사회를 새롭게 하고 개혁해야 한다."[95] 그러나 한국교회의 설교는 전반적으로 다른 양상을 가졌다. "개인적인 구원과 신앙생활에 대해서는 깊이 관심을 가지고 있으면서도 설교의 사회적인 차원에 있어서 예언적인 기능은 무기력할 정도로 약한 것"[96]이었다.

한국교회가 사회·정치적인 문제에 명확한 목소리를 내지 못하는 이유를 김운용은 목회자들과 성도들의 이원론적인 사고구조와 물량적이고 기복적인 복음이해에서 출발한다고 주장한다. 그들은 성과 속, 천국과 이 세상, 교회와 죄 많은 세상을 구별하고 전자에만 관심을 갖고 있으며, 심지어 성경적인 설교는 성경과 복음만을 전해야 한다는 것이다.[97]

그러나 인명진은 대사회적 문제나 대정부적 문제 그리고 정치적 문제를 설교했다. 이러한 문제를 설교하면 비복음적이라고 외면하고 경원시했던 때에도, 1970~1980년대 군사정부의 권위적인 통제 속에서도 '영과 육이 잘되고 범사가 형통케 되는 길을 제시하는 양태의 설교' 보다는 '하나님이 원하시는 죄와 불의에 대한 말씀'을 선포했다. 그는 예언자적 사명을 띤 설교자로 세상을 향한 청지기로서 개인적인 차원뿐만 아니라 사회적 차원 즉 불의한 사회와 정부를 향하여 예언자적 메시지를 선포했다.

인명진이 목회 초창기부터 가장 관심을 가졌던 대상은 가난한 사람이었다. 그러므로 그의 설교는 개인적 차원에서 사회적 차원으로 확대됐다. "예수를 믿는다는 것은 가난한 사람이 된다는 것"(마 19:16~22)

---

95 김운용, 『새롭게 설교하기』(서울: 예배와 설교 아카데미, 2007), 207.

96 위의 책, 207-215를 참조하라.

97 위의 책, 210-211.

이란 설교에서 교회는 '가난한 사람들의 것이다'라고 언급한다. 그러므로 그는 예수를 믿는다는 것은 가난한 사람이 되는 것이며 좀 더 심하게 이야기하면 가난한 사람이 아니면 예수님을 믿을 수 없다고 주장한다. 그는 구약 예언서의 핵심 메시지를 가난한 사람을 돕지 않고 억압하고 핍박하는 죄를 회개하라고 외치고 있는 것이라 한다(사 58:6~7; 미 2:1~2; 7:1~3).[98]

> "내가 기뻐하는 금식은 흉악의 결박을 풀어 주며 멍에의 줄을 끌러 주며 압제 당하는 자를 자유하게 하며 모든 멍에를 꺾는 것이 아니겠느냐. 또 주린 자에게 네 양식을 나누어 주며 유리하는 빈민을 집에 들이며 헐벗은 자를 보면 입히며 또 네 골육을 피하여 스스로 숨지 아니하는 것이 아니겠느냐(사 58:6-7)."

> "그들이 침상에서 죄를 꾀하며 악을 꾸미고 날이 밝으면 그 손에 힘이 있으므로 그것을 행하는 자는 화 있을진저 밭들을 탐하여 빼앗고 집들을 탐하여 차지하니 그들이 남자와 그의 집과 사람과 그의 산업을 강탈하도다(미 2:1-2).

예수님의 설교인 누가복음 4:18 "주의 성령이 내게 임하셨으니 이는 가난한 자에게 복음을 전하게 하시려고 내게 기름을 부으시고 나를 보내사 포로 된 자에게 자유를, 눈 먼 자에게 다시 보게 함을 전파하며 눌린 자를 자유롭게 하고"라는 말씀은 예수님이 이 세상에 온 것이 가난

---

98 인명진, 앞의 책(2010a), 42-45.

한 사람에게 기쁜 소식을 전하기 위해서라는 것이다. 그러므로 인명진은 교회는 가난한 사람의 것이어야 한다는 것이다. 인명진의 이런 신학적 사상은 산업선교 현장에서 노동자를 위한 사역으로 나타나며, 설교에서도 개인적 차원을 넘어 사회적 차원의 문제의식을 갖고 접근한다. 출애굽기 16장 1~4절을 본문으로 "차라리 애굽으로"라는 설교를 보자.

> "요즈음 전국 곳곳에서 끊일 줄 모르고 일어나는 노사문제로 우리나라 사회 전체가 심한 열병을 앓고 있습니다. 7월초 울산에서 일어났던 현대그룹의 노사문제를 시작으로 부산, 마산, 창원, 그리고 경인지방으로 번져 요원의 불길처럼 전국을 휩쓸어가고 있습니다.
> … 사실 노사문제가 일어나는 근본원인만 해도 그렇습니다. 지난 60년대초, 박정권에 의해 소위 경제개발계획이 추진된 이래로 노동자들은 정말 땀 흘려 묵묵히 일만 해왔을 뿐 그 정당한 대가를 받지 못하고 억압과 짓누름 속에서 지내왔던 것이 사실입니다."[99]

결국 인명진은 당시의 시대적 상황에서 금기시됐던 사회적 문제를 설교 내용으로 삼으면서 예언자적 사명을 성실히 수행했던 것이다. 오늘의 노동현장에서 근로자들의 권익이 보호되고 노동의 정당한 대가를 받는 구조적 개혁이 이뤄진 것은 갖은 탄압과 투옥에도 불구하고 성경적 사명을 실천했던 인명진 등과 같은 목회자가 있었기 때문이다.

99　인명진, 앞의 책(1990), 87-88.

5. 결론

  이상에서 우리는 인명진의 설교에 나타난 일반적인 특징과 신학사상을 살펴보았다. 그는 당시 보수주의 경향의 복음주의 진영의 지도자들이 취한 사회적 모순과 부조리에 대한 침묵과 정치 상황에 대한 무관심을 벗어나 이 땅의 민주주의와 사회정의를 바로 세우기 위해 투쟁했었다. 그의 설교에는 이런 사상이 깊이 묻어난다. 그는 설교란 설교자의 삶의 연장이며 고뇌의 표현이라고 정의하며, 그런 의미에서 설교는 다른 사람에게 하는 것이 아니라 바로 설교자 자신에게 하는 것이라고 한다. 그는 '하나님 사랑과 이웃 사랑'이라는 대전제를 설교 전체의 주제로 놓고 '약한 자들에 대한 나눔과 섬김'을 하나님을 기쁘게 하는 제사로 여긴 것이다. 결국 인명진은 강단 위에서 선포를 하고 강단 아래서 삶으로 실천함으로 설교의 완성도를 높인 것이다.

  인명진 설교의 신학사상에서 긍정적인 평가는 먼저, 철저히 종교개혁을 통한 개혁주의 신학을 소유한 반면에 동시에 시대적 상황을 반영하는 민중신학의 실천적 · 참여적 진보신학을 목회 여정에서 보여준다는 점이다. 본질적인 원칙은 지키되 비본질적인 나머지는 수용하는 것이다. 이러한 포용적 개혁주의 신학사상은 오늘날 우리 현실에 큰 의미가 있다. 이데올로기의 종말이라는 말이 나오고 동구 및 구소련이 붕괴된 지 30여 년이 지났지만 여전히 한국에서는 이념 간 정파 간 대결이 치열하다. 최근에는 교회조차도 휩쓸려가는 모습을 보여주고 있다. 이런 현실과 관련하여 그의 신학사상은 우리에게 시사하는 바가 크다. 다음으로, 인명진의 하나님 사랑과 이웃 사랑은 민중을 위한 신학(가난한 자를 위한 신학)으로 구체화되어 갈릴리교회가 탄생하고 이 세상을 향한 빛과 소금의 역할로 확장된다. 한국교회가 권력에 동조하거나 침묵의 방식을 취할 때 그는 설교와 사역을 통해 사회적 삶과 책임을 강조했으며 예언자적 사명을 감당했다. 공의와 윤리가 무너지고 의학과 과학기술의 발달에도 불구하고 인간의 고민과 고통이 증가하는 이러한 때[100] 하나님 사랑과 이웃 사랑의 구원과 소망의 메시지는 선포돼야 한다.

긍정적 영향과 더불어 인명진 설교에 나타난 신학사상의 한계는 먼저, 성령의 역사에 대한 소극적 입장과 설교에서 성령이란 단어의 부재이다. 위에서 지적한 바와 같이 설교의 모든 준비와 외침은 성령님의 감화하시는 역사 속에 실천해야 한다. 성령은 예수님을 증언하게 하고, 예수님을 전파하게 하며 예수님을 간증하게 한다. 인명진은 그의 설교에서 성령을 받은 사람은 생각과 가치관 그리고 삶의 목적이 달라진다고 한 점을 보아 성령을 믿기는 하지만 그 외의 설교에서 성령이란 말 자체를 언급하지 않는다. 다음으로, 개인적인 삶의 이야기가 설교에서 많은 부분을 차지하고 있어 성경 본문이 보조도구로 사용될 약점도 있다. 이러한 현상은 당시 많은 설교자들에게 나타나는 공통적인 현상이기도 하다. 그럼에도 불구하고 지성적인 설득이나 지나친 미사여구를 사용하지 않고 직관적이며 경험에 근거한 복음의 선포는 역사하는 힘이 크다. 한편 이 연구는 1986~2013년의 강단에서 선포된 설교와 사역을 중심으로 연구를 진행했기에 이후의 사회적 · 시대적 상황에 따른 신학사상에 변화가 있었는지는 본 연구자에게 주어지는 또 다른 과제로 받아들인다.

결론적으로 인명진은 포용적 개혁주의 신학사상 입장에서 하나님 사랑과 이웃 사랑의 하나님 말씀을 삶의 현장에서 선포하고 몸으로 실천하며 살았던 설교자이다.

---

100 김창훈, "예언자적 설교: 그 의의와 중요성", 『성경과 신학』 제52권(2009), 217.

참고문헌

김광석, "성례전적 삶으로서 레이투르기아에 관한 연구: Dietrich Bonhoeffer와 Jürgen Moltmann, 그리고 Don E Saliers 중심으로"(미간행 박사학위논문, 장로회신학대학교, 2015).

김광수, "설교자의 신학과 설교의 상관관계 연구: 한경직과 홍근수를 중심으로"(미간행 신학 석사학위논문, 서울신학대학교, 2007).

＿＿＿, "한국교회의 진보성향 설교의 비평적 평가와 과제에 대한 연구: 문익환, 홍근수, 인명진을 중심으로"(미간행 박사학위논문, 장로회산학대학교, 2019).

김병국 외, 『한국의 보수주의』(서울: 인간사랑, 1999).

김세균 엮음, 『한국정치의 보수와 진보』(서울: 서울대학교한국정치연구소, 2005).

김영명, 『한국의 정치변동』(서울: 을유문화사, 2006).

김용신, 『보수와 진보의 정신분석』(서울: ㈜살림출판사, 2008).

김운용, 『설교의 새로운 패러다임』(서울: 장로회신학대학교출판부, 2004).

＿＿＿, 『새롭게 설교하기』(서울: 예배와 설교 아카데미, 2005).

＿＿＿, 『한국교회 설교 역사』(서울: 새물결플러스, 2018).

김철수, 『헌법학신론』(서울: 박영사, 1988).

김한옥, 『기독교 사회봉사의 신학』(부천: 실천신학연구소, 2004).

김호기, "이념구도와 이념논쟁의 사회학", 『한국정치의 보수와 진보』(서울: 서울대학교한국정치연구소, 2005).

＿＿＿, 『말, 권력, 지식인』(서울: 도서출판 아르케, 2002).

목창균, 『현대 신학 논쟁』(서울: 두란노. 1996).

박아론, 『현대신학연구』(서울: 기독교문서선교회, 2012).

서병훈, "한국 보수주의의 성격과 발전 방향", 『한국의 보수주의』(경기: 도서출판인간사랑, 1999).

서진한, "다시 돌아보는 죽제 서남동의 민중신학", 『민중신학의 오늘과 내일』 제2권 (1993).

손호철, 『해방60년의 한국정치』(서울: 이매진, 2006).

_____, 『한국과 한국정치』(서울: 이매진 2018).

안병무, 『민중사건 속의 그리스도』(서울: 한국신학연구소, 1989).

_____, 『역사와 해석』(서울: 한국신학연구소, 1998).

_____, 『한국 민족운동과 통일』(서울: 한국신학연구소, 2001).

윤영관, 『21세기 한국정치경제모델』(서울: 신호서적, 2001).

이정희, 『한국 현대정치사의 쟁점』(경기: 도서출판인간사랑, 2018).

인명진, 『구치소에서 온 편지』(서울: 영등포산업선교회, 1980).

_____, "산업사회에 있어서의 복음전도의 의미", 『기독교 사상』 제403호(1983).

_____, 『갈릴리에서 만나자』(서울: 도서출판 늘벗, 1990).

_____, 『2000년 설교집 그에게까지 자랄지라』(2000).

_____, 『2001년 설교집 문 앞에서 서성거리시는 하나님』(2001).

_____, 『2002년 설교집 너희에게 평강이 있을지어다』(2002).

_____, 『2003년 설교집 하늘을 바라보며 사는 삶』(2003).

_____, 『2004년 설교집 하나님을 감동시킨 사람 구치소에서 온 편지』(2004).

_____, 『2005년 설교집 우리도 예물을 준비 합시다』(2005).

_____, 『그의 거룩한 이름을 자랑하라』, 시편강해 상 하(서울: 북커뮤니케이션, 2006a).

_____, 『2006년 설교집 네 보단 일을 셈하라』(2006b).

_____, 『2007년 설교집 갈릴리의 꿈』(2007).

_____, 『2008년 설교집 행복에 이르는 고난』(2008).

_____, 『2009년 설교집 그들로 구원을 받게 하라』(2009).

_____, 『한국교회 새롭게』(서울: 대한기독교서회, 2010a).

_____, 『성문밖 사람들 이야기』(서울: 대한기독교서회, 2010b).

_____, 『2010년 설교집 보수와 진보는 넘어서는 신앙』(2010c).

_____, 『2011년 설교집 거룩한 저항의 삶』(2011).

_____, 『내 사랑, 갈릴리교회』(서울: 갈릴리교회, 2012a).

_____, 『2012년 설교집 하늘과 땅의 징조를 아는 것처럼』(2012b).

_____, 『2013년 설교집 오직 기도로만』(2013).

_____, 『위대한 부르심』(서울: 비전북, 2015).

영등포산업선교회 엮음, 『인명진을 말한다』(서울: 도서출판 동연, 2016).

장윤재, "인명진의 목회와 신학", 『인명진을 말한다』(서울: 도서출판 동연, 2016).

장준하, "민족 통일전략의 현단계", 『민족주의자의 길』(서울: 세계사, 2002).

전국사회교사모임, 『101가지 사회질문사전』(서울: 도서출판 북멘토, 2017).

정병준, "인명진의 정치운동", 『인명진을 말한다』(서울: 도서출판 동연, 2016).

정인교, 『설교 살리기』(서울: 생명의 말씀사, 2000).

_____, 『설교학 총론』(서울: 대한기독교서회, 2003).

차준희, 『구약성서의 신앙』(서울: 한국신학연구소, 2006).

최진봉, "메리캐더린 힐거트의 성례적 상상력을 토대로 한 성례적 설교학에 대한 연구", 『장신논단』 제38집(2010).

_____, "후기 새로운 설교학의 등장에 관한 연구", 『신학과 실천』 제22호 (2010. 봄).

_____, "본문과 삶 간의 유비적 읽기로서의 새로운 설교학에 대한 이해", 『장신논단』 제41 집 (2011. 7).

_____, "폴 리꾀르의 '믿음의 해석학'(Hermeneutic of Belief)에 대한 설교학적 전망", 『장신 논단』 Vol. 46 No. 4 (2014. 12).

_____, "16세기 신앙고백서들에 나타난 교회의 표지로서의 설교에 대한 연구", 『교회와 신학』 제81집 (2016).

통일부, 『국민의 정부 5년 평화와 협력의 실현』(통일부, 2003).

한승윤, 『보수·진보의 논쟁을 넘어』(서울: 삼성경제연구소, 2005).

한반도선진화재단·한국미래학회·좋은정책포럼 공편. 『보수와 진보의 대화와 상생』 (경기: 주식회사 나남, 2010).

호남신학대학교 현대신학연구소, 『통일신학과 해석학』(서울: 도서출판 땅에쓰신글씨, 2003).

Bobbio, Norberto., *Left and Right* (Chicago: The University of Chicago, 1994).

Bruggemann, Water., *The Practice of Prophetic Imagination*, 홍병룡 옮김(서울: 성서유니온, 2017).

Campbel, Chares L. et al., *Preaching Gospel* (Eugene, OR: Cascade Books, 2016).

Carlisle, Rodney P. ed., *Encyclopedia Politics: the Left and Right* (Thousand Oaks: a Sage Referance Publications, 2005).

Dulles, Avery Cardinal., *Models of the Church*, 김기철 옮김, 『교회의 모델』(서울: 한국기독교연구소, 2003).

Fabarez, Michael., *Preaching That Changes Lives* (Nashville: Thmas Nelson Publishers, 2002).

Giddens, Anthony., *The Third Way: The Renewal of Socity Democracy*, 한상진 · 박찬욱 옮김, 『제3의 길』(서울: 도서출판 책과 함께, 2014).

Hadidian, Allen., *Successful Discipleship* (Chicago: Moody Bible Institute, 1979).

Kirk, Russell., *Conservative Mind*, 이재학 옮김, 『보수의 정신』(서울: 지식노마드, 2018).

Long, Thomas G., *The Witness of Preaching* (Louisville: Wester & John Knox Press, 1988.

Nisbet, Robert and C. B. Macferson., *Conservation: Dream and Reality*, 강정인 · 김상우 옮김, 『에드먼트 버그와 보수주의』(서울: 문학과 지성사, 1997).

Robinson, Hadden W., *Bilical Sermons* (Minnesota: Baker Book House Company, 1989).

Schmaker, Paul., *From Ideologies to Public Philosophies: An Introduction to Political Theory*, 조효재 옮김, 『진보와 보수의 12가지 이념』(서울: 후마니타스, 2012).

Wilson, Paul Scoott., *God Sense*, 최진봉 옮김, 『성경속 하나님 읽기』(서울: 예배와 설교 아카데미, 2019).

VI

인명진 목사의 교육사상과 교육

정남용

*   정남용 박사(숭실대학교 겸임교수, 기독교교육학 전공)

1. 서론

한국교회와 한국사회에서 인명진(印名鎭, 1945-)을 규정해주는 직함(職銜)은 아주 많다. 목회자(갈릴리교회 목사), 에큐메니칼 운동가(KNCC, ACC, WCC), 사회활동가(경실련, 행정개혁시민연합, 기독교환경운동연대) 노동운동가(영등포산업선교회), 이민교회 목회자(호주 갈릴리교회), 민주화운동가(국민운동본부 대변인), 비상설정당인(문민정부 행정쇄신위원회, 자유한국당 비상대책위원장), 방송인(인터넷 방송 경영인, 각종 방송 패널 등) 등이 그에게 붙여진 수식어구다.

그는 기본적으로 신학을 공부(한국신학대학교, 장로회신학대학교)하고 평생을 갈릴리교회를 중심으로 사역한 목회자였지만, 동시에 그는 다양한 분야에서 폭넓은 활동을 전개했음을 볼 수 있다. 그를 필요로 하는 다양한 영역에서 다양한 활동을 전개했던 것이다. 이러한 다양한 스펙트럼을 보여준 그의 삶의 특징은 그의 목회관(牧會觀)에 기인한다. 그는 목사를 공공재(公共材)로 봤고, 따라서 필요한 경우 교회의 협조를 얻어 목회의 연장선에서 이러한 일들을 감당했다.

따라서 인명진에 관한 평가 역시 그가 사역했던 분야와 현장에 따라 다양한 평가를 내릴 수 있을 것이다. 한 인물의 사상을 파악할 수 있는 가장 일반적인 방법 가운데 하나는, 그가 표방했던 설교나 강연 그리고 글이나 저서, 그리고 그와 함께 일했던 이들의 이야기를 들어보고 추적해서 정리해보는 것이다. 마찬가지로 인명진의 사상은 그가 걸었던 인생행로에서 표방된 저서들과 설교 · 동역했던 이들의 이야기를 통해서 파악할 수 있겠다.

인명진의 교육사상과 연관해서도 마찬가지의 논리가 성립된다. 그는 자신의 정체성을 교육자(교육학자)나 혹은 교육전문가로 표현한 적이 없다. 그는 오롯이 격동의 한국 현대사를 자신의 신앙과 신학으로 체득된 기독교적 가치를 가지고 살아낸 실천적 그리스도인이자 목회자이다. 따라서 인명진의 교육사상 역시 이 범주를 넘어설 수 없다. 그가 걸었던 삶의 족적이 새겨진 실천적 콘텍스트가 중요한 이유가 여기에 있다.

> "세계 여러 나라를 다니면서 보고 듣고 공부한 것이 혁명은 얼마나 허무한 것인가, 이것으로는 인류의 희망이 되지 못한다는 것을 절절하게 깨달았습니다. 당시 이런 말을 하면 개념 없는 사람, 생각이 없는 사람이라고 했습니다. 시대정신이 없는 사람이라고 보수주의, 개량주의로 매도당하던 때 예수님의 이름으로 이 민족의 희망을 삼아야 한다는 생각으로 갈릴리교회를 시작하게 된 것입니다."

인명진이 갈릴리교회를 창립하고 새로운 희망을 시작했던 시기는 (1980년대 후반) 특히 한국 현대사에서 가장 격동적인 시기였다. 오랜 민주화운동이 결실을 맺는 듯 했지만 여전히 준비되지 않은 상황 속에서 끊임없는 시행착오를 겪고 있던 시기였기 때문이다. 이런 극도의 혼란한 상황 속에서 인명진은 한국교회에 제3의 길을 제시했다. 그것은 갈릴리 신앙공동체인 갈릴리교회를 통해서, 그리고 이 교회가 걷는 '제3의 길'의 구체적인 증거물로 '예수 그리스도의 복을 통한 사회변혁과 희망의 구심점'을 제시했고 이를 구현해냈다.

이 장에서는 인명진이 한국교회와 한국사회에 제시하고 걸었던 제3의 길의 족적(足跡:목회와 사역)을 중심으로, 그 속에서 우리가 파악할 수 있는 그의 교육사상과 교육 프로그램들을 고찰해보고자 한다. 아울러 이를 통해서 그가 한국교회와 한국사회에 남긴 기독교 교육적 가치와 유산을 창조적으로 계승할 과제들을 제시하고자 한다.

2. 인명진의 신학: 갈릴리 정신

인명진의 교육사상은 그가 지향하는 신학에서 나온다. 그리고 그것
은 구체적으로 갈릴리 정신에 시원(始原)을 두고 있다. 갈릴리 정신은 인
명진 신학의 정수(精髓)이고, 그의 목회신학의 마중물이다. 갈릴리 정신
은 그의 목회신학의 씨줄과 날줄이고, 그것은 그의 한평생을 굳건하게
지지한 인생의 주춧돌이자 그와 함께 그 길을 걸었던 갈릴리 공동체 구
성원들을 견고하게 묶었던 공통의 분모다. 갈릴리 정신의 핵심 뼈대인
갈릴리 신학은 '가난한 사람을 찾아가신 갈릴리 예수'다.

1) 갈릴리: 가난한 사람들
갈릴리교회의 존재근거는 신약성서의 복음사건에 토대를 두고 있
다. 즉 부활하신 예수가 날이 밝기 전 서둘러 예루살렘이 아닌 갈릴리 가
난한 자들을 찾아가신 사건에 두고 있다. 인명진은 신약성서의 주제인
하나님의 나라가 바로 이들, 갈릴리 가난한 사람들의 것임을 부활한 예
수가 첫걸음으로 찾아간 갈릴리사건으로 보는 것이다. 그는 이러한 복
음 이해의 터 위에 개인의 목회자로서의 정체성과 갈릴리교회 설립의
의미를 부여했다.

"우리가 가난한 사람을 찾아서 일부러 구로동을 왔습니다. 가난한
사람을 찾아서 구로동에 온 우리 교회에 가난한 사람의 발걸음이 끊

어진다면 우리 교회의 존재이유가 없어지는 것입니다."

인명진이 한국의 갈릴리로 동일시한 구로동은 당시 서울 시내에서 가장 소외되고 가난한 사람들이 사는 열악한 지역이었다. 따라서 만일 예수님이 당시 한국에 오신다면 당연히 가난한 이들이 사는 갈릴리로 오실 것이라는 확신이 그를 구로동으로 이끈 것이다. 성서는 가난한 사람들이야말로 하나님의 특별한 관심과 사랑을 받은 존재들로 묘사하고 있다. 하나님은 가난한 사람들의 하나님이며, 고아와 과부, 나그네로 대표되는 가난한 사람들에게 특별한 관심과 애정을 쏟으신 모습을 성서에서 찾아볼 수 있다. 신학자인 장윤재는 "하나님과 맘몬(재물신) 사이의 화해할 수 없는 적대관계는 기독교를 포함한 모든 종교들이 가르치지만, 하나님과 가난한 사람들 사이의 파기할 수 없는 계약관계를 가르치는 것은 오직 기독교의 성서뿐"이라고 주장함으로써 가난한 사람들이 곧 기독교적 가치를 드러내는 시금석이 됨을 밝힌다. 가난한 사람들은 가난, 그 자체로 하나님의 우선적 사랑과 배려의 대상이 된다는 것이다.

따라서 1986년 인명진이 구로동에 설립한 갈릴리교회는 가난한 사람들을 섬기는 일이 교회 사역의 한 분야로서의 대외적 사업이 아닌 교회의 존재이유이고 중심인 교회이다. 그것은 어떤 특별한 대안적(代案的) 교회를 세우는 차원이 아니다. 가난한 사람들 자체가 교회를 본래의 교회답게 만드는 차원이 된다. 인명진은 교회가 가난한 사람들을 복음화하는 것이 아니라 가난한 사람들이 교회를 복음화한다고 말할 정도로 '갈릴리 신학(가난한 사람들)'에 대한 성숙한 신학적 이해를 견지한다.

인명진에게 있어서 가난한 자들의 존재는 곧 교회의 존폐를 결정할 만큼 중요한 것이다. 그에 따르면, 교회에 가난한 사람의 발길이 끊어지면 교회의 존재이유가 사라진다. 그것은 곧 예수가 발길을 끊는 것을 의미하기 때문이다. 예수의 발길이 끊어진 교회는 제아무리 화려해도 더이상 예수 그리스도의 교회가 아니다. 바로 이것이 인명진의 목회와 사역을 견인한 신학의 시작이고 끝인 것이다.

2) 갈릴리 교회: 만남의 공동체 형성

인명진의 교회관은 아주 분명하고 단호하다. "저는 교회는 교회당 건물이 아니라 신앙고백이라고 생각합니다. 역사적으로 교회가 세 종류가 있습니다. 국가교회가 있고 지역교회가 있고 공동체 교회가 있습니다. 우리 교회는 뜻을 중심으로 모인 공동체교회입니다. 우리 교회는 갈릴리 공동체 계약을 중심으로 해서 모인 교회입니다." 그는 이와 같은 교회관 위에 처음부터 제도적 교회가 아닌 공동체 교회를 지향했다. 모든 교인이 참여하는 평신도 중심의 민주적 형태의 교회를 지향했다. 이는 기존의 수직적이고 권위적이며 폐쇄적인 성직자 중심의 계급주의를 거부하고 대신 성도가 서로 교통(Communion)하는 '공동체로서의 교회'를 추구했다.

그렇다면 공동체의 이름으로서 '갈릴리'가 중요한 이유는 무엇인가? 그는 마가복음 16장 7절 말씀인 "예수께서 너희보다 먼저 갈릴리로 가시나니 전에 너희가 거기서 뵈오리라"를 근거로 갈릴리교회의 존재의미를 규정한다.

"오늘 본문은 우리 교회의 시작이 되는 말씀입니다. 우리 교회는 이 마가복음 16장의 말씀을 근거해서 세워진 교회입니다. 이 말씀은 갈릴리교회가 하는 모든 일들의 신학적·성경적 근거가 되는 말씀이라고 할 수 있습니다. 예수님을 믿는 사람들이 교회를 오는 이유는 예수님을 만나기 위해서입니다. 첫째는 말씀을 통해서 예수님을 만나게 됩니다. 성경을 읽을 때 강단에서 선포되는 말씀을 통해서 예수님을 만납니다. 그리고 성만찬예식을 통해서 예수님의 피를 마시고 살을 먹으면서 예수님을 만나는 것입니다."[1]

인명진은 먼저 부활하신 예수를 만나기 위해서 갈릴리로 가야 한다고 주장한다. 물론 여기서 말하는 갈릴리는 일차적으로 지리적 의미가 아니다. 갈릴리는 당시 가장 가난한 사람들, 소외되고 배고프고 병든 사람들이 살던 곳이다. 부활 후 가장 먼저 갈릴리로 갈 것이라고 예수는 예언했고, 실제로 부활 후 예수는 하나님 나라의 궁극적인 관심지역인 가난한 이들이 거하는 갈릴리로 갔다.

결국 갈릴리는 하늘과 땅이 만나는 성육신적 접촉점이 됐다. 갈릴리는 이제 하나님인 예수를 만나는 천상의 장소가 되어, 이 땅에서 버림받고 소외된 가장 비천한 이들이 하나님의 나라를 만날 수 있는 능력(Power)의 장소, 변화(Transformation)의 장소, 천국 백성으로 형성(Formation)돼가는 교육의 장소가 됐다.

그러나 2,000년 전 부활한 예수를 만났던 성서의 갈릴리와 달리, 현실의 갈릴리에서의 예수와의 만남은 말씀을 통해서(기록된 말씀, 선포된 말씀, 성만찬을 통해서 기억된 말씀) 그리고 성령의 역사하심을 통하여 구체적으로 이뤄진다. 결국 갈릴리는 구약성서의 예언대로 이 땅에 임하셔서 십자가를 지고 구원사역을 감당한 예수가 신약시대를 이끄는 중심축으로써

---

1   인명진, 『인명진 목사 설교집: 갈릴리교회 25주년의 역사』(갈릴리교회, 2012), 2.

부활한 예수를 상정하고, 그 부활한 예수의 궁극적 지향점과 가치가 갈릴리성(性)(가난한 사람들과의 만남)에 있음을 보여줬다. 갈릴리는 하나님 나라의 궁극적 관심대상이 된 것이다. 인명진은 바로 한국의 갈릴리인 구로동의 갈릴리교회를 통해서 하나님 나라의 새로운 가치를 창조적으로 계승·구현해냈다.

3) 갈릴리 신학: 경천애인

그렇다면 갈릴리 신학은 무엇인가? 갈릴리 신학의 핵심은 무엇인가? 인명진의 갈릴리 신학은 갈릴리 신앙공동체를 통해서 구현됐다. 그들은 갈릴리 공동체 계약을 통해서 자신들의 신앙의 정체성을 확인하고 핵심가치를 함께 추구해나갔다. 인명진과 갈릴리 공동체가 함께 추구해나간 핵심가치는 한마디로 경천애인 즉 '하나님사랑과 이웃사랑'으로 규정지을 수 있다. 그들은 갈릴리에 모여서 가난한 이들로 우리 곁에 계신 예수 그리스도를 발견하고 그를 섬김으로써 경천애인의 가치를 실천한다.

> "우리 교회는 갈릴리 공동체 계약을 중심으로 해서 모인 교회입니다. 갈릴리 공동체 계약은 크게 두 가지입니다. 하나는, 하나님 제일주의로 살아가는 사람입니다. 하나님을 대신하는 여러 가지 유혹이 있습니다. 사람이 하나님보다 물질을 자식을 이데올로기를 더 사랑하는데 이것이 다 우상입니다. … 우리가 세상을 살면서 이런저런 죄를 짓게 되는데 갈릴리교회에서 말하는 가장 큰 죄는 하나님보다 더 사랑하는 것이 있는 삶이라는 것입니다. 두 번째, 우리 갈릴리교회는 이웃을 사랑하는 삶을 살아야 합니다."[2]

그는 하나님사랑과 이웃사랑은 분리될 수 없다고 주장한다. 하나님을 사랑하는 것은 이웃을 사랑하는 일을 하지 않고는 불가능하다는 것이다. 즉 하나님을 진심으로 사랑하는 사람이라면 이웃을 사랑할 수밖에 없게 돼 있다는 것이다. 그래서 인명진은 하나님 사랑과 이웃사랑의 관계를 '손바닥과 손등'의 관계로 비유한다. 하나님을 사랑하기에 자기를 깨뜨려 희생함으로 헌신하는 것이 이웃사랑이다.

또한 인명진은 갈릴리 정신은 부가적 가치의 구제(救濟)정신이 아님을 분명히 한다. 한국의 갈릴리인 구로동에서 하나님 나라의 소망을 선포하고 그들과 함께 나눔의 삶을 사는 것은 결코 구제 차원이 아니고 그렇게 돼서도 안 된다는 것이다. 그것은 오로지 하나님 사랑에 준하는 자기희생이 가미된 이웃사랑의 차원이어야 하고, 그럴 때 그 사랑은 예언자 이사야가 선포한 하나님께서 기뻐 받으시는 진정한 금식이 된다.

"우리가 쓸 것 다 쓰고, 할 것 다 하고 남는 것 가지고 가난한 사람을 돕는 것은 이웃사랑이 아닙니다. 그것은 구제입니다. 이웃사랑은 내가 써야 할 것을 쓰지 않고 주는 것이고, 내가 먹을 것을 먹지 않고 내놓는 것입니다. 뭔가 내 삶을 희생한 표시가 나야 합니다."[3]

따라서 갈릴리교회가 추구하는 갈릴리 정신은 이 땅의 끝인 구로동의 가난한 사람들을 하나님사랑과 이웃사랑의 조화를 이루는 인간으로 형성해가는 것이라고 하겠다. 이것이 갈릴리교회 역사의 중심축이다.

---

2   위의 책, 29.

3   위의 책, 54.

이것이 인명진의 목회신학이다. 인명진은 바로 이 목회신학의 토대위에서 목회와 기독교 교육의 탑을 형성해 나간 것이다.

3. 인명진의 교육사상

갈릴리 정신은 인명진이 독창적으로 개발한 어떤 것이 아니고, 신약성서의 예수 그리스도로부터 흘러나온 살아있는 생물(生物)이다. 갈릴리 정신은 이 땅에 존재하는 가난한 사람들(Les miserables)과 함께하는 정신이고, 그는 이 정신으로 자신의 목회와 그에게 주어진 모든 사역을 감당했다. 그리고 그 갈릴리 정신이 인명진과 공동체가 구현하고 구체화한 곳이 바로 갈릴리 교회이다. 인명진은 바로 그 갈릴리교회에서 28년 동안 목회를 했다.

흥미로운 사실은 '갈릴리'라는 교회명은 인명진이 붙인 것이 아니라 평신도들이 제안한 이름이었다는 것이다. 기막힌 역설이다. 바로 그이름은 당시 한국, 서울의 갈릴리로 불릴 수 있는 구로동의 평신도들이제안한 이름이었던 것이다.

1) 신앙공동체

1986년 6월, 갈릴리교회는 처음 교회를 시작할 개척장소를 정할 때부터 신앙고백이 중요한 역할을 했다. 이는 일반적인 교회개척이 흔히 말하듯 '될 자리', '클 자리' 차원이 아닌 개척장소의 설정이 곧 교회의 정체성을 규정하는 차원을 갖는다. 곧 교회개척에 대한 인명진의 신앙고백은 가난한 자들을 위해 존재했던 예수 그리스도가 교회의 주인이기에

'가난한 이웃을 위한 교회설립'이었기 때문이다.

> "교회, 곧 공동체교회는 건물이 아니라 신앙고백이 공간이고 기둥
> 이다. 하나님 앞에서 어떤 신앙고백을 하며 신앙생활을 하느냐가 교
> 회의 울타리가 되는 것이다."[4]

갈릴리교회는 곧 교회가 시작되는 시점부터 분명한 사명과 목적이 공동체의 삶을 이끌어가는 교회였음을 의미한다. 인명진의 교회에 관한 분명한 신학이 동일한 가치에 헌신하는 그리스도인의 모임을 형성하여 이끌었고, 그것이 교회를 이끌어가는 동력이 된 것이다. 신앙공동체로서의 갈릴리교회는 그렇게 신학적 원형(原型)에 충실한 교회를 마련해갔다. 그는 서울에서 가장 가난한 곳에 교회를 세우기를 원했고, 바로 그곳이 구로구 구로동이었던 것이다. 당시 구로동은 쪽방들이 다닥다닥 붙어있고, 시커먼 연탄 연기와 매연, 유독가스가 하루 종일 자욱하게 덮여 있는 곳이었다. 모인 성도들은 의식은 누구보다 예민했지만 대부분 가난한 이들이었다.

(1) 계약 공동체

갈릴리교회는 '목적이 이끌어가는 교회'였다. 교회가 설립된 지 6년 후인 1992년부터, 교회를 구성하고 있는 모든 구성원들이 시류와 환경에 이끌려가는 수동적인 그리스도인이 되지 않도록, 매년 1월 첫 주가 되면 공동체 계약갱신예배를 드렸다. 전 교우들이 갈릴리 공동체 계약

---

4   인명진, 『위대한 부르심』(서울: 갈릴리교회, 2015), 22.

서에 서명을 하고 다짐을 새롭게 하는 것이다. 이것은 하나님과 교우의 관계가 신앙고백에 근거한 계약관계이므로 늘 새롭게 갱신돼야 한다는 믿음이 전제된 의식이다. 이는 유월절 사건에서 그 전거(典據)를 찾을 수 있다. 하나님의 전적인 은혜로 허락된 유월절 사건을 통해서 바로의 제국으로부터 탈출을 경험한 해방공동체가 시내산에서 하나님과 언약을 맺었던 것처럼, 갈릴리교회는 정한 시간에 갈릴리 공동체 계약을 체결함으로써 자신들이 누구이며, 어떻게 살아야 할 것인지를 공적으로 확증하고 천명했다. 이는 한국교회 역사상 찾아보기 쉽지 않은 경우이다.

(2) 갈릴리 공동체 계약서

갈릴리 공동체 계약은 갈릴리 공동체의 신앙고백을 명문화한 것으로 크게 두 가지 약속으로 이뤄져 있다. 이것은 성서 전체의 정신을 집약한 것으로, 첫째는 하나님 제일주의로 살아갈 것을 공동체 앞에서 서약하는 것이다. 이는 계약신학의 첫 번째 원리인 우상을 멀리하는 것으로 현대의 우상적 존재인 돈이나 지식이나 이념에 집착하지 않고 오직 하나님 중심으로, 하나님 제일주의로 삶으로써 하나님께 영광을 돌리는 공동체가 될 것을 서약하는 것이다.

둘째는 이웃을 사랑하는 그리스도인으로 살아갈 것을 하나님과 공동체 앞에서 약속한다. 이는 예수가 성서의 정신을 말할 때 사용했던 하나님사랑과 '그와 같으니'에 준하는 이웃사랑을 전제한 것이다. 또한 이는 현대사회의 병폐인 가족 이기주의가 교회까지 깊이 침투돼 있음을 알고 이를 철저히 경계해야 할 것을 먼저 깨달은 인명진의 신학도 가미됐다. 그는 그리스도인들조차 가족 이기주의에 함몰돼서 이기적 집단화돼서는 안 됨을 강조했다. 대신 그는 하나님을 사랑하는 마음으로 이웃을 돌보고 사랑하는 것이 성서의 정신임을 피력했다. 여기서 이웃은 가난한 사람들을 의미한다.

결국 갈릴리 신앙공동체가 자발적으로 서약하는 계약의 핵심은 예수가 선언했던 성서의 정신인 '율법과 선지자를 이루는 것'을 의미하며, 이는 경천애인(敬天愛人: 하나님사랑과 이웃사랑의 통합)의 실천을 의미한다. 한국의 갈릴리인 구로동에서 '가난한 사람들'을 예수 그리스도의 사랑과 정신으로 돌봄으로써 하나님 사랑과 이웃사랑을 통합하는 것이다.

(3) 갈릴리 신앙 공동체의 4대 교육목표

인명진의 교육사상은 갈릴리 공동체의 신앙과 삶의 규약인 '갈릴리 공동체 계약' 속에 집약돼 있다고 볼 수 있다. 갈릴리 공동체 계약의 핵심가치와 목표는 '창조 하나님'과 '섭리 하나님'에 대한 올바른 청지기가 되는 것으로, 네 가지로 분류할 수 있다. 이러한 신앙교육 목표가 설정되고 이것이 온전히 실천될 수 있었던 데는 인명진의 확고한 공교회로서의 교회신학이 정립돼 있었기에 가능했다. 그의 교회신학은 교회(敎會)와 목회자(목사, 牧師)는 물론, 교회당(敎會堂, 예배당)과 성도들의 헌금(獻金)과 교회를 구성하고 있는 성도(聖徒) 역시 공공재(公共材)로 하나님의 나라를 위해서 존재한다고 인식하는 데 근거하고 있다. 신앙과 시간, 소유물과 이를 관리하는 모든 것들이 교회신학의 범주 안에 들어가고, 이는 인명진의 기독교 교육의 주된 목표를 이룬다.

① 신앙의 주인 됨: 하나님과의 관계

하나님과 신앙인인 청지기의 관계는 계약(契約)관계인데, 그것은 신앙공동체의 계약관계로 형성되고, 매년 늘 새롭게 갱신(更新)돼야 한다.

그 이유는 보증자(保證者)인 예수가 구약의 계명을 새롭게 재해석해서 새 계명을 줬고 온전하게 이뤘다는 신학적 사실에 두고 있다. 그러나 옛 계명과 새 계명의 본질은 동일(하나님사랑과 이웃사랑의 통합)하다. 또한 하나님이 신앙의 주인이 되신다는 사실은 개혁교회 일원으로서 구약의 제의적 제사장을 극복하고 만인제사장(萬人祭司長: 대신하거나 통하지 않고 직접적)으로서 책임적 존재로 사는 것을 의미한다.

② 시간의 주인 됨: 주일성수와 예배

주일(主日)은 예수가 부활한 날을 기념하는 날로, 신앙인 개인은 물론 그에게 속해 있는 모든 것이 하나님께 속해 있음을 확인하는 날이고, 이날 드리는 주일예배는 그 계약의 유효함을 확인하는 중요한 의식의 가치를 갖는다. 바로 이날은 번제와 화목제 정신이 살아있는 날로 예배 행위를 통해서 경험화(經驗化), 구체화(具體化)되는 것이다. 또한 주일은 예배와 사귐을 통해서 청지기로서의 사명(계약공동체의 형제자매 됨)을 확증하는 날이다. 예배와 사귐을 통해서 인간을 불행하게 만드는 현대사회의 무한경쟁으로 지워진 무거운 짐으로부터 해방되는 참안식이 이뤄져야 함을 고백하게 된다. 인간이 주일을 지키는 것이 아니라 주일이 인간을 지켜준다는 주일 인권선언으로 봐도 무방할 것이다. 종교와 신앙의 사적화(私的化)의 바람을 타고 불기 시작한 '시간의 사적소유화'를 극복하고자 하는 기독교 교육 목표라 하겠다.

③ 소유물의 주인 됨: 헌금

헌금은 이 세상의 모든 피조물이 하나님의 것임을 고백하고 확증하는 신앙고백적 행위이다. 따라서 헌금정신의 본질은 내가 가진 것 중의 일부를 하나님께 드리는 것이 아니라 내가 가진 모든 것이 하나님의 것임을 고백하고, 그 모든 것을 본래의 주인에게 되돌려드리는 전적 헌신(全的獻身)에 대한 예표적·상징적 신앙교육이다.

특히 인명진은 모든 헌물(獻物)정신의 총체라고 할 수 있는 십일조 헌금의 정신을 공동체의 평등분배에 기초를 두고 있음을 분명히 밝히고, 나아가 그것이 레위인들과 과부, 고아를 위해서 사용됐던 본래적 의미와 정신을 환기시킴으로써, 갈릴리 신앙공동체의 헌금정신이 이를 창조적으로 계승했음을 확실히 한다. 갈릴리정신의 구체적 구현은 헌금교육에서 드러난다고 할 정도로 하나님의 소유물의 주인됨의 인정은 중요하다. 그는 '헌금을 잘 하라'라고 교육하지 않고, 무엇을 위해서 헌금이 사용되는지를 명료하게 드러냄으로써 살아있는 헌금교육이 이뤄지도록 했다. 이는 예수가 인간의 궁극적 싸움이 '하나님과 맘몬(재물, 소유)의 싸움'임을 상기했을 때 보다 적실성을 갖는다.

④ 관리의 주인 됨: 평등의 청지기

"여호와 하나님께서는 만물을 창조하시고 이를 하나님의 자녀인 모든 사람들에게 주셨으며, 모든 사람이 함께 평등하게 사용하도록 축복하셨습니다. 하나님은 지금도 이러한 창조의 뜻과 질서가 실현되기를 바라시며, 따라서 이 같은 평등의 질서를 깨는 세상의 어떤 제도나 행위도 용납될 수 없는 것입니다." 갈릴리 신앙공동체의 기독교 교육의 네 번째 목표는 평등의 가치를 지켜내는 청지기가 되는 것이다. 창조주 하나님은 피조 된 만물을 당신의 자녀들인 사람에게 주셨고, 이를 모든 사람이 함께 더불어 평등하게 사용하도록 축복했다. 그리고 중요한 것은 창조주 하나님의 뜻인 창조질서가 유지되기를 바라셨다. 따라서 이 계약에 서약하는 공동체 구성원들은 평등의 뜻과 질서를 오늘 현실에서 구현해야 할 책무성을 갖는다. 바로 이러한 정신이 성도들의 현실 속에서 실현되는 것이 구원받은 청지기들의 사명이고, 이를 확장시키는 것이 선교적 과제이다.

(4) 갈릴리 신앙공동체의 8대 실천과제

앞서 간단하게 살핀 갈릴리 신앙공동체의 4대 교육목표는 주지한 바와 같이 일반적인 기독교 교육의 범주로 볼 수 있는 '교회 내의 교육과 관련된 측면'이라는 협의성(狹義性)을 극복하고 있다는 특징을 갖는다. 목회 전체가 곧 기독교 교육의 범주인 것이다.

4대 교육목표는 곧 8개의 실천적인 과제를 수행하는 과정을 통해 구현(具顯)된다. 이들은 상호 밀접한 관계를 유지하면서 실천됐다. 이들은 곧 갈릴리교회의 씨줄(緯)과 날줄(經)을 이루고, 이들이 갈릴리 신앙공동체 안에서 상호 교직(交織)되어 성숙한 신앙인(갈릴리인)으로 형성(Formation), 변화(Transforming)돼가는 것이다. 주일에서부터 일상을 통해, 교회당에서부터 생활의 터전으로, 교회에서 세상 한복판으로, 목사로부터 모든 갈릴리 구성원들, 이방인들에게로, 한반도에서 세계 구석구석으로 퍼져나가 통합·교직되는 과정을 거쳐 부활한 예수를 만난 갈릴리인처럼 변화, 재생산의 기독교 교육 여정을 거치는 것이다.

① 경건교육: 일상에서의 찬양과 감사

갈릴리 공동체 계약서 서약

인명진에게 있어서 가장 중요한 신앙의 핵심은 경건(敬虔)한 삶의 형성에 있다. '경건한 신앙인 됨'은 갈릴리 신앙공동체에서 이뤄지는 양육과 훈련, 놀이 그리고 교육의 모든 과정을 통해서 궁극적으로 이르러야 하는 신앙교육 목표다. 신앙은 한번 화끈하게 보여줌으로써 만들어지는 쇼(Show)가 아니라, 일상의 날들을 바르게 존재해내는 생활(生活)이다. 대단히 지난(持難)한 과정성을 갖는 특징을 갖는다는 말이다.

매년 초인 1월, 새로운 마음으로 신앙공동체 구성원들이 함께 모인 자리에서 자발적으로 서약하는 갈릴리 공동체 계약식은 이를 가능케 하는 구체적 신앙교육 모델이다. 마치 출애굽 공동체가 시내산에 머물며 시내산 언약식을 거행한 것과 이를 기억하여 행하는 절기교육의 반복과 같은 이치이다. 특히 그 첫 번째 구체적 서약의 내용으로 일상에서의 찬양과 감사의 삶을 두고 있는 것은 신앙공동체 구성원에게 있어서 '찬양과 감사의 삶'이 모든 신앙행위와 삶의 기본으로 포괄적으로 담겨 있음을 의미한다. 찬양과 감사의 삶은 기독교 교육의 최종 지향점이며 동시에 신앙인으로 교회와 세상에서 생명력 있는 갈릴리인으로 살아가도록 만드는 활력소가 되는 것이다.

이처럼 갈릴리 공동체 계약 서약식은 구별된 주일, 하나님 앞에서 (수직적 차원) 그리고 동료 그리스도인들과 함께(수평적 차원) 자발적으로 서약함으로써 이 땅에 건강한 신앙인들로 구성된 신앙공동체를 만들 것을 다짐하는 기독교 교육적 행위라고 하겠다.

수요성경공부

수요성경공부는 갈릴리교회의 신앙교육을 통한 성숙한 신앙 형성에 지대한 영향을 미쳤다. 인명진은 갈릴리교회가 구로동으로 이사 오자마자 성경공부를 매주 수요일에 두 차례(오전 10시 30분, 오후 7시 30분)에 걸쳐서 시작했다. 8학기로 나누어 실시된 수요성경공부는 갈릴리교회 최초의 성경교육 프로그램이자 갈릴리 신학의 정립과 갈릴리 신앙형성의 주춧돌 역할을 했다.

"이 교회에 와서는 이렇게까지는 아니지만 이 8과목의 내용을 수요 예배 시간에 공부하고 있습니다. 갈릴리교인이 되려면 이 8과목을 이수해야 합니다. 이 공부를 해야 진짜 우리 교회 교인이라고 할 수 있습니다. … 이때 성경공부를 한 사람은 확실하게 갈릴리의 신학, 우리 교회의 토대인 갈릴리 공동체 계약, 갈릴리교회의 신앙고백에 대해서 배우고 익히고 체득한 것입니다."[5]

매주 수요일 2시간씩 10주간, 1년 네 차례 운영된 수요성경공부는 2년 과정으로 진행됐다. 8학기에 걸쳐 진행된 수요성경공부의 내용을 보면, 1차적으로는 새신자를 위한 공부과정(기초)부터 시작해서 바울신학, 한국교회의 역사, 갈릴리교회의 역사, 세계교회의 역사, 영성훈련, 신앙고백(고급)에 이르도록 체계적(體系的)이고 단계적(段階的)인 신앙교육 형성의 틀로 구성돼 있다. 특히 제1강좌가 중요하다. 제1강좌는 구약성경인데 이 과정에서는 모세 5경(히브리의 하나님, 계약의 백성 이스라엘)을 주로 공부했는데, 인명진은 바로 이 모세 5경이 갈릴리교회 신학의 뿌리라고 주장한다. 그는 모세 5경의 정신이 예수에게 와서 다시 살아났다고 주장한다. 이를 도표화하면 다음과 같다.

---

5 인명진, 앞의 책(2012), 47.

〈표 1〉 수요성경공부의 내용들

차시	과목명(내용)	비고
1	모세 5경 연구: 히브리의 하나님, 계약의 백성 이스라엘	신학의 뿌리
2	우리에게 왕을 주소서	정복시대-역사서
3	하나님의 사람들	예언서
4	예수 탄생의 역사적 상황	신구약 중간사
5	예수님은 누구신가	복음서 공부
6	예수를 세계 모든 사람에게	바울신학
7	한국에 오신 예수	한국교회사
8	우리는 무엇을 믿고 고백하는가	사도신경(신앙고백)

인명진이 대표적으로 사용한 기독교 교육 방법은 설교와 성경공부다. 인명진은 특히 성경공부를 중시했다. 그는 성경공부를 인간의 신체로 비유하며 뼈(골격, 骨格)로 보았다. 뼈가 건강해야 몸도 바로 세울 수 있고, 바른 체형을 만들 수 있다고 주장하며, 마찬가지로 교회의 성도도 바른 체형을 가져야 비로소 건강한 신앙인이 된다고 하며 성경공부를 강조했다.[6] 수요성경공부는 갈릴리교회의 근원을 공부하고, 계승하고, 전해야 할 과제를 공부함으로써 갈릴리교회의 살아있는 역사교육이 됐다고 평가할 수 있다.

성만찬(聖晩餐)을 통한 교육

인명진의 경건교육에서 중요한 역할을 한 또 하나의 교육기재(敎育器材)를 꼽으라고 한다면 '성만찬식'을 꼽을 수 있을 것이다. 그는 이와 관련해서 로마가톨릭의 신앙전통을 옹호·계승했다. 그는 성찬식 없는

---

6 이후에는 수요성경공부 시간에 다룬 내용들을 단행본으로 출간하여 성경공부, 설교 교재로 혹은 신학교 교재로도 사용됐다. 그만큼 가치가 있다는 것이다.

예배는 예배로 인정할 수 없다라고 주장할 정도로 성찬식을 예배에서 중시한다. 성찬식에는 매우 의미심장한 하나님의 신비와 은혜가 숨어있다고 믿기 때문이다. 더 나아가 그는 로마가톨릭교회가 배제한 평신도의 분잔의식(分盞儀式)을 받아들임으로써[7] 성만찬 제도의 완전(完全)을 꾀한다. 이는 그가 명료하게 종교개혁신학 전통에 서 있음을 의미한다.

> "종교개혁은 일반신도들도 성찬식에서 예수님의 피를 의미하는 잔을 받을 수 있는 길을 열어준 것이다. 여기에는 신앙적이고도 신학적인 많은 의미들이 담겨 있다. 우리는 잔을 받음으로써 사제를 통하지 않고도 우리의 죄를 하나님께 직접 고백할 수 있으며, 예수 그리스도의 피 공로로 말미암아 내 죄가 용서 받았음을 깨닫고 자유와 해방의 은혜를 누릴 수 있게 됐다."[8]

아울러 이와 같이 분병분잔(分甁分盞)이 모든 성도들에게 이뤄진다는 사실은 갈릴리 신앙공동체가 종교개혁의 전통에 충실한 교회임을 드러내는 것이다. 인명진은 거룩한 성만찬 예식에 참여할 때마다 우리가 직접 그리스도로 인하여 죄를 용서받을 수 있다는 기적과도 같은 은혜로 인해 감사하는 마음으로 잔을 받아야 한다고 주장한다. 갈릴리교회는 이 놀라운 기적을 매주 맛보기 위해서 매 주일 2부 예배를 성찬예배로 드렸다.

---

7   로마가톨릭교회는 일반신도들이 하나님께 직접 죄의 용서를 받을 수 있다고 생각하지 않는다. 반면에 인명진은 사제를 포함한 모든 인간은 죄인이기에 그리스도의 십자가 사건으로 죄 사함을 받은 모든 이는 잔(피)에 참여할 권리가 있다고 보는 것이다.

8   인명진, 앞의 책(2015), 221.

"우리는 이렇게 소중한 성찬의 잔을 너무 소홀하게 받고 있는 것입니다. 해도 그만 안 해도 그만이라고 생각합니다. 성찬식은 해도 그만 안 해도 그만이 아닙니다. 성찬의 축복이 있고 성찬에는 신비가 있고 은혜가 있습니다. 세상의 그 무엇과도 비교할 수 없는 은혜가 예수의 살과 피를 먹는 성찬의 은혜요, 성찬의 비밀이요, 축복입니다."[9]

성찬식은 더 나아가 신앙공동체를 거룩한 식탁으로 인도한다. 성찬식은 예수 그리스도가 교회에 마련해준 식탁으로, 그리스도로 인해 진정한 한 식구가 됐음을 의미한다. 예수님과 함께 식사한다는 것은 예수님의 식구가 되는 것이기 때문이다. 이처럼 성찬식은 단순히 예배교육을 넘어 과거 세대와 현재 세대 간을 그리스도로 인해 묶는 공동체교육, 코이노니아 교육을 통합하는 기능까지 감당한다.

이와 같은 교회의 신앙교육 프로그램을 통해서 궁극적으로 바라는 바는 '일상에서의 찬양과 감사, 기도생활을 하는 갈릴리인을 낳는 것'이다. 이는 장기전인 인생을 살아가는 신앙의 기본기다. 이 외에 그들은 범사에 감사하며 하나님의 사랑과 은혜를 찬양할 것을, 무슨 일에든지 삶의 제1 우선순위를 하나님께 둘 것을, 매일 일정한 시간을 정해 기도와 성경 읽기와 봉사생활을 할 것을, 자신들의 삶의 현장인 일터에서 그들에게 주어진 사회적 신분을 성실히 수행하여 신앙인으로서의 모범을 보일 것을 서약하면서 앞으로 나아갔다.

---

9 인명진, 『한국교회를 새롭게』(서울: 대한기독교서회, 2010).

② 주일성수 교육: 멈춤과 섬김의 삶

인명진의 기독교 교육관(敎育觀)은 기본기에 충실하다. 주일과 연관해서도 이 원리는 동일하게 적용된다. 그는 우리가 주일을 지키는 것이 아니라 주일이 우리를 지켜준다는 주일신학에 충실하다. 따라서 하나님의 백성이라고 한다면, 하나님의 날을 중심으로 살아가는 것은 지극히 당연한 일이라는 논리다. 그래서 갈릴리 계약공동체는 주일과 연관해서 다음과 같이 고백했다.

"주일을 거룩하게 지켜 계약자로서의 위치를 재확인하고 경쟁적인 삶을 지양하여 쉼을 누리는 해방의 날인 주일이 자신과 공동체와 이웃에게 선포되고 지켜질 수 있도록 하겠습니다."[10]

무한경쟁시대로 표현되는 현대화(現代化), 세속화(世俗化)는 주일성수와 같은 기독교의 근본가치를 뿌리째 흔들고 있다. 곧 멈춤의 가치가 위협받고 있는 것이다. 구약학자인 월터 부르그만(Walter Brueggemann)의 말대로 주일 지킴은 이제 저항정신(抵抗精神)을 가지고 지켜내야 하는 시대가 된 것이다. 그런 의미에서 멈춤(쉼)과 섬김을 통한 재충전의 의미로서의 주일성수의 가치는 극대화될 것이다.

예배교육

인명진은 한국교회가 많은 세인(世人)들로부터 비난받고 조롱당하는 근본적 요인을 예배에서 찾았다. 따라서 예배교육은 예배 자체 문제

---

10 인명진, 앞의 책(2015), 42.

를 해결하는 차원의 교육이며, 동시에 신앙생활의 모든 영역의 근본적인 문제를 해결하는 기본교육이 된다. 교회를 이끌어가는 핵심리더로서 인명진의 이러한 모습은 당연히 갈릴리교회의 구성원들을 살아있는 신앙교육으로 이끌어갔다.

> "첫째 예배의 갱신이었습니다. 저는 지금도 한국교회가 많은 사람들에게 비난을 받고 조롱거리가 된 것은 예배 때문이라고 생각합니다. 교회가 교회답지 못하고 교회로서의 일을 하지 못하고 능력 있는, 영향력 있는 역할을 하지 못하는 이유가 여러 가지가 있겠지만, 첫째는 예배가 잘못됐기 때문입니다. 우리 교회의 핵심은 예배입니다. 가장 중요한 생명과도 같은 일이 예배입니다."[11]

인명진에게 예배는 "하나님을 만나고, 진심으로 하나님을 찬양하고, 감사하며 잘못을 뉘우치는 영적인 교제가 일어나는 것"이었다. 그런 의미에서 그는 '예배를 생명과도 같다'라고 표현한다. 그는 한국교회 예배의 가장 심각한 문제를 인간중심의 오락화(娛樂化)된 예배로 봤다. 그래서 그는 교회가 창립되는 순간부터 갱신(更新)을 추구하는 예배를 지향했고, 이는 예배에 참여하는 성도들에게는 살아있는 신앙교육 자체가 됐다. 그가 추구했던 예배갱신교육의 내용들을 정리해보면 다음과 같다.

---

11   인명진, 앞의 책(2012), 40.

〈표 2〉 인명진의 예배갱신을 위한 노력들

문제	해결방안
1. 인간 중심 예배	하나님 중심의 영적 예배
2. 오락화된 예배(재미 중심)	영적 예배(하나님과의 교제)
3. 강단의 오염(간증, 성장, 기복)	복음의 본질(십자가, 봉사, 헌신)
4. 예배도구의 오염(악기, 인기가요식 찬양)	예배도구의 성별
5. 목사 중심의 예배진행	하나님 중심 평신도 중심(사회, 대표기도)
6. 예배의 왜곡(용어: 대예배, 좌석: 지정석)	왜곡 폐지 모든 예배 중시 지정석 폐지: 높낮이가 아닌 역할
7. 교회조직의 계서(繼序)적 이해	하나님의 민주주의
8. 예술 기교 중심의 찬양대	회중이 함께 공감하는 찬양대
9. 예배의 과도한 남용(구역, 선교회 등)	성격에 맞춤
10. 예배 공간의 왜곡(인색한 예배당 사용)	모든 예배자들을 위한 공간 공공재로서의 개방된 예배당

인명진의 이러한 개혁 노력들은 종교개혁신학의 만인제사장설에 그 토대를 두고 있다. 그는 로마가톨릭교회의 신학과 신앙전통에서 중요하다고 여겼던 성만찬식은 계승·발전시키고, 아울러 가톨릭 신앙이 갖고 있는 '통하여' 신앙의 한계는 극복하여 '직접' 하나님 앞에 서는 신앙을 중시, 이를 개혁하기 위해서 노력했다.

예배당 교육: 공공재로서의 예배당

인명진에게 있어 교회는 '건물'이 아니라 '사람(신앙고백자, 信仰告白者)'이다. 따라서 건물로서의 교회는 엄밀하게 말하면 교회당(敎會堂: 예배드리는 집, 건물)이 된다. 인명진의 이러한 의식은 교회당을 공공재로 인식하게 만들었고, 공공성을 살리는 공동의 장소로 사용하도록 이끌었다.

"교회는 지역사회의 믿는 사람이든 안 믿는 사람이든 누구든지 쓸 수 있는 공동의 장소입니다. 그러므로 교회를 쓰자고 하는 사람에게 인색하게 굴어서는 안 됩니다. 다 빌려줄 수 있어야 합니다. … 사실 근본적으로 하나님의 것이지 내 것 네 것을 따져서는 안 됩니다. 다만 담임목사는 이 교회를 관리할 책임이 있는 것뿐입니다."[12]

이러한 교회당에 대한 인식은 갈릴리교회의 예배당을 이주노동자들을 위한 예배당으로, 전교조(전국교직원노동자조합) 창설지로서, 결혼식이나 각종 동네 행사의 장소로 사용됨으로써 공공재의 기능을 하도록 이끌었다. 그들 역시 형제자매라는 갈릴리 공동체의식이 있었기에 가능했던 일이다. 인명진은 이에 더 나아가 교회당 없는 교회를 꿈꾸기도 했다. 기존 교회의 예배당을 함께 사용하고 남는 예산을 선교로 사용하는 것이다.

주일 지킴이 교육

'하나님 중심의 예배'의 구현은 1차적으로 주일성수교육과 깊은 연관을 갖는다. 주일은 그리스도인의 기준이자 중심이기 때문이다. 그러나 안타깝게도 한국교회의 현실은 이 면에 있어서 밝지 않다. 그런 면에서 인명진이 가장 안타깝게 여기는 신앙인은 온전한 주일 지킴을 하지 못하는 성도이다. 그는 표현하기를 "그런 신앙인은 평생 신앙생활을 하고도 예수님을 만나지 못하는 사람들"이라고 비판한다. 그런 사람들은 교회가 예수님을 만날 수 있는 기회를 제공하는데도 외면하는 사람들이다.

---

12 인명진, 앞의 책(2012), 21.

안타까운 현실은 교회 안에는 의외로 그런 신앙인들이 많다는 것이다.

그들은 여전히 엉뚱한 예수를 찾는다. 마치 서양인물로 그려진 초상화 속의 예수 그리스도를 찾는 격이다. 이는 갈릴리 신앙을 철저히 이해하지 못한 결과다. 예수님은 구로동의 가난한 자로 성도들 곁에 계신다. 가난한 교우와 이주노동자들이 바로 그들이다. 이를 깨닫지 못하면 그들은 늘 허구와 허상의 예수를 찾기 십상이다.

"가난한 사람들을 보면 이들이 혹시 예수님이 아닐까 긴장해야 한다. 나는 이주노동자들이 우리 교회에 올 때 마음속으로 예수님이 오신다고 생각한다. 안타까운 것은 주일 오후마다 우리 교회에 예수님이 오시는데, 교인들이 예수님을 만나려고 하지 않고 바삐 집으로 가버린다는 사실이다. 그래서 갈릴리교회 교인이면서도 아직까지 한 번도 예수님을 만난 적도, 본 적도 없는 사람들이 많다."[13]

그래서 인명진이 만든 제도가 '주일 지킴이' 제도이다. 갈릴리교회의 장로, 권사, 안수집사만큼은 억지로라도 주일에 남아 교회에 오시는 예수님을 만나게 하는 것이다. 그는 한때, 신학과 신앙에 동의하는 교인들을 모집해서 교회를 구성하려는 꿈을 가지고 있었다. 생각을 같이하는 사람들이 모여서 예수님을 믿고 함께 신앙생활을 같이 해보자는 것이다. 교적부(教籍簿)도 쓰지 말고 일 년마다 뜻이 맞는다고 하면 남고, 다르다면 떠나는 형태의 급진적 교회를 꿈꾼 적이 있었다. 그러나 결과적으로 이후 갈릴리교회에서 그의 목회에는 항존직 제도가 시행됐다. 적

---

13 인명진 앞의 책(2015), 306.

어도 갈릴리 계약 정신에 충실해서 영원히 남아있겠다는 각오를 가진 성도들이 필요했기 때문이다. 주일 지킴이 제도는 바로 이러한 정신의 구체적 발로다.

③ 공동체교육: 삶의 중심으로서의 공동체

인명진이 신앙공동체를 이끌면서 가장 경계했던 것은 가족주의, 혈연 중심의 가족이기주의다. 나아가 '왜곡된 민족주의'였다. 그는 그래서 갈릴리교회를 제3의 공동체로 시작했다. 제3의 공동체는 모든 사람이 하늘에 계신 아버지의 뜻대로 살아가는 가족이다. 갈릴리교회는 시작부터 가난한 자들과 함께할 것을 표방했다. 그러한 교회의 목적은 각각의 시기, 장소마다[14] 공동체의 기초로, 공통분모로 지켜졌다. 갈릴리 신앙공동체를 이루되 항상 초점이 가난한 자들에 대한 관심과 사랑을 잃지 않고 신앙교육과 프로그램을 진행하는 것이다.

> "교회란 수천, 수만 명이 모여야 최선이 아니다. 단 한 사람이 모이더라도 예수님의 말씀을 따라 가난한 이웃을 섬기고 그들을 예수님처럼 대접하는 교회가 진정한 교회이다. 교회에서 가난한 사람이 보이지 않고, 교인들의 삶이 가난한 사람들과 이어져 있지 않으면, 아무리 많은 사람들이 모여 열심히 성경공부를 하더라도 그곳은 교회

---

14 인명진은 갈릴리교회의 역사를 삼분한다. 제1기는 1988년부터 1989년 2월까지를 갈릴리교회의 '애굽시대', 제2기는 1989년 2월부터 2000년 11월 19일까지 약 10년 동안 구로 6동 희망의 집의 시기를 가리키는데, 그는 이 시기를 갈릴리교회의 '출애굽시대' 혹은 '광야시대'라고 부른다. 제3기는 2000년 이후부터 현재까지의 신도림 시기로 '가나안 시대'로 부른다(위의 책, 95).

가 아니고, 그들은 예수님을 믿는 사람들이 아니다."[15]

공동체의 삶에서 무엇보다 중요한 것은 함께 공유하고 나누는 것들이다. 그리고 공동체가 함께 나누는 의식의 중심에 공동식사가 있다. 인명진은 공동체가 나누는 공동식사 속에 언제나 갈릴리 정신이 작동한다고 주장한다.

공동체 식사

인명진은 공동체(共同體)를 식구(食口)로 인식해야 한다고 주장한다. 즉 교인들은 '함께 밥을 먹는 관계로 엮인 존재들'이라는 말이다. 더 나아가 그는 밥을 먹는 것 자체가 예배라고까지 주장한다. 그는 초대 기독교 공동체의 시작이 그렇게 시작됐다고 주장한다.

"밥을 하는 것이 어렵지만 제가 고집스럽게 이것을 지키고 있는 것은 밥을 같이 먹는 것이 교회이기 때문입니다. 밥을 먹는 것이 예배입니다. 애당초 교회는 밥 먹는 것부터 시작됐습니다. 예루살렘 교회에서 제자들이 모여서 밥을 먹으면서 예배가 된 것입니다."[16]

그는 바로 이 일이 공동체의 마땅한 의무라고 주장한다. 밥을 먹으면서 하나님의 축복주심에 감사하고, 밥을 먹으면서 밥을 먹지 못하는 사람들을 생각하는 것이 갈릴리 공동체가 해야 할 일이라는 것이다. 교

---

15 위의 책, 129.
16 인명진, 앞의 책(2012), 43.

회에서 이 일이 점점 어려워지고 있지만 감사함으로 정성을 다해 공동식사의 전통을 이어가야 한다고 주장한다. 공동체의 시작이 이 일로부터 비롯되기 때문이다.

나아가 인명진에게 있어 주일의 '공동체 식사'는 초대 기독교 공동체 이래 '주의 성만찬'의 연장선으로 이해됐고, 이는 교회(Ecclesia)의 친교(Koinonia) 기능의 핵심이자 출발점으로 간주됐다.

> "성찬식이 무엇입니까? 음식을 같이 먹는 것입니다. 교회는 음식을 같이 먹으면서 시작됐습니다. 음식을 같이 먹으면서 친교가 생깁니다. 교회에 와서 조차도 친한 사람과만 같이 밥을 먹으니까 문제입니다."[17]

이처럼 공동체식사는 교회의 코이노니아 기능을 감당하기에, 그 천국잔치에 누구를 초대할지는 언제나 중요했다. 인명진은 그래서 가난한 사람들을 초청하는 일을 잊지 말아야 함을 강조했다. 실제로 갈릴리교회의 공동식사에 초대되어 함께 나눈 이들은 다양하다. 한국의 갈릴리인 구로동의 이주노동자들뿐 아니라 베트남 전쟁 피해자들(전쟁미망인, 고아들, 부상자들)과 그의 가족들과 같은 이들이 바로 그들이다. 갈릴리 신앙공동체는 이들에게 영원히 잊을 수 없는 식탁을 마련해줬는데 그것은 베트남에 필요한 송아지를 보내는 형태로 이뤄졌다. 물론 이에 소요되는 예산은 교우들의 애경사(결혼식, 회갑연, 돌잔치 등)에서 책정된 가난한 사람들을 위한 몫(헌금)이 모아진 것이다.

---

17 위의 책, 55.

④ 자녀교육: 인격적 신앙인 양성

인명진의 교육론은 일반적인 교육학이나 교육론에 근거한 것이 아니다. 인명진의 기독교 교육론 역시 일반적인 기독교 교육적 접근에서 나온 것이 아니다. 인명진은 자신의 목회에서 기독교 교육 목적론을 설정하고 이에 따르는 교육목회나 혹은 교육 프로그램들을 진행한 것이 아니다. 인명진의 기독교 교육론은 곧 그의 신학의 구현, 그 자체라고 하겠다. 즉 그에게 있어 기독교 교육은 온전한 목회를 하는 것이고, 목회의 결과는 온전한 그리스도인을 만들고, 성숙한 그리스도인을 형성 (Formation)하는 것이다. 한마디로, '좋은 그리스도인이 되는 것'이 '최고의 기독교 교육'인 셈이다. 여덟 가지 교육론은 이러한 사실을 이뤄가는 과정들이다. 다만, 이 부분은 그 중에서도 인명진이 갈릴리교회에서 이론과 실천적으로 구현한 협의의 의미의 교회 교육은 혹은 기독교 교육과 연관된 부분이다.

신앙의 보증자 운동

인명진의 목회신학은 그 자체로 기독교 교육적 함의(含意)를 포함하고 있다. 갈릴리 신앙공동체 곳곳에는 다음 세대를 향한, 그리고 그들을 위한, 그들과 함께한 신앙교육의 흔적들이 여기저기 남아있다. 그중 가장 핵심적인 사역으로 신앙의 보증자 제도가 있다. 신앙의 보증자 운동은 로마가톨릭교회의 대부대모(代父代母: Godfather, Godmother) 운동과 유사한 제도로 갈릴리교회에서 1996년부터 아이들이 세례를 받을 때 공동체 구성원 가운데서 신앙의 보증자를 세우는 신앙 프로그램이다.

"갈릴리교회는 어린이들이 신앙적으로 바르게 자랄 수 있도록 믿음의 보증자 제도를 택하고 있습니다. 어린이와 청소년들이 입교, 세례를 받을 때 평생토록 이 아이들의 삶과 신앙생활을 지켜보고 기도해 줄 신앙의 보증자를 세우는 것입니다. 이렇게 갈릴리의 어린이들은 공동체 안에서 믿음의 어버이들을 통하여 신앙적 성숙과 전통을 이어가고 있습니다."[18]

교우 중 누군가의 자녀의 신앙의 보증자가 되면, 영적으로 입양된 자녀를 마치 자신의 자녀처럼 신앙으로 잘 돌보고 기른다는 책임감을 갖는다. 그래서 한 해에 몇 차례 아이를 초청하여 며칠 동안 함께 지내기도 한다. 이와 같은 일상의 공유를 통해서 자연스럽게 신앙의 교류와 전수가 일어나고 교회로서는 풍성한 신앙공동체로서의 시너지를 경험하게 하는 것이다. 따라서 멘토는 항상 신앙의 본을 보여줄 수 있는 삶을 살아야 한다.

한 아이를 온전히 키우기 위해서는 온 마을이 필요하다는 아프리카 속담이 있다. 신앙의 보증자 운동은 이 속담의 신앙공동체 버전(Version)이라고 하겠다. 여기에는 인명진의 신학이 가미돼 있다. 여기에는 그의 신앙 혈연주의(血緣主義)에 대한 경고와 극복의 의미가 들어있다. 그리스도인들이 입으로는 예수 안에서 한 형제자매라고 말하지만 정작 실제 삶에서는 세상과 동일한 가치, 즉 혈연주의를 벗어나지 못한 채 자기들의 자녀 챙기기에만 급급하다는 것이다.

이러한 왜곡된 신앙의 혈족주의, 혈연주의를 극복하기 위해서 영적인 입양운동이 자연스럽게 이뤄져야 한다. 이것은 갈릴리교회의 교육문

---

18 인명진, 앞의 책(2015), 161.

화가 신앙공동체에 기반하고 있음을 분명히 하는 신앙 계승 프로젝트라고 부를 수 있겠다.

공동체 교사론

'공동체의 공기(空氣)가 선생님이다.' 이 표어 속에는 갈릴리 신앙공동체가 추구하는 기독교 교육의 목표와 이상이 함의(含意)돼 있다고 하겠다. 인명진은 '교육을 삶으로 보여주는 것'이라고 규정한다. 달리 말하면 성육신적(成肉身的) 교육이다. 갈릴리 공동체 구성원들의 삶을 통해서 드러나는 분위기를 가장 훌륭한 교육으로 보는 것이다. 인명진은 이러한 이해를 교회교육에서 중요하게 여기는 이유를 다음과 같이 밝힌다.

"나는 갈릴리교회에서 훌륭한 인물들이 많이 나올 것이라고 믿는다. 왜냐하면 우리는 아이들이 어렸을 때부터 사람이 어떻게 살아야 하는지 그 본을 보여줬다. 아직 아무것도 모르고 부모님과 선생님을 따라 갈릴리교회의 전통을 몸으로 익히고 있지만, 그들이 나중에 커서 교회의 일꾼이 됐을 때는 주일마다 이주노동자들이 북적이던 풍경을 떠올릴 것이다."[19]

인명진이 이해하는 기독교 교육은 가르치고 배워서 이뤄지는 것이 아니라 삶을 통해서 형성(Formation)되는 교육이다. 이는 갈릴리교회의 존재목적에 부합한다. 이러한 생각은 이기적이고 자기중심적인 세상에서 타자 중심의 사고를 요구하는 역설적 발상이다. 인명진은 갈릴리 신

---

19 위의 책, 245.

앙공동체에서 자라는 아이들의 사고와 삶의 방식이 자연스럽게 이타주의적(利他主義的)으로 형성되기를 바라는 것이다.

> "비록 시설이 좋지 않고 커리큘럼도 느슨하지만 나는 걱정하지 않는다. 공과교재로 잘 준비하여 가르치는 것도 중요하다. 그러나 교재로는 결코 배울 수 없는 것이 있다. 가난한 사람들과 나누며 살려는 마음, 이웃의 행복을 통해 나의 행복을 맛보는 일은 그 아이가 속한 공동체의 공기를 통해서만 배울 수 있다. 그런 점에서 우리 아이들은 어느 아이들보다 더 많은 것을 배울 테고, 그만큼 훌륭한 사람들이 될 것이라고 믿는다. 갈릴리교회의 공기는 곧 아이들의 교과서이며 선생님이기 때문이다."[20]

이것은 성숙한 신앙공동체가 형성됐을 때 가능한 기독교 교육 형태이다. 타인의 행복을 위해서 존재하는 본이 되는 공동체구성원들의 삶 자체가 교회교육의 살아있는 커리큘럼이 되는 것이다. 그런 의미에서 갈릴리 신앙공동체의 공기(空氣)가 곧 모든 아이들을 위한 생생한 선생님이 되는 것이다.

헌물로서의 자녀

1997년 5월 어린이주일에 갈릴리교회는 헌금을 하면서 헌금봉투에 자녀들의 이름을 함께 기입하도록 했다. 자녀를 하나님 앞에 드리겠다는 상징적인 신앙이벤트였다. 어린이주일의 참된 의미를 깨닫게 해주

---

20 위의 책, 247.

고자 하는 인명진의 의도가 들어있는 이벤트였다. 단순히 어린이를 주인공으로 만들어 기쁘게 해주는 차원이 아니라 그들 존재 자체에 대한 신앙적 이해를 갖도록 하는 이벤트인 것이다.

> "어린이주일은 아이들의 옷을 사주고 장난감을 사주는 것에서 더 나아가 신앙적 참의미를 되새기는 날이 돼야 한다. 그것은 곧 내 아이의 참아버지가 하나님이심을 인정하고, 하나님이 맡기신 생명을 내 뜻대로 기르지 않고, 온전히 하나님의 뜻을 좇아 양육해야 한다는 것이다. 그런 의미에서 아이들을 하나님 앞에 바치는 이벤트를 실시한 것이다."[21]

인명진은 자녀들을 위한 헌금교육을 특히 중요하게 여긴다. 헌금은 성도들의 삶과 가난한 사람들과 연결되는 매개물(媒介物)이기 때문이다. 그는 헌금교육을 할 때 자녀들에게 삶의 변화가 수반되는 헌금교육이 이뤄져야 함을 강조한다. 그 시작은 자신의 삶의 비용을 절약함으로써 헌금을 준비하도록 하는 것이다.

희망의 집(유아 탁아교육) 운영

강남의 대형교회인 소망교회는 구로동의 갈릴리교회와는 특별한 관계를 유지해왔다. 여기에는 소망교회 담임목사인 곽선희와 갈릴리교회 담임목사인 인명진의 특별한 관계가 중요한 연결고리 역할을 했다. 소망교회는 갈릴리교회(인명진)의 필요를 알고 1989년 4월 3일 구로6동

---

21 위의 책, 244.

에 희망의 집을 지어줬다. 그 필요는 구로동 쪽방촌 맞벌이 부부의 탁아
문제였다. 인명진은 구로동 지역의 이러한 필요를 곽선희에게 말했고,
소망교회는 대지 150평에 250평 3층 건물을 지어줬다. 이를 토대로 갈
릴리교회는 본격적으로 탁아교육을 통한 유아교육을 시작하게 됐고 그
는 초기 원장으로 시작해서 10년을 일했다.

희망의 집은 맞벌이 부부의 어린이를 위탁받아 돌봐주는 일을 시작
했는데, 이는 갈릴리교회 어린이집 교육의 효시(嚆矢)가 됐다. 깨끗하고
정직한 운영으로 구로동에서 소문이 났고, 많은 부모들이 희망의 집에
자녀들을 맡기기를 원했다. 배경이 좋은 가정조차도 지원했지만 인명진
은 가난한 사람 우선 원칙을 고수했다.

> "잘 먹이고 좋으니까. 구청 직원들, 학교 선생들, 간호사들 다 아이
> 들 데리고 오는 거야. 안 된다 그랬어요. 정원이 남았는데 왜 안 되
> 느냐. 세 명은 봐둬야 한다. 왜냐면 언제 갑자기 우리는 그때 맞벌이
> 부부만 했어. 맞벌이 부부도 고급 직장 말고 미싱사라든지, 야구르
> 트 배달이라든지, 공장에서 일하는 사람들, 청소부들 이런 사람들만
> 했어요. … 세상에 돈이 없는 사람을 환영하는 곳은 한 군데라도 있
> 어야 한다. 우리 어린이집이 그런 어린이집이었던 거야."[22]

철저한 원칙에 따라 어린이집이 관리됐고, 양질의 프로그램들이 실
시되어 어린이에는 아이들이 몰려왔고, 이를 통해서 부모들이 갈릴리
교회에 다니는 경우도 많아졌다. 유아교육이 교회를 성장시키는 하나의

---

22 김명배 엮음, 『영등포 산업선교회 자료집(Ⅷ)』(인명진 목사 사료편찬위원회, 2020).

선교의 도구가 된 것이다.

희망의 집은 이뿐만 아니라 정신지체 아이들을 받아 통합교육을 실시하는 선구자적 시도도 실시했다. 인명진은 희망의 집에 적을 둔 일반 아동들 부모의 반대라는 난관이 있었지만, 결국 이를 이기고 정신지체 아동들과 함께 통합교육을 실시하여 유아탁아교육의 좋은 평가를 받았고, 좋은 선례를 남겼다. 그는 또한 유치원 이상의 아동들의 돌봄의 필요성을 절감하고 필요에 따른 방과후 공부방도 운영하게 됐다. 역시 희망의 집이나 공부방의 운영은 갈릴리 신학의 연장선 상에서 실시된 생활형 교육 프로그램이라고 하겠다.

성인교육: 문화센터 운영

갈릴리교회는 희망의 집을 통한 유아교육을 진행했을 뿐 아니라 문화센터 운영을 통해서 성인들을 대상으로 하는 교육을 실시했는데, 이역시 당시 구로동 지역의 문화 수요와 필요에 민감하게 대처한 실천형 프로그램이다. 문화센터의 주요 프로그램으로는 영화 상영, 한글교실, 한문반, 기타반, 탈춤반, 메이크업반, 수지침반 등 다양한 콘텐츠를 담은 반들이 열려 있었다. 100여 명이 등록하여 2~3년 정도 운영했지만 주위 환경의 변화로 중단할 수밖에 없었다. 문화센터 운영은 선교의 효과도 있어서, 예배당에서 상영하는 영화를 보고 갈릴리교회 성도가 된 경우도 있었다. 문화센터는 교회와 지역사회를 묶는 선교교육 프로그램이라고 봐야 할 것 같다.

비가시적 커리큘럼(Hidden Curriculum) 중심: 간세대 교육시스템

모든 교육에는 두 개의 커리큘럼이 상존한다. 가시적 커리큘럼과 비가시적 커리큘럼(Hidden Curriculum)이 그것이다. 갈릴리교회의 기독교 교육은 비가시적 중심의 커리큘럼이 핵심을 이루는 시스템으로 규정해도 무방할 것 같다. 왜냐하면 인명진의 교회론이 곧 갈릴리 신앙공동체의 역사 속에서 가장 중요한 신앙교육의 맥락을 형성해줬기 때문이다.

> "갈릴리교회는 무엇보다 이웃의 행복을 나의 행복으로 생각하는 사람들의 공동체이다. 그러므로 자연스럽게 갈릴리교회 아이들이 이것을 학습할 것이라고 믿는다. 갈릴리교회가 가진 이 분위기를 나는 믿는다. 이보다 더 좋은 교육은 없을 것이라고. 실제로 나는 내 아이에게 한 번도 나처럼 걸을 것을 당부한 적이 없다. 그런데 언제부터인가 아들은 나와 걷는 모습이 똑같다. 한번도 연습을 시키지 않았는데 그저 분위기로 배운 것이다. 우리 교회의 아이들도 분위기에 묻혀서, 가랑비에 옷 젖듯이 갈릴리의 신앙을 배우고 있다."[23]

공동체의 공기가 가장 중요한 선생님이라는 명제는 여기서도 통한다. 회중의 삶이 곧 기독교 교육의 형식과 내용을 결정하는 부분이 강하기에 단절되고, 개별화(個別化)된 교육시스템보다는 통합적(統合的)이고 간세대적(間世代的) 시스템이 목적하는 바를 이루기에 훨씬 용이하다고 볼 수 있다. 그래서 인명진은 갈릴리 신앙공동체에 심지어 아이들도 구역모임에 정식 구성원으로 참여하도록 했다. 이것은 자연스럽게 세대간을 통합하는 중요한 신앙교육의 기능을 감당했다. 삶의 자리인 구역공동체에서 행해지는 친교 중심의 삶의 예배를 통해서 자연스럽게 신앙

23　인명진, 앞의 책(2012), 246-247.

의 내면화(內面化), 신앙의 사회화(社會化)가 이뤄지는 것이다. 그러나 갈릴리 공동체 전체에 흐르는 공기를 그렇게 만들어가는 것은 쉽지만은 않았다.

> "하나님의 말씀인 성경을 깊이 읽고 깊이 있게 공부하는 일을 게을리해서는 안 된다. 오늘의 갈릴리교회는 어찌 보면 성경을 깊이 공부한 결과이다. 지금 나에게 가장 후회스러운 부분 하나는 젊은 세대들에게 성경을 제대로 가르치지 못한 것이다. 성경공부를 제대로 하지 않고 '갈릴리 정신'을 운운할 수 없다. 이것은 사이비 갈릴리 정신이다. 사이비가 갈릴리교회의 대세가 돼서는 안 된다."[24]

갈릴리 신앙공동체가 지향하는 갈릴리정신의 창조적 계승은 항상 갈릴리교회 신앙교육의 목적이면서 중요한 과제였다. 이를 가능케 하기 위해서는 교회가 가진 고유한 전통과 다양한 신앙문화를 이어갈 수 있는 정신의 함양과 시스템, 그리고 이를 내면화시킨 양질의 신앙교육프로그램이 필요하다. 세대를 통합하여 드리는 예배와 가르침의 중요성이 바로 여기에 있다고 하겠다.

⑤ 봉헌교육: 하나님 나라의 평등적 가치 실현

인명진은 헌금이 개(個) 교회의 소유가 아닌 공공(公共)의 영역에 있음을 성경을 증거로 들어 설명했다. 대표적인 예로 십일조(十一條) 헌금을 들 수 있는데, 구약성서에서 십일조는 레위인들과 성 안의 과부, 가난

---

24 위의 책, 312.

한 자와 나그네를 위해서 사용됐음을 알 수 있다. 이러한 사실은 교회의
헌금이 단순히 '개 교회의 수입이 아닌 공공의 성격을 갖고 있음을 의미
한다'고 보았다. 그는 교회의 헌금 안에는 가난한 사람의 몫이 들어있다
고 주장한다.

> "우리 생활이 가난한 사람들과 연결되려면 헌금이라는 매개를 통해
> 야 한다. 삶이 곧 헌금이 되어 가난한 이웃에게로 다가가야 한다. 먹
> 을 때도 가난한 이들과 나누어 먹어야 하고, 잔치를 벌여도 가난한
> 사람들과 함께하는 잔치여야 한다. 헌금은 그저 통화 기능인 화폐가
> 아니라 내 삶과 마음으로 연결된 정성이어야 한다. … 그래서 헌금
> 은 무엇보다 소중하다."[25]

이처럼 인명진에게 있어서 봉헌교육은 매우 중요한 목적과 의미를
갖고 있었다. 그는 항상 신앙공동체의 헌금은 목사만, 교회 내적으로만
사용돼서는 안 됨을 명시하여 강조하고, 이를 지켜나갔다. 우리의 신앙
은 허공을 치는 신기루가 아니다. 갈릴리교회는 가난한 사람들이 삶의
터전을 형성하고 있는 곳이었고, 이들에게 복음은 말씀과 밥이 동시에
제공돼야 하기 때문이다. 따라서 교회의 헌금은 가난한 사람들과 연결
되는 살아있는 중요한 통로이다.

> "또 하나는 우리 교회 헌금의 50%를 가난한 사람을 위해 사용한다
> 는 것이었습니다. 이것은 지금까지 끈질기게 25년 동안 변치 않고

---

25 위의 책, 129.

지켜오고 있습니다. 헌금의 50%를 교회를 위한 것이 아니라 사회선교를 위해서 사용한다는 것이 쉽지 않은 일입니다. 우리가 보통 교회에서 하는 것 중의 많은 것을 못 하고 있습니다."[26]

이처럼 인명진은 공동체의 헌금을 하나님 나라의 평등적 가치를 실현하는 데 사용했다. 왜 헌금을 해야 하는지를 헌금의 공공적 성격을 살려 갈릴리교회 예산의 50%를 사회선교를 위해서 사용함을 드러냄으로써 자연스럽게 헌금교육이 이뤄지도록 한 것이다. 그리고 이를 결코 자랑으로 여기지 말 것을 교육했다. 그뿐만 아니라 그는 교회가 교회예산을 단지 개 교회 내부적인 용도로만 사용한다면 그것은 하나님의 것을 도둑질한 것이라고 주장할 만큼 헌금의 공공성을 강조했다. 우리는 여기서 헌금에 대한 바른 인식과 사용에 대한 투명한 교육이 사회봉사교육과 연결되고 통합됨을 확인하게 된다.

나아가 이러한 봉헌교육은 성도들로 하여금 많은 부분에서 불편을 감수해야 함과 자신들을 포기하는 영역이 있어야 함을 가르쳤다. 교회 예산이 많고 풍부해서 교회 안팎의 예산 지출을 50:50으로 하는 것이 아니라, 부족한 중에 교회 안에서 희생의 결과로 이 일이 이뤄짐을 분명히 한 것이다. 갈릴리교회는 그래서 실제로 교회학교 교사들이나 찬양대원, 그 밖의 봉사자들에게 수고의 대가로 교회 예산을 사용할 수가 없었다.

교인들의 헌금을 성경적으로 갈릴리 정신에 맞게 어디에 어떻게 사용하느냐는 교회의 주된 과제이다. 인명진은 이를 교회를 담임하는 목사의 중요한 과제로 보았다. 그는 헌금을 잘 거두는 것도 중요하지만, 거

---

26 인명진, 앞의 책(2012), 28.

뒤진 헌금을 헌금정신답게 사용하는 것은 더 중요하다고 보았다. 특히 현대가 황금만능주의 시대이기에 더욱 그렇다.

⑥ 선교교육: 평등질서의 구체적 실현

인명진의 교육론의 핵심은 선교교육론이라고 해도 과언이 아닐 정도로 그의 사역에서 선교와 연관된 사역의 장은 질적·양적인 면에서 중요한 기능을 감당했다. 한국의 갈릴리에 특히 외국인 이주노동자들이 많이 살고 있었기 때문이다. 인명진에게 이들을 위한 목회는 구제 차원이 아닌 선교와 교육을 아우르는 통전성을 갖는다.

이주노동자 선교를 통한 교육

갈릴리교회가 한국교회의 역사에서 최초로 시도한 일들이 여러 가지 있는데, 그중 대표적인 사역이 이주노동자를 위한 선교사역이다. 인명진은 '외국인노동자'라는 용어를 사용하지 않는다. 대신 '이주노동자'라는 용어를 사용하는데, 그 의미는 '이사 온 노동자'라는 의미이다. 여기에는 온 세계가 하나님의 나라라는 인식, 그들은 이방에서 나그네로 일시적인 살아가는 우리와 함께 살아가는 이라는 인식이 들어있다.

인명진은 1992년 12월 2일 가리봉 오거리에 이주노동자들을 불러 예배를 드림으로써 이주노동자 선교를 시작했다. 그는 이 일은 우연히 시작된 일이었지만 이것이 바로 한국교회 이주노동자 선교의 서막을 연 역사적 사건이었다고 그 의미를 부여한다. 이방의 나그네들이 낯선 땅에 와서 드린 첫 예배였기 때문이다. 첫 시도였기에 그만큼 할 일도 많았고 시행착오도 많았다. 이러한 시도들에 대한 이해의 부족과 재정 문제 역시 큰 도전이었다. 그럼에도 불구하고 인명진은 이주노동자 사역을

시대적 사명으로 인식했다. 갈릴리교회는 노동자의 자기성찰과 연대의
식을 위한 노동조합교육, 노동자 가정의 가장 실질적 문제인 자녀 양육
을 위한 희망공부방 운영, 그리고 이주 노동자들의 한국문화 이해를 위
한 문화교실 등 다양한 사업들을 펼쳐나갔다.

갈릴리교회가 처음 시작한 이주노동자 선교는 시대적 환경과 맞아
떨어져 700~800명이 모일 정도로 확장됐다. 조선족을 따로 독립시켜
'조선족교회'를 만들 정도였다. 인명진은 당시 많지 않은 갈릴리교회 성
도를 중심으로 이 일을 진행시킬 수 있었던 데는 소망교회의 도움이 절
대적이었음을 분명히 밝힌다. 갈릴리 공동체에 가장 필요한 사역을 위
해서 대형교회와 함께 협력한 대표적인 사례이다. 이것 역시 한국교회
선교교육사에 유의미한 족적이라고 볼 수 있겠다.

인명진은 이러한 이주노동자들을 통한 선교과정 자체가 가지는 통
전적 의미에 관해서도 분명한 통찰을 가지고 있었다. 이러한 일련의 과
정은 비의도적 의도이자 목적인, 즉 '통전적 선교'의 의미를 지니고 있었
다. 이주노동자 한 사람을 향한 사랑과 관심은 곧 한 사람의 전도차원을
넘어 선교사 양성의 비전 차원까지로 확장되는 것이다. 그런 의미에서
그가 베푼 830명의 세례인수는 세계선교 특히 제3세계 선교의 마중물
역할을 했다고 평가할 수 있겠다.

인명진의 이주노동자를 위한 선교교육의 목적은 크게 두 가지 방향
으로 추진됐다. 첫째는, 이주노동자들의 복지와 인권을 보호하는 것을
목적으로 주로 많은 시민단체를 통해서 이뤄졌다. 이들을 통해서 인권
사각지역인 이주노동자들의 구타사건이나 임금체불 문제 등을 주로 해
결해줬다. 둘째는, 이주노동자들에게 복음을 전하여 예수를 믿도록 하
는 것이다. 대부분의 교회들이 이것만을 선교라고 인식하는 것에 대해

서 경계한다. 그래서 갈릴리교회는 이 두 가지 목적을 함께 추구했다.

그는 실제 선교과정에서도 고도의 지혜를 발휘했다. 간접적 선교방식을 진행한 것이다. 그는 예수를 직접 드러내고 전하는 방식보다는 복지, 인권을 돕는 방법을 통해서 혹은 그들 식탁에 닭튀김을 제공하는 방식을 통해서 복음을 전했다. 삶과 행함으로 전하는 방식이다. 그는 예수를 상품 팔듯이 부담스럽게 짐 지우는 것을 경계하고 대신 우리가 좋아서 믿는 예수를 당신도 믿어보라는 식으로 접근했다.

> "그러므로 우리는 절대 이주노동자들에게 예수를 믿으라고 권하지 않았다. 예수 믿으라는 말은 그들이 스스로 하는 말이어야 한다. 우리는 마음을 다해 닭튀김을 장만하여 식탁을 차리면 된다. 갈릴리교회 성도들은 예수를 믿으라고 하지 않으니 오히려 그들이 이상하게 생각하고 신앙에 관심을 가졌다."[27]

인명진은 이와 같은 이주노동자 선교를 진행하면서도 갈릴리교회만이 세운 원칙을 견지해나갔다. 그것은 이주노동자를 불법으로 남아있게 한다든지, 불법체류자를 옹호하는 일은 절대 하지 않는다는 원칙이다. 그것은 국가의 법이니 나라가 해야 할 일이고, 교회는 그들이 불법체류자이든 아니든 단지 교회를 찾아온 나그네라는 이유만으로 그 외의 일들에 최선을 다하면 된다는 것이다. 의료봉사, 체불임금 받아주기, 교회 화장실에 샤워기 설치해주기, 은행 기능 해 주기 등이 주된 선교 프로그램들이다. 문자 그대로 이주노동자들에게 갈릴리교회는 갈릴리마을

---

27 인명진, 앞의 책(2015), 107.

공동체였던 것이다.

또한 이주노동자들을 위한 예배를 제공하면서 자연스럽게 국제화 선교교육이 이뤄졌다. 영어를 쓰지 않는 이들의 필요에 부응하여 인도네시아, 몽골, 파키스탄어로 예배를 제공했기 때문이다. 그는 한국어로 예배하는 한국교회와 몽골교회, 인도네시아 교회, 파키스탄 교회, 그리고 영어로 예배드리는 갈릴리국제교회 등 다섯 교회를 모두 동등한 하나님의 교회, 하나님의 백성들로 인정했다. 자연스럽게 한 공동체 다양한 신앙문화를 꽃피울 수 있는 자리가 마련된 것이다.

C3TV를 통한 방송선교교육

인명진에게 빼놓을 수 없는 중요한 영역이 새로운 방송선교 영역의 개척이다. 그는 급변하는 세계의 변화를 읽고 있었고, 이를 구체화한 것이 인터넷을 통한 방송 송출을 전문으로 하는 C3TV 방송국 설립이다. 그는 여러 가지 현실적인 어려운 점이 있었음에도 불구하고(특히 기억할 점은 1997년 12월에 IMF 사태가 발생했다는 점이다) 1997년 12월 25일 세계 최초의 설교방송국인 C3TV 방송국을 설립 · 개국했다. 인명진에 따르면, C3는 1차적으로 기독교의 중요한 상징인 삼위일체 하나님을 의미하며, 방송국 캐치 프레이즈를 3C(Christian, Church, Communication)로 가시화(可視化)함으로써 구현했다.

C3TV의 개국은 수백만 그리스도인들이 설교와 성경과 찬송을 컴퓨터가 있는 곳이면 어느 곳에서 컴퓨터 자판을 두드림으로써 편리하게 보고 듣고 읽을 수 있는 교육선교시스템이라고 하겠다. 인명진은 이 일을 위해서 당시 대형교회 목회자들을 영입했다. 이들의 영입은 상호간의 윈윈(Win-Win) 전략이었다. 방송국은 이를 통해서 경제적 어려움을

타개하는 게 됐고, 목회자들은 자신들의 복음 메시지를 전 세계에 전하는 도구로 사용하게 된 것이다.

"평소 존경하던 목사님들의 설교를 외국에서 들을 수 있어서 얼마나 감사한지 모른다는 메일들이었다. 특히 선교사들이 보낸 메일은 감동 그 자체였다. 선교지의 열악한 선교환경에서 복음을 위해 일하다가 영적으로 탈진해서 집에 돌아와 듣는 한국 목사님들의 귀한 말씀이 생수와 같다는 이야기에 모든 직원들은 비로소 보람을 느낄 수 있었다."[28]

이와 같은 '설교방송 송출을 C3TV 방송국의 주요 콘텐츠 선정'으로 이끌어 성공한 이면에는 인명진의 일관성 있는 목회 경험(해외 목회 경험)이 큰 역할을 했다. 설교가 한국교회 성장에 미친 영향력을 피부로 느끼고 있었기에 가능했던 것이다. 이처럼 C3TV는 현장 목회자의 철저한 목회 인식 속에서 탄생했고, 발전했다. 또한 이 매체를 통해서 축적된 수만 편의 설교는 전 세계 어디서든 주제별로 검색 · 확인해볼 수 있게 됨으로써 지속적인 선교와 교육을 병행할 수 있는 길을 열어줬다. 설교가 동시대를 살아가는 콘텍스트에 대한 해석이라면 한국교회는 C3TV를 통해서 한국교회의 소중한 신앙유산을 후대에 물려줄 수 있는 길이 열린 것이다.[29]

---

28 진방주 · 정의화, 『인명진을 말한다』(동연, 2016), 96.

29 이후 C3TV는 방송사 이름을 GOODTV로 변경하고, 다음 세대 목회자들인 김은호(오륜교회), 이영훈(여의도순복음교회), 정성진(거룩한빛 광성교회) 등에 의해서 계승 · 발전했다.

그뿐만 아니라 인명진은 C3TV 방송을 통한 사회선교교육의 의미가 실현되기를 바랐다. 단순히 설교방송만 하는 것이 아니라 사회선교의 의미를 구현하는 매체가 되기를 바란 것이다. 실제로 C3TV는 공명선거를 위한 방송이나 많은 NGO 기구들의 활동을 생중계함으로써 시민운동에도 기여했다. 이와 같은 인명진의 방송선교는 인터넷과 뉴미디어를 현대인들은 세상의 문화와 소식을 전하는 도구로 만들어 사용했지만, 인명진은 복음을 전하고 교육하는 통로로 사용한 것이라고 볼 수 있다.

영등포 산업선교를 통한 교육

영등포산업선교회는 예장 통합교단 안에서 가장 먼저 시작했고, 한국교회 산업선교 활동의 중심에서 가장 오랜 기간 선교활동을 해온 것으로 평가받고 있다. 당시 산업전도는 교회전도의 연장으로서의 성격을 갖고 있었다. 즉 "복음을 어떻게 노동자들에게 선포하고 어떤 방법으로 이들을 교회로 인도할 것인가"가 주된 관심사였다. 산업사회에서 단순한 교세확장 차원에서 시작한 것이다.

영등포산업전도회는 1958년 4월 19일 창립됐는데, 초기에는 주로 노동자들의 개인구원을 목적으로 노동자들을 조직해서 정기적인 예배와 전도모임을 가졌다. 산업전도 관계자들은 예배를 주관하고 근로자 가정과 기숙사를 방문해서 질병, 결혼, 종교, 직장, 가정 문제 등을 상담해줬다. 이러한 실무자 중심의 사역은 한계를 갖고 있었고 새로운 자각과 함께 실무자 중심에서 평신도 중심으로 전환하게 됐다. 이후에는 노동조합을 통해 산업선교 활동을 하게 됐다.

인명진은 1972년부터 1980년까지 영등포산업선교회의 총무로 활동하게 되는데, 이 시가가 영등포산업선교회의 역사에서 가장 활동적이고 투쟁적인 시기였다고 평가받는다. 이 시기는 소그룹운동을 통하여 노동자들을 의식화시키는 방식을 고수했으며, 훈련된 노동자들로 하여금 노조를 개혁하고 권리를 찾는 일에 적극적으로 나서도록 힘썼다. 인명진이 총무로 활동했을 당시의 소그룹 활동의 내용을 보면 종교(신앙)를 기반으로 그 위에 다양한 주제들을 통한 전인적 의식화교육이 이뤄졌음을 확인하게 된다.[30] 그는 무엇보다 철저히 기독교신앙과 교회와의 관계를 돈독히 하며 운동을 전개했다.

> "어떻게 해서 예수가 김일성한테 쩔쩔매냐. 어떻게 해서 성경이 주체사상한테 쩔쩔매냐. 우리는 예수 깃발을 딱 꽂고 살아야 한단 말이야. 예수가, 이 성경이, 니들이 얘기하는 어떤 혁명보다도 더 폭발적이야. 말하자면 혁명이, 혁명의 지침이 여기 있다. 내가 그래가지고 후배들한테 뭐 핍박도 받고 비판도 많이 받았지만, 어떻든지 간에 나는 뭐 산업선교회에서 일하는 것도 너무 그냥 단순하게 해. 예수가 누구를 위해 일했냐? 가난한 사람이다. 요즘 세상에 예수가 왔다고 하면 공장에 갔을 거다."[31]

특히 영등포산업선교회가 취한 교육방법론은 기독교 교육학적으로 시사(示唆)하는 바가 크다 하겠다. 영등포산업선교회가 취했던 소그룹의 의식화 교육방법과 그 내용은 브라질의 파울로 프레이리(Paulo Freire)

---

30 당시 자료를 보면 주로 종교(신앙), 사회, 경제, 노동, 교양, 가정, 취미, 건강, 친교, 음악, 노동자 의식계발, 노동법, 여성 등 다양한 학습들이 이뤄졌음을 확인할 수 있다.

31 김명배 엮음, "인명진 목사 구술녹취전문" 1차(2011.1.6), 『영등포산업선교회 자료집』 (VIII).

의 '의식화교육'을 떠올리게 하는데, 산업선교회가 취한 소그룹을 통한 의식화교육은 실제적인 면에 있어서 그것과는 매우 다른 독특성을 갖고 있다고 인명진은 주장한다.[32] 내면적 동력의 면에 있어서는 기독교 신앙을, 교육방법으로서의 소그룹 방법은 교회의 구역조직을 응용한 것이다. 이는 일각에서 제기된 영등포산업선교회의 사회과학적 접근의 취약성 비판에 대한 대답이 될 것이다.

이러한 영등포산업선교회를 통한 운동은 자연스럽게 한국사회 인권운동과 민주화운동으로 연결됐고, 부분적으로는 민주화운동의 원동력으로까지 작용한 것으로 평가받는다. 이 역시 인명진이 가지고 있던 기독교 신앙(갈릴리 정신)이 내적 동력을 이루고 나아가 그 역동성이 교회 울타리를 넘어 소외받는 노동자의 세계에서 교육되고 훈련되는 과정을 통해 발현되는 기제로 사용됐다고 평가할 수 있겠다.

에큐메니칼 운동을 통한 교육

인명진은 40여 년 넘게 개인적 신념과 갈릴리교회를 통한 목회, 노회, 총회, 기관 활동을 통해서 광범위한 에큐메니칼 행보를 벌였다. 그가 속했던 대한예수교장로회 총회에서 대표적으로 활동했던 분야를 보면, 산업선교, 노동상담 분야와 총회의 규칙부, 전도부, 사회부, 정치부, 세계선교부와 평화통일연구위원회, 정보통신위원회, 커뮤니케이션위원회 등에서 주도적으로 활동했다.

---

32 인명진이 밝힌 소그룹 체제를 보면, 소그룹은 7~9명으로 구성되는데 혼성으로 하지 않고 여성 노동자들을 중심으로 비슷한 연령, 취미, 관심의 사람들로 편성했다. 이들은 노동자로서의 삶을 나누며 가슴으로 변화되도록 힘썼고, 바른 관계를 갖고 더불어 살아가는 공동체가 되도록 삶의 변화를 경험토록 했다. 나아가 간단한 규칙들을 스스로 정하여 운영했다(진방주 · 정의화, 앞의 책, 159).

에큐메니즘은 서로의 '다름'을 인정함으로써 한자리로 불러 모으는 너르고 깊은 그릇과 같은 것이다. 동질화가 아닌 다름을 견뎌 신뢰를 확보하는 것이다. 인명진은 자신이 맡았던 수많은 일들을 통해 에큐메니즘에 충실한 삶을 살았다. 특히 대한예수교장로회 총회의 파견 대표가 되어 한국기독교교회협의회(NCCK)에 주도적으로 참여했고, 나아가 아시아교회협의회(ACC)에도 한국 대표로 참여했다.

⑦ 생태계교육: 창조질서 보존의 실현

갈릴리교회가 추구하는 교회의 존재목적 속에 생태계 보존과 연관된 내용이 들어있다는 사실은 인명진과 갈릴리 공동체가 추구하는 신앙의 내용이 통전적임을 보여준다고 하겠다. 특히 현대세계에서 인류의 미래와 연관된 가장 시급하고 중요한 어젠다(Agenda)가 생태환경문제인 것을 보면 인명진이 얼마나 시대를 앞선 목회자였는지를 다시금 깨닫게 된다.[33] 이를 명시한 갈릴리 공동체 계약서는 다음과 같다.

"하나님께서 만드신 자연을 지키고 보호하며 모든 사람들이 함께
건강하게 사는 환경을 가꾸도록 노력하겠습니다. 첫째, 환경보호를
위한 선교활동을 적극 지원하겠습니다. 둘째, 창조질서 보전을 위한
생활협동조합 운동에 적극 참여하겠습니다. 셋째, 쓰레기를 줄이고,
환경을 파괴하는 일체의 제품사용을 삼가겠습니다. 넷째, 가급적이
면 대중교통수단을 이용하도록 노력하겠습니다."[34]

---

33 인명진은 스스로 밝히기를 1980년대 호주에서의 경험(원자력발전소 사건)을 통해서 보다 심도 깊은 환경 문제의 중요성을 인식했다고 말한다.

34 인명진, 앞의 책(2015), 44-45.

갈릴리교회 성도들이 서명한 내용을 보면, 갈릴리교회가 의도한 기독교 교육이 통합적이고 통전적 성격을 갖고 있음을 다시 한 번 확인하게 된다. 그 이유는 생태환경을 위한 교육목표 자체가 전 목회적 성격을 갖고 있기 때문이다. 즉 프로그램을 위한 교육이나 일회성 행사성 교육보다는 '하나님의 백성 형성(Formation)'이라는 목적에 따르는 생활중심 교육이라는 것이다. 그렇기 때문에 환경교육은 선교교육, 기독교문화교육, 실천적 삶의 구현으로서의 예배교육과 자연스럽게 통합되어 이뤄지게 되는 것이다.

이산화탄소 헌금

생태계교육과 선교교육이 통합되므로 바람직한 기독교신앙교육이 이뤄진 대표적인 사례는 '이산화탄소 헌금' 제도를 통한 '몽골 나무 심기' 프로그램이라고 할 수 있겠다. 갈릴리교회는 초창기부터 사막화가 진행되고 있던 몽골에 나무 심는 운동을 펼쳤다. 공해로 오존층이 파괴되면서 과도한 이산화탄소 배출로 인해 높은 고도에 위치한 몽골은 직사광선의 피해를 직접적으로 보는 상황에 이른 것이다.

이 문제를 해결하기 위해서 갈릴리교회는 나무 심기 운동을 전개했다. 그 구체적인 방안으로 해마다 2,000만 원을 들여서 2,000그루의 나무를 심는 프로젝트를 수행했다. 바로 여기에 소요되는 재원을 마련하기 위해서 실시된 헌금이 '이산화탄소 헌금' 제도이다. 교인들은 이 헌금을 마련하기 위해서 자신들을 깨뜨리는 훈련을 마다하지 않았다. 그들은 내복을 껴입음으로 해서 난방비를 줄이고, 이면지와 대중교통수단을 이용해서 절약했으며, 샤워 시간을 줄이고 에어컨 켜는 시간을 줄이거나 끔으로써 절약된 돈으로 이산화탄소 헌금을 마련했다. 이는 지구가 인간의 과도한 욕심으로 인해 병들고 창조질서가 무너져가는 모습을 바라보면서 그리스도인인 성도들이 마땅히 해야 할 최소한의 노력인 것이다.

이는 또한 다음 세대를 생각하는 중요한 삶의 교육이 됐다. 인명진은 '이산화탄소 헌금'을 하지 않는 사람은 자식을 사랑한다고 말하면서 자식의 앞날을 생각하지 않는 사람이라고까지 강하게 이산화탄소 헌금을 권고했다. 그는 성도들에게 평생 1,000그루의 나무를 심을 것을 권고한다. 이처럼 갈릴리교회의 환경교육은 선교교육과 통합되어 진행됐다.

한국교회환경연구소

인명진은 환경운동이 사회의 변혁을 위한 프로그램으로서 자리 잡지 못했던 시절부터 선구자적(先驅者的)으로 활동했다. 그가 공해 문제에 눈을 뜨게 된 것은 영등포산업선교회 활동(노동자 인권운동)과 김대중 내란음모사건에 연루되어 옥고를 치르고 호주장로교회의 초청으로 호주로 추방되어 그곳에서 이민목회를 하면서부터다. 1981년 귀국한 인명진은 본격적으로 반공해운동(反公害運動)을 시작했고, 그 열매가 1982년 설립된 한국공해문제연구소의 출범이다. 1983년 신구교 성직자 80여 명이 참석한 가운데 '공해인식의 확산과 대중화를 위한 공개강좌'를 열어 '공해문제에 대한 교회의 책임'을 주제로 강의를 하기도 했다. 한국공해문제연구소는 1990년 한국교회환경연구소로 전환하고 인명진은 소장을 맡게 된다.

"우선 인 목사가 소장으로 새로운 도약의 지점으로 찾은 곳은 '교회'였다. 취임 후 바로 단체명을 '한국교회환경연구소'로 바꾸고 본격적인 기독교환경운동을 전개했는데, 연구소 창립 10년, 다양한 시민환경단체가 일어난 지 5년 만의 일로 연구소의 출발지점에서 자기 정체성을 찾아 기독교 환경운동으로 자리매김한 것이다."[35]

이러한 인명진의 시의적절한 행보는 1990년 서울 JPIC(정의 평화 창조질서 보전회의) 총회와 1992년의 브라질 리우 환경회의의 영향을 받았다. 그리고 결과적으로 한국교회환경연구소는 전문성과 대중성을 겸비한 환경 전문가 양성의 시대적 요청에 부응하는 기구로서의 역할을 담당했고, 이를 통해서 불모지와 같았던 환경운동의 대중성 확보의 기틀을 마련하게 됐다. 나아가 인명진의 활동은 교회를 주체로 하여 사회 속의 환경운동과 교회 속의 환경운동을 통합하는 차원의 의미를 갖는다. 또한 환경주일의 선포와 공동자료집 제작을 통한 환경교육의 강화는 그의 구체적인 치적이라 하겠다.

그는 갈릴리교회의 담임목사로서 직을 감당함과 동시에 한국교회환경연구소 소장의 일을 감당했다. 당연히 갈릴리교회 안에 기독교 환경운동연대 사무실과 대한예수교 장로회 총회 노동상담소가 상주하고 있었다. 또한 희망의 전화도 갈릴리교회 안에 있었는데 이 전화를 통해서 가난한 사람, 이주노동자와 근로자의 공장이나 회사의 문제를 해결해주는 역할을 감당했다.

'환경교육의 길잡이': 문서를 통한 환경교육

한국교회환경연구소는 학교와 교회의 환경교육과 환경행사에 관한 상담을 많이 요청받게 됐고, 이러한 요청에 부응하여 출간된 자료집

---

35 진방주 · 정의화, 앞의 책, 174.

이 『환경교육의 길잡이』[36]다. 이 책은 전문가의 지도 없이도 환경 문제의 기초원리와 다소 전문적인 내용까지도 쉽게 이해할 수 있도록 만들어진 환경교육을 위한 필수도서다. 이를 위해서 인명진은 연구원들로 하여금 기초이론부터 실천 프로그램까지 힘써 연구할 수 있도록 지원해줬을 뿐 아니라 자신도 함께했다.

환경교육에 대한 관심은 교회 속 전문지도자를 세우는 일로 이어졌다. 가장 대표적인 사례는 1992년에 있었던 한국기독교교육협의회 환경위원회와 공동으로 연 '한국교회 환경학교'다. 여기에는 여러 교단과 단체의 관계자들이 참여했는데, 인명진은 이를 통해서 한국교회와 여러 교단의 환경교육을 활성화시켰다.

'환경통신강좌'는 1994년 이후 12가지 주제에 대해 '말씀묵상', '환경이론', '생활훈련'을 시켜주는 교육 프로그램이다. 이 교육 프로그램을 통해서 그리스도인들로 하여금 환경이 무엇이고, 어떤 문제를 안고 있는지 그리고 그 문제를 해결하기 위해서는 무엇을 어떻게 해야 하는지를 깊이 깨닫고 실천하도록 했다. 이 통신강좌를 위해서 다수의 전문가들과 목회자들이 참여했다.[37]

이처럼 인명진은 한국사회에 '한국공해문제연구소'(기독교환경운동연대와 부설 한국교회환경연구소)를 촉발시킴으로써 환경단체의 불모지에 환경 문제를 환기(喚起)시키고, 이에 대한 대안을 제시하기 위한 밀알 역할을

---

36 도서출판 '늘벗'에서 출간된 단행본이다. 이 책의 발간 후에는 전국 주요서점은 물론 교회, 교회학교 교사강습회를 직접 찾아다니며 강연하고 판매함으로써 환경교육의 저변을 확대해나가는 데 힘썼다.

37 김경재는 '창조질서 보전의 신학적 배경'을, 김지철은 '환경 문제에 대한 성서적 이해'를, 유영제는 '수질오염'을, 김정욱은 '생태계와 환경윤리'를, 인명진은 '환경선교와 교회의 역할'을 강의했다.

감당했다. 그는 또한 한국교회로 하여금 환경 문제를 창조신앙(創造信仰)의 관점에서 들여다볼 수 있는 안목을 열어줬고, 나아가 교회 안팎을 중심으로 환경운동을 전개, 본격적인 환경선교를 위한 든든한 기초를 놓았다. 그리고 이러한 일련의 과정을 통해서 살아있는 환경교육 모델을 제시했다.

기타 생태계 보존을 위한 교육

인명진의 기독교 교육은 생활 중심의 그리스도인 형성이라는 특징을 갖는다. 따라서 성도들의 변화된 인식과 삶을 추구하는 형태로 구체화된다. 과도한 일용 꽃꽂이 하지 않기, 쓰레기 줄이기, 환경파괴 제품 사용 안 하기, 대중교통 이용하기 등등이 주된 신앙교육 프로그램이다.

갈릴리교회는 강단 꽃꽂이를 하지 않았다. 그 이유는 첫째, 한 번 보기 위해서 예쁜 꽃을 자르고 버린다는 것에 대한 거부감이고, 둘째, 이에 소요되는 막대한 재정지출의 불합리성 때문이다. 대신 갈릴리교회는 화분에 꽃을 심어서 꽃꽂이를 대신했다. 물론 이렇게 해서 절약된 예산이 가난한 자들을 위한 헌금 속에 포함된다.

⑧ 종말교육: 요람에서 무덤까지 온전한 신앙인 실현

인명진의 신앙교육의 범주는 그 스펙트럼이 매우 넓고 심대한 특징을 갖는다. 그는 그리스도인의 삶의 전 과정, 즉 태어나면서 죽을 때까지 걸어야 할 길을 신앙교육의 범주에 포함시키고 있기 때문이다. 그에게 있어 신앙은 '요람(搖籃)에서 무덤까지'의 전 인생주기(全人生週期)를 포함시킨다. 그는 특히 예수님의 삶을 따라 형성된 교회력이나 신앙의 절기와 생활의 절기들을 신앙교육의 체험의 장으로 끌어들여 신앙을 내면화

(内面化), 성육신화(成肉身化)시키는 모습을 보여줬다.

"우리는 우리의 생명이 하나님께 속했으며 이 세상 삶뿐만 아니라 영원한 삶이 있다고 믿고 소망하는 사람들로서 하나님이 부르실 때 언제든지 기쁜 마음으로 갈 수 있도록 늘 준비하겠습니다. 하나님께서 하락하신 물질과 인간관계 등이 아름답고 올바르게 정리될 수 있도록 늘 준비하겠습니다."[38]

그 가운데 대표적인 하나가 시신 장기기증이다. 1994년부터 1997년까지 갈릴리 신앙공동체는 고난주간이 되면 온 교인들이 자신들의 몸을 타인들을 위해서 기증하는 시신(屍身)기증, 장기(臟器)기증, 헌혈(獻血) 운동을 전개하여 성도들로 하여금 그리스도의 사랑을 몸으로 실천할 수 있도록 했다.

"예수님은 우리를 위해 십자가를 지시고 피를 흘리시고 몸이 찢기셨다. 우리를 구원하시고 살리시기 위해 예수님은 자신의 몸을 다 내어주신 것이다. 시신기증이나 장기기증은 우리도 우리의 몸을 다른 사람을 위해서 내놓겠다는 상징적인 의미로 볼 수 있다. 우리가 예수님을 믿는 사람으로서 예수님의 삶을 좇아서 살아가고자 한다면, 비록 살아서는 못 하더라도 죽은 다음에는 다른 사람을 위해서 우리 몸을 내놓을 줄 알아야 한다."[39]

---

38 인명진, 앞의 책(2015), 45.

39 위의 책, 136.

인명진은 성도의 개인의 종말인 죽음 이후에 자신의 전부인 시신을, 혹은 장기를 공공의 유익을 위해서 기증하도록 교육하고 동참하도록 이끌었다. 그에게 있어 이러한 살신성인(殺身成仁)적 행사는 분명한 신앙적 의도성 하에 이뤄짐으로써 신앙교육적 차원을 가지는데, 그는 그 기원이 예수 그리스도의 성육신적 신학의 토대 위에 서 있음을 분명히 한다. 사실 이 보다 더 갈릴리정신에 충일한 신앙교육 프로그램이 무엇이 있겠는가. 장기기증이나 헌혈도 이와 같은 가치와 차원에서 장려됐다. 그러나 이러한 종말교육 프로그램은 사정상 오래 지속되지 못했으며, 그는 이를 교회의 중요한 숙제(宿題)로 여겼다.

그는 또한 죽음과 연관된 교육의 중요성 역시 간과하지 않았다. 이와 연관해서 유언장 작성에 대해서 말한다. 그는 보다 정신이 온전할 때 주위 사람들과 가족, 의사, 교회 공동체에 글을 남기게 했다. 여기에는 의식불명의 상태를 맞게 되면 인위적으로 생명을 연장하는 장치를 하지 않는 것을 분명히 하는 것도 포함된다. 그리고 그 대상에는 나이 든 세대만이 아니라 젊은 층도 동참하게 하여 세대를 초월한 전 교회적인 죽음교육이 이뤄지도록 도모했다.

4. 결론

지금까지 필자는 인명진 신학의 준거점인 '갈릴리정신'과 이 신학에 의거하여 일평생 진행된 '갈릴리목회'를 통해서 추출(抽出)된 인명진의 기독교 교육사상과 기독교 교육 프로그램들을 살펴보았다. 앞서 논의했듯이 인명진은 기독교 교육학자나 기독교 교육 전문가를 표방하지 않는다. 그는 그보다는 격동의 한국현대사를 갈릴리 신학을 중심으로 온몸으로 살아낸 '갈릴리 목회자'였다. 그가 추구한 갈릴리 신학은 신약성서 마가복음을 통해서 스스로 체화(體化)시킨 신학에 토대를 두고 있으며, 평생 그 갈릴리 길을 걷는 존재(호모 비아토르)로 만들었다.

교육(행위)의 가장 큰 특징 중 하나는 의도성(意圖性)이다. 교육은 반드시 큰 계획에 따르는 입력, 과정, 출력을 가정한 '의도적 과정'을 갖는다는 것이다. 그래서 보통 기독교 교육을 논할 때면 역시 다분히 교회를 중심으로 한 의도적 교육성(조직, 교사, 범주, 교재, 방법, 평가)을 먼저 염두에 두게 된다. 이것이 일반적인 기독교 교육 접근방법이다. 그러나 역설적이게도 인명진과 기독교 교육의 관계를 보면, 그의 목회 자체로서 통전적인 기독교 교육의 모습을 함유(含有)하고 있음을 발견하게 됐다. 그리고 기독교 교육자로서의 그러한 인명진의 모습은 현대의 탁월한 기독교 교육학자인 마리아 해리스(Maria Harris, 1932-2005)를 떠오르게 한다.

로마가톨릭(Roman Catholic)의 기독교 교육 신학인 마리아 해리스는 그의 저명한 저서인 *Fashion Me a People*[40]에서 하나의 통전적인 교육목회 커리큘럼을 제시했다. 그가 이 책에서 주장하는 교육목회 커리큘럼의 핵심 개념은 '회중의 형성(Formation)'과 '변형(Transformation)'이다. 마리아 해리스는 또한 이 책에서 교회를 '목회적 소명을 지닌 하나님의 백성'으로, 동시에 '교육적 소명을 지닌 하나님의 백성'으로 인식했다. 즉 교회를 그 어떤 다른 것이 아닌 형성과 변형을 위한 '목회와 교육적 소명을 지닌 사람'으로 인식했다.

그는 또한 교회의 신앙교육 커리큘럼을 '하나님의 백성을 빚어내

---

40 한국에서 이 책은 '회중 형성과 변형을 위한'『교육목회 커리큘럼』(한국장로교출판사, 1997)으로 번역됐다.

는 예술적인 작업'으로 규정했다. 그 전거(典據)를 사도행전 4장으로 보았다. 그녀가 상정한 기독교 교육 커리큘럼의 핵심 요소는 다섯 가지다. 첫째, 예수 그리스도의 부활의 소식을 선포하는 케리그마(Kerygma), 둘째, 부활하신 예수 그리스도를 가르치고 양육하는 디다케(Didache), 셋째, 예수 그리스도의 십자가 사건을 통하여 형성된 화해사건을 기념하며 떡을 나누며 교제하는 코이노니아(Koinonia), 넷째, 예수 그리스도의 정신에 따라 재산을 팔아 가난한 자를 도와주고, 타자를 섬기고 봉사하는 디아코니아(Diakonia), 마지막으로 예수 그리스도의 구원의 사건인 십자가 사건을 기념하여 빵과 포도주를 나누며 예수 그리스도를 기념하는 레이투르기아(Leiturgia) 가 그것이다. 한마디로 마리아 해리스에게 기독교 교육 커리큘럼은 예수 그리스도를 통하여 형성된 회중들이 교회를 통하여 이뤄지는 '신앙생활의 전 과정'인 셈이다.

지금까지 필자는 인명진의 신학과 목회를 통해서 형성된 기독교 교육사상과 주요 교육목회프로그램들을 살펴봤다. 특이한 점은 그의 기독교 교육론(교육목회 커리큘럼)과 마리아 해리스의 기독교 교육론(교육목회 커리큘럼)이 놀랍도록 유사성을 갖고 있다는 점이다. 앞서 살핀 대로 인명진이 추구한 신앙교육의 핵심은 교회의 모든 생활을 통한 성숙한 기독교인의 형성과 변형으로 정의할 수 있겠다. 기독교 교육에 관한 이러한 인명진의 정리는 마리아 해리스의 그것과 현장(북미교회의 교육목회 커리큘럼)의 차이만 있을 뿐 교회의 전 과정을 중심으로 형성과 변형을 추구한다는 면에 있어서 유사하다고 볼 수 있겠다. 이를 표로 정리해보면 다음과 같다.

〈표 3〉 마리아 해리스와 인명진의 기독교 교육 비교

주제/학자	마리아 해리스(1932-2005)	인명진(1945-)
교육목적	하나님의 백성 형성	성숙한 갈릴리인 형성
교육목표	'목회적 소명을 지닌 하나님의 백성' '교육적 소명을 지닌 하나님의 백성'	하나님사랑 이웃사랑
커리큘럼	교회의 전 생활	교회의 전 생활
예배	케리그마(Kerygma)	설교, 선포, 주일, 헌금
교육	디다케(Didache)	교육적 선교, 창조질서 보전
예전	레이투르기아(Leiturgia)	예전(성만찬), 세례
친교	코이노니아(Koinonia)	공동체, 나그네, 장애인
봉사	디아코니아(Diakonia)	선교적 봉사, 에큐메니칼

기독교 교육에 관한 대표적인 오해는 기독교 교육을 교회 내의 소 (小) 기능(機能: 교육부서 혹은 교회학교)으로 축소시켜 이해하는 것이다. 그러 나 실제 기독교 교육은 교회의 정의(定意)와 기능과 무관하게 교회의 모 든 역할과 기능을 가능케 하는 기간(基幹: 인프라)적 역할을 해왔다. 마리 아 해리스의 예를 들어보면, 교회의 전 생활로서의 커리큘럼 이해에서 케리그마나 레이투르기아같이 기독교 교육과 무관한 것 같은 영역도 기 독교 교육의 기능이 수반되지 않으면 상정한 고유의 목적과 기능을 다 할 수 없다. 이처럼 기독교 교육은 교회의 모든 목적과 기능이 제대로 작 동할 수 있도록 하는 윤활유와 같은 역할을 하면서 인프라를 구축한다. 따라서 교회의 핵심 지도자인 핵심 목회자가 스스로를 기독교 교육자로 인식하는 것은 기독교 교육의 성패를 가르는 중요한 지표가 된다.

인명진의 기독교 교육은 이와 같은 이해의 연장선에 서 있다. 그는 자신의 신학을 갈릴리 신학으로 스스로 규정했고, 그 스스로 자신의 삶 과 목회사역은 그의 갈릴리 신학에서 벗어나지 않고 철저히 그 신학을 통해서 드러냈다. 그리고 그의 그러한 행적은 그 자체로 이 땅에 존재하는 또 다른 갈릴리 신앙을 이뤄가는 성육신적 기독교 교육으로 표출됐다고 볼 수 있다. 나아가 그의 신학에 자발적으로 동의한 이들이 갈릴리 신앙공동체를 이뤘고, 그들은 갈릴리 신학이 제정(制定)한 갈릴리 공동체 계약을 자발적으로 체결하고 그것을 삶의 현장에서 실천함으로써 성숙한 갈릴리 사람이 돼갔다. 그리고 그 계약을 이뤄가는 과정인 커리큘럼은 문자 그대로 갈릴리교회 전체 구성원과 그들의 삶 전체를 통해서 구현됐다고 평가할 수 있겠다.

인명진의 말대로 그 성숙한 갈릴리 신앙인 형성의 길은 완성된 것이 아니라 '여전히 갈릴리인이 가야 할 길'로 남아있다. 종교개혁신학의 후예로서 평생 그 남겨진 노정을 계속해서 걸어야 함을 주장했던 인명진의 교육사상과 행적은 마찬가지로 그의 남은 제자들과 신앙공동체를 통해서 멈추지 않고 창조적으로 계승돼야 할 것이다. 그 거룩한 과업은 고스란히 그를 잇는 갈릴리 신앙공동체의 '신앙적 페달 밟기'를 통해서 오늘도, 내일도 계속돼야 할 거룩한 신앙적 과제다.

참고문헌

김명배 엮음, 『영등포산업선교회 자료집(Ⅷ)』(인명진목사 사료편찬위원회, 2020).

인명진, 『한국교회를 새롭게』(서울: 대한기독교서회, 2010).

____, 『인명진 목사 설교집: 갈릴리교회 25주년의 역사』(갈릴리교회, 2012).

____, 『위대한 부르심』(서울: 갈릴리교회, 2015).

____, "가나안으로 돌아가기까지", 『갈릴리교회 25주년의 역사』(서울: 갈릴리교회, 2012).

____, "갈릴리, 그 이름의 의미", 『갈릴리교회 25주년의 역사』(서울: 갈릴리교회, 2012).

____, "갈릴리의 가나안 시대", 『갈릴리교회 25주년의 역사』(서울: 갈릴리교회, 2012).

____, "갈릴리교회의 신학적 배경", 『갈릴리교회 25주년의 역사』(서울: 갈릴리교회, 2012).

____, "갈릴리교회의 애굽시대", 『갈릴리교회 25주년의 역사』(서울: 갈릴리교회, 2012).

____, "갈릴리교회의 출애굽시대", 『갈릴리교회 25주년의 역사』(서울: 갈릴리교회, 2012).

____, "갈릴리교회의 출애굽시대에 했던 일들", 『갈릴리교회 25주년의 역사』(서울: 갈릴리교회, 2012).

____, "소망교회와 갈릴리교회의 협력이 갖는 의미", 『갈릴리교회 25주년의 역사』(서울: 갈릴리교회, 2012).

____, "예수만이 유일한 길이다", 『갈릴리교회 25주년의 역사』(서울: 갈릴리교회, 2012).

____, "우리가 꿈꾸는 이상적인 교회", 『갈릴리교회 25주년의 역사』(서울: 갈릴리교회, 2012).

____, "이주노동자 선교의 의미", 『갈릴리교회 25주년의 역사』(서울: 갈릴리교회, 2012).

____, "한국의 갈릴리 구로동을 찾아서", 『갈릴리교회 25주년의 역사』(서울: 갈릴리교회, 2012).

진방주 · 정의화, 『인명진을 말한다』(동연, 2016).

VII

인명진 목사의 에큐메니칼 선교사상

이명석

* 이명석 박사(장로회신학대학교 객원교수, 선교학)

1. 서론

　15세기 이베리아 반도의 가톨릭국가들의 선교를 시발점으로 해서 19세기에 이르러 개신교회의 선교가 본궤도에 오르고 1910년 에든버러 선교대회가 열릴 때까지 선교는 적어도 서구교회의 시각으로 선교하는 교회와 피선교지가 뚜렷하게 구별되고 있었다. 하지만 지금은 선교역사 학자인 앤드류 월스(Andrew Walls) 교수의 표현처럼 기독교의 중심축이 기존의 기독교국가(Christendom)를 이뤘던 북반구의 유럽과 북미에서 사하라 이남의 아프리카, 라틴아메리카, 아시아와 태평양 도서지역으로 비견되는 남반구로 이동해왔다.[1] 이제 선교는 선교하는 교회와 피선교지의 교회가 따로 구별되는 것이 아닌 서로가 동일한 선상에서 상대를 대하는 에큐메니칼 선교의 시대에 이르렀다.

　필자는 인명진 목사가 주축이 돼온 아프리카와 유럽과 아시아 지역에 속한 삼국교회의 에큐메니칼 협력과정을 그 시작부터 선교현장에서 직접 목격할 수 있는 특권을 누렸다. 서로 다른 풍토와 역사적 맥락에서 독특한 교회 체제와 신앙전통의 표현양식으로 성장한 세 대륙의 교회들이 에큐메니즘을 바탕으로 협력하는 과정은 필자에게 매번 숨 가쁜 도전과의 만남이었고 신선한 배움의 연속이었다.

　필자는 본고에서 인명진 목사의 목회철학과 선교관을 토대로 삼국교회가 함께 협력한 에큐메니칼 선교 과정을 추적하여 그의 에큐메니칼 선교사상을 분석하고자 한다. 특히 1990년대 후반부터 복음주의선

1　Andrew F. Walls, *The Missionary Movement in Christian History* (New York: Orbis Books, 1996), 68-69.

교연대(EMS)[2]의 회원교회인 예장통합(영등포노회)과 독일 팔츠주교회와의 직접 교류를 시작으로 같은 회원교회인 아프리카 가나의 가나장로교단으로 확대되는 선교협력의 과정에서 발견되는 인명진 목사의 에큐메니칼 선교사상을 집중 분석하고자 한다. 이 연구를 위해 필자는 인명진 목사와 나눈 인터뷰와 그의 저술들 그리고 영등포노회의 노회보고서 등을 주요 1차 자료로 활용했고, 신문기사와 다른 저자들의 저술을 2차 자료로 활용했다. 1차 자료의 분석에는 정성적 분석(Qualitative Analysis)을 주로 사용했다.

2. 실천적 '급진 복음주의자' 인명진 목사

인명진 목사는 한마디로 독특한 목사다. 그는 다양한 분야에서 인생의 스펙트럼을 아주 크고 넓게 살아온 인물이다. 또한 그가 지내온 인생의 여정은 쉽게 비교의 대상을 찾기 어려울 정도로 남다를 뿐 아니라 아주 선이 굵직하다. 그는 진보와 보수의 어느 한쪽이 아니라 양쪽 모두의 진영에서 두루 그의 인생의 토막을 헌신했다.[3] 교회 안으로는 평생 목회자로서 정체성을 잃지 않고 은퇴할 때까지 꾸준하게 목회자로 헌신했

---

2   본래 EMS는 독일서남부 교회 선교협의회(The Association of Churches and Missions in South Western Germany)를 지칭하며 독인 서남부 지역에 기반을 둔 교회와 선교회를 중심으로 멤버십이 구성돼 있었으나 지금은 Evangelical Mission in Solidarity로 이름을 바꾸고 삼대륙에 걸쳐 유럽과 아시아 중동과 남미 23개의 개신교교회와 5개의 선교단체로 구성된 에큐메니칼 선교협의체이다. https://ems-online.org/en/mission-in-solidarity/

3   김명혁, "보수와 진보를 아우르는 목회", 인명진, 『위대한 부르심』(서울: 비전북, 2015), 13.

을 뿐 아니라 동시에 교회 밖의 삶에서도 그가 남긴 족적은 다양한 영역에서 아주 뚜렷하게 남아있다. 그래서 더욱 그가 살아온 삶의 궤적을 추적하여 그가 교회와 사회에 남긴 기여의 무게와 흔적의 자취를 가늠하는 것은 결코 쉽지 않은 일이다. 아직도 그의 족적에 대해 여러 각도에서 다양한 평가가 분분하다. 바로 이러한 시각의 차이가 그의 인생 여정을 보는 데 있어서 마치 프리즘이 햇빛을 여러 가지 색깔로 분해하는 것처럼 아름다운 분광효과를 가져온다.

필자를 포함하여 인명진 목사를 오래 만나본 사람들에게는 그에 대한 공통된 인상이 있다. 그의 호 '삼우(三愚)'가 말하듯이 그는 참 바보처럼 인생을 살았다. 남들이 하지 않으려는 일을 도맡아 해왔고 남들이 피하는 위험하고 궂은 일을 자처하는 경우가 많았기 때문이다. 호주 선교사로 한국에 와서 오랜 세월 사역했던 변조은(John P. Brown) 목사[4]는 인명진 목사가 장신대학교 학생일 때 그를 만났던 때를 다음과 같이 회상한다.

"내가 장신대학교에서 구약학을 가르치는 동안 인명진 목사는 3년간 내가 가르치던 학생 중 한 사람이었다. 우리는 그 당시에 공부하던 과목 가운데 히브리 예언자의 신학을 공부했다. 이 공부가 단순히 아모스, 호세아, 미가 등등의 신학사상과 그들이 주전 8세기에 당면한 상황에 대한 연구로 끝나지 않았다. 도리어 예언자들이 믿던 하나님을 따르려는 우리들이 영등포에서 장시간 저임금으로 열

---

4 변조은 목사는 호주장로교회 선교부 파송으로 1960년부터 1972년까지 한국에서 사역했다. 1962년 통합 측 마산노회 소속으로 거제도에서 사역했으며 그 후 1972년 장신대학교에서 8년간 교수생활을 하다 호주장로교회 선교부 총무를 맡아 귀국하여 호주교회로 하여금 한국 신학교육에 기여하도록 했다.

악한 환경 가운데 노동하는 근로자, 청계천의 빈민굴에서 사는 난민, 거제도에서 가족을 먹이려고 고생하는 농어민들에게 무엇을 설교하며 어떻게 행해야 할 것인지 연구하는 자산이 됐다. 그래서 1977~1978년에 인명진 목사와 다른 분들이 구속됐을 때 우리는 영등포산업선교회와 구분된 분들을 도와줄 수밖에 없었다. 한 걸음 더 나아가 우리는 군사정권 밑에서 신음하는 신도이든 불신자이든 이들을 위해 대변해줄 수밖에 없었다."[5]

변조은 목사가 기억하는 인명진 목사는 '예수가 전한 복음'을 믿고 그것을 그가 사는 시대에 구체적으로 행동에 옮긴 용기 있는 사람이라는 것이다. 그의 인생 여정을 바로 이해하기 위해서는 변조은 목사의 글에서처럼 그가 신구약 성경을 폭넓게 아우르며 그 안에서 자신의 목회 철학을 찾았던 목회자였음을 먼저 알아야 한다. 또한 그런 그의 목자적 책임감으로 인해서 그의 눈에 보였던 가난한 사람들이 그의 인생에 들어왔음을 알아야 그의 삶을 제대로 이해할 수 있다.

인명진 목사의 노동운동의 배경에도 이런 목자적 바탕이 굳게 자리 잡고 있다. 그는 그의 노동자 선교에 대한 행동의 근거를 다른 노동운동가와는 달리 사회과학 서적이 아닌 구약의 선지서들과 신약의 예수님의 복음운동에서 찾았다고 말한다.

"제가 노동자와 가난한 자들을 위한 목회를 하게 된 것은 신학적인

---

5 변조은, "호주연합교회와 한국선교", 「크리스챤 리뷰」(2012.2.26), http://www.christianreview.com.au/sub_read.html?uid=2002&section=sc6&section2=%C6%AF%BA%B0%B1%E2%B0%ED

배움과 성경 읽기를 통해서입니다. 사회과학 서적을 탐독하지도 않았고 그럴 필요도 없었습니다. 왜냐면 성경에 그런 내용이 이미 있었기 때문입니다."[6]

이런 시각에서 볼 때 그의 노동운동은 동시대를 살았던 다른 노동운동가들의 것과는 사뭇 대별된다. 그는 늘 함께 일하는 동역자들과 후배들에게 "노동자를 예수님처럼 섬기라"고 강조했고 실제 그의 인생이 그렇게 살아왔음을 증명한다. 하지만 그는 그것의 역으로써 "노동자가 예수님이다"라고는 하지 않았다. 그는 오히려 "노동자도 회개가 필요한 죄인일 따름이다"라고 강조했다. 그는 그의 전임자와는 달리 노동자를 영웅시하지 않고 오히려 그들도 다른 이들과 똑같이 하나님의 은총이 필요한 '죄인'으로 인식했다.[7] 결국 그런 이유로 그가 서 있던 신학적인 바탕은 '노동자를 위한 노동신학'이 아니라 '예수 그리스도의 복음' 그 자체라고 보는 것이 옳을 것이다.

다시 말하면 그의 경력과 어울리지 않게 그의 신앙의 모태는 복음주의라는 점이다. 그래서 그는 신구약성경을 늘 그의 신학사상의 중심에 두고 있었고 목회를 하면서도 성경말씀을 강해하는 목회자로서 서 있는 자신의 모습을 가장 자기다움으로 이해했다. 그의 삶에 가장 큰 영향을 미친 사람들을 언급하면서 여전히 그는 자신에게 기도를 가르쳐준 증조할머니와 신구약 성경의 본질적인 메시지를 깨우치게 해준 신학교의 은사들을 언급하고 있다.

---

6   인명진 목사와의 인터뷰, 장소: 갈릴리교회 담임목사 사무실(2008.5.28).
7   인명진 목사와의 전화인터뷰(2021.3.10).

"제게 가장 큰 영향을 주신 분들은 증조할머니입니다. 증조할머니의 기도가 제게는 저축돼 있다고 믿습니다. 그분의 기도로 말미암아 제가 지금도 좌우로 흔들리지 않고 목회를 하고 있다고 믿습니다. 또 한신을 다닐 때 은사이신 문동환 목사님이 제게 큰 가르침을 줬습니다. 문 목사님은 제게 예수가 누구인지에 대해서 가르쳐주신 분입니다. 전태일 사건과 김진수 사건을 경험하게 됐습니다. 이 과정에서 노동자에 대해서 알게 됐습니다. 예수를 믿는다는 것은 예수를 따라 사는 것이라는 가르침을 받은 겁니다. 장신을 다닐 때는 호주에서 오신 변조은 목사님을 잊을 수가 없습니다. 이분과는 산업선교를 할 때부터 알게 됐고 영등포산업선교회 당시 제게 호주교회에서 생활비를 지원받도록 해주신 분입니다. 특히 구약을 가르치셨던 변조은 목사님 때문에 구약에 있는 가난한 자에 대한 관심을 갖게 됐습니다."[8]

인명진 목사의 삶을 이해하는 데 있어서 '복음주의'라는 열쇳말을 배제하고서는 그를 제대로 파악할 수 없으며 그렇지 않으면 그가 몸담았던 수많은 다른 역할이 내는 현란한 빛에 의해서 착시현상을 일으킬 수도 있다는 말이다. 필자는 그런 의미에서 그를 '실천적 급진 복음주의자'라고 부르는 데 주저하지 않는다.

---

8   인명진 목사와의 인터뷰(2008.5.28).

3. 인명진 목사의 선교관

2008년 5월 필자는 갈릴리교회 사무실에 찾아가서 인명진 목사를 인터뷰한 적이 있다. 목회자이면서도 한 정당의 윤리위원장으로서 역할을 했던 그에게 "목회자로서 자신을 표현하는 '목회철학'에 대해 듣고 싶다"는 필자의 질문에 그는 다음과 같이 답변했다.

"전 다른 어떤 것보다 목사로서 부름을 받았다는 사실에 무한한 책임과 소명을 느낍니다. 그 어떤 것과도 바꿀 수 없는 천직이요 사명으로 믿고 있습니다. 전 교회가 기관이 돼서는 안 된다고 믿습니다. 교회는 선교의 일환이 돼야 한다고 생각하죠. 왜냐면 교회는 영적인 충전을 해주고 힘의 원천이기 때문입니다. 그래서 선교기관이 아닌 교회가 있어야 한다는 소신에 변함이 없습니다. 교회가 교회다운 모습이 되는 것이 저의 변치 않는 꿈입니다. 교회를 통해 우리의 삶이 바뀌고 교회를 통해서 기독교적인 공동체 삶을 실천할 수 있기 때문입니다."[9]

이러한 그의 목회철학에는 그의 선교관이 역력히 드러난다. 그에게는 선교가 교회와 함께 가동돼야 한다는 선교적 소신이 있었다. 다시 말해 그의 선교관의 중심에는 교회가 자리 잡고 있다. 그의 표현에 의하면 교회는 선교적 동력을 일으키는 영적인 충전소요 힘의 원천이기 때문이다. 그에게 있어서 선교는 교회 목회의 일부분이나 별개의 프로그램이

---

9 인명진 목사와의 인터뷰(2008.5.28).

아니라 교회로부터 끊임없이 선교의 동력을 살려나가는 공동운명체적인 성격이 있는 것이다. 역으로 표현하면 선교는 교회를 역동성 있게 살려내는 중요한 매개체로서의 역할을 하는 셈이다. 그러므로 그의 선교관의 핵심은 교회를 중심에 두고, 교회를 통해서 힘을 얻으며, 이에 상응하여 교회는 선교를 통해 교회에 끊임없이 변혁을 가져올 뿐 아니라 교회가 기관화되지 않게 하는 영적 자극제 역할을 선교가 하고 있다는 점이다. 그러한 그의 선교적 소신은 그의 이주노동자 선교 사역에서도 그대로 드러나 있다.

> "전 교회가 교회되기 위해서는 선교하는 교회여야 한다고 믿습니다. 그래서 이주노동자 들을 위한 선교를 시작했습니다. 이주노동자들에 대한 것도 하나님의 자녀로 함께 살아가는 것이고 인종과 신분의 차별을 넘어서는 선교를 하고자 하는 것입니다. 글로벌 시대에 가난한 이웃을 돌아보는 정신에서 교회의 위치를 발견하게 됩니다. 이주노동자에게 무엇을 나누어준다는 의식보다는 이 교회에서 한 형제요 자매로서 함께 배운다는 의식으로 시작했고 지금도 하고 있습니다. 교인들이 이분들과 함께 나누며 사는 것을 훈련하는 것이 한 형제와 자매로 사는 실천의 장이라는 것입니다."[10]

같은 맥락에서 이주노동자들을 위한 선교에 있어서도 인명진 목사는 교회를 참다운 교회가 되게 하기 위해서 선교가 필요하다는 선교관을 피력하고 있다. 그의 선교관에서는 교회가 어떤 선교를 이행하는 정

---

10 인명진 목사와의 인터뷰(2008.5.28).

도의 수준이 아니라 하나님이 교회에 맡기신 선교를 성실히 수행함으로 인해 그 교회가 하나님이 기뻐하시는 교회의 참모습을 되찾아 간다고 확신하고 있다. 그가 생각하는 이주노동자를 위한 선교는 교회가 이 시대에 어디에 정위해야 하는지 알려주는 나침반과 같은 역할을 한다고 여긴 것이다. 그의 이주노동자 선교에 대한 소신에는 1990~2000년대 사이에 이주노동자를 위한 선교를 하는 몇몇 교회와 선교단체의 순수하지 못한 동기에 대한 일침을 가하는 언급에서도 드러난다.

> "재정적인 이유로 인해 이주노동자 문제를 사회적 이슈화해서 부풀리는 경우도 있습니다. 그러다 보면 극소수에게서 일어나는 일이 전체적인 것으로 잘못 비화되는 것을 경험합니다. 그렇게 비정상적인 선교가 되지 않기 위해서는 교회가 기반이 돼야 합니다."[11]

이주노동자 선교를 한다는 교회 중에는 매스컴을 통해서 일부 이주노동자의 경우를 마치 전체인 양 부풀리고 그것을 기회로 선교비를 조성하는 모습을 누누이 봐왔기 때문일 것이다. 필자도 1994년부터 2002년까지 이주노동자선교협의회의 임원으로 일하면서 일부 이주노동자 선교단체들이 그러한 행위를 하는 것을 여러 번 목격한 적이 있다. 인명진 목사는 그런 점에서 선교는 선교단체나 기관만의 일이 아니어야 한다고 강조하고 있다. 그렇게 됐을 경우 재정적인 이유나 여타 다른 사회적인 변화요소에 의해서 그 선교단체나 기관은 스스로를 정화하거나 재동력화할 수 있는 교회라는 기반이 없음으로 인해 그 운동성을 상실하

---

11 인명진 목사와의 인터뷰(2008.5.28).

는 경우를 수도 없이 봐왔기 때문이다. 그런 의미에서 그의 선교적 소신은 비정상적인 선교를 피하기 위해서라도 교회가 기반이 되는 선교를 해야 참다운 선교가 되고 그렇게 선교하는 과정에서 역으로 교회를 교회다운 교회가 되게 하는 교회와 선교 간의 유기적인 관계를 잘 표현하고 있다.

4. 인명진 목사의 에큐메니칼 선교사상

우리는 인명진 목사의 목회철학과 선교관을 통해서 볼 때 그리스도의 몸된 교회가 선교의 중심이 돼야 하고 선교가 교회 안에서 그리스도의 몸으로 체화돼야 바른 선교가 이뤄진다는 그의 선교적 소신이 깊이 자리 잡고 있음을 알 수 있다. 그는 여기서 한 걸음 더 나아가 개교회 중심의 한국교회의 약점을 지적하면서 교회의 선교는 개교회를 통한 선교가 아니라 교회의 꽃인 '노회'가 선교의 동력이 돼야 한다고 강조한다. 특히 그는 대형교회가 거대 재정을 기반으로 하는 선교를 참다운 선교로 이해하지 않았다. 오히려 그는 여러 작은 개교회가 모인 노회가 하나님의 손에 붙들려 선교에 사용되는 것을 가장 바람직한 선교의 모습으로 이해했다. 하지만 이러한 인명진 목사의 선교사상은 교회나 노회 안에서만 머무는 것이 아니라 계속해서 교회의 울타리를 넘어서는 선교를 지향하고 있으며 그것은 에큐메니칼 선교의 형식으로 나타난다. 인명진 목사가 평소에 가지고 있는 선교적 교회와 에큐메니즘에 대한 생각은 다음 그의 말을 통해서 어느 정도 파악할 수 있다.

"교회는 한 몸이요, 한 성령 안에 연결된 지체들입니다. 조직으로서 운동하는 것이 아니라 연합사업을 해야 한다는 말입니다. 그래서 우리 교단도 에큐메니칼에 대한 신념으로 교단의 운명을 지고 지켜왔습니다. 개교회주의를 지양하고 대교회주의보다는 에큐메니즘을 배워야 합니다."[12]

그가 이해하는 선교적 교회는 명령체계 전달의 효율성이나 물류의 유통과 이익 분배의 과정을 통해서 그 가치와 의미가 부여되는 다른 여타의 사회조직과 다른 것이다. 그의 선교적 교회는 조직을 통한 노동운동과 같은 성격의 것도 아니다. 더 연약한 지체가 더 요긴한 몸의 지체요 성령으로 하나로 연결된 교회들의 연합을 통해서 그 본질적 기능이 비로소 온전히 드러나는 '선교적 교회'인 것이다. 이러한 그의 이러한 선교적 신념은 노동운동에 참여했던 신학생 때부터 싹트기 시작하여 1999년 한국-독일-가나 삼국의 교회가 함께 에큐메니칼 선교협력을 시작했을 때 그 실체적 모습을 분명히 드러냈다.

1) 에큐메니칼 선교를 위한 서막

인명진 목사는 장로회신학대학교를 졸업한 해인 1972년 4월에 예장총회 전도부 도시산업선교훈련원에 입소했다. 같은 해 10월 충남노회에서 목사안수를 받고 1973년 4월부터 1984년까지 초대총무인 조지송 목사를 이어 영등포 산선 총무를 맡았다. 그가 영등포 산선 총무로 있을 때 독일 서남부에 위치한 팔츠주교회 선교부 담당이자 EMS 동아시아

---

12 인명진 목사와의 인터뷰(2008.5.28).

담당 책임자(Liasion)였던 게르하르트 프리츠(Gerhart Fritz) 목사와의 교제가 있었다. 이 기간에 한국 민주화운동에 지대한 관심을 가지고 있던 친한파 프리츠 목사와 인명진 목사와의 개인적인 유대관계는 나중에 독일 팔츠주교회와 한국의 영등포노회와의 실질적인 에큐메니칼 협력관계를 위한 서막이 됐다.

프리츠 목사는 독일교회가 당시 지원하고 있던 예장 장청과 여교역자회와 영등포 산선을 자주 들렀었다.[13] 그 결과 기존에 기장과의 교류에 중점이 있었던 독일교회가 예장에도 관심을 돌리게 된 중요한 전환이 생겼다. 프리츠 목사는 개인적으로 한국교회에 관심을 갖게 된 배경에 대해서 "나치 하에서 투쟁했던 독일 교회의 경험을 당시 한국교회와 나누고 한국교회를 도울 수 있었다"고 술회했다.[14] 그의 말처럼 1970~1980년대 한국교회가 처했던 현실이 과거 독일교회의 모습을 연상케 했고 이는 인명진 목사가 총무로 있던 영등포 산선의 활동이 독일교회와의 중요한 연결고리를 형성하고 있었다.

1984년부터 PCK 총회와 교류협력을 맺고 있었던 독일 팔츠주교회는 1990년대 말부터 그간의 교단 간의 교류보다는 실제적인 지역교회와의 협력관계를 맺고자 했다. 즉, 노회 차원의 파트너십 관계를 갖기 희

---

13 독일교회가 지원한 예장장청의 경우 1987년 6월 "Disciple of Peace"와 같은 청년 지도력 양성 프로그램에 집중적으로 사용하여 나중에 한국교회의 귀중한 인적자원으로 남게 됐다. 윤신영 목사와의 인터뷰, 총회 해양의료선교회 사무실(2012.11.15).

14 게르하르트 프리츠 목사는 시난 1972년 독일 개신교 교회와 선교협의회(EMW) 아시아담당데스크를 맡게 되면서 처음 한국을 알게 됐다. 그는 1970년대 한국 내 민주화 투쟁 과정에 깊은 관심을 갖고, '억압받는 민중'에 대한 연대를 표명하는 단체에 재정적 뒷받침과 한국 정부에 대한 압력을 행사하기도 했던 독일교회의 대표적 친한(親韓) 인사이다. 박성흥, "독일 팔츠주교회 세계선교부 총무 게하르트 프리츠 목사", 「한국기독공보」(1999.11.27), http://www.pckworld.com/news/articleView .html?idxno=8347 (접속: 2021.4.6.)

망했다. 이는 독일교회의 입장에서 봤을 때 북미유럽의 선교교회와 피선교지 교회의 관계로 형성된 "North to South"(선진국에서 개발도상국으로) 선교방식이 아니라 기존의 피선교지로 인식됐던 교회들끼리 서로 선교협력을 하는 "South to South"(개발도상국에서 개발도상국으로) 선교방식으로의 전환이었다. 이 소식을 접한 PCK에서는 각 노회에 수의를 하여 6개 노회가 지원을 했는데 영등포노회가 최종적으로 확정됐다. 영등포노회가 최종 확정된 것도 인명진 목사와 프리츠 목사와의 유대관계가 결정적인 역할을 했다.

2) 한국교회형 에큐메니칼 선교: 노회 안의 '교회협력위원회'

인명진 목사는 신학생 시절 동기였던 박창빈 목사와 더불어 공동체 조직 방법론의 창안자 사울 알린스키(Saul D. Alinsky)의 제자 허버트 화이트(Herbert White)가 한국에 와서 세운 연세대학교 '도시문제연구소'의 영향을 깊이 받은 세대이다.[15] 인명진 목사는 본인 스스로를 '조직의 전문가'라고 늘 자부했다. 그리고 그런 소신으로 영등포산업선교회의 조직을 이끌어왔으며 군부독재의 험악한 시기를 이겨냈다. 하지만 그는 교회가 조직의 효율성으로만 운영될 수 없는 공동체임을 잘 알았다. 일반적으로 조직은 대의 변화에 따라 운동성이 떨어져서 기구화되거나 유명무실한 기관으로 전락하기 십상이기 때문이었다. 그래서 그는 교회가 기관화되는 것을 방지하기 위해서라도 선교를 열심히 해야 한다는 소신이 있었다. 그것에 대한 실천적 대안으로 인명진 목사는 에큐메니칼 협

---

15 연세대학교 도시문제연구소는 청년 학생들을 선발하여 행동훈련 프로그램을 실시하며 지역사회 개발운동을 전개했다. 노정선, "김중기 교수의 생애와 사상", 「신학논단」 39(2005), 441-450.

력 선교를 위해 영등포노회 내에 다자간 교회협력위원회의 결성을 주도했다. 이것을 통해서 그는 먼저 한국교회의 고질적인 병폐인 개교회적인 선교의 단점을 극복하려고 했다. 1999년 인명진 목사는 영등포노회에 제안하여 그해 9월 6일 '83회 노회'는 한국과 독일 교회 간의 선교협력 건에 대하여 독일 팔츠주교회와 자매결연을 결의했다.[16] 영등포노회의 결의에 응답하여 1999년 11월 14일부터 19일까지 프리츠 목사를 포함한 독일교회 일행이 영등포노회를 방문했으며 그때 프리츠 목사는 영등포노회에 가나교회와의 직접적인 협력을 공식 제안했다.[17] 프리츠 목사는 한국기독공보와의 인터뷰에서 다음과 같이 밝히고 있다.

"지난 15년간 교류를 통해 독일의 교회는 한국교회가 지닌 영적인
능력, 평신도의 자발적인 참여, 성경공부에 대한 열의를 배웠으며,
이로 인해 독일교회는 스스로를 돌아볼 수 있는 계기를 갖기도 했다
면 한국교회는 사회봉사와 여성 등 사회적 약자에 대한 교회의 관심
과, 독일의 통일과정을 통해 많은 사실을 배웠으리라 생각됩니다."[18]

그 당시 독일 팔츠주교회의 입장에서 봤을 때 한국교회가 이미 다른 나라 교회를 재정적으로 도울 수 있는 충분한 역량이 생겼다고 판단했던 것이다. 또한 독일교회가 1999년 통독이후에 재정부담이 커져서

16　영등포노회, "제83회 영등포노회 노회보고서", 172.

17　비슷한 시기에 독일 팔츠주교회는 가나장로교단의 서부에 위치한 노회들과도 선교협력과 재정지원을 해오고 있었다. 그러다가 1999년에 이르러 가나장로교단으로부터 가나의 동부와 프랑스어권 토고(Togo) 사이에 위치한 신생 노회인 볼타노회를 후원하고 협력할 선교파트너를 구한다는 소식을 접하게 된다.

18　박성흠, 앞의 글.

새로운 재정적 지역안배가 필요한 시기와 겹치기도 했다.[19]

이후 양 교회는 서로 몇 차례 교환방문을 통해서 관계가 진전됐고 마침내 2000년 5월 2일 84회 영등포 노회에서 '한·독교회 협력위원회'가 발족했다.[20] 2000년 10월 31일 열린 85회 노회에서는 팔츠주교회가 소개한 가나장로교단의 볼타노회와 자매결연을 맺기로 결의했다. 이에 기존의 '한·독교회 협력위원회'는 삼국교회 간의 선교협력을 전담하는 '한·독·가 교회협력위원회'로 확대 개편됐다.

영등포노회 내의 '한·독·가 교회협력위원회'는 다른 나라 교회와 같이 에큐메니칼 전담인력이나 선교기구가 없는 한국교회가 선교협력을 잘해나갈 수 있도록 한국교회형 에큐메니칼 선교모델 역할을 해줬다. 영등포노회의 '한·독·가 교회협력위원회'가 주축이 되어 노회에 속한 교회들의 선교자원을 한데 모으고 전문 인력을 동원하여 삼국교회 선교협력의 역할을 착실히 수행했다. 실제적인 에큐메니칼 선교협력에 있어서 거의 경험이 없었던 영등포노회로서는 '한·독·가 교회협력위원회'의 팔츠주교회와의 협력을 통해서 개교회 중심적인 한국교회의 단점을 일거에 극복할 수 있었다. 또한 한국교회의 복음적인 특징을 잘 대비시켜 오랜 선교전통을 가진 독일교회와 선교지 교회의 특성을 지닌 가나교회와의 관계를 무난히 지속할 수 있었다.

하지만 이 모든 것보다도 인명진 목사가 노회 내의 교회협력위원회를 통해서 에큐메니칼 국제협력 선교를 하고자 했던 이유는 다른 곳에 있었다. 노회 안에 서로 다른 교회들이 연합해서 선교를 하게 되면 재정

---

19 Presbyterian Church of Ghana, *Report for 2009, presented to the 10th General Assembly*, (2010.8.6), 428.

20 영등포노회, "한독가교회협력위원회역사", 미간행 자료집(2010), 1.

형편이 우수한 교회가 협력의 방향을 주도하기 마련이었다. 하지만 이러한 교회들을 교회협력위원회라는 테두리에 한데 모음으로써 교회의 재정규모가 크든 작든 위원회에 속한 모든 교회들은 그 나름의 분량대로 역할을 하게 하는 장점이 있었다. 반드시 재정적인 부분이 아니더라도 교회 형편에 따라 전문인력 제공이나 청년 자원봉사, 단기선교 청년들을 지원하게 하여 위원회 구성원들의 다양성이 유지되고 소속감과 참여도가 커지기 때문이었다. 이러한 그의 혜안은 교회협력위원회가 해를 거듭하여 확대되고 기능이 늘어갈수록 그 진가를 발휘했다.

3) 다자간 에큐메니칼 협력선교

인명진 목사는 어렵게 시작한 삼국교회 간의 에큐메니칼 협력관계가 초기 몇 년 동안 서로 상대방 교회를 방문하는 인적교류에 머물고 있는 한계를 인식하고 선교적 전환점을 구상하기에 이르렀다. 그는 교회협력관계가 인적교류 차원에 머물게 됐을 경우 그 자체로 선교가 역동성을 상실하는 것을 누누이 목격했기 때문이었다. 그것에 대한 대안으로써 2002년에 이르러서 인명진 목사는 가나 볼타노회 지역 내의 장기적인 선교에 도움이 되는 구체적인 협력 프로젝트가 필요함을 영등포노회와 팔츠주교회에 피력했다. 그해 7월 31일부터 8월 16일까지 인명진 목사는 당시 '한·독·가 교회협력위원회'의 위원장인 정봉규 목사와 함께 볼타노회의 현지 사정을 직접 살피러 갔다. 인명진 목사는 가나에 도착해서야 삼국교회 연합에서 독일 팔츠주교회 측은 빠져있고 영등포노회와 볼타노회 간의 선교협력으로 진행되고 있음을 알게 됐다. 한국으로 귀국하는 길에 인명진 목사는 독일 팔츠주교회 사무실에 들러 신임 총무인 봐그너 목사에게 "우리가 원한 건 양자가 아니라 삼자협력이란 말이오"라고 항의했다.[21] 한편 봐그너 목사의 전임자인 프리츠 목사는 1999년 12월 14일 영등포노회 사무실에 이메일을 보내서 "팔츠주교회는 이미 가나장로교회의 남서부 세 개 노회지역과 연관을 맺고 있어서 신생노회인 볼타노회는 앞으로 영등포노회와 직접 관계를 하고 팔츠주교회는 다만 다른 노회와의 그간의 협력을 통해 얻는 경험을 제공하는 것"으로 의견을 보냈지만 당시 한독위원회 위원장이었던 인명진 목사에게 제대로 전달되지 않았다. 인명진 목사는 팔츠주교회 총회장과 임원들과의 만남을 통해서 "영등포노회와 볼타노회 간에 선교협력 문제를 협의하는 과정에서 우선 양노회가 먼저 사업을 추진하면 독일(팔츠주) 총회도 승인절차를 거쳐서 동참하겠다"는 보증을 받고 "한국, 독일, 가나 3개국이 동등한 입장에서 파트너관계를 유지하기"로 확답을 받고 왔다.[22]

인명진 목사가 독일 팔츠주교회에게 양자 간 선교협력이 아니라 반드시 삼자 간 국제 에큐메니칼 협력선교를 해야 한다고 강조한 것에는 별다른 이유가 있었다. 그는 영등포 산선 총무를 하면서 다른 나라의 교회로부터 선교후원을 받아본 경험이 있었다. 그 과정에서 물질적으로 재정지원을 받는 쪽은 지원을 하는 쪽에 보이지 않게 주종관계와 흡사한 서열이 형성되기 마련이었다. 인명진 목사에게 있어서 프리츠 목사가 제안한 영등포노회와 볼타노회와의 양자 간(Bilateral Partnership) 선교는 그러한 오래된 구습을 탈피하지 못하고 그대로 답습하는 것이었다. 그래서 그는 '주는 교회와 받는 교회'의 프레임에서 벗어난 진정한

---

21 이명석, 『에큐메니칼 선교 이렇게 하면 잘 할 수 있다』, (서울: 한국장로교출판사, 2013), 39.

22 영등포노회, "제88회 영등포노회 노회보고서", 191.

협력선교를 하고자 선교역사상 유래를 찾아보기 드문 삼자 간(Trilateral Partnership) 협력선교의 형태를 고집한 것이다. 그는 한국교회와 가나교회 간의 여러 가지 차이점으로 인해 양자 간에서 발생할 수 있는 미묘한 긴장관계를 제3자인 독일교회가 그 사이에 존재함으로 인해 서로 간의 긴장은 완화하고 보다 건설적인 협력관계를 형성할 수 있다는 확신이 있었기 때문이었다. 이러한 형태의 선교협력은 가나와 한국교회뿐만 아니라 선교에 있어서 오랜 전통을 가진 독일 팔츠주교회에도 처음 해보는 아주 새로운 도전이었을 뿐 아니라 기존의 선교에서 발생하던 고질적인 일방통행 방식의 프레임을 타파하는 참신한 시도였다. 인명진 목사에게 있어서 삼국교회의 협력 프레임은 교회 서로 간에 높고 낮음이 없이 "교회는 한 몸이요 한 성령 안에 연결된 지체들"이라는 그의 선교적 교회관을 실현하는 또 다른 실천의 장이기도 했다.[23]

4) 교회와 선교기관의 균형을 세우는 선교 정책

2002년 8월 인명진 목사는 가나를 방문하면서 볼타노회 지역이 위치한 지형적 특성과 선교적 위치 때문에 아프리카인들에게 친숙한 라디오 매체를 통한 선교방송국이 지역적으로 잘 적용될 것으로 생각했다. 하지만 가나에 도착해서 현지조사를 하던 중 가나 정부의 방송법에 의해 교회가 방송국을 소유할 수 없음을 알게 됐다. 선교시작 전부터 난관에 봉착한 인명진 목사는 우연히 현지 교회 지도자들과 시골 도서관을 방문했다. 그곳에서 인명진 목사는 희한한 장면을 목격했다. 시골학교 학생들이 도서관에 비치된 구형 컴퓨터를 신기하게 바라보며 구경하는

---

23 이명석, "에큐메니칼 운동과 선교", 제92회기 에큐메니칼 정책세미나자료집, 대한예수교장로회 에큐메니칼위원회(서울: 2008), 64-71.

모습에 영감을 얻어 '컴퓨터훈련학교'의 구상을 볼타노회 측과 협의했다. 때마침 지역교회 청년들의 일자리 창출에 골몰하고 있던 볼타노회는 그의 제안에 적극적으로 호응했다. 인명진 목사는 귀국하는 비행기 안에서부터 컴퓨터훈련학교를 밑바닥부터 시작할 수 있는 적절한 인물을 구상하게 됐고 대학 학부에서 공학을 전공한 자기 교회 부목사였던 이명석 목사를 발탁하여 그해 12월 28일 총회파송 선교사로 가나에 파송했다.[24] 2004년 7월 24일 영등포노회의 대표단은 가나 아코솜보에 완공된 컴퓨터훈련학교의 준공식과 개원예배에 참석하고 나서 남긴 방문 평가서에 이렇게 기록하고 있다.

> "컴퓨터센터는 신, 불신을 망라한 그 지역의 중추적인 교육훈련기관인 것이 분명하다. 특히 각 관공서, 사회단체들에게 관심의 대상이 되는 기관인데, 그 첫발을 어떻게 내리느냐, 또 어떤 역할을 할 것인가, 누구와 협력하면서 사업을 진행할 것인가는 매우 중요하다. 사회에서 필요한 하나의 기관으로 남을 것인지, 영혼 구원의 선교기관으로서 그 사명을 감당할 것인지 매우 중요한 출발점에 서 있다."[25]

위의 방문 평가서에서는 장차 컴퓨터훈련학교의 선교적 역할에 대해서 두 가지의 사뭇 의미심장한 질문을 던지고 있다. 첫째는 누구와 협력하며 선교사역을 진행할 것인지 묻고 있다. 이는 여타의 선교지에서

---

24 이명석, "삼자 선교협력관계에서 배우는 에큐메니칼 선교의 실제적 원리", 동반자선교를 위한 21세기 선교방향 모색 자료집, 명성교회해외선교부(서울: 2009), 97-113.

25 영등포노회, "한독가교회협력위원회 보고", 제93회 영등포노회 노회보고서, 189.

지역 교회와의 협력의 가치를 간과하고 일방통행식 선교를 하다가 그 지역사회의 환대받는 구성체가 되지 못하고 외딴 섬처럼 돼버린 선교기관을 많이 봤기 때문이다. 또한 영등포노회는 인명진 목사가 총무로 있었던 영등포 산선이 그 지역사회에 필요한 선교기관으로서 기능하면서도 노회에 속한 교회들에게는 빛과 소금의 역할을 감당해온 것을 목격해왔다. 결국 선교지에 세워진 선교기관과 그 지역 공동체의 교회는 유기적으로 연결된 관계임을 확인하고 있는 것이다. 그래서 두 번째 질문에 장차 컴퓨터훈련학교가 그 지역사회에 필요한 기관이 될지 아니면 영혼 구원만을 위한 선교기관이 될지를 묻고 있는 것이다. 인명진 목사는 이 부분에 대해 선교사로 파송된 이명석 목사에게 다음과 같이 주문하곤 했다. "컴퓨터훈련학교에서는 지역교회처럼 예배를 드리려고 하지 말고 컴퓨터교육에 전념하라." 다시 말하면 컴퓨터훈련학교가 지역사회에 발휘하는 사회적 순기능이 교회에서 드리는 예배 기능보다 훨씬 더 큰 테두리에 속해 있다는 것을 상기한 말이었다. 동 평가서에는 인명진 목사의 선교방향에 대해서 다음과 같이 평가하고 있다.

> "전임위원장 인명진 목사님은 가나 선교지 방문에서 컴퓨터 교육선교의 절실함을 노회와 많은 교회 그리고 교우들에게 알려서 선교 방향을 정하는 중요한 역할을 담당함으로 오늘의 센터 건설의 초석을 마련하신 수고를 하나님께서는 기억하실 것입니다."[26]

선교에 있어서 영혼 구원을 위한 복음전도가 우선이냐 지역사회의

---

26 위의 글, 190.

필요에 응답하는 것이 우선이냐는 이미 진부한 질문이 돼버린 셈이다. 결국 두 가지가 함께 병존해야 서로에게 순기능으로 역사하며 서로를 하나님 앞에서 바로 설 수 있도록 정화하는 기능이 제대로 작동할 수 있다. 인명진 목사는 그의 노동자를 위한 삶에서 바로 이런 점에 주목했으며 이 원리는 바로 그의 선교사상에도 응용되고 있다. 교회와 선교기관이라는 이 두 가지 하나님의 도구가 서로 역동적으로 작용할 수 있도록 선교방향을 조정한 것이 인명진 목사가 행한 중요한 역할 중의 하나이다.

5) 다양한 교회 구성원의 선교참여와 그 결과

인명진 목사가 삼국교회 협력선교 과정에 있어서 중요한 선교적인 시도를 이룬 것은 여러 가지이다. 그중에서도 선교협력에 있어서 다양한 교회 구성원의 선교참여이다. 특히 인명진 목사는 에큐메니칼 선교협력에 있어서 평신도와 여성과 청년들의 참여기회 확대를 강조했다. 늘상 국제적인 선교협력 하면 남성 성직자들 간의 교류가 주류를 이뤘던 것이 그간의 모습이었다. 인명진 목사는 모든 에큐메니칼 교류와 협력단위에서 여성들과 평신도들의 참여를 적극 권유했다. 다양한 교회 구성원의 참여는 교회 여성의 참여확대로 이어졌다. 에큐메니칼 협력선교에 있어서 여전도회 회원들의 참여는 서로 간의 가정을 여는 계기를 만들었고 교회 여성들의 역할이 교회에 어떤 기폭제를 가져다주는지 깨닫게 해줬다. 다음은 여성그룹에 속한 참여자들이 영등포노회 여전도회연합회의 모임에 함께 참여하고 남긴 인상이다.

"특별히 중요한 경험은 영등포노회 여전도회연합회의 여성그룹 지도자들 모임(여전도회 지구회 모임)과 연결된 여성의 날이었다. 이와 함께 각각의 활동사업들이 소개되고 정보들을 교환하고, 그것에 관해 양 측면이 당면한 관심사와 질문을 이야기했다. 외적으로 보여진 준비와 더불어 함께 노래하고 춤을 춘 것이 우리 서로를 매우 일치하게 했고, 계속적인 협력에 대해 동감하게 했고, 이것과 함께 우리는 많이 서로를 배울 수 있었다."[27]

여전도회 회원들이 보여준 교류의 모습은 남성들의 세계와는 다른 측면을 보여준다. 그들의 교제는 진지한 회의석상을 통해서 서로의 관심사를 밀도 있게 질문하는 것에서 시작하여 함께 어울려 노래하고 춤을 춘 것으로 발전했다. 교회 여성들의 협력선교 참여는 문화적인 면에서 더 깊이 있는 교제를 형성하게 했다. 결국 교회여성들의 참여가 보조적인 역할로 그친 것이 아니라 하나의 새로운 영역을 창출해낸 셈이다.

인명진 목사는 이에 한 걸음 더 나아가 자기 교회 청년들과 노회소속 청년들의 참여를 적극 독려하여 이들을 가나에 1년씩 단기선교사로 파송하여 다른 나라를 경험하고 배우게 하는 데 물꼬를 열었다. 이러한 인명진 목사의 선교적 방향은 나중에 명시적으로 합의서에 담기는 데 기여했다. 다음은 2003년 5월 19일부터 6월 19일까지 열린 교환 프로그램의 성과로 "영등포노회와 팔츠주교회 간 제안합의서"에 담긴 내용의 일부이다.

"영등포노회와 팔츠주교회가 EMS가 주관하는 청년들을 위한 에큐메니칼 자원봉사 프로그램(EVP: the Ecumenical Volunteers Program)에

---

27 영등포노회, "제87회 영등포노회 노회보고서", 215-216.

참여했으면 합니다. 영등포노회는 예장총회(PCK)의 책임자와 세부 계획에 관하여 논의할 것입니다."[28]

이는 교회의 미래세대를 여는 교회 청년들이 국제적인 안목과 폭넓은 시야로 세계교회를 바라볼 수 있도록 하는 씨 뿌리는 자의 수고이자 바람이었다. 이것은 결국 10여 년 뒤에 삼국교회의 귀중한 선교적 자산과 열매로 되돌아왔다. 이러한 프로그램에 참석했던 청년들이 각자의 교회와 사회에서 중추적 역할을 감당했던 것이다.

교회 청년들의 참여는 서로 다른 나라 교회와 자기 교회의 역사를 깊이 되새겨볼 수 있는 계기를 마련해줬다. 한국교회의 청년들이 독일을 방문해서 팔츠주교회 측의 안내로 "유태인 희생자 추모지"를 둘러보고 난 뒤에 그들이 받은 인상을 보면 바로 이런 점을 잘 보여주고 있다.

- 숨기지 않고 보여주는 독일인들의 모습에 놀랐고, 얘기만 들었던 참혹한 모습들을 보고 느낄 수 있어서 좋았다. (용기 있는 결단에 감탄!)
- 유태인들만 죽은 줄 알았는데 여러 유럽국가들의 정치범들도 죽은 것은 전혀 몰랐던 사실이었다.
- 우리나라도 일제강점기의 억압만 얘기하고 독재정권 시절의 폭력적 내용은 숨기려 하는 것들을 반성해야 한다.

---

28 영등포노회, "영등포노회와 독일 팔츠주 교회의 제안합의서", 제91회 영등포노회 노회보고서, 216.

한국교회 청년들의 눈에 비친 독일사회의 모습은 솔직한 자세로 자신들의 가리고 싶을 듯한 역사를 거리낌 없이 공개하는 모습에서 충격적이었음을 알 수 있다. 그들의 눈에 독일사회가 자신들의 부끄러운 과거를 후손들에게 숨기지 않고 선조들의 실수를 후세대가 자유롭게 논할 수 있도록 하는 사회적인 분위기는 분명 미래가 보이는 사회의 일면으로 보였음에 틀림없다. 특히 독일교회는 현대사회의 선지자적 기능을 하는 언론매체가 바로 서 있지 않으면 과거의 잘못을 되풀이할 수 있다고 독일 청년들에게 가르치고 있었다. 이러한 사회적인 반성과 성찰의 한가운데에 독일교회가 서 있음을 한국 청년들이 본 것이다. 그뿐만 아니라 분단된 국가의 현실에 살고 있는 한국교회 청년들은 독일 통일의 과정에서 독일교회가 했던 역할에 대해서 깊은 관심을 나타냈다.

> "우리나라의 통일에 대해서 다른 나라에서도 관심을 갖고 있는 것
> 에 놀랐고, … 독일과 우리가 하나라는 생각도 들었다."
> "우리의 통일 방법의 많은 부분이 틀린 것을 알았고 우리 기독교인
> 들이 통일을 준비해야겠다는 생각이 들었다."[29]

교회 청년들에게는 수백 시간의 강의실 역사수업보다도 현장에서 눈으로 보고 체험하며 질문하는 것에서 스스로 깨우치고 배우는 것이 더 많다는 것을 보여준다. 인명진 목사는 독일과 가나의 대표들이 한국을 방문할 때면 그가 수감되어 복역했던 서대문 형무소 감방을 같이 방문해서 한국이 민주화 과정을 지나오면서 겪었던 일들을 생생하게 증언

---

29 영등포노회, "청년 독일 팔츠주 교회 방문 평가보고서", 제89회 영등포노회 노회보고서, 188-189.

해주고 그 시대를 살아보지 않았던 교회 청년들의 질문에 성심성의껏 답해줬다. 이렇듯 험난한 시대에 민주화운동에 직접 참여한 인명진 목사의 살아있는 증언은 정교하게 다듬어진 그 어떤 선교학적 논리보다도 더 강하게 청년들과 참여자들의 가슴에 와닿았음에 틀림없다.

6) 에큐메니칼 협력 조정자 역할 창출

삼국교회 에큐메니칼 선교협력에 있어서 교회 간의 이견을 조절해 주는 조정자의 역할은 아주 중요했다. 인명진 목사는 이러한 조정자의 역할에 있어서 아주 탁월한 능력을 발휘했다.[30] 에큐메니칼 선교협력 과정에서 조정자는 자기 교회 안에서뿐 아니라 파트너 교회 안에 발생하는 갈등을 해소하는 역할을 하기도 하고 그들이 보지 못하는 그들 자신의 뒷모습을 보게 해주는 역할을 했다.

인명진 목사는 독일 팔츠주교회 해외선교 및 에큐메니칼 담당국장인 마리안느 바그너(Marianne Wagner) 목사와의 교류를 통해서 파트너 교회 사이에 간혹 발생하는 오해를 불식시키는 역할을 톡톡히 해냈다. 자칫하면 비판적이고 방어적인 시각으로 상대를 바라보기 일쑤인 국제교류에서 서로를 공감의 눈으로 바라보는 데 인명진 목사의 역할은 상당한 기여를 했다. 영등포노회 대표단은 주기적으로 독일 팔츠주교회를 방문하여 예배에 참석하고 그때마다 독일교회 목회자들과 성례를 같이 집례하기도 했다. 한마디로 서로 다른 전통을 가진 교회의 예배에서 함께 성례를 집례하고 참여하는 것이 에큐메니칼 협력의 중요한 요소 중의 하나였다. 독일교회에서 성찬식을 같이 집례할 때 인명진 목사는 자

30　필자는 1980년 인명진 목사가 민주화운동 당시에 국민운동본부의 대변인을 맡게 된 것도 바로 이러한 그의 조정자적 자질이 일찍부터 발현된 것이 아닌가 하는 생각이 든다.

기 앞에 놓인 성찬주가 레드 와인이 아니라 화이트 와인이라는 점에 놀랐다. 이에 옆에서 같이 성찬식 집례를 하던 바그너 목사에게 "당신네 교회 예수님의 피는 하얀색이오?"라고 물었다. 이에 대해 그에게 돌아온 대답은 아무렇지도 않게 "우리 팔츠주에서는 화이트 와인이 주 생산품입니다"였다. 그도 그럴 것이 팔츠주교회는 독일에서도 최상급 리슬링(Riesling) 품종의 포도 주 생산지인 서남부 지역에 위치하여 교회 구성원들의 대부분이 와이너리 산업에 종사하고 있다. 결국 에큐메니칼 성찬식은 교회 교인들 대부분이 종사하는 주된 경제활동이 그 지역에 속한 교회의 예전에도 깊은 영향을 미친다는 새로운 안목을 얻게 해주는 사건이 됐다.

2001년 10월 5일부터 20일까지 한국을 방문했던 독일 팔츠주교회와 가나 볼타노회 방문단의 한 참여자는 갈릴리교회의 공동체계약에 대한 안내를 받고 나중에 이렇게 평했다.

"갈릴리교회는 우리에게는 하나의 특별한 만남이었다. 그 교회 교인들에게 하나의 계약체결 방법으로 사람들과 사회와 창조물과 함께 지켜야 하는 책임이 있는 행동들에 규칙들을 정하고 약속하게 한다는 것이다."[31]

독일교회가 한국교회를 대할 때 자신들은 천 년의 역사를 지닌 올드처치(Old Church)이고 한국교회는 겨우 200년도 안 된 뉴처치(New Church)라고 하면서 교회의 전통에 있어서만큼은 자신들이 한국교회에

---

31 "제87회 영등포노회 보고서", 212.

가르쳐줄 것이 많다는 태도였다. 하지만 한국교회를 방문했던 이들의 반응은 그러한 그들의 태도가 수정될 필요가 있음을 말하고 있다. 같은 방문단에 속했던 또 다른 참여자는 "우리는 한국사회와 교회에서 무엇을 느꼈는가?"라는 질문에 여러 한국교회의 모습을 둘러보고 나서 다음과 같은 인상을 말했다.

> "각각 매우 다른 가능성을 지닌 크고 부유한 교회들과 작고 가난한 교회들 사이에 대조되는 커다란 차이들이 우리에게 눈에 띄었다. 우리는 그것을 어느 정도 조정하여 회복시키려는 시도가 이뤄지고 있다는 것을 안다. 그럼에도 불구하고 우리는 개교회들이 마치 자유시장에서 기업들처럼 행동을 한다는 인상을 받았다."[32]

영등포노회를 방문한 다른 나라 교회 에큐메니칼 협력 대표들은 우리가 간과했던 우리의 모습을 보게 해줬다. 그들의 눈에 비친 한국교회의 모습은 화장기 속에 가려진 우리의 민낯이었다. 특히 급성장한 한국교회 안에는 교회 밖의 상업적인 가치관이 교회 안으로 들어와서 주인 행세하는 모습이 다른 문화권의 교회 사람들의 눈에는 더욱 강조돼 보였던 것이다. 이에 더해 한국사회의 오래된 전통에서 유래되어 다시 교회 안에 들어와 있는 교회의 모습들에 대해서도 뼈아픈 지적을 한 것이 있다.

> "우리는 교회 안에서 직책/직무들에 있어서 하나의 분명한 서열/계급 조직의 경향들을 관찰했다. 부목사들 특히 여성 목사들과 여 전

---

32 위의 글, 212-213.

도사들에 비해서 담임목사의 지위는 우뚝 솟아올라 있었다. 우리는
의견조정과 의사결정 구조에서 민주적이고, 공동으로 협력하는 참
여 구조를 보다 강화할 수 있는 것이 가능한지, 또는 그렇지 않은지
를 질문해봤다. 이것과 함께 또한 교회 안에서 청년들이 얼마나 보
다 견고하게 포함돼 있으며, 의사결정들에 참여할 수 있고, 거기서
청년들이 교회의 미래를 얼마나 표현하는지를 우리는 생각했다."[33]

한국교회가 당연시 여기던 것들이 다른 나라 교회 사람들의 눈에는
생소하게 보였고 그 생소함이 우리의 모습을 다시 보게 하는 후사경이
돼줬다. 상대 교회 안에 자리 잡은 오래된 문화를 비판하기 앞서 그들의
눈으로 바라보는 아량과 예의를 갖춘 충언은 저절로 터득되는 것은 아
니었다. 또한 그러한 것을 다시 자기 교회에 적용해보려는 시도는 주님
의 간섭이 필요한 대목이었다. 가나교회의 한 참여자는 독일교회를 방
문하고 나서 이렇게 술회했다.

"처음에 우리는 독일 교인들보고 주일에 교회도 안 나가는 한심한
교인들이라고 생각했는데 이제 와서 둘러보니 우리 가나 교인들이
오히려 너무 지나치게 교회 행사에 참여하는 것이 아닌지 모르겠다
는 생각이 들었어요. 사회적인 책임은 도외시하고 교회에서 살다시
피 하는 우리들의 지나친 종교성은 한번 재고해봐야 하는 것이라고
생각이 들어요."[34]

---

33 위의 글, 213.

34 Andrew Akrifu(가나장로교회 볼타노회 평신도 대표), 독일 팔츠주교회 슈파이어 사무
실(2006.11.9).

삼국교회 에큐메니칼 선교협력을 처음 시작할 때는 파트너 교회를 자기 관점으로 보던 것이 주를 이뤘다가 교류가 진전이 되면서 서서히 상대를 통해서 오히려 자신들 교회의 가려진 모습을 발견하게 된 것이다. 그동안 아무런 의문 없이 그저 받아들였던 자기 교회의 일상과 전통을 새로운 시각으로 바라보기 시작한 것이다. 이로 인해 새로운 눈이 뜨인 이들은 각자의 교회에서 새롭게 갱신을 해나가는 자기 교회의 조정자 역할을 부여받은 것이다.

7) 역사적 부채의식과 에큐메니칼 선교와의 상관관계

역사적으로 서구유럽이 아프리카를 식민통치한 경험 때문에 아프리카 교회들은 서구교회로부터 그들이 전에 마치 무단으로 탈취한 것을 다시 되받아내는 듯한 인상을 많이 받았다. 이로 인해 아프리카 교회들은 스스로 일어서기보다는 외부에서 오는 지원에 더 의존하는 구조적인 문제를 지니기도 했다. 이에 대해 인명진 목사는 삼국교회가 회의로 모일 때마다 가나교회에 강조한 것이 몇 가지가 있었다. 그중 첫 번째가 "우리 한국은 당신들에게 역사적으로 진 빚이 없다"이다. 그의 이런 발언의 속내는 아프리카 선교에 있어서 이곳에 역사적 부채의식이 없는 한국교회가 과거 한국교회 초기 산둥반도 선교에서 보여줬던 것처럼 겸비한 자세로 임한다면 파트너 교회들과 함께 새로운 선교적인 지평을 열 수 있는 아주 유리한 장점이 있다고 강조한 것이다. 이러한 그의 선교적 해석 때문에 독일교회 지도자들도 한국교회의 역사적인 중립성을 통해 가나교회와의 선교협력에 있어서 새로운 차원을 발견했다. 즉, 진정으로 대등한 선교는 서로에게 빚진 것이 없는 마음으로 다가섰을 때 가능하다는 것이 인명진 목사의 강조점이었다.

두 번째로 인명진 목사가 강조한 것은 "우리는 선교를 받아보기도 했고 선교사를 보내기도 한 교회"라는 점이다. 다음은 그가 영등포 산선의 총무였을 때 호주장로교회에 선교사 파송을 요청하면서 제시한 조건이다.

> "첫째는, 한국 사람이 사는 집에 살아야 한다. 둘째, 영등포산업선교회 실무자들이 받는 사례비 기준으로 월급을 받아야 한다. 셋째, 선교사에 대한 사례비는 호주교회가 직접 주어서는 안 되고 영등포산업선교위원회로 보내서 영등포 산선(영등포산업선교회)이 지급해야 한다. 넷째, 영등포 산선 실무자들과 똑같은 시간, 똑같은 조건으로 일해야 한다. 마지막으로 산업선교 일을 하기 전, 어학연수 이외에 산선 실무자로서의 최소한의 훈련을 받아야 한다."[35]

호주장로교회 세계선교부는 이에 흔쾌히 동의하고 자원자를 구해서 나병도 선교사가 자원해서 한국으로 왔다. 물론 인명진 목사는 나중에 열악한 환경에서 선교를 감당한 나병도 선교사에게 미안한 마음이 들기도 했다고 피력했다. 그의 이러한 선교적 자세는 그의 교회 청년이 가나에서 이웃들에게 물의를 빚었을 때 가차 없이 소환하여 따끔하게 충고했던 자세에서 찾아볼 수 있었다. 이렇게 함으로써 인명진 목사는 행동으로 파트너 교회에 폐가 되지 않게 하려고 솔선수범을 했고, 자기가 먼저 자신이 주장한 선교 원칙을 지키려고 애썼으며 손해를 감당하는 자세를 보여줬다. 이러한 엄격한 자기 관리는 다른 교회 지도자들에

---

35 인명진, "영등포산업선교회와 호주교회", 대한예수교장로회총회 엮음, 『한국교회와 호주교회이야기』(서울: 한국장로교출판사, 2012), 200.

게도 자기 교회 사람들을 판단할 때 귀감이 됐음은 두말할 나위가 없다.

8) 다종교 사회에서의 에큐메니칼 선교: 타 종교와의 에큐메니즘 모델

인명진 목사의 에큐메니즘에 대한 생각은 서로 다른 직제와 체제를 가진 교회와의 파트너십이라는 테두리 안에 머물러 있지 않았다. 그는 다종교 사회의 종합판인 아시아적 풍토에서 성장한 한국교회의 독특성을 늘 파트너교회에 전달하려고 애썼다. 특히 그는 한국교회의 에큐메니즘은 타 종교와의 깊이 있는 사귐으로 연결돼야 함을 강조했다.

"저는 보다 적극적으로 타 종교와도 같이할 줄 알아야 진정한 에큐메니즘이라고 봅니다. 최근 불교계 사태가 일어났을 때 청와대로부터 조정을 부탁받았습니다. 그간 에큐메니칼 운동을 통해서 얻은 불교계 인맥으로 이 문제가 해결을 봤습니다."[36]

그는 타 종교 중에서도 불교계 인사와 관련이 깊다. 불교계의 인사들과 더불어 몽골 나무 심기와 같은 환경운동을 같이 했을 뿐 아니라 통일 관련 사업도 같이 전개하고 대북지원 관련 정부의 일도 함께 했다. 그러는 과정에서 인명진 목사는 그 어떤 개신교 목사보다도 불교계의 깊은 신망을 얻었으며 법륜 스님과 같은 적잖은 불교계 인사들과 깊은 친교를 나눌 수 있었다.[37] 이런 면에서 보면 한국교회의 다종교적인 토양은 기독교국가의 오랜 전통에서 지내온 독일교회와 원시종교의 배경에

---

36 인명진 목사와의 인터뷰(2008.5.28).

37 인명진, "성탄절의 특별한 손님들", 앞의 책(2015), 273-279.

서 자라난 아프리카 교회의 눈으로 봤을 때 새로운 선교의 영역이었다. 특히 독일사회는 유럽국가 간의 자유로운 이동과 글로벌화된 경제체제로 인해서 타 종교 배경의 이주노동자의 급속한 유입이 새로운 사회경제적인 부담으로 작용하고 있었다. 오랜 기독교국가 체제의 사회에서 타 종교 인구의 유입에 의한 다종교 사회로의 전환은 이 부분에 경험이 없었던 그들로서 처음부터 다종교 문화에서 시작한 한국교회의 모습이 생소해 보인 것이다. 그래서 타 종교와의 갈등을 최소화하고 서로를 존중하려는 인명진 목사의 '타 종교와의 에큐메니즘' 모델은 그 생경함만큼이나 이들 교회지도자들에게 전달되는 메시지도 강력했다.

인명진 목사의 타 종교와의 에큐메니즘에 대해서 깊이 있게 다루는 것은 본서의 연구범위를 넘어선 또 다른 차원의 연구과제이다. 확신하건대 미래의 연구자들은 동서독의 통일에 독일교회가 엄청난 기여를 한 것과 같이 그가 불교계 인사들과 함께 남북한의 통일을 위해 초석을 놓은 숨은 기여를 발견하고 놀랄 날이 머지않아 올 것이다.

5. 결론

인명진 목사는 그의 인생 동안 새로운 선교적 영역을 개척하여 도전하는 정신을 잃지 않고 살았다. 그런 의미에서 그는 나이에 비해 언제나 젊은 혈기가 넘쳐나는 인생을 살고 있다. 그는 자신의 빛나는 과거에 매여서 그것을 추억하는 사람으로 자신을 묶어두고 살지 않았다. 그래서 새로운 역할이 그에게 주어질 적마다 그는 공부했고, 도전했고 그리고 마침내 그 누구보다도 성실함으로 성과를 이뤄냈다. 그의 에큐메니즘 영역에서의 활동도 그러한 그의 성격과 아주 많이 닮아있다. 시인 도종환은 한때 노동운동이나 민주화운동을 했던 사람들의 모습을 그의 시 "운동의 추억"에 다음과 같이 담았다.

> 추억으로 운동을 이야기하는 사람 많다
> 운동한 기간보다
> 운동을 이야기하는 기간이 더 긴 사람이 있다
> 몸으로 부닥친 시간보다
> 말로 풀어놓은 시간이 더 많은 사람이 있다
> 그들에게 이미 과거가 돼버린 운동
> 현재가 없는 운동을 현재로 끌어오는
> 그들의 공허함[38]

도종환이 이 시에서 말하고자 하는 바와 같이 많은 사람들이 한때 뭔가를 했다고 하지만 정작 그들이 행동했던 과거의 시간은 그들의 말의 분량에 비해서 턱없이 모자란 것이 대부분이다. 이에 비해서 인명진 목사는 늘 현재를 살고자 애쓰는 사람이다. 그것도 마치 무쇠로 만든 칼이 하루라도 쓰지 않으면 금방 녹이 슬어버리듯이 그는 희수(喜壽)의 나이임에도 불구하고 매일같이 자신을 숫돌에 갈아 날을 세워 언제든지 자신을 주의 종으로 부르신 주인의 손에 붙들려 쓰임받을 수 있도록 열심으로 살아왔다. 짐작건대 앞으로도 그는 하나님의 부르심이 있는 곳이라면 언제라도 그렇게 살아가며 새로운 자신의 역할을 또 찾아서 성

---

38 도종환, "운동의 추억", 『부드러운 직선』(서울: 창비, 2016), 32.

실하게 해내고야 말 것이다.

　지리산 산청에 가면 목회지원회가 설립한 기독교 수도원이 있다. 그곳에는 인명진 목사의 호 삼우(三愚)를 따서 세운 '삼우 도서관'이 있다. 그는 이 도서관 건립에 40년 동안 담임목회자로서 갈릴리교회를 섬기고 나서 받은 은퇴비 전부를 바보같이 통째로 털어 넣었다. 그 도서관 안에는 그가 평생 모은 책들과 자료들이 학자들의 눈을 기다리며 세월을 머금고 있다. 이와 같이 인명진 목사의 삶과 인생의 행적에는 아직 학자들의 눈길이 닿지 않은 처녀지가 수두룩하다. 특히 그의 에큐메니즘 활동과 환경운동과 통일운동은 그런 학술적 처녀지 중의 하나이다. 필자는 이 글을 쓸 때 그 누구의 손도 타지 않은 곳에 들어선 경이로움으로 글을 써내려 갔다. 하지만 아직도 미처 손도 대지 못한 곳이 많이 남아 있다. 그런 의미에서 앞으로 인명진 목사의 선교사상에 대해서 더 많은 학자들에 의해 폭넓고 깊이있는 학술적 연구들이 진행돼야 할 것이다.

참고문헌

김명혁, "보수와 진보를 아우르는 목회", 인명진, 『위대한 부르심』(서울: 갈릴리교회, 2014).

노정선, "김중기 교수의 생애와 사상", 「신학논단」 39호(2005), pp. 441-450.

도종환, "운동의 추억", 『부드러운 직선』(서울: 창비, 2016).

박성흠, "독일 팔츠주교회 세계선교부 총무 게하르트 프리츠 목사", 「한국기독공보」, 1999년 11월 27일자, http://www.pckworld.com/news/articleView.html?idxno=8347, (접속 2021.4.6).

변조은, "호주연합교회와 한국선교", 「크리스챤 리뷰」, 2012년 2월 26일자.

영등포노회, 제83회 영등포노회 노회보고서.

_____, 제87회 영등포노회 노회보고서.

_____, 제88회 영등포노회 노회보고서.

_____, "청년 독일 팔츠주 교회 방문 평가보고서," 제89회 영등포노회 노회보고서,

_____, "영등포노회와 독일 팔츠주 교회의 제안합의서", 제91회 영등포노회 노회보고서.

_____, "한독가교회협력위원회 보고", 제93회 영등포노회 노회보고서.

_____, "한독가교회협력위원회역사," 미간행 자료집(2010).

윤신영 목사와의 인터뷰, 총회 해양의료선교회 사무실(2012.11.15).

이명석, "에큐메니칼 운동과 선교", 제 92회기 「에큐메니칼 정책세미나자료집」, 대한예수교장로회 에큐메니칼위원회(서울, 2008).

_____, "삼자 선교협력관계에서 배우는 에큐메니칼 선교의 실제적 원리", 「동반자선교를 위한 21세기 선교방향 모색 자료집」, 명성교회해외선교부(서울, 2009).

_____, 『에큐메니칼 선교 이렇게 하면 잘 할 수 있다』(서울: 한국장로교출판사, 2013).

인명진 목사와의 인터뷰, 장소: 갈릴리교회 담임목사 사무실(2008.5.28).

인명진 목사와의 전화인터뷰(2021.3.10).

인명진, "영등포산업선교회와 호주교회", 대한예수교장로회총회 엮음, 『한국교회와 호주교회이야기』(서울: 한국장로교출판사, 2012).

_____, "성탄절의 특별한 손님들", 『위대한 부르심』(서울: 갈릴리교회, 2014).

Andrew F. Walls, *The Missionary Movement in Christian History* (New York: Orbis Books, 1996).

Presbyterian Church of Ghana, *Report for 2009*, presented to the 10th General Assembly, (6. August. 2010).

https://ems-online.org/en/mission-in-solidarity/

인명진 목사의 사역에 대한 좌담회

사회 : 김명배
패널 : 장윤재
　　　정병준
증언 : 안기석
　　　송효순
　　　박덕순
　　　한명희

* "인명진 목사 평가좌담회" 제1차는 2012년 7월 4일, 제2차는 2012년 7월 28일에 갈릴
리교회 당회실에서 개최되었다. 참석자는 사회에 김명배 교수(숭실대), 패널에 장윤재
교수(이화여대), 정병준 교수(서울장신대)가 참석하였다.

‡ 모두 발언

인명진 현직 목사에게 정치 이야기를 들으려고 하나요. 안 나가려고 하지만 방송에서 청취자들의 반응 때문에 계속 섭외가 들어와서 최근 2년여간 많은 방송에서 정치 이야기를 하며 철새 정치인이나 안철수에 대해서 김 빠진 맥주라는 등 정치 신조어를 많이 만들어냈습니다. 내가 지금 모든 교회에서의 활동을 마무리하고 있습니다. 총회에서도 그렇고 NCC 일도 마무리하고 있습니다.

　제가 그동안 해왔던 활동에 대해서 저 스스로 이야기를 하는 것보다 현재 학자들에 의해서 정리를 해줬으면 하는 바람으로 이런 자리를 마련했습니다. 먼저는 영등포산업선교회에 대해 초점을 맞추어 제가 왜 영등포산업선교회를 시작했으며 거기에 왜 성문밖교회를 시작했는가 정부와의 싸움에서 어떤 입장에 섰는가 하는 것을 이야기해주면 좋겠습니다. 제가 박사학위 논문으로 산업선교회에 대한 이야기를 썼는데 그 중에 노동문제에 대한 사례도 몇 가지 집어넣었습니다. 이 책도 참고로 하면 좋을 것입니다. 인명진이라는 사람을 신학적인 면에서 평가하고, 산업선교회에 대해서 평가해보고, 후반기에는 갈릴리교회와 사회적인 활동과 연결해서 한번 평가해주십시오. 한국교회에서 갈릴리교회의 의미는 어떤 것인가, 또한 한국교회에서의 인명진 목사의 역할은 어떤 것이었는가 하는 것을 평가해주기를 바랍니다. 긍정적인 면뿐만 아니라 부정적인 면까지 학자의 입장에서 냉정하게 평가해주기를 바랍니다. 그리고 나중에는 여러분들과 직접 질의응답 시간을 통해서 궁금한 점들에 대해서 함께 나누고자 합니다.

　사실 최근 들어 영등포산업선교회의 40년의 역사에 대해서 여러 사람이 정리하고 있는데 많은 면에서 일방적인 부분이 있습니다. 당사자인 제 입장에서 볼 때 상당 부분이 왜곡되고 한 부분으로 치중되어 쓰여서 발표되는 것을 염려하고 있습니다. 그래서 숭실대학교기독교연구소에 산업선교회의 역사를 다시 써달라고 용역을 주려고도 생각했는데 이번 기회를 통해서 영등포산업선교회에 대해서 전반적인 재평가를 해보려고 합니다.

예를 들어 원풍모방 사건에 대해 여러 사람이 책을 냈는데 상당 부분 사실과 다른 면이 있습니다. 그러나 그동안은 노동자를 위해 살아왔던 사람이 노동자들과 싸움을 하고 공방을 하는 것이 마땅치 않아 아무 말도 하지 않았습니다. 그런데 최근에 이러한 일들이 역사적으로 굳어지는 것을 보고 이것이 제 기억에서 사라지기 전에 사실대로 밝힐 필요가 있다는 생각을 하게 됐습니다.

영등포산업선교회의 역사를 객관적으로 신학적으로 정리해서 앞으로 한국교회의 역사를 쓰는 사람들이 참고할 수 있기를 바랍니다. 얼마 전에 한국교회의 역사를 쓰면서 저를 학생운동, 해방신학과 연관해서 저술한 것을 보았습니다. 아직은 제가 내가 살아있으니까 이것이 사실이 아니라는 것을 알지만 많은 사람들이 잘못 알게 될 것입니다. 개인적인 생각으로 말하는 것은 어쩔 수 없지만 잘못된 사실에 대해서는 학자들이 바로잡아 주기를 바랍니다.

김명배 목사님께서 지난번 구술 작업을 하셨으니 이 좌담회의 틀을 잡아서 이끌어주시고 역사적 구술의 내용이 정확한지 확인하면서 교정과 첨삭을 해주시겠습니다. 필요하다면 함께 일했던 사람들의 인터뷰를 해도 좋을 듯합니다. 그리고 정병준 목사가 역사적 의미와 평가를 해주시고 장윤재 목사가 신학적 의미와 평가를 해주시기를 바랍니다.

1. 노동운동

김명배   오늘 이 좌담회는 영등포산업선교회를 중심으로 한 인명진 목사의 노동운동의 역사적 신학적 평가를 위하여 모였습니다. 그러나 이 시간이 인명진 목사에 대한 일방적인 찬양이 아니라 학술적 의미를 가진 역사적 평가와 신학적 조명이 되기를 바랍니다. 그리고 그동안 인명진 목사가 해온 노동운동을 살펴보면, 일관성 있게 움직이는 원칙들이 있다고 생각됩니다. 그 원칙들을 신학적·성서적 입장에서 정리해보고 평가해보는 시간이 됐으면 합니다.

장윤재   인명진 목사의 사역에 대한 우리 세 사람의 좌담회를 엮어 책으로 만들었으면 좋겠습니다. 그 시기는 빠른 감이 있지만 될 수 있으면 올해 말 인명진 목사 성상 40주년을 기념하여 나올 수 있도록 하는 것이 좋겠습니다. 다른 목사의 경우 일방적으로 자신의 이야기를 들려주거나 야사 중심으로 엮는 것이 보통인데 그런 형식보다는 좀 더 자유로운 형식으로 우리 세 사람의 대담을 엮었으면 합니다. 크게 영등포산업선교회와 갈릴리교회, 시민운동 세 부분으로 나누어서 잘못된 부분은 바로잡고 몰랐던 사실을 알려주며 더 나아가 그것의 정치적 의미, 신학적 의미를 재해석함으로써 학술적으로 정치적으로 그리고 무엇보다 교회적으로 가치가 있는 자료를 남길 수 있기를 바랍니다. 그러기 위해 역사적으로 사료 가치가 있는 것, 중요한 설교나 자료를 활용하고 그 일에 관계되는 분들과의 대담, 그리고 인명진 목사와의 대담 부분을 넣으면 좋을 것 같습니다.

김명배   먼저 영등포산업선교회의 중요한 사건을 몇 가지를 뽑아서 정치적 의미, 신학적 의미에 대해서 이야기하기로 합시다. 특별히 이 자리에 민주노동당 비례대표 1번 서울 시의원 한명희씨, 대일화학 일반 노동자로 1976년부터 영등포산업선교회에 나가게 된 송효순 씨, 박덕순 씨가 함께해주셨는데, 당시의 노동운동에 대한 생생한 증언을 부탁드리겠습니다.

장윤재   인명진 목사와 산업선교회의 측면으로 다뤄져야 할 것입니다. 어떤 신학으로 어떤 계기로 이 일을 하게 됐으며 영등포 산선은 당시의 흐름과는 남다른 노선이 있었는데 그것이 제대로 평가가 되지 않은 것을 정확하게 밝힐 필요가 있습니다. 그동안 일방적으로 증언됐던 부분에 대해서 당사자인 인명진 목사 스스로 역사 앞에 정당한 자기 기록을 내놓을 수 있어야 한다고 생각합니다.

김명배   지난 2011년에 한국학 중앙연구원의 주관으로 수도권에 있는 다섯 개 대학의 구술사 연구팀들이 한국현대사의 산업화와 민주화 과정에 기여한 인물들을 선정하여 구술을 받았습니다. 인명진 목사는 한신대의 구술사 프로젝트의 구술대상에 선정되어 노동운동과 한국사회 민주화운동, 그리고 기독교의 연관성에 대해 9시간에 걸쳐 구술을 하셨습니다. 그때 주로 구술한 내용은 1970년대 영등포산업선교회 활동에 대한 것이었습니다. 그 자료는 한국학 중앙연구원의 구술사 아카이브에서 저장됐는데, 그 자료를 1차 사료로 참고하여 이번 좌담회를 진행하면 좋겠습니다. 제 생각에는 우리 세 사람이 먼저 영등포산업선교회에서의 인명진 목사의 활동을 신학적으로 평가하고, 지금까지 잘못 이해되고 해석된 부분에 재평가했으면 합니다. 또한 인명진 목사의 영등포산업선교회 활동이 정치사회적으로 어떤 의미를 갖는지에 대해 평가했으면 합니다.

영등포산업선교회의 총회 역사 유적지 지정의 의미

김명배　먼저 대한예수교 장로회 95회 총회에서 영등포산업선교회를 교단의 역사 유적지로 지정했습니다. 우리 교단에서 여덟 번째로 지정된 역사 유적지인데, 그 지정의 의의에 대해서 이야기해보겠습니다.

정병준　산선의 활동은 선교운동입니다. 산업현장 안에서 이뤄진 선교운동이라는 측면에서 볼 때 그리스도가 노동현장에 현존하는 것이라고 말할 수 있습니다. 복음을 노동자의 삶의 현장에 현존하는 것으로 표현한 면에서 산선이 출발점의 역할을 한 것이지요. 다른 의미는 한국교회 안에 최초로 산업선교가 시작된 곳이 영등포산업선교회입니다. 다른 교단보다 먼저 산업선교가 시작된 곳이라는 데 의미가 있습니다. 다시 말해 성육신, 그리스도의 현존이 산업사회에서 삶으로 표현하는 중심지였고 가장 빠르게 시작된 곳이라는 의미를 가지고 있습니다.

김명배　현재 감리교의 인천 산업선교회, 기장의 산업선교회가 다 없어졌는데, 예장(통합)의 영등포산업선교회가 지금까지 남아 활동을 계속하고 있다는 것은 한국 노동운동사에 중요한 의미를 갖는다고 볼 수 있습니다. 사실 영등포산업선교회는 총회로부터 많은 탄압을 받았습니다. 인명진 목사에 의하면, 총회가 영등포산업선교회를 없애고자 많은 압력을 넣었다고 합니다. 그러나 영등포산업선교회가 끝까지 교회 안의 기구로 남아있을 수 있었던 것은 당시 영등포노회의 산업선교위원회 위원이었던 이정학 목사, 차관영 목사, 조남기 목사, 고환규 목사, 이정규 목사의 도움이 컸다고 합니다. 만약 이분들이 총회의 탄압이나 회유에 넘어갔다면 영등포산업선교회는 현재 존재하지 못했을 것이라는 겁니다. 그런데 중요한 것은 한때 영등포산업선교회를 탄압했던 총회가 영등포산업선교회를 총회의 역사 유적지로 지정했다는 것은 예장(통합)의 역사인식과 신학적 지평이 굉장히 넓어진 것이고, 영등포산업선교회나 그 활동을 하신 분들에게는 참으로 감격스러운 일이라 할 수 있습니다.

장윤재　산선을 폐쇄시키려고 했던 사람들이 외부 사람들이 아니고 우리 안에서 일어난 일이었습니다. 그럼에도 불구하고 유적지가 됐다는 것은 이것이 진정 하나님의 뜻이었고 무엇이 교회가 남겨야 할 유산인지 판정이 난 것으로 볼 수 있습니다. 소용돌이 한가운데서는 잘 보이지 않지만 시간이 지나면 그 의미가 무엇인지 알 수 있는 것처럼 그때 우리 민족의 고통스러운 민족사 가운데 하나님이 함께 하셨다는 것을 인식한 것이 유적지로 인정한 것이라고 할 수 있습니다.

김명배　영등포산업선교회는 70~80년대 민주화운동을 하는 사람들은 모두 거쳐간 민주화운동의 산실의 역할을 했습니다. 그런 의미에서 영등포산업선교회가 역사 유적지로 지정된 것인데 이것은 민주화운동의 성지로서의 큰 상징성이 있습니다. 기장 측은 민주화운동의 전위대이며 주축세력이었다는 자부심을 가지고 있는데 우리 예장(통합)도 민주화운동에 참여했다는 산 증거가 산선이 아닌가 하는 차원에서 의미가 있다고 할 수 있습니다.

장윤재 인명진 목사는 처음부터 산업선교회를 하려고 한 것이 아니라 시작은 산업전도, 산업복음화를 하려고 했는데 노동자들이 산업현장에서 겪는 어려움을 말하자 그 문제를 해결하는 과정에서 산업선교회가 된 것입니다. 가난하고 힘없는 사람들에게 그리스도의 복음을 들고 들어가서 그들과 함께 하면서 자연스럽게 산업선교회를 하게 된 것입니다.

사실 인명진 목사의 생애는 예수님의 말씀으로 일관돼 있습니다. 그때그때 다양한 양식으로 표현됐을 뿐이지 인명진 목사 전체를 관통하는 것은 예수님의 말씀이라고 할 수 있습니다. 그런 의미에서 영등포산업선교회도 교회로서 세운 것으로 인명진 목사는 가난한 자와 함께하는 것, 노동조합 자체를 교회라고 생각한 것입니다.

김진수 사건과 인명진 목사, 그 노동사적 의미

김명배 기독학생운동과 노동운동이 접목된 역사적 의의가 있는 사건이 김진수 사건입니다. 김진수 사건이 일어난 배경과 인 목사와의 관계에 대해서 이야기해보겠습니다. 먼저 정 목사님께서 김진수 사건에 대해서 설명해주십시오.

정병준 우리 국민들이 전태일 사건에 대해서는 잘 알고는 있었지만 김진수 사건에 대해서는 잘 모르는 사람들이 많이 있습니다. 인명진 목사는 김진수의 장례를 책임지면서 노동운동에 대해 눈을 뜨게 됐는데 이 사건을 통해 노동운동과 학생운동, 교회운동이 결합되는 중요한 사건이었습니다.

1970년 12월 전국 섬유노조 서울 의류지부가 만들어졌습니다. 그러자 당연히 정부와 기업에서 이 노조를 무너뜨리려고 했습니다. 그런 배경 속에서 한영섬유노조에서 깡패를 사서 노조원끼리 분란이 일어난 것처럼 싸움을 하게 했는데 그 과정에서 김진수가 드라이버에 머리가 찔려 의식불명이 되고 결국 사망에 이른 사건입니다. 그러나 회사에서는 노조원 간의 싸움이고 회사가 관여한 것이 아니라고 발뺌을 하며 김진수는 장례도 못 치르고 있었습니다. 그 시기에 인 목사와 신학생 몇 명이 산선에 실무훈련을 받고 돌아가는 길에 광화문에서 김진수 어머니가 1인 시위를 하고 있는 것을 보게 됐습니다. 인 목사에게는 그 사건이 충격이 되어 학교의 설교 실습시간에 이 사람의 기업주가 교인인데 교회가 어떻게 이럴 수 있느냐고 교회를 비판하게 됩니다.

그런데 그 설교를 들은 한철하 박사가 인 목사를 조용히 불러내서 "인군, 기업주 한익하 사장이 우리 사촌인데 잘못 알고 있는 거야"라고 말합니다. 당연히 인 목사는 누구 말이 진짜인지 혼란이 오게 됩니다. 그래서 산선에 와서 어떤 것이 사실인지 알아보는 과정에서 김진수 씨 장례위원이 되면서 사건에 깊이 참여하게 된 것입니다. 그러므로 인 목사가 노동운동에 참여하게 된 것은 산선에서 실습했던 것이 계기가 아니라 김진수 어머니가 1인 시위 하는 모습에 이끌려서 노동운동에 관여하게 된 것입니다. 그런 의미에서 김진수 사건은 카이로스적 접근이라고 할 수 있습니다.

김명배 인 목사의 말에 의하면 본인은 강의를 잘해서 촉망받는 기독교 교육학자가 되려고 했는데 이 사건이 자신의 인생에 전환점(Turning Point)이 됐다고 합니다. 그런데 일반적으로 김진수 사건은 전태일 사건에 비해 많이 알려져 있지 않습니다. 그 이유는 김진수 사건이 전태일 사건의 영향으로 전국 섬유노조가 만들어지면서 일어났기 때문입니다. 그래서 김진수 사건은 전태일 사건에 가려지고 대중에게 덜 알려지고 저평가됐다고 할 수 있습니다. 두 분의 교수님은 이 두 사건에 대해 어떻게 보시는지 말씀을 부탁드립니다.

정병준 기록에 의하면 깡패가 쓰러지니까 넘어졌다고 하고 병원에 데려다놓고 가서 병원에서도 크게 신경을 쓰지 않고 있다가 사망했다고 합니다. 살릴 수 있는 사람이었는데 조속한 치료가 이뤄지지 않아 죽게 됐다고 할 수 있습니다. 인 목사가 장례집행위원장이 되어 40일가량 세브란스 병원에서 이 일을 주도하게 되는데 이것이 굉장한 의미가 있습니다. 상주가 되어 고인의 모든 것을 관리하게 되면서 김진수 사건은 인 목사가 노동운동에 관심을 갖게 되는 계기가 된 것입니다.

장윤재 신학적으로 볼 때 전태일 사건은 노동자들의 눈을 뜨게 한 계시적 사건이었습니다. 처음 사건이라 그 사건이 크게 부각된 반면 김진수 사건은 두 번째 사건이라 묻히게 된 것 같습니다. 그리고 일각에서는 전태일 사건이 부각됐던 것은 어머니의 역할이 컸다고 말하고 있습니다. 이소선 여사는 감리교 신자로 아들의 죽음의 의미를 적극적으로 뒷받침해주어 그 사건이 부각될 수 있었지만 김진수 사건이 잊혀진 이유 중의 하나가 그 어머니가 남묘호렝교에 빠져 아들에 대해 적극적으로 알리지 않았고 가족이나 친구들도 그 일에 대해 나서는 사람이 없었다고 합니다. 그런 의미에서 기독교 신앙의 힘이 역사를 변혁시키는 결정적 사건이 됐다고 할 수 있습니다.

그러나 전태일 사건은 스스로 분신한 것이고 김진수 사건은 의로운 일을 하다가 타살을 당한 것이라고 할 때 훨씬 더 영향력이 큰 사건이라고 할 수 있습니다. 전태일 사건 이후로 충격을 받은 기독 청년들이 김진수 사건으로 적극적으로 노동운동에 참여하게 되는 계기가 됐습니다. 아까 말씀하신 대로 한철하 박사의 사촌형 한익하 씨가 사장이었는데 교회의 청년들이 몰려가서 항의를 하게 되면서 기독학생운동이 자연스럽게 노동운동과 만나는 계기가 됐습니다. 그런 의미에서 김진수 사건은 노동사적으로도 신학적으로 의미가 있는 일이었습니다.

김명배 지금까지 두 분의 말씀을 정리하면 김진수 사건을 이렇게 정리할 수 있지 않을까 생각합니다. 첫째로 김진수 사건은 인명진 목사로 하여금 평생을 노동운동에 헌신케 한 결정적 사건이었다는 데 그 중요한 의미가 있을 것 같습니다. 둘째로 김진수 사건이 전태일 사건에 비해 덜 알려진 것은 전태일 사건의 영향으로 김진수 사건이 일어나기도 했지만, 그 죽음의 의미에 대한 부모들의 태도가 결정적으로 작용했다. 특히 역사변혁적인 기독교 신앙을 소유했는지, 아닌지가 중요한 역할을 했다, 이렇게 정리할 수 있을 것 같습니다. 그리고 마지막으로 그럼에도 불구하고 김진수 사건은 전태일 사건과 더불어 노동운동이 기독교학생운동과 만나는 계기였다는 데에 그 노동사적 의미가 있다 볼 수 있을 것 같습니다.

한국교회의 산업선교 역사

김명배 산업선교회라는 용어를 사용하게 된 것이 68년 CCA 홍콩대회에서부터라고 알고 있습니다. 산업선교회가 에큐메니칼 차원에서 어떻게 시작됐으며 어떻게 우리나라에 들어오게 됐는가에 대해서 현장에 계시면서 참여하고 이론적으로도 공부했던 두 분 교수님께서 말씀해주십시오.

장윤재 공장 다니는 여공들을 모아놓고 찬송보고 기도하고 말씀을 나눈 것이 산업선교회의 시작이었다고 합니다. 그러다가 자연스럽게 여공들이 일하다가 손가락이 잘렸는데 어떻게 할까요, 일요일에 출근하라고 하는데 어떻게 할까요 등의 질문들을 함께 풀어가는 과정에서 산업선교회가 시작된 것입니다. 보수적인 신앙에서 볼 때 이것은 자신의 교인이 어려움을 당하는 것을 목회자로서 함께 해결해나가는 과정이었습니다. 그런 의미에서 영등포산업선교회는 보수적 교회운동이었다고 인명진 목사 스스로도 구술하고 있습니다. 사회과학적 방법론으로 접근한 것이 아니라 신앙에서 접근한 것으로 다른 교단의 산업선교회 스타일이 아니라 인명진 스타일의 산업선교회였다고 할 수 있습니다. 당시 여러 산업선교회가 있었지만 다른 산업선교회에 비해 훨씬 더 뿌리가 깊다고 할 수 있습니다. 그 증거로 다른 산업선교회는 다 사라지고 지금까지 남아있는 것으로는 영등포산업선교회가 유일한 것입니다.

정병준 인명진 목사가 일하기 이전의 노동운동에 대해서 간단히 살펴보겠습니다. 1950년대는 미국이 경제적 부흥기였고 유럽이 힘든 시기여서 미국 장로회가 에든버러 회의 후에 세계 에큐메니칼 운동을 주도해가던 시기였습니다. 1956년대 CCA의 전신인 동아시아 기독교협의회에서 헨리 존스를 산업전도를 하기 위한 협동총무로 아시아로 파송하게 됐습니다. 헨리 존스 목사가 아시아를 순방하면서 57년도 한국을 방문하여 우리 교단의 전도부 관계자를 만나서 산업전도를 하자는 제안을 하게 됩니다. 당시 전도부장은 황금찬 목사였고 이권찬 목사가 총무였는데 이 일을 도와준 분이 한경직 목사님이었습니다. 선교사인 어라독 목사와 실무간사 오철호 전도사가 중심이 되어 기독학생을 선발해서 노동문제를 훈련시키고 교육시키는 산업전도사업을 시작하게 됐습니다. 그리고 57년 9월 총회가 산업전도활동을 인준하게 되고 그 뒤를 이어 61년에 JOC 감리교와 성공회가, 63년에 기독교 장로회가, 65년 구세군이 산업전도활동을 시작하게 됩니다.

어라독 목사가 교단의 산업전도활동에 참여할 수 있었던 것은 재정문제 때문이었습니다. 원래 총회가 산업전도를 계획했다가 재정부족으로 실천을 못했는데 56년에 오철호 전도사가 개별적으로 경북 문경 시멘트 공장에 들어가 일을 했습니다. 그리고 57년에 존슨 목사가 와서 보고 매년 삼천 불씩 후원금을 보내게 되어 그것에 기초해서 산업전도운동을 할 수 있었던 것입니다. 이때 표어가 '아버지께서 일하니 나도 일한다'(요 5:17)였는데 68년도에 '가난한 자에게 복음을'(누가복음 4장)이라고 바뀌게 되면서 산업선교회와 관련해서 노동조합이 만들어지게 됩니다. 이때 활동하셨던 분은 조지송 목사와 김경락 목사였습니다. 그리고 72년도에 유신으로 노조가 어용화되고 72년도에 인 목사가 들어와 소그룹 의식화운동으로 바뀌게 된 것입니다.

장윤재   처음에는 목회 차원에서 노동자과 함께 예배를 드리고 복음화하려는 과정에서 평신도 교육을 시키다가 노동자들의 삶의 현장에서 부딪히는 문제들에 맞물리게 된 것입니다. 58년부터 산업전도가 시작됐다고 볼 때 10년 만에 우리 스스로가 산업전도를 산업선교로 전환한 것입니다. 이것은 'Industrial Evangelism'이 아니라 'Industrial Urban'이라고 할 수 있습니다. 다시 말해 산업전도가 산업선교로 토착화된 것입니다. 외국에서 이론을 수입해 전도를 선교로 전환하자고 한 것이 아니라 우리 스스로가 목회자의 차원에서 노동자들을 전도하려고 했는데 이게 아니라는 것을 알고 산업선교를 하게 된 것입니다. 그러니까 복음화에서 인간화로 바뀐 것입니다. 인간화 자체가 선교라는 자각과 각성과 깨달음이 스스로 10년 동안에 우리 현장에서 일어난 것 자체가 큰 사건입니다. 산업선교는 우리 스스로가 현장에서 알고 깨달은 기독교 신앙의 토착화라고 할 수 있습니다.

정병준   68년 WCC 웁살라 총회에서 노동자의 문제와 억압된 사람의 문제가 전 세계적으로 이슈가 됐습니다. 그것과 맞물려서 CCA에서도 이 문제가 부각되어 국내에서도 먼저 산업전도가 산업선교로 전환돼야 한다는 필요성이 제기됐는데 세계 에큐메니칼 차원에서도 그 시기와 함께 이런 운동이 일어난 것입니다.

장윤재   우리가 세계의 흐름과 함께 갔던 것입니다. 68년은 전 세계가 뒤바뀌던 혁명의 시기인데 웁살라 총회와 같이 58년에 들어왔던 작은 전도운동의 씨앗이 토착화하여 자라나 스스로가 하나님의 선교라는 패러다임으로 바뀌었고 온 세계가 그 패러다임으로 함께 갔던 것입니다.

우리나라에서도 자생적 발전과정을 거쳐 토착화된 것입니다.

김명배 한국교회가 세계교회의 선교를 받아서 고립된 교회로 존재한 것이 아니라 산업선교를 통해서 세계와 호흡하고 세계 에큐메니칼 운동에 참여하고 영향을 주고받았다는 사실이 굉장히 중요하다고 할 수 있습니다. 총회 차원에서 산업전도위원회를 결성하고 경기노회에서 영등포로 산업전도를 위한 여전도사님을 파송했는데 초기에는 산업전도 차원에서 성도들을 위로하는 역할을 했습니다. 영등포산업선교가 그때부터 비로소 본격화된 것이라 할 수 있습니다.

장윤재 한국노동운동이 다 평가가 됐는데 그중에 산업선교회가 제대로 평가되지 않았습니다. 그러나 산업선교회를 이해하지 않고 노동운동을 말할 수 없습니다. 인 목사가 하나님의 성육신의 자세로 교회운동에 참여한 것이 노동운동이었고 그것이 산업선교회였습니다. 이제라도 산업선교회에 대한 올바른 평가가 이뤄져야 할 것입니다.

정병준 여전도회연합회에서 강경구 전도사를 파송했습니다. 우리 교단 산업선교의 특징은 해외 자금을 받아서 실무자의 인건비를 지급한 것이 아니라 한국교회 자체에서 지급했다는 것입니다.

김명배 한경직 목사님이나 여러 목사님들이 산업전도에 대해 긍정적 마인드를 가졌던 것은 공장의 주인들이 거의 교인들이었기 때문이었습니다. 그분들이 산업선교가 되기 전에 산업전도를 허용했던 것입니다. 공장의 사장들이 나서서 신우회를 조직해 공장 노동자들을 위로하고 통제하기 위한 것으로 강경구 전도사나 조지송 목사도 그런 차원에서 산업선교를 시작했던 것이라고 볼 수 있습니다.

정병준   맞는 말입니다. 그런 방식으로 노동자의 불만을 무마하려는 것이 아닌가 하는 오해를 낳게 했고 그런 부분이 있었던 것도 사실입니다. 68년도에 이 상태로는 안 된다는 자각이 산업전도 실무자에게 일어난 것입니다.

장윤재   인 목사님도 박사논문을 통해서 58~63년까지를 산업선교회의 1단계라고 말하는데 이때는 목회 차원에서 노동자들을 돌보고 전도하는 차원이었습니다. 노동자들은 이 모든 것들이 사장님 편에 서서 자기들을 세뇌시키기 위한 것이라고 생각하고 이에 대한 불만이 많았다고 말하고 있습니다.

송효순   80년대 공장에 갔을 때도 그랬습니다. 교회에서 예배드리고 하나님 뜻대로 순종하며 살라고 했습니다.

영등포산업선교회에서의 조지송 목사의 사역

김명배   64년에 조지송 목사님이 최초로 산업선교 목사로 안수를 받고 영등포산업선교회로 파송됐습니다. 그렇다면 영등포 산선이 센터로 자리매김한 것은 언제부터라고 할 수 있을까요?

정병준   58년에 영등포지구 교회가 산업전도위원회를 창립하고 강경구 전도사를 파송하여 활동하게 되고 조지송 목사가 파송을 받아 활동하면서 그 시기에 이미 센터의 역할을 하고 있었습니다. 그런 의미에서 영등포 산선의 설립을 58년 산업전도위원회 창립 자체로 보고 있습니다. 그리고 64~84년까지 20년간 조지송 목사가 활동하게 됩니다. 그 후에 인 목사가 함께 일하게 됐는데 인 목사는 알려지고 큰 국제적 인물로 부각되는 반면 조지송 목사는 조용하게 일했습니다. 고은 시인의 만인보에도 두 목사님에 대해서 대조적인 성격이었다고 이야기하고 있습니다.

송효순 조 목사님은 조용하고 인자하시고 온화하시고 대쪽 같은 반면 재미가 없으셨습니다. 인 목사님은 사람을 사로잡는 카리스마가 있으셔서 한번 보면 모두들 인 목사님에게 빨려들었습니다. 조지송 목사와 인명진 목사가 교대로 설교를 10년이 넘는 세월을 마음이 맞아서 함께 일한다는 것이 어려운 일입니다. 그런 면에서 볼 때 두 분의 성격이 그렇게 대조적인 것이 사실 잘 맞는 것이라고 할 수 있습니다. 한 사람은 강하고 한 사람은 온유하여서 마치 한 집안의 아버지와 어머니처럼 잘 지낼 수 있었습니다.

정병준 산선에 대한 탄압이 74년, 78년, 84년에 있었는데 정부가 직접 개입하기도 하고 교회에 압력을 넣는 경우도 있었습니다. 78년은 한경직 목사님의 은퇴 즈음인데 그때까지 한 목사님이 조지송 목사의 인건비를 지원하고 있었습니다. 그런데 장로들의 압력으로 영등포 산선의 지원을 끊게 되고 박조준 목사가 총회를 통해서 지원하겠다고 했는데 그 이후로 한 번도 지원하지 않았다고 합니다.

김명배 영등포 산선이 다른 선교회에 비해서 끝까지 남아있을 수 있었던 것은 교회 기관의 지원이 있었기 때문입니다. 예장 통합이 보수적이지만 신앙의 스펙트럼이 어느 정도 탄력적으로 움직였던 결과라고 할 수 있습니다.

정병준 조지송 목사의 활동 중에 신봉회를 평신도산업전도연합회로 바꾸었는데 신봉회는 기독교인이 세운 공장에서 사장의 편에서 예배를 드리고 노동자들을 위로하는 차원이었고 강경구 전도사가 그 역할을 했습니다. 그리고 72년까지 노동조합 운동을 했는데 조지송 목사혼자 한 것은 아니고 영등포산업전도회 안의 연합사업으로 감리교에서 파송한 김경락 목사님과 함께 노조원을 교육하는 일을 했습니다. 70년대에는 주로 경공업 방림, 방적, 봉제 섬유, 제과 사업 위주였습니다. 그러다 보니 대부분 노동자들이 여성들이었고 노동운동의 주역이 여성 노동자였습니다.

송효순 그때 꿈이 중공업 노동조합이 생기면 큰 힘이 될 것이라고 생각했습니다.

정병준 70년대 말은 박 정권의 말기로 중화학공업이 발달하면서 남성 노동자로 전환되면서 노동운동이 이념화됩니다. 그러나 당시 여성 노동자들은 생존을 위한 투쟁이었고 이념 투쟁은 아니었습니다.

대안적 교회로서의 노동조합 운동

김명배   1960년대 말에 영등포산업선교회는 노동조합운동을 전개했습니다. 조지송 목사는 노동조합이 새로운 차원의 교회라고 했는데 노동조합이 새로운 교회라고 할 때 어떤 신학적 의미가 있는가 생각해보겠습니다. 먼저 장 교수님께서 말씀을 해주시지요.

보기 **장윤재**   이때부터 권리라는 말이 나옵니다. 그때까지 노동자들은 돌봄의 대상이고 시혜의 대상이었는데 사실은 노동자의 권리가 침해당하고 있다는 생각의 전환이 일어나게 된 것입니다. 한 사람 사람이 가지고 있는 권리가 침해당했고 그 권리가 회복돼야 한다는 것은 하나님의 정의라고 할 수 있습니다. 권리가 침해당하는 불의에 대해서 깨우쳐주는 역할을 하게 된 것입니다. 그동안의 평신도 교육은 지식을 주는 것이었습니다. 평신도 교육과 의식화운동의 다른 점은 아무리 알아도 심장이 안 움직이니까 안 바뀌지만 의식화가 되면 아는 것뿐만이 아니라 삶이 바뀌는 것입니다.

교회의 보수적인 신앙으로 볼 때 노동조합이 교회라는 것은 굉장히 충격적인 선언이었습니다. 교회는 건물도 아니고 제도도 아닙니다. 노동자가 민중이라는 말은 하는데 어떤 의미에서 노동조합이 교회라는 말은 별로 하지 않았습니다. 제 생각에는 노동조합 교회론은 통찰력을 가지고 선언했는데 지금 그 의미를 찾아주는 것이 우리가 해야 할 일입니다.

김명배   우리가 교회를 말할 때 주로 가시적 교회(Visible Church)와 비가시적 교회(Invisible Church)를 말합니다. 그런데 교회를 하나님 나라의 징표라고 볼 때 하나님 나라라는 개념이 하나님의 통치, 하나님의 정의가 실현되는 곳이라고 할 때 이런 것들이 구현되는 곳이 교회라고 할 수 있습니다. 그러니까 하나님 나라를 미리 맛볼 수 있는 곳이 교회인데 그런 차원에서 노동조합이 정의와 평화를 이야기하고 하나님의 다스림을 노동조합을 통해서 추구했다면 대안적 교회로서의 신학적 의미가 충분하다고 봅니다. 스텍하우스 같은 사람은 기업이 교회라고 말하는데 교회론적 차원에서 하나님의 뜻을 구현하는 곳이 교회라고 한다면 얼마든지 대안적 교회로서 노동조합이 교회라는 말을 할 수 있다고 생각합니다.

정병준 당시 노동운동을 하던 사람들은 그리스도의 현존을 꿈꾸고 자신의 존재 자체가 작은 그리스도라고 생각했습니다. 그런 의미에서 그리스도의 현존을 중요하게 생각하고 교회는 그리스도의 몸인데 노동자들 안에 들어가는 것이 교회이고, 그리스도의 몸이라고 생각했습니다. 노동자의 삶과 활동을 잘 실현해줄 수 있는 곳이 노동조합이라고 보고 그런 의미에서 노동조합 교회론이 나오게 된 것입니다.

인 목사는 하나님은 노동조합 안에서 정신적 가치를 창조하고 계시며, 또 교회는 노동자들의 권익보호를 위한 유일한 기구라고 말합니다. 그런 차원에서 노동조합 교회론을 말하게 된 것입니다. 기독론적으로 보면 그리스도의 현존이 노동조합 교회론을 말하는 근거가 된 것이라고 할 수 있습니다. 그러나 이것은 특수한 상황에서 가능했던 증언이지 이것을 일반화하여 이야기할 수는 없는 것입니다.

인명진 목사의 성육신적 신학

김명배 　1972년 유신헌법이 반포되고 장준하를 비롯한 재야 인사들이 백만인 서명운동을 일으켜 구속되자, 소장파 기독교 목회자들이 구속자 석방을 위한 성명서를 기독교 회관에서 낭독했는데, 이때 인 목사가 연루되어 구속되고 재판을 받아 실형을 살게 됐습니다. 그 후 인 목사는 감옥에서 나와 73년 4월부터 영등포 산선의 총무라는 공식 직함으로 일을 하게 되는데, 그의 증언에 의하면 산선에 투신하게 된 직접적인 동기는 김진수 사건이었고 또 하나는 그의 성육신적 신학이었다고 합니다. 김진수 사건은 앞에서 논의를 했으므로 이제 인 목사의 성육신적 신학이 어떤 것인지에 대해 이야기해보겠습니다.

장윤재 　인 목사의 삶은 한신에서는 신학을 배우고 장신에서는 사람을 배운 성육신의 신학으로 일관됐다고 할 수 있습니다. 그리고 무엇보다 무궁화유지라는 비누 만드는 공장에 들어가 일했던 1년 동안 신학을 다시 공부한 것입니다. 물론 이론은 알았지만 직접 노동자가 되어 삶에서 배운 것입니다. 자신이 부유한 집안의 장남으로 자라 노동자의 신분으로 공장으로 들어갔는데 하나님께서 하늘보좌를 버리고 땅에 내려와 사람이 된다는 것이 얼마나 위대한 일인가를 깨달은 것입니다. 그리고 네 번에 걸친 감옥생활을 통해서 죽기까지 예수님을 따라간다는 것이 어떤 것인가를 직접 체험하게 됩니다. 이때 깨닫고 체험한 성육신의 신앙이 지금까지 계속되고 있다고 보아야 할 것입니다.

정병준 　노동운동은 조지송 목사와 김경락 목사가 주동했습니다. 조지송 목사는 노동조합은 벽 없는 교회다, 노동조합은 교회이기 때문에 따로 교회를 세울 필요가 없다는 관점에서 접근했다가 72년에 유신정권 하에서 노조가 어용화되면서 1,200개의 노동조합이 다 어용화 되고 말았습니다. 그러면서 소그룹 의식화 활동을 하게 되는데 거기에 인 목사가 깊이 관여하게 된 것입니다.

긴급조치 1호 위반으로 감옥에 들어갔다가 나온 인 목사에게 스승인 존 브라운 목사님이 유학을 가든지 산업선교회를 해보라고 권유했다고 합니다. 당시 인 목사에 대해서 인 목사는 일반목회를 못할 것 같다는 분위기가 팽배했다고 합니다. 신학교 다닐 때도 이종성 학장 취임반대 운동도 하고 설교 시에도 가난하고 소외된 자들의 권리에 대한 이야기를 많이 해서 일반목회가 힘들다는 분위기에서 산선에서 일하게 된 것 같습니다.

김명배　인 목사는 철저하게 복음주의적이어서 후배들에게 자신은 사회과학 서적을 한 번도 읽어본 적이 없다고 늘 말했습니다. 막스나 모택동에 예수가 왜 뒤지는가 하면서 사회과학서적을 읽지도 않고 가르치지도 않았다고 합니다. 정말 그렇게 하셨는지 당시 산선에서 함께 활동하셨던 분들의 생생한 의견을 들어보겠습니다.

송효순　산선에서 세례를 받고 예수님을 믿게 됐습니다. 인 목사님은 "하나님을 믿는 것은 행동하는 것이다. 믿기만 하고 행동을 안 하면 죽은 신앙이다. 행동하는 신앙을 몸소 실천하라"고 늘 말씀하셨습니다. 그때 모였던 사람들은 공부도 못했고 공장에서 일만 했기 때문에 모든 면에서 자신감이 없었습니다. 그런 우리에게 인 목사님은 항상 여러분은 하나님의 귀한 자녀로 보물과 같은 존재라고 말씀해주셨습니다. 이념이나 역사에 대해서 가르치신 것은 없고 다만 우리가 얼마나 소중한 사람인가 하는 것을 가르쳐주셨습니다. 그리고 우리 같은 노동자들을 위한 노동법이 있으니까 이것을 찾아서 읽고 공부하여 권리를 주장하라고 하셨습니다. 그러나 특별한 의식화 교재는 없었고 노동법을 읽고 공부하게 하고 요리나 꽃꽂이 같은 것을 공부하게 하고 자신감을 갖게 해줬습니다. 당시 문동환, 문익환 목사님, 백기완, 조세휘, 김동길, 한완상, 고은 같은 분들이 산선에 오셔서 특강을 많이 해주셨습니다.

박덕순 당시 우리들은 목사님께서 불의를 보면 참지 못하시고 자신이 관여하지 않아도 될 일을 관여해서 당하는 고난을 보고 목사님을 정말 좋아했습니다. 그때 영어는 공부하지 말라고 하고 영어 공부를 하면 혼이 났습니다. 대신 신문을 읽어야 하니까 한자는 공식적으로 공부하게 했습니다. 노동자들을 내일 학살한다고 신문에 기사가 실려도 읽지 못하면 죽을 수밖에 없다고 하면서 하루를 마무리할 때 꼭 한자 두세 자씩을 외우게 했습니다. 그리고 매일 시험도 치르게 했던 기억이 납니다. 공장에서 일하고 잠만 자는 생활을 하지 말고 항상 깨어있으라고 말씀하셨습니다. 요리나 꽃꽂이뿐만 아니라 하다 못해 이불 꿰매는 것도 배워야 한다고 하셨습니다. 공장에 다녔다고 아무것도 못하면 안 되니까 모든 것을 잘할 수 있어야 한다고 하셨습니다. 돈을 버는 방법이 도둑질이나 훔쳐오는 것밖에 없는데 결혼해서 남편이 돈 못 벌어오면 그것 때문에 바가지 긁지 말고 지혜롭게 헤쳐나가야 한다고 가르쳐주셨습니다.

김명배 노동조합은 하나님 나라의 차원으로서 충분히 교회로서의 의미가 있다고 할 수 있습니다. 또한 인 목사의 신학은 본인도 말했고 추론으로 볼 때 성육신적 신학이라고 할 수 있습니다. 인 목사는 공장에 위장취업했을 때 인씨라고 부르는 것을 처음 들으면서 하나님이 사람이 된다는 것이 얼마나 힘든 일인가를 깨달았다고 말합니다. 그러면서 자신의 기득권을 버리는 것도 이렇게 어려운데 하나님이 인간이 된다는 것이 얼마나 어려운가 하는 것을 깨닫고 노동자들과 함께 자신을 낮추고 그들과 함께했다고 볼 때 인 목사의 신학을 성육신 신학이라고 말할 수 있을 것입니다.

장윤재 거기에서 더 나아가 높은 자리에서 가난한 자들에게 나아가는 것이 아니라 'Living Together', 노동자들과 함께 사는 것입니다. 개인적으로는 인씨라 불리면서 하나님의 심정을 이해하면서 위로 받지만 위에서 내려와 잠시 있다 올라가는 것이 아니라 함께 거주하는 것입니다. 그런 면에서 일회적인 것이 아니라 성육신 신학의 본연의 모습으로 보아야 정확하다고 생각합니다. 인 목사는 구술자료에서 이 일에 대해서 자신이 그리스도의 남은 고난에 참여하는 것이라고 말하고 있습니다.

영등포산업선교회의 소그룹 의식화운동

김명배 인 목사가 산업선교회에서 했던 일 중에 가장 중요한 것이 소그룹 의식화운동이었습니다. 인 목사는 기장이나 감리교는 자기이익 (Self-Interest)에 기초한 알렌스키 조직이론을 가지고 노동운동과 빈민운동을 전개했는데 이 이론은 한국적 상황과 토양에 맞지 않은 이론이라고 주장합니다. 그래서 인 목사는 자신이 영등포산업선교회 총무로 부임하면서 새롭게 시작한 것이 소그룹운동이라고 말합니다. 그리고 이 소그룹운동을 통하여 영등포 지역의 노동운동사에 있어서 금자탑을 이루게 됐다고 말씀합니다. 이제 영등포산업선교회의 가장 중요한 특징이었던 소그룹 의식화운동에 대해서 논의해보도록 하겠습니다. 그 방법이랄까 그 의미에 대해서 이야기를 나누어보도록 하겠습니다.

정병준   알렌스키 조직이론은 자기 이익에 기초해서 주민이 어떤 이익에 관심이 있는가에 초점을 두고 추상적인 것이 아니라 구체적인 이해관계에서 조직하라는 것입니다. 민주주의가 발달한 나라에서는 가능하지만 당시 한국은 탄압이 극심하여서 이해관계에 따라 조직하는 것이 힘든 상황이었습니다. 또 개인주의가 발달한 나라에서는 가능하지만 우리는 집단주의, 혈연중심의 사회이기 때문에 개인 중심의 이해관계로 집단을 조직하는 것은 힘들다는 판단에서 소그룹 조직을 하게 된 것입니다. 그러나 방법론을 다르지만 자기의식에 주인이 된다는 것은 상당 부분 파울로 프레리의 의식화 이론이 소그룹 조직화 이론의 상당한 영향을 끼쳤다고 말할 수 있습니다.

장윤재   7~9명의 소그룹은 완전히 함께 사는 것이었습니다. 같이 먹고 같이 일하고 같이 생활하는 직장공동체고 삶의 공동체로 개개인의 권리를 보장받을 수 있는 7~9명의 소그룹을 만든 것입니다. 그리고 이러한 7~9명의 소그룹은 여의도 순복음교회의 구역장제도에서 통찰을 받았다고 말합니다.

송효순 소그룹활동을 통해서 만났던 사람들과 형제 이상의 유대관계를 갖고 지금까지도 교류를 하고 있습니다.

장윤재 서구의 공동체 이론은 한 부락단위로 가기 때문에 단위가 커서 속으로 들어가면 다시 나누어지게 됩니다. 반면 소그룹은 7~9명으로 뭉쳐놓아 같이 일하고 같이 생활하게 했다는 점에서 예수님의 제자 운동과 닮았다고 할 수 있습니다. 그리고 이 소그룹은 철저하게 자생적으로 이끌어가도록 했습니다. 간사나 실무자가 이끌어가는 것을 경계해서 간사의 역할을 최소화하고 요청이 있을 때만 관여하게 했습니다.

정병준 그 아이디어를 신학은 성육신 신학의 본회퍼에게서 가져왔고 모델 형태는 순복음교회에서 가져왔고 적용은 산선의 소그룹운동에서 한 것입니다. 그렇게 해서 7~9명이 모였다가 사람이 많아지면 다시 나누게 했습니다.

73년도 모임횟수가 1,648회, 74년에 891회, 75년에 1,662회, 점점 커져 77년에 1,988회 그리고 78년 10월 26일 직전까지 5,200회 모였으며 참가인원도 73년에 11,500명, 79년도에는 62,000명이 됐습니다. 120개 정도의 소그룹이 활동했는데 모임횟수가 5,000회가 되고 62,000여 명이 모였다는 기록이 있습니다.

장윤재 교회론적으로 보면 예수님께서 돌아가실 때 마지막까지 따라갔던 것은 갈릴리 여인들이었고 부활을 처음 목격한 것도 여성들이었습니다. 의식화그룹이 다 여성이었던 것은 여성 기독교운동이고 여성 제자훈련이었다고 볼 수 있습니다.

송효순 남성 조직원도 몇 명 있었는데 남성들은 중간에 배신하고, 상황에 따라 자신의 이익에 따라 변할 수 있다고 해서 경계했습니다. 그러나 여자들도 결혼을 하면서 떠나는 한계를 보인 것이 사실입니다. 목사님께서 이런 일을 할 수 있는 사람은 아주 가난하거나 아주 부자여야 한다고 했습니다. 아주 부자여서 가난이 뭔지 모르면 뛰어들 수 있는데 본인은 이런 쪽이었고 아니면 너무 가난해서 이게 아니면 살 수 없다고 생각할 때 할 수 있다고 하셨습니다.

박덕순 남자들은 거의 시골의 가정을 책임지고 있는 경우여서 옳은 일인지 알지만 참여하지 못한 부분이 많았습니다. 여자는 상대적으로 가정에 대한 책임이 약한데 남자들은 가정에 대한 책임이 강해서 할 수 없었다고 생각합니다. 그리고 여성들의 노동환경이 훨씬 열악했고 임금도 남성에 비해 덜 받았습니다. 그러다 보니 남자보다는 여자들 위주로 흘러가게 됐습니다.

장윤재 개인적으로 인 목사가 겉모습과 달리 여성스러운 면이 있는 데 놀랐는데 그런 측면은 가부장적 제도하의 장남으로서 자라나면서는 습득할 수 없는 것으로 여성들과 함께한 체험을 통해서 익힌 것이라고 생각합니다. 신학적으로 볼 때 소그룹활동은 여성 중심의 사건이었고, 소그룹운동은 종교적 운동으로 볼 수 있습니다.

1978년 방림방적 사건과 공덕귀 여사

김명배 소그룹을 조직해서 의식화한 사람을 해태제과, 방림방적, 롯데제과, 대일화학, 남양나일론, 대한금강 여섯 개 회사에 의도적으로 침투하여 노동쟁의를 일으키고 노동문제를 사회화했다고 합니다. 그중 대표적으로 방림방적이 사회화됐는데 집행위원장으로 공덕귀 여사를 내세워 방패막이를 삼아 활동을 했는데 이 사건의 의미에 대해서 이야기해 보겠습니다.

송효순 70년대 소모임을 했는데 지도자가 될 만하면 결혼을 해서 그만두게 되니까 79년도에 6개월간 집중적으로 지도자 훈련을 받게 됐습니다. 훈련을 받은 사람들은 회사를 나와 다른 회사에 들어가고 다른 소모임을 이끌어가는 것입니다. 그러다가 직장에서 찍혀서 쫓겨나면 다른 사업장에 가서 의식화하는 일을 계속했습니다.

아무리 힘들어도 목사님의 얼굴을 보면 힘이 나고 자신감이 생겼습니다. 목사님의 말씀에 몇만 명이 움직이는 지침이 됐습니다. 그러다가 목사님이 감옥에 가시면 바로 그 이튿날부터 공장에서 탄압을 받았습니다. 창고로 쫓아내고 일도 안 시키고 있다가 나오시면 다시 현장으로 가서 일을 할 수 있었습니다.

정병준 노동쟁의를 일으켰던 여섯 개 회사 중에 방림방적, 해태제과, 롯데제과 세 건은 성공한 케이스였고 대일화학, 남양나일론, 대한금강은 실패한 케이스였습니다. 그중 대표적인 것이 방림방적 건으로 방림방적이 3년 동안 당연히 지급해야 할 월급을 주지 않고 잔업이나 야근 등 체불임금이 20억 가까이 되어 노동임금을 착취한 것을 되돌려 받기 위해 노동조합에서 탄원서를 받아 고발을 한 사건입니다. 대책위원회를 사회적으로 구성해 사회 문제화하여 결국 회사가 임금의 일부를 지불하게 됐습니다. 그 이후에 방림방적은 노동자들에게 휴일도 주고 잔업수당도 지급하는 것으로 바뀌었습니다.

재미있는 것은 노동운동을 하는 원칙이 있는데 조합원이 회사원의 10의 1이 확보됐을 때 싸움을 시작한다, 학생단체 등 충분한 지원부대를 확보한다, 노동문제를 사회문제화 한다는 것이었습니다. 세밀하게 살펴서 방학 때나 시험기간에는 학생들의 도움을 받을 수 없다고 생각하고 싸움을 피한 것으로 볼 때 상당히 조직적이었다고 말할 수 있습니다. 이런 정책 속에 인 목사의 비상한 개인적인 능력이 발휘되는 투쟁을 조직할 줄 아는 치밀한 분이라고 할 수 있습니다.

장윤재 방림방적사건은 노동문제를 의식적으로 사회 문제화시킴으로 노동운동이 우리나라 민주화운동의 실체가 됐다는 것에 의미가 있다고 할 수 있습니다. 공장 안에서 노동자끼리의 문제를 공덕귀 여사를 내세워 사회 문제화하여 노동자의 문제를 사회화하는 연결고리를 삼은 것입니다.

김명배 해태제과는 8시간 노동시간제를 쟁취하게 됐는데 노동운동사에 굉장한 의미가 있는 사건입니다. 당시 임금체불보다 더 심각한 문제는 노동시간의 문제로, 영등포산업선교회의 8시간 노동시간제 성취는 노동운동의 금자탑이 되기에 충분한 사건이었습니다. 인 목사는 노동운동에 있어서 임금이 제일 중요하다고 생각하고 대부분의 공원들이 생각조차 하지 못했던 것을 의식화하여 8시간 노동시간을 쟁취한 것입니다. 실제로 노동운동의 역사는 노동시간의 쟁취라고 할 수 있는데 이것은 인 목사가 실제로 공장생활을 체험하면서 절실하게 느꼈던 문제를 의식화하여 쟁취한 것입니다.

송효순   해태제과는 큰 회사로 계획적으로 400명 정도가 쟁의를 시작했습니다. 그러나 싸움이 시작되면 구사대가 조직되어 탄압하면 절반 정도가 포기하게 됩니다. 그러면서 또 다른 사람이 합류하기도 하는데 8개월 만에 400명 중에 18명이 남았습니다.

장윤재   인 목사의 박사논문에 왜 해태제과였는가 하는 주도면밀한 일곱 가지 이유가 기록돼 있습니다. ① 이미 조직이 침투돼 있다, ② 과자 만드는 공장이어서 국가 경제에 치명적인 손해를 주지 않는다, ③ 정부와 사생결단을 하지 않을 수 있고, ④ 따라서 정부가 크게 도와줄 일이 없을 것이며, ⑤ 과자는 전 국민이 먹기 때문에 인지도가 높고, ⑥ 사람들이 도와줄 수 있는 계기가 될 수 있으며, ⑦ 이 회사가 다른 공장과 치열한 경쟁관계에 있기 때문에 금방 항복할 것으로 생각하고 의도적으로 문제를 일으킨 것이라고 기록하고 있습니다. 이 정도라면 가히 천재적인 전략가, 야전 사령관이라고 할 수 있습니다. 소그룹을 조직한 것은 대단한 조직가이며 또한 이런 면에서 볼 때는 굉장한 이론가라는 것을 알 수 있습니다. 그런 의미에서 산선이 노동운동의 사령부의 역할을 했으며 목사님이 총사령관이었다고 볼 수 있습니다.

원풍모방사건

김명배 　인명진 목사가 산업선교회를 통해서 노동운동을 한 것에 대한 평가를 하는 중 다른 입장의 차이를 보이는 것이 원풍모방사건입니다. 이에 대해 원풍 쪽에서는 인명진 목사가 소극적이고 겁을 먹고 몸을 사린 것으로 표현하고 있는 반면 인명진 목사의 입장은 원풍모방 노조가 산업선교회를 방패막이처럼 앞세웠다는 것이 문헌을 통해 정리됐습니다. 산업선교회와 원풍모방 노조의 결렬에 대해 당시 현장에 있었던 한명희 씨의 의견을 들어보겠습니다.

한명희 　이옥순 저서 『나 이제 주인되어』에서 원풍과의 갈등에 대해 서술한 것과 원풍모방사건의 자료를 참고하면 좋을 것입니다. 당시 영등포 산선에서 원풍모방 노조의 간부들이 대책회의를 하는 등 영등포 산선이 원풍모방 노동운동의 근거지 역할을 했습니다. 그때 마지막 투쟁 7일 만에 모든 노조원이 다 끌려나오게 되는데 김문수 의원이 인 목사님께 "목사님, 과연 신이 있습니까?" 하면서 통곡을 했던 일이 생각납니다. 아무튼 그래서 원풍노조가 영등포 산선을 근거지로 삼고 100여 명이 산선에서 하루 세 끼 밥을 먹었습니다. 인 목사님께서는 원풍의 독자적 대응, 홍보는 교회를 통해서 하지만 다른 차원 조직의 독립성을 가져야 한다고 생각하셨던 것 같습니다. 추측건대 노동자들에게 밥값을 내라고 할 수 없고, 교회가 한정 없이 퍼줄 수도 없고 노동자의 입장에서는 산선에서 안양의 집 등 자산이 있는데 돈을 안 쓰는 것에 대해 불만을 가지지 않았나 생각합니다. 노동자들이 인 목사님에게 열광적인 신뢰를 보냈지만 일부는 노동자 팔아서 외국에서 원조 받아서 왜 우리에게 쓰지 않는가 하는 불만이 있었습니다.

그리고 당시 산선은 컨트롤데이터 사건으로 산선에 형사들이 상주
하고 있었기 때문에 산선 자체를 총회에서 고사시키려는 분위기였는데
원풍사건으로 노동자들 100여 명과 함께하는 것이 교단측에 눈치가 보
였을 것입니다. 결국 원풍이 산선에 계속 있게 하느냐, 독자적 영역을 구
축해야 하느냐 하는 문제가 발생하게 된 것입니다. 그러나 원풍 쪽에서
는 산선에서 나가면 어디로 가야 하느냐, 산선이 원풍을 쫓아낸다고 생
각한 것입니다.

김명배   그렇다면 원풍이 빠져나간 뒤에 산선은 어떤 모습이었습니까?
그리고 산선을 나간 원풍은 어떤 노동운동을 전개해나갔습니까?

한명희   원풍은 산선에서 나간 후 새로운 조직을 형성하게 되는데 84년
에 원풍을 중심으로 20개 가까운 노조가 모여 한국노동자협회를 만들
었습니다. 그 과정에서 산선에 남아있던 10여 개의 민주노조에서 활동
하는 사람들에게 산선에서 나오라고 압력을 행사했습니다. 밤을 새워서
산선을 그만두라는 회유하고 산선에 남아있는 사람들을 배신자라고 몰
아세웠습니다. 원풍과 결별하면서 산선의 노동운동이 종식되는 것으로
보는 시각이 있는데 아무튼 산선의 정체성에 대해 혼란을 겪게 됩니다.
당시 인 목사는 호주로 추방당하고 조지송 목사가 총무였는데 손은하
목사가 와서 기존의 노동운동과는 전혀 색깔이 다른 재미와 경제성을
찾는 생활운동을 했습니다. 노동운동보다는 비디오 보기, 재활용 물건
나누기 같은 생활운동을 하면서 산선이 변했다면서 노동자의 수가 줄어
드는 답답한 상황이 1~2년 계속됐습니다. 전투적인 노동자가 다 나가고

도림교회, 양평교회 등 일반교회의 일반 노동자들이 남아서 시작한 것이 85년도 기도운동입니다.

송효순 │ 저는 산선에 다니다가 공장에서 해고되기 전에 오산공장으로 쫓겨났는데 오산에 제2의 산업선교회를 만들려는 꿈을 가지고 있었습니다. 그런데 오산으로 내려간 뒤 열흘 만에 공장에서 쫓겨나 다시 서울로 올라와 재취업을 해야 하는데 블랙리스트에 올라 취업을 못 하고 안양에 산선에서 사놓은 작은 집이 있어서 안양으로 내려갔습니다. 저는 위에서 활동하는 것도 좋지만 공장에 다니면서 노동자들을 의식시키는 것이 가장 중요하다고 생각해서 공장에 다니고 있었습니다. 그런데 산선과 원풍이 결별하게 됐다는 뉴스를 듣고 서울로 올라와 병원에 입원해 있는 원풍 사람들의 병간호 해주고, 한명희 선배와 함께 산선에서 원풍 사람들의 밥을 해줬습니다. 한국의 바웬사라고 불렸던 원풍의 방지부장은 제가 믿고 의지하고 무슨 일이 있을 때마다 늘 상담하고 도움을 받던 분이었는데 원풍과 산선이 결별했다는 것은 너무도 충격적인 일이었습니다.

김명배 │ 두 분의 진술을 잘 들었습니다. 그렇다면 두 분 교수님께서 원풍과 산선의 결별의 의미에 대해서 말씀해주십시오.

정병준 │ 인간은 누구나 연약한 존재입니다. 신학적으로 이야기하면 인간의 연약한 모습이 나오는 것 같습니다. 사실 원풍과 산선이라는 중요한 운동의 주체가 갈라지는 과정이 한국 노동운동사의 큰 분기점이 됐습니다. 그것이 작은 데서 시작됐다는 것을 보며 아무리 강철 같은 의지가 있어도 한계상황에서 약해질 수밖에 없다는 생각을 하게 됩니다.

장윤재 저는 개인적으로 김문수 의원이 "목사님, 신이 정말 있습니까?"
라고 했다는데 그 이후 천주교회에 나가게 됐다는 말을 듣고 김문수 의
원이 신을 만나서 다행이라고 생각합니다.

　　그리고 산선과 원풍의 결별은 크게 한국 노동운동의 분화 발전으
로 해석하고 싶습니다. 이 세계의 어느 역사든 분열이 없이 단일하게 한
색깔로 가는 경우는 없습니다. 운동하는 과정에서 이견이 생기고 오해
가 생기기도 하고 분화되고 분열되고 바뀌기도 합니다. 사실 교회가 노
동운동의 주체는 아닙니다. 물론 교회가 노동운동이 독자적으로 활동할
수 있는 데까지는 도와주어야 하는 것은 당연합니다. 그러나 교회는 자
신의 신앙의 역할로 자기 색깔대로 노동자에게 해줄 수 있는 역할이 있
는 것입니다. 그런데 그 역할을 다해서, 때가 돼서 분화해가는 과정에서
개인적인 오해가 있을 수 있지만 큰 흐름에서는 긍정적으로 보아야 할
것입니다. 한국교회가 노동운동의 산실을 제공하고 교회는 선교로 특화
되고 노동운동은 노동운동으로 나가게 된 것입니다.

김명배 노동운동사를 쓰는 사람들이 노동운동의 산실과 같았던 산선
의 역할을 무시하고 자신들의 힘으로 노동운동을 한 것처럼 이야기하는
것에 대해 수정이 필요하다고 생각합니다.

한명희 노동운동을 하는 사람들도 민주노총부터 노동운동이 시작된
것처럼 말합니다. 그 이전까지는 저급한 수준으로 보고 노동운동으로
치지 않고 있습니다. 노동운동사를 보면 70년대 노동운동에 대해서 이

것은 노동운동이 아니고 한계를 보였다, 신앙에 의존했다, 조합주의다 등등의 온갖 한계점을 너무 많이 이야기함으로 긍정성을 찾아볼 수 없습니다. 운동이라 할 수 없고 오히려 운동에 해악을 끼친 것이다. 노동운동의 역사는 84년부터 구로연투부터 시작한 것으로 보고 그전의 좌절과 패배가 합쳐져서 만들어진 것을 인정하지 않고 있습니다.

장윤재 역사는 나무가 자라는 것과 같이 연속성으로 보아야 함에도 불구하고 노동운동이 84년부터 시작됐다고 하는 것은 역사를 생각하는 방식이 굉장히 기계론적 방식이라고 생각합니다.

영등포산업선교회가 배출한 인물들

김명배 마지막으로 산선이 배출한 인물이 많이 있는데 오늘 나오신 한명희 씨 그리고 신철형, 송진섭, 이근복 목사 등이 있었으며 많은 사람들이 한국노총으로 가서 활동한 것으로 알고 있습니다. 그런 의미에서 영등포산업선교회는 노동운동 지도자를 배출해내는 산실이었습니다. 저를 제외한 두 분 교수님도 산선 출신이라고 들었는데 어떤 활동을 하셨습니까?

장윤재 민혁이란 가명으로 대학 4년 동안 성문밖교회에서 예배반주하고 야학에서 기타를 가르쳤습니다.

정병준 청년회 전국 연합회 일 하면서 산업선교회를 지원하는 일을 했습니다.

종합평가

김명배   영등포 산선의 노동운동은 사실 철저한 교회운동이라고 말할 수 있는데, 이제 마지막으로 그 의미에 대해서 두 분 교수님의 말씀을 듣고 이 좌담회를 마칠까 합니다. 장 교수님, 어떻게 생각하십니까?

장윤재   영등포산업선교회의 노동운동은 한국교회 여성노동운동이었다는 것과 세계의 패러다임이 전도에서 선교로 넘어갈 때 우리도 세계사적 흐름과 보조를 맞추었다는 것에 의미가 있다고 할 수 있습니다.
    인 목사는 항상 현장에 연결돼 있었기 때문에 굉장히 구체적이고 사실적으로 노동문제에 접근할 수 있었습니다. 인 목사는 민중신학을 하는 사람들을 향해 "노동자의 발가락 냄새를 맡아보았느냐?"고 묻습니다. 또 "근로기준법만으로는 안 된다. 근로기준법을 바꾸는 것이 혁명을 하는 것보다 중요하다"고 말합니다. 몸과 마음이 현장에 있었기 때문에 할 수 있었던 말이었습니다. 그런 면에서 볼 때 영등포산업선교회는 인 목사의 성육신 사상, 그리스도의 남은 고난에 참여한다는 의미에서 한국교회 역사에 중요한 에큐메니칼 운동이었다고 말할 수 있습니다.

정병준   먼저 영등포산업선교회는 실무자들이 교파를 초월해서 함께 일했고 80년대에서는 카톨릭, 기장, 감리교 등 노동운동을 하는 여러 단체와 함께 연합기구를 만들어서 공동으로 노동문제에 대처하는 노동운동의 센터로서 역할을 했다는 점에 의미가 있다고 할 수 있습니다.
    다음으로 어떤 단체이든지 대속자, 다른 사람이 지은 죄까지 뒤집어쓰고 희생을 하는 모든 사람의 용서를 가능하게 하는 사람이 필요합니다. 예수님께서 타인의 모든 죄를 지신 것처럼 한국교회가 저질렀던 잘못에 대해서 산선이 70년대 한국교회가 감당하지 못했던 많은 문제를 대속적 의미에서 고난을 감당함으로 다른 모든 교회까지도 용서받게 했다고 볼 수 있습니다. 그런 의미에서 영등포산업선교회는 희생자의 의미 대속자적 의미를 갖는다고 볼 수 있습니다.

김명배　지금까지 장시간 동안 좌담회에 참석해주신 두 분 교수님들과 모든 분들께 감사를 드립니다. 수고들 하셨습니다.

2. 민주화와 인권운동

유신헌법과 긴급조치 1호 위반사건

김명배 인 목사의 정치활동에 대해서 70년대에서 87년도 6 · 10 항쟁까지는 반독재 민주화운동 인권운동 중심으로 다루고 1990~2000년대는 정당인은 아니지만 정치활동에 대해서 살펴보도록 하겠습니다. 그러기 위해 먼저 반독재 민주화운동의 시기를 언제로 해야 하느냐에 대한 학자들 간의 이견에 대한 이해가 있어야 할 것입니다. 빠르게는 1965년 한일협정부터 교회가 민주화를 위한 사회참여를 했다고 하고 다수는 1970년대에 이르러 반독재 민주화운동을 시작했다고 합니다. 사실 70년대는 교회의 목회자 중심으로 반독재민주화운동의 전위대 역할을 했으며 80년대는 사회의 다양한 운동단체와 협력하면서 운동을 했다고 할 수 있습니다. 인 목사가 반독재 민주화운동과 인연을 맺게 된 것은 1974년 긴급조치 1호 위반으로 구속된 사건이라고 할 수 있는데 긴급조치 1호가 발생하게 된 것은 유신헌법이 만들어진 것의 일환인데 유신헌법이 만들어진 시대적 배경에 대해 이야기해보겠습니다.

정병준 박 정권이 3선개헌을 하면서 그 후부터 억압이 강화되는데 3선개헌 후 마지막 개헌이라고 약속했기 때문에 기존 헌법 체제 하에서는 장기집권이 안 되니까 헌법질서를 무너뜨리고 영구집권을 하기 위한 새로운 법안이 유신입니다. 그런데 유신 직전에 박 대통령과 북한과의 남북교류가 있었습니다. 국민들에게 통일에 대한 환상을 갖게 해놓고 남쪽에서는 유신을 발표하고 북쪽에서도 나름대로 권력을 강화하게 되어 양쪽이 다 독제체제를 강화하는 근거로 삼았던 것입니다. 결국 1972년 유신은 국민투표를 하지 않고 장기집권을 하기 위한 것이었고 이 유신을 반대하는 운동이 재야를 통해서 일어나게 됐습니다. 박 정권이 유신을 반대하는 백만 인 서명운동을 막기 위해 1974년 긴급조치 1호를 선포하게 되는데 긴급조치 1호 위반으로 김경락, 이해학, 김진홍, 박윤수, 홍길복, 인명진, 김성일, 임신영, 박창빈, 윤석규 등 10명의 성직자가 감옥에 가게 됐습니다. 다시 말해 도저히 무너뜨릴 수 없었던 억압을 돌파했던 사람들이 개신교 성직자들이었다는 것입니다. 한국 70년대 민주화운동은 개신교와 민중선교에 참여하고 있었던 개신교 성직자들에 의해서 출발됐다고 할 수 있습니다.

김명배 긴급조치가 발표된 후 최초의 의미 있는 정치적 항거가 바로 기독교회관 312호에서 있었던 소장파 목회자들의 성명서 낭독이었습니다. 유신헌법의 배경으로 남북교류를 말했는데 이후락 씨가 북한에서 가서 김일성을 만나고 7·4 남북공동성명을 이끌어낸 후 그해 10월 유신헌법이 공포되면서 1인 장기 독재체제가 됐습니다. 북한에서도 사회주의 헌법을 공포하면서 수령제를 중심으로 한 주체사상을 강화했습니다. 유신헌법의 구체적인 내용에 대해 두 분 교수님의 의견을 들어보겠습니다.

정병준 7·4 남북공동성명은 남북한이 자주적이고 평화적으로 민족의 단결을 통한 통일을 하겠다는 선언임에도 불구하고 오히려 그것으로 이후 남북이 통일체제가 아니라 분단체제로 가는 시점이 됐다고 많은 학자들이 말합니다. 남이나 북이나 분단으로 인해 상대방의 존재를 위협으로 간주하고 현재의 집권과 통치에 대해 정당성을 부여받음으로 해서 분단이 영속화되는 분단 레짐으로 볼 수 있습니다. 7·4 남북공동성명으로 인해 역설적으로 남북한이 분단레짐으로 들어가서 지금까지 이어지고 있다는 틀에서 보면 유신체제가 더 잘 보일 것입니다. 그런 의미에서 유신은 분단체제 때문에 가능했던 개발독재로 경제개발을 명분으로 영구 통치를 추구한 것입니다. 한국이 산업화를 이뤘다고 하지만 민주화와 인권의 막대한 희생을 바탕으로 했던 것이 유신체제입니다. 분단체제로서 유신체제가 시작된 것이고 그것을 반대하는 사람들에게 재갈을 물린 것이 긴급조치 1호였고 그 1호의 위반으로 인명진 목사가 구속된 것입니다. 분단체제 자체에 대해 도전했던 첫 번째 싸움으로 기록돼야 할 것입니다.

정병준 국민투표로 대통령을 뽑지 않고 통일주체국민회의에서 대통령을 뽑는 시스템은 젊은 목회자들이 볼 때 말이 안 되는 일이었는데 당시 아무도 이 부분에 대해 항거하지 못했습니다. 이때 가장 양심적이고 애국적인 민주주의를 사랑하는 젊은 성직자들, 물론 기존 교회가 아니라 민중선교를 하는 성직자들이 불의에 항거하여 나서게 됐습니다.

김명배 1972년 유신헌법이 해방 이후 한국 경제사에 끼친 영향은 40여 년이 지난 2010년까지 그 그림자가 짙게 드리워져 있습니다. 그렇다면 유신헌법이 현대사에 미친 영향에 대해 구체적으로 살펴보겠습니다.

정병준 유신은 정당정치를 불가능하게 하고 군사독재를 영속화시켰으며 한국사회의 전반적인 시민사회화를 저해했다고 말할 수 있습니다. 권위주의적이고 억압적인 통치체제 방식으로 국민들이 자신들의 힘으로 건강한 국가를 세울 수 있는 길을 다 막아버린 것입니다. 남은 조직은 국가 정부조직과 기업체였으며 유일하게 언론을 통해 말할 수 있었던 것이 종교집단이었습니다. 그것도 기독교집단이었습니다. 그러나 대다수의 종교인들이 시민사회의 중요성을 보지 못하고 군사독재의 눈치만 보고 살아야 했습니다. 교회가 건강하게 시민사회와 함께 발맞추어 성장하는 기회를 상실한 것입니다. 한국교회가 시민사회를 선도하고 이끌어나가야 함에도 불구하고 오랜 독재시절 정부의 눈치만 보다 보니 오늘의 기독교가 한국사회의 도전을 받게 되는 것이라고 볼 수 있습니다. 선교적 측면에서도 마찬가지라 할 수 있습니다.

김명배 많은 사람들이 유신헌법이 공포되고 박 정권이 장기집권하면서 경제발전을 이뤘다고 평가하는 것에 대해 다른 생각을 가진 사람들도 있습니다. 대만이나 홍콩의 예를 보면 독재가 아니라도 경제발전을 이뤘습니다. 그런 의미에서 꼭 독재가 산업화를 이뤘다고 말할 수 없는 것입니다. 개인적으로 한국 기독교회가 80년대 성장한 것은 우리 사회가 본질적으로 부강해진 것도 있지만 유신체제에 항거한 반독재 민주화운동이 한국 개신교회에 좋은 이미지를 만들어주어서 교회에 대한 희망이 교회 부흥에 영향을 미치게 됐다고 생각합니다. 오히려 민주화가 되면서 한국교회의 대중적인 이미지가 만들어지지 않아 현재 위기가 온 것으로 생각합니다.

장윤재 유신은 세 가지 측면에서 탈법적인 초헌법적인 것으로 사이비 한국적 민주주의라고 할 수 있습니다. 민주주의는 서양 것인데 우리나라와 아시아에서는 민의 정치의 주체로 참가하는 것은 아무것도 없다고 할 때 정신사적으로 민주주의의 개념 자체를 오염시켰다고 생각합니다. 두 번째, 오늘날 많은 사람들이 한국의 가부장적 문화, 위계질서의 문화, 소수자를 박해하는 문화, 젊은 사람들이 말을 못하는 문화가 유교문화인 것으로 생각하는 거대한 착각을 하고 있습니다. 그러나 유교는 인과 예로 우리 사회를 조화롭게 만들어가고자 하는 우수한 철학이고 정신입니다. 한국사회를 이렇게 망쳐놓은 것은 군사문화입니다. 61년에 쿠데타에서 박 정권이 유신까지 집권했다고 보지 않고 유신부터 한 사람의 총통적 지배가 생겨났다고 봅니다. 군사적 문화가 우리 문화 곳곳에 자리 잡아 한국인의 좋은 전통과 모든 문화와 정신이 왜곡된 것이 유신부터라고 생각합니다.

정병준 유신헌법의 초헌법성에 대한 저항운동에 나서게 된 것은 은명기 목사 사건과 부활절 사건이 최초의 사건이고 장준하와 백기완 선생이 유신반대 백만 인 서명운동을 하게 되는데 그것을 억누르기 위해 긴급조치 1호를 시행한 것입니다. 그 뒤로 1979년 박정희 대통령이 암살되기까지 9호가 발동됐습니다. 긴급조치는 유신헌법에 대한 부정, 반대 왜곡, 비방금지, 헌법개정에 대한 주장 발의 제안 청원 금지, 유언비어 금지, 이러한 금지 행위에 대한 고소 금지 그리고 이러한 위반자에 대해 영장 없이 체포 및 최고 사형에 처할 수 있는 것 등의 내용이었습니다. 인 목사는 긴급조치 1호 위반으로 구속됐고 4호 민청학련 사건과 9호로 구속됐는데 1, 4, 9호가 가장 악랄하다고 말합니다.

장윤재 장준하, 백기완 두 분이 유신헌법 자체를 개헌해야 한다고 서명운동을 해야 한다고 서명운동을 하니까 긴급조치 1호를 발동한 것이고 그것에 의해 잡혀간 것이 인 목사입니다. 장준하, 백기완은 긴급조치 1호로 싸운 것이 아니라 유신헌법 자체와 싸우다가 긴급조치 1호가 발동되고 거기에 저항하다가 구속된 것이 인 목사입니다.

김명배 긴급조치 1호는 당시 기독교회관 312호에서 젊은 성직자들이 성명서를 낭독하고 NCCK 본부 등을 돌면서 성명서를 나누어준 것을 문제 삼아 많은 사람들이 체포된 사건입니다. 인 목사는 사실 그 모임에 참석하지도 못했지만 체포되어 감옥에 가게 됩니다. 아무튼 이 사건은 한국교회의 최초의 정치적 항거라는 데 의미가 있다고 정리할 수 있습니다.

감옥체험

김명배 이제 인 목사님의 투옥과 감옥생활에 대해서 이야기를 나누어 보도록 하겠습니다. 긴급조치 1호 위반으로 다른 사람은 20년, 15년을 구형받았는데 인 목사는 10년 언도를 받고 실제로는 1년 2개월 만에 나오게 됐습니다. 중앙정보부 지하실에 구금되어 영하 17~18도의 추운 상태에서 취조를 받고 생전 처음으로 서울 구치소에서 수감됐습니다. 솜이불도 제대로 없고 격리수용으로 외로움과 배고픔과 싸웠다고 합니다.

정병준 구술 자료에 보면 빨간 표지를 붙이면 방공법이고 파란 표지는 잡범인데 긴급조치로 들어간 사람에게는 노란표지를 붙였다고 합니다.

노란 표지는 정신병자에게 붙이는 표지로 긴급조치에 저항한 사람은 정신병자로, 그것도 가장 심한 A 정신병자로 취급했다고 합니다. 그러니까 다른 죄수들이 말도 안 걸고 심지어는 간수조차 접근하지 않아 외로웠다고 합니다. 너무 외로워서 이를 잡아서 경주를 시켜서 제일 늦은 이를 죽이는 놀이를 했다고 합니다.

김명배 그러한 경험이 나중에 정치참여하면서 많이 반영됐습니다. 사형제도에 대해서 반대하시는데, 사형을 받은 사람이 있는데 나중에 진범이 잡힌 것을 보고 죽은 사람의 인권을 어떻게 할 것인가 하면서 사형에 반대하게 됐다고 합니다.

장윤재 목사님이 들어왔다니까 다른 죄수들이 목사님을 의지하고 따랐다고 합니다. 그리고 소지들이 병에 감염된 더러운 손으로 음식을 나누어주는 것을 보고 처음에는 먹지 못했지만 나중에는 없어서 못 먹게 됐다는 구술도 있습니다. 감옥생활을 통해서 노동자보다 더 밑바닥 인생을 경험하게 됐다고 합니다. 자신은 그동안 가난한 노동자들이 어떻게 하면 잘 먹고 잘살 수 있을까 하는 것을 위해서 일해왔는데 감옥에서 노동자보다 더 힘든 사회의 낙오자인 죄인들의 밑바닥 생활을 체험하게 된 것입니다.

정병준 감옥생활을 통해 극과 극의 차이를 겪게 된 것입니다. 예를 들면 그동안은 노동자들과 함께 살아가면서 말을 너무 많이 해야 하는 것을 힘들어했는데 감옥에 들어가서 독방에 있을 때는 아무도 상대해주지 않으니까 외로움을 느꼈다고 합니다. 너무 외로워서 다른 죄수들과 함께 있게 해달라고 해서 함께 있으면 다시 힘들어지는 것을 보면서 사람이 얼마나 간사한가 하는 것을 절감하게 됩니다. 그러면서 인간의 한계점을 깨닫게 됐다고 합니다. 그리고 감옥에 갔다고 하니까 고향 친척들이나 친지들의 발길을 끊어버리는 것을 보고 그 사람들에 대해 원망하기보다 인간에 대한 이해의 깊이를 더하게 됐다고 합니다. 옥살이를 했다고 하면 투사적 이미지를 연상하지만 인명진이라는 인간의 가장 솔직한 면이 드러나게 되는 시간이 됐던 것입니다. 감옥생활을 하면서 제일 기뻤을 때는 누가 들어왔다고 할 때이고 제일 화가 날 때는 나는 아직도 감옥에 있는데 누가 나갔다고 할 때였다고 말합니다. 그리고 김진홍 목사는 두꺼운 솜옷을 입고 있는데 자신은 그런 솜옷이 없어서 부러웠다는 솔직한 고백도 하고 있습니다. 그러나 여성 노동자들이 매일 아침 제일 일찍 찾아와서 영치금 천 원도 넣어주고 우유 하나 빵 하나를 사서 넣어주어서 감옥에 있는 모든 사람들의 부러움을 샀다고 합니다. 이런 일련의 일들을 겪게 되는 감옥생활은 인 목사에게 자신의 한계점을 깨닫게 했을 뿐만 아니라 인간에 대한 깊은 이해를 할 수 있었던 귀한 시간이었습니다.

장윤재 인 목사의 감옥 경험의 진술에는 교도관에게 부당한 처우를 당했다는 말은 없습니다. 그때 경험으로 문민정부 때 행정쇄신위원회에서의 교도소 처우개선을 하게 됐다고 할 수 있습니다. 그때까지 일제시대의 잔재가 많이 남아있었는데 인 목사의 감옥 경험이 일제의 잔재를 없애는 데 크게 작용했다고 할 수 있습니다.

김명배 박형규 목사의 증언을 보면 감옥은 교육의 장이었다고 말합니다. 죄수들에게 성경을 읽게 하고 가르치면서 그들의 의식이 바뀌었다고 합니다. 인 목사에게도 내면의 영성에 대한 성찰의 훈련이 있었을 것입니다. 그리고 그것이 영등포 산선을 이끌어갈 수 있었던 원동력이 됐을 것이라고 생각합니다.

정병준 감옥생활을 신학적으로 해석하면 영성 훈련의 장소였다고 말할 수 있습니다. 노동운동하는 사람들은 영성이 부족하고 복음적인 사람은 역사의식이 없을 수 있습니다. 영성과 역사의식 두 가지를 다 갖는다는 것이 힘든 상황에서 인 목사는 감옥생활에서 수많은 책을 읽고 성경 읽고 묵상하고 기도하는 시간을 가짐으로 영성을 훈련할 수 있었습니다. 그리고 이것이 하나님과 가까이 할 수 있는 계기가 됐습니다. 구술자료에 보면 인 목사는 자신의 기도와 영성이 부족해서 하나님께서 자신을 감옥으로 보내셨다고 하는데 자신의 고난에 대해서 하나님이 주신 의미가 무엇인가 재해석을 하게 됩니다.

정병준 또한 인 목사의 구속은 예장 통합에도 지대한 영향을 줬는데 당시 민중선교 하는 전도사나 목사들이 감옥에 가게 되면서 교계의 항의로 국제적 관심과 지원을 받게 됐습니다. 국제적으로나 민주화운동 쪽에서는 이 사건을 통해서 용기와 격려를 얻는 반면 보수적 기존 교회에서는 산선을 의심하고 위험시하는 운동이 일어나게 됐습니다.

1975년 3월에 예장총회 도시산업선교회중앙위원회가 만들어져 3월 31일 중앙위원회가 도시산업선교회 선교자세라는 선언문을 발표하였습니다. 그 내용을 보면 "첫째, 도시산업선교회 활동은 복음을 기초한 성육신 방법으로 해야 한다. 둘째, 도시산업선교회 실무자 훈련을 총회 차원의 훈련으로 강화해야 한다. 셋째, 도시산업선교회는 그 지역 노회와 교회의 협력하에 이뤄져야 한다"는 것이었습니다. 산선의 활동에 대해 노회와 총회가 우선적 선교사업으로 정하고 산업선교회를 옹호하고 보호하려는 발표를 하게 된 것입니다. 그런 의미에서 인 목사의 구속사건은 단순히 정치적 사건이 아니라 한국교회가 영등포산업선교회의 선교활동을 복음활동이라고 공식화하는 중요한 계기가 된 것입니다. 이것은 산업선교회의 이념적 공격에 대해 신학적 정당성을 제시한 것으로 산업선교회 신학을 총회에서 정당화하기 시작한 출발점이라고 할 수 있습니다.

김명배   결론적으로 말하면, 비위생적이고 열악한 감옥생활이었지만 문민정부 때 행정쇄신위원회에서 활동하면서 재소자 인권개선과 처우개선을 위한 법적 · 제도적 장치 마련에 토대가 됐습니다. 감옥생활을 통해서 인간에 대한 폭넓은 이해를 하게 되고 깊은 영성 경험을 하게 됐습니다.

1977년 청주산업선교회 미가서 설교의 정치적 · 교회적 의미

김명배   이제 77년에 있었던 인 목사의 청주산업선교회에서의 미가서 설교사건에 대해서 정리를 해보도록 하겠습니다. 먼저 정 교수님께서 이 사건이 일어나게 된 배경에 대해 말씀해주시지요.

정병준   74년 민청학련 사건이 터지고 인 목사는 75년 초에 석방되고 영등포 도시산업선교회 총무로 오게 되어 활발한 소그룹 활동을 펼치게 됩니다. 77년도 청주교회 사건으로 구속되면서 호주 교회와 세계교회가 주목하게 됩니다. 당시 인 목사는 영등포지역 노동자들 20만 명에게 영향을 미쳤다고 합니다. 정부가 산업선교회 활동을 막기 위해 조직적으로 준비한 사전 작업이 중화학산업의 경제성장 정책이었습니다. 그래서 저임금, 장시간 노동, 비인격적 대우 등의 노동자들의 희생으로 경제가 발전하게 됐습니다. 기업논리로 볼 때 산선활동이 국가정책에 방해가 된다고 생각하고 산선을 무너뜨리기 위해 용공이라고 몰아붙이게 됩니다. 특별히 한국종교문제연구회라는 위장단체에서 76년도 "기독교인을 위장한 공산주의를 경계하자"라는 부제를 붙여서 책을 출판함으로 산업선교회운동을 용공으로 모는 공식적인 출발을 하게 됩니다. 그 당시 중앙정보부 출신, 서울 시경 제2부국장 예장교회의 장로인 김재국이 『한국기독교의 이해』라는 책을 출판하는데 그 두 책이 다 산업선교회를 공산주의와 연결시켜서 비판하고 있습니다. 홍기영이 77년에 『정치신학의 논리와 생태』, 『노동운동의 사상적 기초』, 『산업선교는 무엇을 노리나』라는 책에서 산업선교회를 해방신학과 연결하여 비판했고 『이것이 산업선교다』라는 책으로 WCC와 연결시켜 용공으로 비판하고 예비군훈련에서도 산업선교를 용공으로 몰고 각종 관변집회에서 산업선교를 용공으로 몰았습니다. 이런 식으로 한국사회 안에 산업선교회운동을 용공시하는 배경하에서 청주 산업선교회 사건이 일어나게 됩니다.

김명배 　이 사건은 우연한 것이 아니라 국가기관에 의해서 면밀하게 준비된 사건이었습니다. 청주 산업선교회에서 미가서 2장 1~7절 말씀을 읽었는데 그것을 이유로 인 목사를 구속하게 됩니다. 그것을 보고 이때 검사가 이진우라는 소망교회 장로였는데 두 가지 이유로 기소했는데 첫째가 성경을 자의적으로 번역했다는 이유였습니다. 이때 인 목사는 성경을 개역판을 읽지 않고 공동번역을 읽었는데 장로교 장로가 개역성경만 읽고 공동번역을 읽지 않아서 몰랐던 것입니다. 두 번째는 유전무죄 무전유죄라고 소장에 썼다고 합니다. 아무튼 소장을 쓰는 것을 보고도 가만히 있다가 공소장이 발표된 뒤에 성경을 기소했다고 해서 교회가 들고 일어나게 된 것입니다. 그러면 이제 이 사건의 정치적, 신학적 의미에 대해서 장 교수님께서 말씀을 해주시지요.

장윤재 당시 인 목사가 읽었던 공동번역은 75년도에 신구교학자가 함께 번역한 성경인데 주로 천주교에서 사용했기 때문에 개신교 장로가 잘 몰랐던 것입니다. 교계에서는 어떻게 산선을 무너뜨릴까 골몰하는 반면 일부 민중교회로부터는 정신적·물질적 후원을 받았습니다. 그런 차원에서 보면 산선의 역사는 한국교회의 역사와 동떨어진 역사가 아니라 함께 가고 있다는 것을 알게 됩니다. 그러므로 이것은 하나님의 계시적 사건으로 하나님의 도우심이라고 할 수 있습니다.

정병준 정부의 산선 말살정책에 산선만 대처했다면 정말 말살되고 말았을 것입니다. 그러나 인 목사의 구속사건으로 150명의 예장 목사들이 예장 산선수호위원회를 조직하게 됩니다. 이때 회장이 차관영 목사였는데 계속하여 기도회와 세미나를 하면서 이 사건을 국제적 사건으로 확대했습니다. 결국 정부에서 타협안을 내고 5개월 후인 12월 1일 인 목사는 석방되고 영등포산업선교회 건물을 지을 수 있도록 허가를 내주게 됩니다. 이 사건이 없었다면 산선의 건물은 지어지지 않았을 것이고 그 후 민주화운동의 메카 노릇을 하기도 어려웠을 것으로 생각할 수 있습니다. 그런 면에서 이 사건은 산선이 건물을 갖게 되고 예장목사들이 본격적으로 산선을 수호하게 되는 계시적 사건이라고 할 수 있습니다.

라벤더 선교사: 호주교회와 한국교회와의 관계

김명배   호주교회는 산업선교회의 정부의 방패막이 역할을 하는 상징적 존재였다고 합니다. 호주선교회와 한국교회가 함께하게 된 것은 존 브라운 목사와 인 목사의 관계에서 출발됐다고 말할 수 있습니다.

정병준   초창기에는 미국 장로교가 산업전도를 시작하고 미국 남장로교회에서 선교사가 왔는데 일하지도 않고 놀고먹는 것을 보고 인 목사가 미국 선교지에 이 사람을 데려가라고 편지를 써서 이 사람을 돌려보냈습니다. 이것은 한국 선교역사 가운데 한국교회가 주체적으로 선교사를 쫓아내게 낸 사건이 됐습니다.

그리고 나서 인 목사는 호주장로교 선교부 총무로 있었던 존 브라운에게 선교사를 받고 싶다는 편지를 쓰게 됩니다. 77년에 호주는 장로교, 감리교, 회중교회가 연합하면서 유나이팅 처치를 만들었습니다. 그리고 호주장로교 선교부 총무였던 존 브라운 목사가 호주 연합교회 선교회 총무가 된 것입니다. 호주교회에 선교사를 보내달라고 하면서 월급은 한국인과 똑같은 기준으로 주고, 산업선교회에서 직접 주는 것을 원칙으로 하겠으니 산선으로 월급을 보내달라고 썼습니다. 그래서 온 선교사가 라벤더였습니다. 라벤더는 멜번의 부유한 은행재벌의 아들이었는데 인 목사로부터 호된 훈련을 받았습니다. 한국 사람과 똑같은 집에서 똑같은 음식을 먹고 똑같이 살도록 했는데 한번은 너무 더워 아이스크림을 사먹었는데 인 목사가 보고 "너 혼자 먹어서는 안 되니까 여기 있는 사람에게 다 사주라"고 해서 다 사줬다는 일화가 있습니다. 아무튼 라벤더가 잘 견디고 일을 잘했다고 합니다. 당시 정보부에서 나오면 온갖 서랍을 다 뒤졌는데 외국인에게는 그렇게 하지 못해서 정부에서 단속이 나오면 중요서류를 다 라벤더 책상에 감춰두었다고 합니다.

장윤재　존 브라운이 한국에 있을 때 민중에 대한 관심이 많았습니다. 원래 원주민 선교에 힘쓴 분으로 인권에 관심이 있는 분인데 한국에 있을 때 인 목사와 인연으로 이런 일이 진행된 것입니다.

우리나라 최초의 신용협동조합 운동

김명배　청주 산업선교회 사건으로 인 목사가 구속되고 산선에 세무조사가 나오고 조지송 목사가 갑근세 탈루로 추징하고 우리나라 최초의 신용협동조합을 취소하게 됩니다. 신용협동조합의 의미에 대해서 이야기해보겠습니다.

장윤재　지금의 파국에 이르는 자본주의 사회에서 생명의 씨앗과 같은 것이 신용협동조합운동이라고 할 수 있습니다. 신용협동조합운동은 공동체에서 자체적으로 생계를 꾸려가는 기반을 마련하는 것으로 종말론적 씨알 공동체라고 할 수 있습니다. 자본주의를 신앙으로 넘어서는 기독교 공동체로서의 바른 방식을 창출한 것으로 볼 수 있는데 자본주의의 대안으로 말하는 신용협동조합운동을 산선에서 이미 60년대 말에 실행했다는 데 의미가 있다고 하겠습니다.

정병준 당시 시작할 때는 가난한 노동자들의 삶을 상부상조해서 좋고 은행에서 돈을 빌릴 수 없으니까 자급자족하기 위해 시작한 것이었습니다. 그런데 지금 보니까 자본주의의 대안으로 가능했던 것이라 할 수 있겠습니다.

YH사건: 유신을 몰락시키는 서막

김명배 YH사건은 영등포 지역 밖이어서 영등포 산선이 다룬 사건이 아니라 크리스천 아카데미에서 지원하고 있었습니다. 그런데 서경석 목사가 인 목사에게 이 사건을 전달하자 인 목사가 YS 측 박한상에게 신민당사에서 이 사건을 맡으라는 아이디어를 제공했다고 합니다. 당시 YS는 유신정권 말에 신문에 하루에 한 번씩 사건을 터뜨려서 자신의 존재를 알리려는 계획을 가지고 있었기 때문에 그 일환으로 YH 여공들을 신민당사에 받아들이게 됐다고 합니다. 정부에서 이 사건을 남영 대공분실에서 조사를 하는데 서경석, 문동환, 고은 등 다 관련돼 있는데 인 목사는 초기에는 기록이 되지 않다가 후에 배후로 지목되어 주범이 되어 조사를 받고 감옥에 가게 됐습니다.

정병준 YH사건을 정치적 사건으로 확대시키는 과정에서 인 목사가 역할을 한 케이스입니다. 한국모방 투쟁을 할 때는 남북적십자회담을 시작할 때 같이 시작했습니다. 국가적인 큰 행사를 앞두고 사건이 일어나면 안 되니까 부랴부랴 문제를 해결하는 것을 보고 YH사건을 신민당사로 들어가라고 한 것입니다. 아이디어를 만들어낼 때 즉흥적으로 보이지만 그 삶 속에 히스토리컬 스터디가 있어야 가능한 것입니다. 인 목사의 현장을 빠르게 임기응변적으로 적용시키는 통찰력이 발휘된 것이라 할 것입니다.

김명배 정부가 YH사건의 책임을 누구에게 물을 것인가 생각하다가 도시산업선교회에 묻는 것이 가장 빠른 해결이라고 판단한 것으로 보입니다. 그래서 인 목사를 주범으로 만들어낸 것입니다.

장윤재 정부에서는 그냥 여공들의 노동운동을 신민당사로 들어가게 해서 사회문제화한 것을 제일 괘씸하게 생각했을 것입니다. 그때 했던 말이 "도산이 들어가면 도산한다"는 말을 만들어내고 산업선교회에 책임을 묻게 한 것입니다. 인 목사 증언에 의하면 조직원 한 명이 산업선교회에 다닌 적은 있지만 영등포 지역 밖이었기 때문에 실제로 YH가 조직적으로 산업선교회와 관계한 적은 없다고 합니다.

　신민당사에서 김경숙 씨가 농성을 진압하는 과정에서 추락하여 사망하고 김영삼 총재를 국회에서 제명시키게 되는데 이 사건에 분노하여 부마항쟁이 일어나게 되고 부마항쟁을 진압하는 과정에서 박 정권 내부의 온건파와 강경파가 나누어지면서 박정희 대통령이 시해당하게 됩니다.

김명배 결국 YH사건이 유신의 몰락을 가져오는 서막이 됐습니다. 거기에 인 목사가 깊은 관여를 하게 된 것입니다.

장윤재 인 목사는 유신으로 인한 긴급조치 1호의 첫 번째 피해자였으며 마지막 유신의 명줄을 끊은 9호에까지 관여했습니다. 다시 말해 긴급조치의 시작과 끝에 인 목사가 함께한 것입니다.

김명배 인 목사는 YH사건은 야훼사건이었다고 말합니다. 긴급조치 1호와 9호도 세속사 같지만 하나님의 역사가 깊이 관여된 사건이었고, 10·26의 도화선이 됐던 YH사건도 하나님의 손길이 닿았던 사건인데 거기에 인 목사가 터치된 것으로 볼 수 있습니다.

정병준 절대 권력을 지향했던 역사 속 수많은 인물들이 비참한 종말을 맞이했습니다. 신앙적으로 볼 때 인간의 통치의 영역도 하나님의 손안에 있다고 볼 때 하나님이 만드신 이 사회의 보편적 질서 정의, 평화, 생명존중의 가치를 지켜야 할 정치·경제 영역이 특정 집단에 의해서 점유되고 결국에는 신의 영역까지 올라가려고 하는 탐욕의 역사가 결국에는 심판받게 된 것입니다. 그런 역사 변화 과정에서 박 정권의 몰락은 신의 영역을 넘보았던 절대 권력의 심판으로 보아야 할 것입니다.

장윤재 교회가 있어야 할 곳에 있었을 때 하나님 나라의 주역이 될 수 있습니다. 당시 도산이 들어오면 도산이 된다는 말은 그만큼 도산이 이나라의 노동자들의 편이 됐다는 말이었다는 증거입니다. 있어야 할 곳, 자기 자리에 있었던 것입니다. 결국 이것은 십자가 사건으로 볼 수 있습니다. 그리스도의 가장 고통스러운 시간에 함께 있었던 사람이 그리스도의 부활을 볼 수 있었던 것처럼 그 과정에 있었기 때문에 하나님의 새로운 역사에 쓰임을 받을 수 있었던 것입니다.

정병준 인 목사는 YH사건을 내 관할이 아니라고 피했을 수 있지만 그러지 않았습니다. 에스더에게 모르드개가 "네가 왕비가 된 것이 이때를 위함이 아니냐"라고 했을 때 에스더가 민족을 위해 나섰던 것처럼 YH

사건은 인 목사에게는 중요한 역사적인 장소와 카이로스라고 말할 수 있습니다.

김명배 하나님의 관점에서 볼 때 하나님의 선교, 하나님의 통치의 측면에서 세속사도 흘러갔다고 볼 수 있습니다. 신학자나 목회자, 기독교 지도자들의 입장은 하나님의 주권과 통치를 세속사 속에서 어떻게 구현해 나갈 것인가 하는 투쟁과 자기 고민이라고 할 수 있습니다. 그런 의미에서 자기 속에 가지고 있던 신학적 역사 접근을 통해 보편사가 발전하고 하나님의 계시 사건이 일어난 것으로 볼 수 있습니다. 다시 말해 하나님의 주권과 사람의 응답이 같이 이뤄졌다고 할 수 있습니다.

장윤재 유신이나 전두환 정권이 우리의 힘으로 무너진 것이 아니라 신앙적으로 말하면 하나님의 뜻 안에서 이뤄진 것입니다. 우리는 다만 바다를 향해 돌 하나를 던졌을 뿐인 것입니다. 아무튼 인 목사를 위해 진로노조가 사보타주를 한 것은 한 사람이 누릴 수 있는 최고의 영광이라고 볼 수 있습니다. 이것은 노동자들에게 전폭적인 지지를 받고 있었다는 증거인 것입니다. 그가 있어야 할 곳에 있었던 것입니다. 그리스도가 계신 가장 밑바닥에 있었던 것입니다. 회피하거나 돌아가거나 하지 않았기 때문에 하나님의 나라의 주역이 될 수 있었던 것입니다. 하나님께 무슨 거창한 계시를 받은 것이 아니라 묵묵히 가난한 자들과 함께 있었던 것입니다. 진로노동자들의 사보타주는 하나님께서 인정하신 것입니다. 역사에 남는 하나님의 보상을 받은 것입니다.

정병준 70년대 말이나 80년대 초에 교회 안에서 산업선교를 탄압했던 목사, 장로들의 이름도 역사에 남겨야 하는 것이 아닌가 하는 생각을 해봅니다. 이들이 단 한 번도 정식으로 사과하지 않았다는 점을 간과하고 있는 것은 아닌가 하는 생각을 합니다. 심지어는 82년 교단 총회가 산업선교회라는 이름을 다시 산업전도회로 환원시켰는데 아직까지 쉬쉬하고 이름을 내고 있지 않은데 이런 것을 역사적으로 반성하는 일을 해야 한다고 생각합니다.

장윤재   아무튼 YH사건으로 인 목사와 김영삼과의 만남이 이뤄지게 됩니다. 신민당사에 들어가면서 김영삼을 다시 보게 되고 민주화운동투쟁본부에서 일하면서 다시 김영삼과의 인연이 만들어집니다. 결국 인 목사가 비판적 지지로 가지 않고 단일화로 가게 된 것도 김영삼과의 인연에서 비롯됐다고 할 수 있습니다.

김대중 내란 예비음모사건

김명배   YH사건으로 인해 박정희 정권이 무너지고 신군부가 들어서면서 YWCA 위장 결혼사건이 발생하는데 인 목사는 마침 감옥에 있었기 때문에 관련이 되지 않았습니다. 결국 석방됐는데 다시 김대중 내란 예비음모사건으로 네 번째 구속이 됩니다. 인 목사의 증언에 위하면 위장 결혼사건은 신군부가 반대세력이 누구인지 일망타진하기 위해서 역정보를 흘려서 조작한 사건이었다고 합니다.

장윤재   5월 16, 17, 18일이 중요한데 인 목사는 16일 잡혀가고 김대중 본인도 그즈음 잡혀갔다고 하는데 김대중이 1번, 2번이 문익환, 3번이 함석헌 그리고 4번이 노동총책인 인 목사였다고 합니다. 당시 정권장악을 위해 각축을 벌이고 있던 때였는데 신군부가 3김을 제거하기 위한 계획을 세우게 됩니다. JP는 부정축재, YS는 무능으로 연금상태였고 집중제거대상이 DJ였습니다. 신군부가 정권을 장악한 12·12 이후에 정권장악의 시나리오로 3김의 각개격파의 계획이 있었을 것으로 봅니다. 김대중이 구속되니까 광주에서 농성을 시작했고 계엄군하고 충돌하면서 광주민주화운동이 일어나게 된 것입니다. 진보진영에서는 신군부가 계획적으로 김대중을 구속하면서 그것에 대한 탄압과정에서 5·18이 일어난 것으로 보고 있습니다.

장윤재   박 대통령의 정적 1호는 늘 김대중 씨였습니다. 나중에 김영삼이 부각됐지만 김대중을 제거하려고 박 정권 내내 좌파로 용공으로 몰았고 몇 번의 암살을 계획했었다고 합니다. 그런 과정에서 신군부에서도 제거해야 할 가장 강한 세력이 김대중 씨라고 생각했을 것입니다.

김명배   인 목사는 5월 16일 대일화학노동자들과 수도원에서 수련회를 하고 있는데 트럭 탄 군인들이 와서 인 목사를 잡아가려고 하니까 노동자들이 트럭 밑으로 들어가서 저지해보지만 소용이 없었습니다. 노동자들과의 실랑이 끝에 노동책으로 잡혀가 네 번째로 감옥에 가게 되는데 유신체제에서 겪었던 것보다 더 혹독했다고 합니다. 사실 인 목사는 김대중과는 별로 관련이 없는데 엮이게 됐다고 합니다. 같이 해보자는 제의는 받았는데 그것으로 연계되어 60일 동안 중앙정보부 지하 3층에서 심한 고문을 받았는데 그 후유증을 아직도 가지고 있다고 합니다. 60일 동안 갖은 회유와 협박, 사인만 하면 풀어주겠다고 했는데 끝까지 굴복하지 않고 서울 구치소로 가게 됐는데 그 60일 동안 인 목사의 행방에 대해 아무도 알지 못했다고 합니다. 가족조차도 인 목사의 소식을 알지 못해 광주에서 죽었다는 생각을 했다고 합니다. 아무튼 아무런 관계가 없으니까 60일 만에 가족들에게 연락을 하게 되면서 교회가 알게 되고 호주교회가 알게 돼서 교회적 차원에서 타협을 보아 넉 달 만에 석방되게 됩니다. 그 타협으로 인 목사는 호주로 가게 되는데 1년 후에 돌아오겠다고 하고 갔다가 85년 2·12 총선에서 민주화운동이 본격화되는데 그즈음 인 목사도 돌아와서 민주화운동에 앞장서고 갈릴리교회를 창립하게 됩니다.

장윤재　인 목사는 그때 태어나서 처음으로 비행기를 타고 호주로 가게 됐습니다. 호주교회에서 인 목사에게 무엇을 하고 싶으냐고 해서 일단 몸을 추스르고 나서는 세계 각지의 혁명이 일어난 곳을 가보고 싶다고 합니다. 그런데 문제는 인 목사가 영어를 못한다는 것이었습니다. 산업선교회 활동을 하면서는 영어를 전혀 배우지 않아 외국 사람을 만나게 되면 통역을 데려오든지 한국말을 배우라고 했다고 합니다. 그런데 호주에 가서 9개월 동안 ABCD부터 영어를 배우고 세계 각지의 혁명이 일어났던 곳을 찾아다니게 됩니다. 아시아에서는 아시아교회협의회 CCA, 유럽에서는 유럽교회, 그리고 미국에서는 미국 NCC가 돈을 내서 전 세계의 혁명지를 돌면서 혁명은 절대로 게릴라만 가지고 무력만 가지고 되는 것이 아니라 밑바닥 사람들과 함께해야 성공할 수 있다는 것을 깨닫게 됐다고 말합니다. 그러면서 인도에서 만난 유명한 신학자 M. M. 토마스가 혁명과 이상을 꿈꾸는데 당신이 이미 몸담았던 노동자들의 커뮤니티가 대안이라는 말을 듣고 감동을 받았다고 합니다. 이것이 한국 정부에 의해 추방당한 시기에 깨달았던 것입니다. 그리고 이때부터 용미주의라는 말을 사용하는데 그동안은 제국주의 언어라고 영어도 배우지 않았지만 미국도 필요하면 가까이 지낼 수 있어야 한다고 말합니다. 더 나아가 남북관계에서도 미국의 협력이 필요하다는 것을 느끼게 됐다고 합니다. 호주로의 추방 1년은 인 목사의 사상적 궤적이 발현되는 단초가 된 시기였다고 생각합니다.

정병준 구술 자료에 보면 예수님이 로마제국을 무너뜨리지 않은 것은 그것 가지고는 안 되기 때문이라는 말을 한국에 돌아가서 하고 싶었다고 말합니다. 정치적 혁명으로는 아무런 성공도 할 수 없다는 것을 깨닫게 됐다고 할 수 있을 것입니다.

장윤재 호주에서 돌아와서 영등포산업선교회를 후배에게 맡기고 다시 호주로 들어가면서 노동운동에서 손을 떼는데 노동운동의 이념화를 이유로 들고 있습니다. 당시 운동권에서 노동자들을 낭만주의, 개량주의 목회자에게서 빼앗아와야 한다는 것에 자극을 받아 호주로 떠나게 됩니다. 그리고 개인적으로는 가정이 문제가 됐습니다. 두 아이가 매일 경찰이 찾아오고, 아버지가 수의를 입은 모습을 보게 되니까 정신적 충격을 받아 정신과 진료까지 받았다고 합니다. 그래서 아이들에게 환경을 바꾸어주어야겠다는 아버지로서의 책임감이 상당 부분 작용했던 것으로 생각할 수 있습니다. 그리고 산업선교회를 이제는 후배들에게 넘겨줄 때가 됐다고 생각하고 호주로 떠날 결심을 하게 됐다고 할 수 있을 것입니다. 그때 2년 후에는 꼭 돌아온다고 약속을 하고 떠났는데 정말 2년이 되는 날 돌아와서 갈릴리교회를 시작하게 됩니다.

85년 이후의 일들

김명배 인 목사가 고국으로 돌아왔을 당시 민주화운동이 본격화되는데 다양한 통로를 하나로 묶을 수 있었던 가장 낮은 단계의 합의점이 직선제 개헌안이었습니다. 87년에 박종철 사건이 일어나고 올림픽과 대통령선거를 이유로 4·13 호언조치가 나오자 민주화운동에 불을 붙이게 됩니다. 그때 민주헌법쟁취국민운동본부가 만들어지는데 상임고문으로 김대중, 김영삼 씨가 되고 여러 사람의 집행위원 가운데 한 사람이 인 목사였습니다. 그리고 인 목사의 구술에 의하면 대변인을 할 사람이 아무도 없어 자신이 대변인 역할까지 하게 됐다고 합니다.

정병준 맞습니다. 당시 대변인이 된다는 것은 감옥에 가는 자리였다고 합니다. 그리고 인 목사의 구술 자료에 의하면 인 목사가 대변인을 맞아 사실상 6월항쟁을 거의 진두지휘했다고 합니다. 그리고 중요한 것은 민주헌법쟁취국민운동본부가 만들어질 때 돈을 개신교에서 다 대었다고 합니다. 그런 면에서 천주교회와 성공회를 비판하고 명동성당을 사용한 것도 구레네 시몬처럼 억지로 한 것이지 자발적으로 한 것이 아니었다고 말합니다. 사실은 기독교가 민주헌법쟁취국민운동본부를 만들어 민주화운동을 주도했는데 6·29 이후 그 과실을 정치인들이 가져갔다고 말할 수 있습니다.

김명배 3·1운동을 말할 때 민족대표 33인 가운데 16인이 기독교인이었습니다. 당시 불과 10만 명 가까운 기독교인이 민족대표의 50% 이상을 차지한다는 것은 3·1운동의 통로와 조직은 기독교인이었다는 것을 말해주는 것이라 할 수 있습니다. 민주헌법쟁취국민운동본부도 NCCK에서 자금을 대고 지방 NCC 인권위원회가 조직이 되어 6·10 항쟁의 지방 거점운동을 인권위원회가 맡아서 했습니다. 그런 의미에서 이것은 제2의 3·1운동이라고 할 수 있습니다. 이러한 기독교의 역할을 일반사회에서 알지 못하고 있는데 이에 대해 정당한 평가를 받아야 한다고 생각합니다.

정병준 저도 그때 인권위원회에서 전국을 지방순회 할 때 함께 다니면서 왜 우리가 단일화를 해야 하는가, 어떻게 해야 하는가 하는 것을 알렸던 기억이 납니다.

김명배 인 목사는 YH사건을 통해 역사의 중요한 분기점에서 역할을 했는데 6·10 항쟁 때도 대변인 역할을 하면서 역사를 바꾸는 주역 가운데 한 사람이 됐다고 할 수 있습니다. 국민운동본부 대변인이 되면서 인 목사의 인기가 대단했다고 합니다. 당시 상부구조가 있었지만 다 몸을 사렸고 인 목사가 실질적인 중심 역할을 했다고 합니다. 다시 말해 다른 사람은 잡혀서 감옥 갈지도 모른다고 생각하고 몸을 사렸고 인 목사는 목회자로서 역사적 사명으로 생각하고 그 일을 하신 것입니다.

장윤재 그때 인 목사는 김대중 씨가 소극적이고 몸을 사렸던 반면 김영삼 씨는 적극적이어서 그때부터 YS 쪽으로 기울게 됐다고 말합니다. 그리고 당시 상황으로는 먼저 김영삼 정부가 들어오고 나서 김대중 정부가 이어서 들어서는 후보단일화가 맞다고 생각했다고 합니다. 아무튼 당시 김영삼은 변절자 같은 분위기였지만 김영삼 정부가 들어서서 하나회를 해체하고, 부정부패를 척결하게 됩니다. 그런 의미에서 인 목사가 김영삼과 함께했던 것도 자의에 의한 것이 아니라 나중에 보니까 다 하나님의 뜻이었던 것입니다. 이때 NCC는 다 비판적 지지를 표방했던 김대중 쪽이어서 이때부터 인 목사와 NCC와의 사이가 멀어지게 됐습니다.

한나라당 윤리위원장이 된 것과 기독교인의 정치 참여

김명배 ┃ 인 목사의 최근의 정치활동으로는 당적을 갖지 않는 조건으로 한나라당 윤리위원장이 된 것입니다. 처음에는 거절했지만 황우여 의원의 반복된 권위로 받아들이게 됩니다. 이 일로 교회를 떠난 것은 아니고 갈릴리교회의 담임목사의 자리를 지키면서 갈릴리교회에서 한시적으로 파송하는 형태로 비상근직인 한나라당 윤리위원장직을 맡게 된 것입니다. 이에 대해 인 목사는 보수와 진보의 양쪽의 균형을 맞추어 한국사회의 발전을 이룬다는 명분으로 참여하게 됐다고 말합니다.

장윤재 ┃ YS 정부에서 행정쇄신위원회에서 일했던 것으로 보아 전혀 의외의 일은 아니라고 할 수 있습니다. NCC가 비판적 지지 쪽이었고 인 목사는 후보단일화를 지지했기 때문에 변질적인 차원이 아니라 처음부터 끝까지 초지일관 지지하는 것이 같다고 할 수 있습니다. 사실 인 목사는 시골에서 장남으로 잘 자랐지만 노동자가 되고 본인 스스로가 밑바닥에서 살았고 밑바닥에서 예수님을 만났다고 합니다. 10·26 후에도 계속 혁명이 아니라 어용노조를 민주노조로 만드는 일에 주력했습니다. 혁명이 대안이 아니라 함께하는 것이, 가난한 사람들과 함께하는 것에서 해답을 찾으려고 했던 것입니다. 그런 의미에서 인 목사는 초지일관 낮은 곳으로 임해서 고통받는 자와 함께 하는 것이 시작이요 끝으로 생각했다고 할 수 있습니다. 그러니까 여당이든 야당이든 어디서든 예수를 믿는 사람은 소금의 역할을 하는 것이지 경계를 지어놓고 된다, 안된다 하는 것이 아니라는 것입니다. 노동자들, 고난받는 자들을 위한 것이라면 어디서든 함께할 수 있어야 한다는 점에서 실용주의적이란 말을 할 수 있을 것입니다. 그런 의미에서 한나라당 윤리위원장직을 맡은 것은 밑바닥에서 자연스럽게 나오는 행보였다고 말할 수 있는 확신을 가지게 됩니다. 결론적으로 말하면 한나라당 윤리위원장을 한 것은 정치 참여라고 말하기 어려운 것이라 할 수 있습니다.

3. 교회와 교계활동

김명배   오늘은 갈릴리교회에 대해서 시기적이 아니라 주제별로 살펴보도록 하겠습니다. 특별히 오늘은 갈릴리교회 초대 청년회장이었던 안기석 안수집사와 함께 이야기를 나누어보도록 하겠습니다. 안기석 안수집사는 동아일보 기자를 지냈으며 현재는 문화공보부 종교부에서 기독교 부분을 담당하고 있습니다. 안기석 집사님께서는 현장에서 실제 보고 느꼈던 것들을 이야기해주시기를 부탁드립니다.

오늘은 교회의 기능 예배 성만찬 직제 갈릴리교회의 항존직 재신임을 케리그마 차원에서 살펴보고 이주노동자 선교를 디아코니아 차원에서 볼 것인가 미션으로 볼 것인가를 정의하고 사회 선교에 예산의 50%를 사용하는 것에 대해서 살펴보겠습니다. 그리고 성경공부에 대해서 특별히 86년 6월 1일부터 시작된 성경공부에서 교회론의 기초가 만들어졌다고 하는데 성경공부에 대해서 알아보고 현재 진행되는 교육부서의 문제점에 대해서도 이야기해보겠습니다. 그리고 교회 차원에서의 사회선교에 대해서 구체적으로 이야기를 나누어보도록 하겠습니다.

장윤재   세례요한 스타일 목회에서 예수 그리스도의 스타일 목회의 변환으로 볼 수 있을 것 같습니다. 세례 요한은 금욕적이고 탈세속 해서 순수성을 지키려고 했던 자폐적인 목회로 세상에서 상처받은 사람들이 모여서 치유하고 흩어지는 교회였다면 누가복음 4장의 잔치에 나오는 모든 사람이 포함되는 교회로 교회가 확장되고 있다고 할 수 있습니다. 이것은 교회가 이 세상의 빛과 소금의 역할을 해야 한다는 목적의식을 갖고 선교지향적으로 나아갔다고 말할 수 있습니다.

김명배 1986년 6월 1일 인 목사의 생일에 인 목사 집에서 교회가 시작됐습니다. 1989년 2월까지 천만 원에 50에 삼층 월세집에서 지내다가 1989년 2월 소망교회에서 지어준 희망의집에서 사역하다가 2000년 소망교회에서 지원으로 지은 지금의 갈릴리교회로 이사 오게 됐습니다.

갈릴리교회는 마가복음 16장 1~8절 말씀을 기초로 지어졌으며 갈릴리교회의 사역은 마가복음 17장을 쓰는 것이라고 합니다. 그렇다면 갈릴리교회의 성서적 · 신학적 배경에 이야기를 나누어보겠습니다.

장윤재 마가복음 16장 9절 이하를 후대에 가필로 보는 것이 열린 성경에 대한 해석입니다. 16장 8절은 "여자들이 몹시 놀라 떨려 나와 무덤에서 도망하고 무서워하여 아무에게 아무 말도 하지 못하더라"로 끝납니다. 그렇게 볼 때 마가복음은 제자들의 실패로 끝나게 됩니다. 성경학자들이 그것을 완결 편으로 만들기 위해 나머지 부분을 덧붙인 것으로 보고 있습니다. 그렇다면 원 마가복음의 기자는 왜 예수님의 복음사역을 실패로서 끝내는가 하는 의문이 있었는데 여기에서 놀라운 문학적 구조를 발견하게 됩니다. 마가복음은 예수님의 고난과 그리스도, 예수님의 제자 됨을 강조하는데 예수님의 옆에 있으면서도 그 사역을 깨닫지 못하고 실패한 사람들의 이야기입니다. 그래서 마치 뫼비우스의 띠처럼 다시 1장 1절부터 읽게 되는 영속성의 구조를 가진 것입니다. 인 목사가 갈릴리교회를 시작하면서 마가복음의 구조를 이해하고 갈릴리로 가겠다고 한 것은 깊은 성찰을 통해서 이뤄진 것이라 할 수 있습니다.

정병준 먼저 갈릴리로 정하게 된 신학적 틀이 있었을 것입니다. 당시 민중교회론이 일반화돼 있었습니다. 안병무 목사의 민중신학 관점에서 볼 때 갈릴리의 민중들이 예수님을 따르지만 민중이 없는 예수는 존재할 수 없고 예수가 없는 갈릴리 민중이 존재할 수 없는 틀 안에서 교회론이 전개됩니다. 예수님 한 분이 구원자가 아니라 민중과 항상 함께하는 예수님, 예수님의 현존 자체가 민중과 함께한다는 기독론이 구성됩니다. 갈릴리교회의 출발도 그런 영향력이 컸다고 생각합니다.

　　　그런데 갈릴리교회는 구성원이 스스로 민중으로 생각하지 않는 사람으로 출발했습니다. 사실 노동자들은 아니겠지만 민중신학에서 말하는 넓은 의미의 민중에 포함된다고 할 수는 있겠지만 구성원들이 의식 있는 학생들, 학생운동 출신, 노동자 출신, 신학생으로 구성되어 100% 민중교회는 아니지만 민중교회로서 민주화운동을 돕는 후방교회로서의 역할을 감당하려고 했다고 합니다.

장윤재 당시 구로동은 서울 시내에서 소외되고 가난한 사람들이 사는 가장 열악한 지역이었습니다. 예루살렘은 로마의 지배하에서 상업적으로 발전한 도시이고 갈릴리는 훨씬 열악한 모세의 계약 정신이 충실하고자 했던 지역이었습니다. 그런 면에서 당시의 구로동은 갈릴리와 닮았다고 할 수 있습니다. 또한 갈릴리교회의 시대적 맥락을 말씀하시는데 한마디로 거센 이념의 폭풍의 시대에 더 이상 교회가 필요 없다고 할 때 예수만이 희망이라는 생각으로 교회를 창립한 것입니다.

김명배 갈릴리교회 전에 '성문밖교회', '제3의 교회'라는 이름을 지으려고 했으나 교인들의 의견으로 갈릴리교회가 됐다고 합니다. 사실 목사는 노회의 소속이고 교회의 소속이 아닙니다. 그러니까 목사가 지역사회를 위해 활동하는 것에 대해 간섭할 권리가 없다고 할 수 있습니다. 그런 의미에서 목사는 교회만의 목사가 아니고, 교회 헌금도 예배당도 교회만의 것이 아니라고 말합니다. 더 나아가 우리 교회만이 아니라 다른 교회와의 연대라는 측면을 강조함으로써 근본적으로 하나의 교회를 지향하는 신학적인 교회론을 가지고 있다고 할 수 있습니다.

또한 갈릴리교회는 이주노동자 사역으로 볼 때 인종과 국가를 초월하고 교회 구성원으로 볼 때 절반이 남성으로 여성 중심이 아니라 남성 중심의 교회로 성별을 초월한 교회라고 할 수 있습니다.

장윤재 기본적으로 가지고 있는 성향은 보편적 교회를 지향한다고 할 수 있습니다. 강조되지는 않았지만 홀리라는 측면도 있습니다. 각 나라에서 온 이주노동자들이 다 같이 먹을 수 있는 음식을 홀리 후드라고 했습니다. 이주노동자들은 낮은 자의 모습으로 우리 안의 갇힌 자의 모습으로 오시기 때문에 그들이 예수님이고 그들이 먹는 음식은 홀리 후드라고 한 것입니다. 그런 면에서 갈릴리교회는 나그네 모습으로 오신 예수님을 모시고 섬기는 홀리한 측면이 있다고 할 수 있습니다. 사실 보편적 교회라는 말 자체가 신학적으로 논쟁이 되기 때문에 포용적인 교회라는 말이 더 맞는 표현이라고 생각합니다. 예를 들어 인 목사의 구원론은 사후에 인간의 영혼이 구원받는 것에 그치지 않고 모든 우주의 만물의 구원과 회복을 기다리는 것으로 보아야 합니다. 그래서 교회당은 믿는 자나 믿지 않는 자나 누구한테나 열려 있어야 한다고 하는데 이것을 보편성으로 해석하기보다 하늘나라의 큰 잔치처럼 모든 사람이 인종, 성별 차별 없이 하나님 나라를 미리 맛보는 포용적인 교회라고 해야 할 것 같습니다.

김명배 일반적인 교회론과 인 목사의 교회론이 같으면서도 다른 면이 있습니다. 교회는 교회당 건물이 아니고 신앙고백적 모임이라고 했을 때 공동체적 교회론이라고 할 수 있고 만인사제설에 입각해서 모든 교인이 예배와 선교와 친교에 구체적으로 개입했다는 면에서 분명히 개혁교회의 모습을 가지고 있다고 할 수 있습니다.

그리고 이후에 장로를 세우고 조직교회가 됐을 때도 개혁교회의 정신을 창의적으로 잘 적용했다고 할 수 있습니다. 장로교는 대의정치로 대표를 정해서 통치를 하는 것입니다. 그러다 보니 항존직의 독주를 막을 수 없다는 약점을 가지고 있습니다. 그래서 한번 항존직이 되면 죽을 때까지 하는 것이 아니라 시무투표제를 도입한 것은 장로교의 뼈대를 이해하면서 그것이 가지고 있는 약점을 보완한 것이라고 할 수 있습니다. 장로교의 대의정치를 민주적으로 운영되도록 일찍이 실행한 것으로 보아 한국교회가 보편적으로 봉착하고 있는 문제를 벗어나서 대안적 모델을 보여줬다는 면에서 개혁교회의 신앙을 창의적으로 개선한 것으로 볼 수 있다고 생각합니다.

정병준 인 목사는 계약공동체를 꿈꾸었다고 할 수 있습니다. 그러나 계약을 맺는 주체로서 하나님 앞에 서기 위해서는 평신도도 자신의 신학이 있어야 하는 것은 분명한 사실입니다. 인 목사는 목사가 믿는 것을 믿는 것이 아니라 내가 믿는 것으로 하나님 앞에 설 수 있어야 한다고 생각하고 교인들에게 강하게 성경공부를 시켰는데 그중에서도 이스라엘 계약 공동체가 형성되는 과정을 중점으로 공부를 했다고 합니다. 이 부분은 개혁교회의 특징인 하나님의 말씀을 강조하는 것이라 할 수 있습니다. 설교만 들어서는 기독교 진리를 바로 알 수 없기 때문에 성경공부를 통해서 하나님의 말씀에 깊은 뿌리를 내려야 한다는 확신이 있었던 것입니다. 말씀을 강조한다는 점에서 개혁자 정신을 가지고 있다고 할 수 있습니다.

김명배 개혁교회의 신학 자체가 계약신학이 강조됩니다. 그런 면에서 볼 때 갈릴리교회는 개혁교회의 신학에 뿌리를 내린 것으로 볼 수 있을 것 같습니다. 그렇다면 계약공동체로서의 갈릴리교회에 대해서 이야기해보겠습니다.

정병준 산업선교 하는 목사에서 진보적이고 의식 있는 일반 목회로 이행하는 과정에서 호주에 다녀와서 자신의 정체성을 다시 확인하게 됩니다. 기존 교회를 시작하면서 일반교회가 아닌 새로운 형태의 교회를 시작하지만 신학적으로 인 목사가 가지고 있던 기존 교회론과 변화는 있지만 다른 형태는 아니었습니다. 인 목사의 머릿속에는 목회를 해야 한다는 생각이 있었습니다.

장윤재 인 목사의 신앙은 연속성과 비연속성이 늘 공존하고 있습니다. 사실 처음부터 목회자로서 예비되고 준비된 분이라고 할 수 있습니다. 구술 자료에서도 증조할머니 손에 이끌려 교회에 다니면서 예배시간에 늦지 않는 것, 헌금할 때 다리미로 다려서 바친 것을 보며 철저하게 어려서부터 목회에 대한 꿈을 꾸었다고 말합니다. 연속성으로 볼 때 원풍모방 사건 이후로 교회는 필요 없다고 하는 상황에서도 교회로서의 신앙으로서의 정체성이 남아있었습니다. 인 목사는 지금의 갈릴리교회에 대해서도 우리 교회에 가난한 사람의 발길이 끊어지면 존재이유가 없다고 했다고 말합니다. 이러한 갈릴리교회의 존재이유라는 말로 모든 것을 설명할 수 있는 아이덴티티가 될 수 있다고 생각합니다. 예수님이 발길을 끊으면 교회로서의 존재이유가 없다는 것입니다. '성문밖교회'나 산선은 'Church of the Poor(가난한 사람의 교회)'로 그 자체가 노동자들의 교회, 민중교회였습니다. 하지만 이제는 'Church for the Poor(가난한 사람을 향한 교회)'가 된 것입니다. 가난한 사람들을 향해서 갈릴리를 향해서 나간 것입니다. 나는 지금은 노동자는 아니지만 이들보다 조금 나은 위치지만 이 교회에 가난한 사람의 발길이 끊어지면 더 이상 교회가 아니라는 점에서 연속성이라고 할 수 있습니다.

불연속성이라고 한다면 목회 형태에서 교회당 건물이 생기고, 직제가 생기는 것들이 예전의 것과는 다르다고 할 수 있을 것입니다. 결론적으로 기본정신은 연속성을 가지고 있고 목회형태에서는 불연속성이 보인다고 할 수 있습니다.

정병준　개혁신학 자체에서는 하나님 통치를 기본전제로 출발하기 때문에 세속사에서 하나님의 목회의 영역이다. 그런 면에서 산업선교를 할 때도 목회자로서 자기 일을 한 것이고 교회로 돌아와서도 과거에 가지고 있던 신앙적인 틀은 그대로 유지가 된 것입니다. 그전까지는 의식 있는 사람들과 함께 신앙운동으로 노동운동을 하신 것이고 갈릴리교회에서는 신앙운동으로 가난한 사람과 함께하는 것을 평범한 교인들과 하게 된 것입니다.

김명배 우리 사회의 변동과 목회의 패러다임과 같이 가고 있다고 볼 수 있을 것 같습니다. 70~80년대 유신독재 시절에는 산선을 통해서 할 수밖에 없었고, 80년대 격변기에는 민주항쟁을 하시고 그 과정에서 87년도 시민사회가 도래하니까 후방교회나 시민 NGO와 같은 개념으로 갈릴리교회를 시작하셨고 90년대 오면서 우리 사회가 경제성장을 하면서 기존 교회의 패러다임을 어느 정도 수용하는 유연성을 보여줬다고 할 수 있습니다.

처음에는 교회당을 짓지 않는다, 교인 200명을 넘기지 않는다, 예산의 50%는 사회선교에 쓴다는 원칙이 있었는데 지금까지 지켜오는 것은 예산의 50%는 사회선교에 쓴다는 것 하나입니다. 이 문제 때문에 교회가 갈라지게 되고 구성원 가운데 찬반논쟁이 생기고 심한 경우는 갈릴리교회의 변질을 이야기하기도 합니다. 인 목사는 노회의 반대 때문에 이주노동자 때문에 변화될 수밖에 없었다고 이야기하는데 이 부분에 대한 교회 내부의 생각에 대해 안기석 집사님에게 들어보고 싶습니다.

안기석 사실은 예산의 50%를 사회선교에 쓴다는 원칙을 지키고 있는 것도 굉장히 힘이 든 상황입니다. 어떤 때는 경상비가 모자라기도 하고 여러 가지 어려움이 있어 50% 내외라고 조금 유연하게 표현하자는 의견도 교인들 가운데 있었습니다. 아무튼 지금까지 50%라는 원칙을 지켜온 것도 의미가 있다고 생각합니다. 교회당을 갖지 않는다, 교인 200명을 넘지 않는다는 같은 맥락에서 이해할 수 있는데 그때마다 우리에게 맡겨진 선교의 역할이 200명의 교인으로서는 감당할 수 없는 것이었고 그러다 보니 자연적으로 좀 더 큰 교회가 필요하게 된 것입니다. 이에 대해 반대하고 교회를 떠난 교인도 있었습니다. 그러나 목사님 자신도 이런 시대적 요구가 없었다면 200명 교인으로 작은 교회에서 재미있게 신앙생활을 하셨을 것이라고 늘 말씀하십니다.

정병준 모든 신앙은 표현 양식을 가지게 됩니다. 그리고 그 표현 양식이 예전 양식이 되는데 그것이 굳어져서 본질을 상실할 때 문제가 되는데 예전을 통해서 신앙이 잘 표현된다면 필수적인 것이라고 말할 수 있습니다. 그런 차원에서 본다면 성숙하고 성장했다고 볼 수 있습니다. 이 땅의 갈릴리인 구로동이 재개발되어 땅값도 오르고 경제도 성장되면서 갈릴리교회도 존재구조 자체가 변화되면서 과거 형식의 틀로 유지되기 힘들어지게 된 것입니다. 그러면서도 그 정신이 유지되고 있는가 아니면 제도의 틀 속에서 사라지고 있는가 하는 것으로 평가를 해야지 변화되는 상황 속에서 자연스러운 변화는 잘못됐다 잘됐다 평가할 수 없을 것입니다.

김명배 갈릴리교회는 매년 첫 주에 갈릴리 공동체 계약갱신 예배를 드리고 있습니다. 구약의 모세가 하나님 앞에 십계명을 받으면서 계약갱신을 하는 것은 단순히 예배의 차원이 아니라 이스라엘 공동체 전체 삶의 문제였습니다. 계약갱신은 하나님과의 약속을 통해서 신앙을 확인하고 불신앙에 있는 사람들에게 신앙을 통해서 야훼가 하나님을 인식시키는 가장 중요한 역할을 하는 것이었습니다. 그런 차원에서 갈릴리교회의 갈릴리 공동체 계약은 공동체를 이끌어가는 규약으로 공동체의 약속을 규정한 것이라고 할 수 있을 것입니다. 계약공동체에 대해서 이야기를 나누어보겠습니다.

안기석 우리 교회에 처음 나오시는 분들이 다소 생소하게 생각하는 것이 몇 가지가 있는데 그중의 하나가 갈릴리 공동체 계약갱신 예배입니다. 신년이 돼서 교회에 나가기로 결심하고 우리 교회에 나왔다가 무슨 계약서에 서명을 하라고 하면 이상한 교회라고 생각하고 예배 도중에 나가는 사람도 있었습니다. 92년도부터 계약갱신 예배를 드리기 시작했는데 처음에는 아파트 평수까지 제한할 정도로 구체적인 것이었습니다. 현대 사회의 우상이라고 할 수 있는 물질주의와 이기주의에 대항하고 이 땅에 예수를 믿는 사람들이 어떻게 살아가야 하는가를 구체적으로 정하고 그것을 지키겠다고 약속하는 것이었습니다. 그러나 교인의 구성원도 늘어나고 국민소득이 늘어나면서 경제적으로도 여유가 생기면서 공동체계약의 내용을 두 차례 정도 수정하게 됐습니다.

정병준 신약의 내용을 구약에 적용시키는가 하는 것에 대해서는 필요에 의한 것이 아니라 처음부터 있었다고 본다. 구약은 변조운 목사에게 배우고 신약은 안병무에게 배운 것이다. 장신대학교에서 배웠던 구약의 틀과 한신에서 배운 신약적 틀이 목회 현장에서 맞물린 것이다.

한국에서는 처음이고 유럽에서도 하는 경우가 있지만 보편화되지는 않았다. 교회는 신약적 기반에서 저 아이디어를 가지고 시작한 것이다.

장윤재 계약예배의 단점은 그것을 실제로 살아보려는 사람들은 자기의 삶과 어긋나지 않는 경우가 많습니다. 예를 들면 수도원 형태의 공동체는 삶에서 일상으로 실천하며 살아갑니다. 인 목사에게 한 가지 지향점은 성서의 초대 공동체적 모습으로 가야 한다는 것입니다. 그러나 공동체를 지향하면서 도시에서 목회를 한다는 것에는 여러 가지 한계점이 있을 수밖에 없습니다. 한 지역도 아니고 여러 계층의 교인들이 이러한 것들을 지키기 어려움에도 불구하고 하나님의 백성으로서 하나님과 일대일로 주체적으로 내 삶을 결단하는 것에서 의미 있다고 할 수 있습니다. 그런 면에서 매년 드리고 있는 갈릴리 공동체 계약갱신 예배는 초대적이고 성서적인 모습으로 돌아가기 위한 훈련의 과정이라고 할 수 있을 것입니다.

목회 방침이나 철학이 기존의 제도화된 교회에 대한 저항으로 순수성을 찾겠다는 의미의 작은 교회의 모델을 세운 것이 아니라 가난한 사람을 예수님처럼 섬기겠다는 것이 인 목사의 교회론인 것입니다. 제도화된 교회에 반대되는 작은 교회운동, 숨 막히는 신학적인 틀 속에서 교회 안에서 벗어나자는 리버럴한 운동이 아니었습니다. 금관의 예수를 해체함으로 예수를 해방하는 운동으로서의 교회가 아니라는 것입니다. 가난한 사람을 예수님처럼 섬기는 교회가 되기 위해서 200명이면 될 줄 알았는데 안 되고 도와주는 교회가 손길을 끊으면 안 되는 상황에서 지금의 교회 형태를 유지하게 된 것은 인 목사의 목회철학과 신학에서 볼 때 자연스러운 변화였다고 볼 수 있습니다.

김명배 교회 성장주의에서 제도화된 기존 교회를 만들고 전도를 한 것이 아니라 가난한 사람을 위한 선교사역을 감당하기 위해서 필요한 것이었다고 갈릴리교회의 교회론을 정리할 수 있을 것 같습니다.

다음으로 예배의 형식에 대해서 이야기하도록 하겠습니다. 예배를 하나님 중심이면서 평신도 중심으로 드리고 있습니다. 갈릴리교회에서는 기도나 사회도 장로님만이 아니라 평신도도 하게 했고 교독문도 기존의 교독문이 아니라 교인이 직접 작성하게 하는 등 일종의 만인제사

설을 실행하고 있으며, 매주 일부 예배에 성만찬을 하고 한 달에 한 번은 대예배 시간에 온 교인이 성만찬을 하고 있습니다. 기존 교회에서 하고 있지 않은 예수님의 피와 살을 먹고 마심으로 성찬의 신비를 체험하게 한다는 데 의미가 있다고 할 수 있습니다.

정병준   고전적 틀을 따랐지만 정신을 살리면서도 형식에는 구애받지 않았다고 할 수 있습니다. 한국교회가 선교사들이 교회론을 적용시키면서 전통적 예배에서 성례전을 빼버림으로 설교만 있고 다른 예전이 다 없어진 것이 사실입니다. 특별히 성례전이 죽었는데 그런 의미에서 예배개혁의 핵심을 말씀과 성례전을 살리는 것으로 보고 있다고 할 수 있습니다. 성례전을 행함으로 성만찬을 기념설이 아니라 예수 그리스도를 먹고 마심으로 주님과 한 몸이 되는 실재론을 강조하고 있습니다. 전통적이면서도 열려있는 예배의 개혁이라고 할 수 있을 것입니다. 역사적으로 볼 때 칼빈은 매주 성만찬을 하자고 했는데 시의회가 반대하여 어쩔 수 없이 한달에 한 번 하자고 했는데 그것도 반대해서 1년에 네 번 성만찬을 하게 됐던 것입니다.

장윤재   예배에서 가장 강조하는 것이 사죄의 기도 시간입니다. 그때는 늦게 온 교인들이 교회 안으로 들어올 수조차 없다고 합니다. 이 시간에는 모든 교인이 무릎을 꿇고 10~15분 정도 기도하는데 아주 사소한 것까지 다 고백하게 됩니다. 개인적인 생각으로는 스스로 고백하는 시간을 주는 것도 좋겠다는 생각을 하지만 이것이 가장 핵심이라고 할 수 있습니다. 진정한 회개와 죄의 고백이 있는 교회가 하나님 중심의 교회라고 할 때 요즘 많은 교회가 드리고 있는 열린 예배에 여러 가지 장점이 있기는 하지만 회개와 반성과 눈물이 없다는 약점이 있을 수 있다고 생각합니다.

김명배 목사님의 설교에 대해 신론에 있어서는 강하지만 기독론이 약하다는 생각을 할 수 있을 것 같은데요. 구원론에 대한 설교가 전체 설교의 횟수로 볼 때 상대적으로 적은데 이것에 대한 생각을 매주 설교를 듣고 있는 안 집사님에게 들어보겠습니다. 아울러 성경봉독을 구약과 신약 복음서 세 군데를 읽고 있는 것의 의미도 살펴보겠습니다.

안기석 인 목사님의 하나님은 구약의 정의의 하나님, 무서운 하나님이라는 느낌이 듭니다. 신약의 예수님의 사랑, 치유의 하나님이 아니라 이웃을 돕는 현장에서 만나는 예수님을 강조하시다 보니 교회에 와서 위로받고 치유받기를 원하는 일부 교인들이 불만을 이야기하기도 합니다.

정병준 신학적으로 이야기하면 루터라기보다 칼빈이라고 할 수 있을 것 같습니다. 루터는 하나님을 만나고 은혜 받고 내가 죄인인 것을 고백한다면 칼빈은 so what, 그래서 그다음은 무엇인데 하는 질문을 던지고 있습니다. 하나님께 영광 드리는 삶으로 살라고 한다. 사실 루터적인 메시지는 일반 교회에서 너무 많이 강조하고 있습니다. 인 목사는 그다음 부분을 강조하고 있고 신학적으로 본훼퍼의 영향으로 일반 교회에서 값싼 은혜를 강조하는 것을 경계하고 교인들도 초신자가 아닌 성숙한 신앙인으로 대접하는 것입니다. 그러다 보니 위로받기를 원하는 교인들에게 상대적으로 불만이 있을 수 있다고 생각합니다. 만일 인 목사가 윤리적인 것, 당위적인 것이 아니라 무조건적인 것, 그냥 하늘로부터 공급받는 은혜와 치유를 강조했다면 훨씬 교회가 성장했을 것입니다. 아마도 그 부분이 인 목사의 은퇴 후 갈릴리교회를 담임할 후임자를 뽑는 것과도 연결될 수 있을 것으로 봅니다.

[장윤재] 루터보다 칼빈적이고 본훼퍼적인 것은 인 목사가 살아온 삶이 그렇기 때문이라고 생각합니다. 저도 교인들에게 교회 와서 야단맞고 가는 기분이라는 말을 많이 들었습니다. 알면서도 모르는 척하면서 위로와 은혜가 성화된 삶을 살 수 있도록 하는 에너지를 줄 수 있다는 것을 알아주셨으면 합니다.

[안기석] 인 목사님의 설교는 현장에서 들을 때는 모르지만 다시 들으면 큰 위로가 됩니다. 제가 인 목사의 설교에 익숙해서인지는 모르지만 다른 설교는 들을 때는 아주 좋지만 남는 게 없다는 생각을 하게 되는 경우가 많습니다. 그러나 인 목사의 설교는 삶 가운데 계속 생각나는 설교입니다.

[김명배] 교회 창립하면서 서리집사를 선출하고 직제를 통해서 재신임 제도를 도입했습니다. 목사는 7년마다 재신임 투표를 하고, 장로는 제적의 2/3 찬성으로 선출하고 3년마다 과반 찬성으로 재신임을 받게 됩니다. 통합 측에서는 거의 최초로 시행되고 있는 신선한 제도라고 할 수 있습니다.

[장윤재] 한국교회가 개교회마다 엄청난 문제들이 있고 목사와 장로가 대립해서 교회가 분란하는 문제 때문에 생긴 제도라고 할 수 있습니다. 장로교의 교회제도는 대의제도입니다. 그러나 항존직이 종신직이 되면

교인들과 소통하지 못하는 약점을 가지게 됩니다. 그러나 교회는 늘 스스로를 갱신하고 개혁하여야 합니다. 개혁의 원리는 직제인데 이것을 제도화시킨 것은 칼빈의 정신을 정확하게 알고 그것을 실행함으로써 교회다운 교회의 모습을 만들어낸 것이라고 할 수 있습니다.

정병준   스코틀랜드에서 존 낙스가 장로 임기를 1년으로 하고 장로가 목사의 윤리적인 면까지 간섭할 수 있도록 했습니다. 권한은 주되 임기는 짧게 한 것입니다. 제2차 종교개혁자인 멜빌이 활동할 때는 앤 여왕이 스코틀랜드 종교를 탄압할 때로 많은 목회자들을 죽였습니다. 목회자가 없는 상황에서 장로들이 교회를 지켜야 했기 때문에 장로의 임기를 종신으로 하는 대신 목회자의 삶과 설교에 대해서는 간섭할 수 없게 했습니다. 임기가 길면 권한을 안 주고, 권한을 주면 임기가 짧게 주는 것으로 유지되는 것이 스코틀랜드 장로교의 정신이었습니다.

한국에 들어온 장로교에서 장로의 임기가 종신직이 된 것은 두 가지 의미가 있는데 한국교회가 가지고 있는 유교 구조 안에서 한번 장로는 영원한 장로가 된 것입니다. 그리고 초창기 한국교회에서 대다수의 장로들은 목회자들의 역할을 했습니다. 철저한 윤리적 삶, 신학적인 훈련, 교인들 앞에 모범적인 삶을 살면서 자연스럽게 종신직이 된 것입니다. 그러므로 오늘날의 장로가 이만한 인격적인 제자도의 삶을 살 때 종신직의 의미가 있는 것이지 그렇지 않을 때는 종신직의 의미가 변질될 수밖에 없는 것입니다. 그런 의미에서 임기제도를 도입한 것은 중요한 의미가 있다고 할 수 있습니다. 유럽이나 호주교회에서는 이미 도입하고 있는 것으로 인 목사의 호주에서의 목회 경험이 반영된 것이라 할 수 있을 것입니다.

김명배 갈릴리교회는 교회당 없는 교회를 꿈꾸었지만 결국 세 번의 이사를 하는데 그중 두 번의 이사를 소망교회 곽선희 목사의 도움을 받게 됩니다. 두 번째 구로구청 사거리의 희망의 집으로 이사해서는 교회 안에 어린이집을 운영하고 문화교실, 노동상담소, 환경문제연구소 등의 활동을 하게 됩니다. 인 목사는 이 점에 대해 부자교회와 가난한 교회의 협력의 모델, 보수적 교회와 진보적 교회의 협력의 모델, 그리고 부자 교회가 가난한 교회를 통해서 일을 하게 됐다는 세 가지 의미가 있다고 말합니다. 사실 이 부분에 대해서 교회 안에서도 비판적 목소리가 있었고 분열도 있었던 것으로 알고 있습니다.

안기석 사실 구로구청 사거리의 희망의 집은 교회로서 출발한 것은 아니었습니다. 구로동의 가난한 맞벌이 부부가 아이들을 방에 가둬놓고 일하러 나간 사이에 불이 나서 아이들이 죽은 사건을 듣고 곽 목사님이 소망교회 문화센터로 어린이집을 지은 것입니다. 그러니까 소망교회의 사회 선교의 연장으로 인 목사님은 가이드만 해준 것이고 소망교회의 프로그램이었던 것입니다. 그러면서 거기에 교회까지 짓게 되어 우리 교회가 관리를 하게 된 것인데 우리 교회가 다른 교회를 구할 때까지 영구적으로 쓸 수 있도록 한 것입니다. 그러니까 소망교회가 맞벌이 부부를 위한 어린이집을 지은 곳에 갈릴리교회가 한 부분으로 들어간 것입니다.

김명배 1992년도 12월부터 이주노동자 선교가 시작되어 올해로 20주년을 맞이했습니다. 이주노동자 선교는 교회에서뿐만 아니라 우리나라에서 최초였으며 복지와 인권을 통전적으로 다뤘습니다. 약값도 대주고 샤워시설도 만들고 노동문제를 해결한 것이 갖는 한국 교회사적 의미에 대해서 알아보도록 하겠습니다.

[장윤재] 초기에는 비기독교인들이 거부감을 가지지 않은 용어와 범위 안에서 영어로 예배를 인도하고 닭튀김을 먹고 여러 가지 서비스를 해 줬습니다. 인권과 복지만을 위한 것이 아니라 선교적 마인드를 가지고 함께 한 시간 예배를 드렸습니다. 물론 강제성을 띤 예배는 아니고 자발적인 것이었습니다. 갈릴리교회의 이주노동자 선교는 밖으로 나가는 선교가 아니라 안으로 들어온 사람들을 통해서 한국적 해외선교의 새로운 패러다임을 만들었다고 할 수 있습니다. 선교사 가정이 해외에 나가서 선교를 하는 데 드는 시간과 비용을 생각하면 지금까지 800여 명에게 세례를 준 것은 효율성에서 있어서 그 가치를 높이 평가해야 할 선교모델이라고 할 수 있습니다. 갈릴리교회의 이주노동자 선교는 무엇보다 사람 대접을 강조합니다. 사람이 영물인지라 이들이 자신들을 불쌍해서 도와주는 것인지 똑같은 인간으로 대접하는지를 아는 것입니다. 이 사람들이 나를 무시하지 않는다는 생각을 할 때 변화될 수 있는 것입니다.

우리나라에 온 사람을 회심시켜서 본국으로 돌아가서 교회를 세우는 것이 선교사를 현지에 파송하는 것보다 훨씬 효율적이라고 할 수 있습니다. 아웃바운드가 아니라 인바운드 선교이며 개종 중심의 선교가 아니라 인간 중심으로 대접, 함께 먹고 마심으로 복음화가 됐으며 우리가 이끌고 따라오는 선교가 아니라 그들 스스로 독립함으로 주체적으로 선교하도록 한 것에 의미가 있다고 할 수 있습니다.

이것이 갈릴리교회가 200명 교인이 넘게 된 이유였습니다. 교인보다 두세 배가 되는 400명에서 많게는 600명까지 몰려드는 이주노동자들을 감당하기 위해서 교인수를 늘려야 했던 것입니다.

안기석 이주노동자 사역과 관련된 여러 가지 에피소드가 있는데 그중에 인도네시아 교우가 목재공장에서 일하다 사고를 당해서 죽게 된 사건이 있었습니다. 이때 우리 교회가 적극적으로 나서서 이 일을 처리했습니다. 한 달여를 이주노동자 담당 목사가 장례식장에 상주하고 우리 교인이 조를 짜서 교대로 빈소를 지켜 좋은 조건으로 보상받고 인도네시아로 시신을 보내주어 그 가족이 예수를 믿게 됐다는 소식을 들었습니다.

김명배 사회선교에 예산의 50%를 사용하는 것은 교회 창립부터 지금까지 계속 지켜져오고 있습니다. 그러다 보니 상대적으로 교회의 기능 가운데 중요한 부분인데 교회의 현실적인 문제 때문에 신경을 못 쓴 부분이 있다고 생각합니다. 특별히 사회선교에 힘쓰다 보면 친교라든가 교육에 취약한 부분이 생기게 되는데 여기에 대해서 말씀해주십시오.

안기석 교육방법에 있어서 아이들에게 억압된 형식적인 교육이 아니라 개방된 교육을 하고 있습니다. 아이들을 한 달에 한 번 이상 어른 예배에 참석시키고 성만찬을 하게 합니다. 인 목사님 자신이 어려서부터 증조할머니의 손에 이끌려 교회에 나갔는데 당시에는 몰랐지만 지금 생각해보면 그때의 말씀이 자신의 신앙의 근간이 됐다고 고백합니다. 그래서 아이들이 지금은 잘 모르더라도 어른 예배를 통해서 진리의 말씀을 들어야 한다고 생각합니다. 그리고 부모와 함께 예배드림으로 우리 사회의 소통의 부재에 대한 대안이 될 수 있다고 생각하십니다. 또 하나는 교회 안에서 하고 선교에 아이들을 참여시키고 있습니다. 사랑의 도시락 배달은 가족 단위로 하는 경우가 많아서 아이들이 부모와 함께 할머니 할아버지를 찾아다니며 도시락을 배달하고 있습니다. 이렇게 현장에서 직접 보고 배우는 교육을 중요하게 생각합니다.

정병준 공과공부를 통한 지식교육이 아니라 인간화 교육이라고 할 수 있을 것입니다. 인간화의 가장 중요한 것이 다른 사람을 섬기는 것이고 그것을 교회를 통해서 배우게 하는 것입니다.

장윤재 사실 인 목사는 동숭교회에서 전도사 시절 주일학교를 크게 부흥시켜 주위 사람들에게 촉망받는 교육학자가 될 것이란 기대를 하게 했다고 합니다. 그런 점에 비추어볼 때 갈릴리교회의 교육은 취약한 면으로 보고 개선하도록 해야 할 필요도 있다고 생각합니다. 물론 성령의 가르침으로 어른들과 함께 신앙생활 하면서 배우는 부분이 있지만 아이들의 발달과정에 맞는 교육이 필요한 것도 사실입니다. 갈릴리교회가 세상을 거슬러서 하나님의 뜻을 따라 앞서서 대안을 제시하는 교회라면 교육 문제에 있어서도 새로운 모델을 세울 수 있을 것이라고 생각합니다. 갈릴리교회에 의해 교육 문제에 있어서 새로운 지평이 열리기를 기대해봅니다.

김명배 교인들의 친교에 대해서 이야기해주십시오.

안기석 교회 안에서 함께 식사하는 것을 가장 중요한 면으로 강조하십니다. 그리고 초창기에는 전 교인 수련회를 함께 가기도 했는데 언제부터인가 그 대신 교회 안의 젊은 부부 구역이 자발적으로 모임을 갖고 있습니다. 30~40대 부부들이 자녀들과 함께 프로그램을 갖고 교회의 개혁적인 문제를 생활 속에서 구현해나가고 있습니다. 70세 이상 어르신의 모임인 한나회도 교회 안의 또 다른 세력이라고 할 수 있습니다. 중보기도에 힘쓰고 교회 안의 어려운 이들을 돌보시는 일을 맡아서 하고 계십니다. 또 저와 같은 50~60대는 나름대로 교회의 중추적인 역할을 감당하면서 건강한 교회의 모습을 이루기 위해 노력하고 있습니다.

[장윤재] 신학적으로 예배시간에 드리는 성만찬은 예배의식이 아니라 가난한 사람과 함께했던 연장선상에서 생각해야 합니다. 같이 밥을 먹는 것, 치킨을 먹고, 사랑의 도시락을 나누는 것을 따로 분리하지 말고 그 자체가 성스러운 것으로 보아야 합니다. 친교와 관련해서 20~30년 화두가 복지, 교육이라고 할 때 농촌교회와 직접 협력하는 것이 필요하다고 생각합니다. 인 목사는 노동 간의 협력 목회를 통해 아이들을 컴퓨터 게임에서 해방시키고 흙과 함께할 수 있도록 하는 것을 교육 문제에 대한 대안으로 생각한다고 하는데 더 나아가 노동 간의 직거래를 통해 친교가 이뤄질 수 있을 것으로 생각합니다. 갈릴리교회가 가는 길이 성서적·신학적이라는 것을 교인들이 이해한다면 가능한 일이라고 생각합니다.

[김명배] 신학적으로 초대교회는 밥을 같이 먹는 것이 예배였습니다. 그런 의미에서 인 목사는 예배 후에 함께 밥을 먹는 것까지를 예배라고 말합니다. 함께 밥을 먹는 것, 함께 봉사하는 것을 통해서 자연스러운 친교를 하게 하는 것입니다. 이상으로 갈릴리교회에 대해서 살펴보았습니

다. 다음 시간에는 인명진 목사의 시민사회운동에 대해서 이야기를 나누기로 하겠습니다. 장시간 함께해주신 여러분들에게 감사드리며 특별히 안기석 집사님께 감사드립니다.

4. 시민사회와 정치활동

김명배　오늘은 인명진 목사님을 직접 모시고 갈릴리교회에 대한 것과 시민사회 활동 전반에 대하여 질문하고 인명진 목사님께서 대답해주시는 형식으로 진행하고자 합니다. 우리가 지난 시간에 갈릴리교회에 대해서 이야기해보았는데 갈릴리교회의 선교의 내용이 많은 부분 목사님의 시민사회 활동과 겹쳐지는 부분이 있어서 이번 시간에 그러한 점들에 대해서 이야기하고 혹시 우리가 그동안 나누었던 이야기 중에서도 의문점이 있다면 이 자리에서 목사님과 함께 이야기해보도록 하겠습니다.

먼저 갈릴리교회를 시작할 당시에는 교회당 없는 교회를 계획했지만 실패하시고 결국 소망교회에서 지어준 구로구청 사거리의 희망의 집으로 그리고 현재의 태영아파트 단지 내의 교회로 이사하시게 됩니다. 특별히 현재의 이 교회로 옮기게 된 직접적인 계기가 외국인 노동자들을 위한 닭튀김을 하기 위한 것이었다고 말씀하셨는데 그와 관련해서 교회 분열이 일어나는 아픔을 겪게 됐다고 들었습니다. 여기에 대해서 말씀해주십시오.

인명진　교회 분열이 교회당과 관련해서 두 번 있었습니다. 교회가 교회당 중심으로 가다 보면 필요 없는 돈이 많이 들어가게 되는 것이 사실입니다. 그러므로 교회는 신앙고백을 중심으로 한 교회여야 합니다. 그래서 저는 처음부터 교인을 1년 단위로 모집해서 교회당 없는 교회를 해보면 좋겠다는 생각을 했습니다. 그런데 결론적으로 사람들이 잘 이해하지 못하고 노회에서 반대해서 하지 못했습니다. 교회당 없는 교회를 하려면 우선 다른 교회를 빌려 써야 하는데 교회당이 같아도 신앙고백이 다르면 아무런 문제가 없다고 생각했습니다. 지금 이주노동자 교회도 그런 차원으로 우리 교회 안에 우리 교회까지 다섯 개의 이주노동자 교회가 있는 것입니다. 그리고 이주노동자교회가 쇠퇴하면 신앙고백이 다른 교회가 우리 교회를 쓸 수 있다고 생각합니다. 앞으로 교회는 다양한 사회에 발맞추어 다양한 복음화를 해야 한다고 생각합니다. 예를 들면 환경 문제만을 다룬다거나 노숙자 문제만을 다루는 특화된 신앙고백을 하는 공동체가 나타나게 될 것입니다. 제 생각으로는 우리 교회가 앞으로는 동성애자에게 교회를 빌려주어야 한다고 생각합니다. 동성애자가 죄인이라면 당연히 교회에 가야 합니다. 교회는 죄인이 가는 곳입니다. 이들이 신앙생활을 할 수 있도록 해야 하는 것은 너무도 당연한 일입니다.

사실 저는 목사가 일반교회로 가려고 하지 말고 공동체를 해야 한다고 생각합니다. 예를 들어 환경 문제를 전문으로 하는 공동체라면 교회에서 월급을 받으려고 하지 말고 주중에는 환경 문제를 하면서 월급을 받고 주일에는 교회에서 설교를 하여야 하는 것입니다.

이야기가 길어졌지만 어쨌든 교회당이 없는 교회는 실패하고 구로구청 사거리에서 천만 원에 50만 원짜리 사글세에서 갈릴리교회를 시작했습니다. 그리고 1990년 구로 6동의 희망의 집으로 이사하고 나서 선교의 영역이 이주노동자, 환경, 어린이집 등으로 확장됐습니다. 그러나 한 10년쯤 지나니까 이것을 재정적으로 뒷받침하는 것이 어려워졌습니다. 우리 교회의 재정으로는 600이 넘게 몰려오는 이주노동자를 감당하기 어려웠습니다. 이러한 상황에서 곽 목사님께서 은퇴를 하시면 소망교회가 손을 떼게 될지도 모르는데 그러면 모든 선교를 중단할 수밖에 없었습니다. 우리 교회가 하고 있는 선교의 영역을 계속하기 위해서는 자립구조를 갖추어야 했습니다. 그래서 곽 목사님과 의논하여 지금의 교회로 옮기게 됐습니다. 만일 곽 목사님이 계속 소망교회에 계셨다면 이 교회를 안 짓고 소망교회의 재정으로 선교를 했을지도 모르겠습니다. 소망교회는 재정을 돕고 우리 교회는 선교 현장에서 직접 뛰는 것으로 귀한 협력을 이어갔을 것입니다. 대교회에서 못하는 프로그램을 작은 교회에서 할 수 있도록 하고 재정을 도와주는 선교 협력체를 이뤄가는 것도 의미가 있는 일로 이것을 바울의 지체론으로 설명할 수 있을 것입니다.

아무튼 그렇게 해서 첫 번째는 소망교회 같은 부자 교회가 지어주는 교회에 들어갈 수 없다고 떨어져나간 사람들이 있었고 두 번째는 우리 교회가 대교회주의가 됐다고 해서 떨어져나간 사람들이 있었습니다.

김명배 사회 변동과 함께 간 것도 중요하다고 생각하는데 그 점에 대해서 이야기해주시지요.

인명진 이 교회에 와서 10년이 지났는데 그동안 꿈꾸었던 교회의 모델을 거의 완성했다고 할 수 있습니다. 교인이 450~500명에서 예산이 10~11억이 되니까 예산의 50%를 사회선교를 위해 사용하는 것이 가능해졌습니다. 옛날에는 예산의 50%를 선교에 사용하니까 교회 살림을 할 수 없었는데 그 밸런스 포인트가 어디인가를 오랜 실험을 통해 알아낸 것이라고 할 수 있습니다. 물론 지금 상태로는 타이트하기 때문에

50~100명 정도의 교인이 더 있으면 조금 여유가 있을 것 같다는 생각을 하지만 거의 이뤘다고 생각합니다.

　우리 교회는 50%의 선교비용을 사용하여야 할 선교의 필드를 다 가지고 있습니다. 다문화를 위해서 이주노동자 선교, 환경을 위해 몽골의 나무 심기, 가난한 나라를 돕는 캄보디아와 가나의 컴퓨터와 기술학교, 그리고 베트남에 송아지 보내기 또한 우리 사회의 가난한 사람을 위한 사랑의 도시락, 북한 문제를 위한 북한 어린이 돕기 등 환경, 정의, 평화라는 우리 사회의 신학적 과제들에 우리 교회가 직간접적으로 관여하고 있습니다. 또한 얼마 전부터 노숙자 선교와 재수생을 위한 카페를 하면서 지금 우리 사회가 당면하고 있는 중요한 선교의 현장을 일정 부분 감당하고 있습니다. 국내와 국외에 대한 밸런스, 디아코니아와 미션의 밸런스를 맞추어가고 있다고 할 수 있습니다. 디아코니아는 사랑의 도시락, 노숙자 선교이고 디벨로프먼트 송아지 보내기, 재수생 선교이고 미션은 북한 어린이 돕기, 몽골 나무 심기 등이라고 할 때 이런 균형은 잘 맞춰지고 있습니다. 또 그 형태에 있어서도 돈만 지원하는 것과 직접 봉사를 하면서 기쁨과 행복을 느끼고 성령을 체험하게 하는 부분의 균형도 맞추어가고 있습니다.

　또 가장 중요한 것은 그냥 얼마의 헌금을 내는 것으로 참여하는 것이 아니라 교인들의 삶과 직접 연관이 되는 헌금을 하고 있다는 것입니다. 사랑의 도시락 헌금은 교인들이 먹을 것을 줄여서 내고, 몽골의 나무 심기는 에너지를 절약해서 내고, 북한 어린이 돕기는 자식을 기르는 마음으로 하고 있습니다. 카우뱅크는 경조사가 있을 때 들어가는 경비를 절약해서 내고 있습니다. 이렇게 갈릴리교회를 25년 만에 현재의 모습을 세팅을 한 것입니다. 그동안 이러한 목표를 향하여 계속 달려왔다고 할 수 있습니다. 갈릴리교회의 현재의 모습은 제가 어렸을 때부터 바라고 원하는 교회 공동체의 모습으로 앞으로도 현재의 선교의 범위를 계속 유지해나가면 된다고 생각합니다. 그런 의미에서 이제 제가 이 교회에서 할 일을 다했다고 생각하고 이러한 것들을 잘 유지해나갈 후임자가 필요하다는 생각을 하고 있습니다.

저는 이 교회를 실험교회로 생각했습니다. 사실 산업선교회도 교회가 해야 할 일이라고 생각합니다. 외국에서 돈을 받아서 하는 일이 아니라 우리가 스스로 돈을 내고 교인들이 뛰어들어야 하는 일로 파라 처치로서의 선교는 마음에 들지 않고 또 문제가 있는 것이 사실입니다. 물론 교회로서의 한계가 있겠지만 그럼에도 불구하고 교회가 교회 본연의 완결구조로 선교와 예배와 친교의 행정을 세팅해보자는 생각과 또 하나는 산업선교회와 민중교회는 의식 있는 사람이 하는 것이라고 한다면 동네 아주머니들과 이 일을 해보고 싶었습니다. 다시 말해 이것이 지역교회로서도 가능하다는 것을 보여주고 싶었습니다. 문동환 목사의 교육학박사 논문이 '1세기의 예수 그리스도를 20세기의 그리스도인들에게'였는데 저도 예수 그리스도의 정신이 보통 평범한 보수적 신앙을 가진 사람들에게 가능한 것인가를 실험해보고 싶었습니다. 사회과학 공부가 아니라 성경공부로 교인들을 이끌어가면서 지금까지 목회를 하면서 그것이 가능했고 그런 면에서 성공했다고 말할 수 있습니다.

장윤재　교회는 국가교회, 지역교회, 공동체교회가 있는데 공동체교회로 교회당도 안 갖겠다, 조직교회도 아닌 평신도교회를 추구했는데 역사적 과정에서 교회가 변해왔는데 지금은 지역교회로 변했다고 할 수 있을까요?

인명진 뜻으로 만난 교회는 친교 이상이 아니라고 할 수 있습니다. 자기들이 하는 일이나 생각을 신학적으로 정리하고 나누는 것으로 끝나게 될 것입니다. 그러므로 그런 교회는 그 교회 자체의 새로운 의미의 교회의 역할을 규정해야 합니다. 그런 의미에서 우리 갈릴리교회는 지역교회로서 선교의 역할을 감당하고 있다고 할 수 있습니다.

김명배 갈릴리교회의 가장 큰 선교가 이주노동자 선교라고 할 수 있습니다. 1992년에 이주노동자 선교를 시작했다면 교회뿐만 아니라 우리나라에서 제일 처음 시작한 것이었을 텐데요. 지금 20년 세월이 지나면서 이제는 처음의 이주노동자 사역과 달라진 점도 있을 테고 성과나 결실이 있을 것 같은데 이 점에 대해서 말씀해주십시오.

인명진 나라마다 각 교회의 예배의 형식을 허용합니다. 세례를 주는 것도 이 사람들은 침례를 하기 원해서 온몸을 물에 담그는 침례를 주고 있습니다. 교회운영도 자치적으로 합니다. 교역자의 사례를 주면서 네 교회의 목회자들에게 120만 원씩 보조하는데 교회로 주어서 자체적으로 운영하도록 하고 있습니다. 그리고 교육비 등으로 지원하고 있습니다. 다만 우리는 상담을 해주거나 음식을 나누거나 하는 것으로 그들의 필요한 부분을 힘 닿는 데까지 도와주고 있습니다. 이 사람들은 우리 교회의 선교의 대상이 아닙니다. 배고프니까 먹을 것을 주고 어려우니까 도와주는 것이 아니라 우리 교인들과 똑같은 교회의 멤버로 생각하는 것입니다.

그런 의미에서 우리 교회는 문화 다인종 교회라고 할 수 있습니다. 한 교회 안에 동등한 5개의 교회가 존재하는 것입니다. 우리 교회에서 예수를 믿고 신학을 공부한 사람이 자기 나라에 돌아가서 자기 가족과 민족에게 복음을 전하기 위해 교회를 만들고 있습니다. 지금 울란바토르와 자카르타에 갈릴리교회가 세워졌으며 지난해에는 교회 홈피에 한동대 4학년 여가람이라는 학생의 글이 올라왔는데 우리 교회에서 예수를 믿고 세례를 받은 존이라는 사람이 목사가 되어 파키스탄에서 교회를 세웠다는 소식을 들었습니다.

안녕하세요?

저는 한동대학교 국제지역학과 졸업예정자인 여가람 형제입니다. 다름이 아니라 파키스탄에서 지역연구 관련 세미나 준비차 라호르라는 지역에 방문했습니다. 이곳에서 우연히 파이즈 존(Faiz John) 목사님을 만나게 됐습니다. 그분은 92년도에 한국에 노동자로 갔다가 갈릴리교회에서 주님을 만나고 담배와 술로 소망 없던 인생이었던 분이 주님을 만나 목회자가 됐고, 지금 이곳에서 신학교 교수로 목회자로서 사역을 잘 감당하고 계십니다. 97년도에는 한국에서 파키스탄 사역을 하면서 갈릴리교회를 방문하기도 했답니다.

존 목사님은 인명진 목사님을 가장 존경한다고 합니다. 파키스탄은 순복음교회 조용기 목사님보다 인명진 목사님을 더 존경한다고 합니다. 그리고 존 목사님이 갈릴리교회에서 배운 한국 찬양, 우리 주의 성령이 내게… 그리고 주 예수 사랑 기쁨 내 마음속에…라는 찬양을 파키스탄 주일학교 아이들이 부르는 것을 보고 참 감동이었습니다.

제가 이 글을 쓰는 것은 갈릴리교회에서 사역하시는 외국인 근로자 사역이 열매가 있고, 그 열매가 60배 100배 이상의 열매를 파키스탄 땅에서 맺는 것을 보면서, 잘 알지 못하는 교회인 갈릴리교회를 축복하고, 하나님의 은혜를 나누고 싶습니다. 갈릴리교회 성도들은 기억을 못 할 수 있지만 파키스탄 파이즈 존 목사님에게는 갈릴리교회는 영원한 마음의 고향임을 발견할 수 있었습니다.

주일학교 아들이 길에서 우연히 부르는 찬양을 보내드리고 싶었지만 교회의 이멜을 몰라서 게시판에 글을 올립니다. 갈릴리교회를 축복하고 사랑합니다.

이렇게 우리도 모르는 사이에 세계 곳곳에 우리가 뿌린 씨앗이 열매를 맺고 있는 것입니다. 우리의 공동체가 넓어진 것이라고 할 수 있습니다.

정병준 이러한 모델을 신학적 플랜을 가지고 접근한 것입니까? 아니면 자발적이고 자생적으로 이뤄진 것인가요?

인명진 우리 교회에서는 플랜을 가지고 한 것이라고 할 수 있습니다. 어려운 사람을 구제한다는 생각으로 한 것이 아니고 그렇다고 예수를 믿게 해야 한다는 생각으로 한 것도 아닙니다. 이주노동자들을 우리와 똑같은 사람으로 생각하고 그들에게 필요한 것을 준다고 생각한 것입니다. 그 결과 800여 명이 우리 교회에서 세례를 받고 예수님을 믿게 됐습니다. 그런 점에서 볼 때 우리의 플랜이 성공한 것이라고 할 수 있습니다.

김명배 시민사회운동에 대한 것으로 전교조의 탄생비화, 경실련 상임집행위원으로서 경실련의 태동에 대해서, 언론활동으로 KBS 이사를 지내신 것과 C3TV, 바른언론, 그리고 몽골포럼, 울란바토르 나무 심기와 베트남의 카우뱅크, 남북 이산가족 돕기 등 여러 가지가 있는데요. 먼저 시민운동은 경실련에서부터 시작되는 것이라고 할 수 있는데 경실련의 시작에서부터 그 역할에 대해서 말씀해주십시오.

인명진 제가 호주에서 돌아와 보니 영등포 산선은 완전한 해방구가 돼 있었습니다. 교회와 CCA에서 지원되는 많은 돈이 있고 영등포 산선의 공간이 있다 보니 NL쪽 지하운동권과 협력을 하여 해방구가 된 것입니다. 영등포 산선의 건물은 그 사람들의 교육장이 되고 재정도 그 사람들의 자금줄이 됐습니다. 그때 실무자들은 운동권의 외피가 돼주는 역할이 교회가 해야 할 일이라고 생각했습니다. 저는 산선이 선교의 현장이 돼야지 이념이 지배하는 곳이 돼서는 안 된다고 주장했습니다. 이념적으로 굉장히 혼란한 상황에서 교회를 시작하고 그 즈음 서경석 목사가 미국에서 돌아와 기독교사회문제연구원 원장을 하게 됐습니다. 서경석 목사가 이제 혁명의 시대는 갔으니 합리적으로 합법적으로 일을 해야 한다고 주장하자 서경석 목사를 반대하는 사람들이 서경석 목사와 함께 일할 수 없다고 서경석 목사를 내치게 됩니다. 당시 기사연의 이사장이 박형규 목사였는데 그거와 관계없이 서경석 목사를 내쳤다고 생각합니다. 감옥에 가지 않고 운동권에서 일했던 사람들은 거의 정부와 협력관계를 가지고 있었습니다. 사실 그 사람들 덕분에 한국교회의 인권운동에 대해서 세계 교회에 알릴 수 있었고 후원도 얻을 수 있었다고 생각합니다. 그러나 서경석 목사가 그런 식으로 내침을 당하는 것을 보고 제가 서경석 목사에게 하고 싶은 것이 뭐냐고 물었습니다. 그때 서경석 목사가 하는 말이 전세 값 문제를 해결하는 일을 하고 싶다는 것입니다. 그때 저는 전두환 정권을 물리쳐야 하는 시점에 그게 무슨 말이냐고 했습니다. 솔직히 저는 서경석 목사가 주장하는 전세 값 문제에 대해서는 생뚱맞게 생각했지만 기장 사람들이 또다시 서경석을 내친다는 생각에 울분을 느꼈습니다. 그래서 우리 교회에서 경실련의 초안을 만들어서 경실련이 탄생하게 된 것입니다. 저는 상임집행위원이었는데 사실 이 일에 대해 동의도 하지 않았고 이 일이 얼마나 중요한 일인지도 몰랐다고 할 수 있습니다. 이때 종로5가에서 후배들이 저에게 종로5가를 선택하든지 경실련을 선택하든지 하라고 했습니다. 그래서 저는 둘 다 선택한다고 했습니다. 그래서 제가 경실련에 처음에 참여하고 상임집행위원도 하고 부정방지추방본부장도 했지만 솔직히 그때는 이 일의 중요성에 대해 몰랐습니다.

김명배 환경 문제에 대해서도 우리나라에서 처음으로 관심을 갖고 환경운동을 시작하신 것으로 알고 있는데요. 이 점에 대해서 이야기해주십시오.

인명진 제가 호주에 갔을 때 한국의 정세가 궁금해서 영어도 잘 모르지만 매일 호주신문을 보았습니다. 그런데 제가 궁금해하는 한국의 정치 현실에 대한 기사는 한 번도 나오지 않았습니다. 그런데 어느날 고리 원자력발전소가 고장이 났다는 기사가 시드니 모닝 헤럴드에 크게 난 것을 보았습니다. 그래서 제가 호주 목사님에게 왜 이 기사가 신문에 났느냐고 물어보니 저를 환경운동하는 단체에 데리고 가서 저에게 세계환경 지도를 보여주었습니다. 그러면서 지금 당신이 민주화운동을 위해서 고생하지만 나라를 정말 사랑한다면 환경운동을 해야 한다고 했습니다.

민주주의는 시간이 지나면 해결되지만 지금 가장 중요한 문제는 환경운동이라는 것이었습니다. 지금 우리나라에 온갖 공해 산업이 다 들어와서 환경 문제가 심각하니까 이 운동을 해야 한다는 것입니다. 그래서 1986년 한국에 돌아와서부터 환경운동을 시작하게 됐습니다. 그랬더니 사람들이 어떻게 하면 군사독재를 타도할까 생각해야지 배부른 소리 한다고 모두들 환경의 심각성에 대해 알지 못했습니다. 아무튼 그래서 한국공해문제연구소를 설립하고 교회 안에 사무실을 두었습니다. 이것이 지금의 환경운동연대의 전신입니다.

그리고 총회 노동상담소가 우리 교회 안에 있었고 희망의 전화가 우리 교회 안에 있어서 상담원이 24시간 상주하면서 구로공단 지역에 사는 가난한 사람이나 근로자가 공장이나 회사에서 당하는 어려움을 상담해줬습니다. 제가 이때 CBS 기독교 방송에서 일주일에 한 번 노동상담을 했는데 노동자가 질문하면 그 자리에서 대답하는 생방송을 했습니다. 제가 이때만 하더라도 성경보다 노동법을 훨씬 많이 알고 있어서 노동상담을 했습니다. 그때 노동상담을 했던 것을 묶어서 『노동법문답풀이』라는 책을 냈는데 제가 이 세상에 나와 제일 먼저 만든 책이 이 책입니다. 당시 이 책이 베스트셀러가 됐습니다.

김명배 기독교 역사를 쓰고 있는 많은 학자들이 시민운동의 시초를 92년의 경실련으로 보고 있는데 목사님 말씀에 의하면 한국공해문제연구소가 그것보다 먼저 시작된 시민운동이라고 할 수 있을 것 같은데 구체적으로 몇 년인지 기억이 나십니까?

인명진 몇 년인지는 기억이 나지 않지만 경실련보다는 먼저 시작된 것 같습니다. 그리고 그 뒤로도 제가 시작한 시민운동이 두 개 더 있는데 하나는 행정개혁시민연합입니다. 김영삼 정부가 들어서면서 행정쇄신위원회라는 대통령 자문기구에서 일했는데 자문기구이면서 결정기구로 모든 규제를 해결하는 위원회였습니다. 김영삼 대통령이 거의 모든 재야 인사가 김대중 씨를 지지하는데 제가 김영삼 씨를 지지한 것을 고맙게 생각해서 저에게 노동부 장관을 하라고 했지만 고사했습니다. 우선은 교회 때문이었고 또 하나의 이유는 노동부 장관은 보수적인 사람이 진취적으로 해야 노동자가 만족을 할 수 있습니다. 그런데 제가 하면 아무리 잘해도 노동자의 기대를 만족시킬 수 없고 노동정책에 대해서 정부가 비판을 받을 수 있다고 생각했습니다. 그 후로도 복지부 장관을 하라고 제의를 받고 국민체육공단을 맡아달라는 제의를 받았지만 세 번다 거절하고 행정쇄신위원회와 노사관계 개혁위원회, 세계화추진위원회에 들어가서 일했습니다. KBS 이사로도 일했는데 지금 생각해보면 너무 많은 일을 맡아서 김영삼 정부를 좋게 생각하지 않는 사람들이 보기에 좋지 않았을 것이란 생각을 합니다. 그러나 저는 개혁을 하려면 힘을 보태야 한다고 단순하게 생각했습니다. 그때 제가 행정쇄신위원회에서 교도행정을 현대화하고 교정공무원들의 처우를 획기적으로 향상시키는 일을 했습니다. 그뿐만 아니라 감옥 내의 성 문제를 해결하기 위해 장기수들의 기유제도를 마련해서 가족을 만날 수 있게 했습니다. 장애인의 복지제도를 위해서도 많은 일을 했는데 예를 들면 건물을 지을 때 장애인 편의시설을 의무적으로 짓게 하고, 도로의 턱을 낮추는 일도 했습니다. 주민등록 전출입의 간소화, 녹색운전면허증도 만들고 거주자우선주차제도 제가 만들었습니다. 국민고충처리위원회를 만들었으며 감사원에서 부정방지대책위원회에서 일했습니다. 제가 사실은 행정에 대해서 전혀 모르는 사람입니다. 그렇지만 저는 밑바닥 인생을 살아봤던 사람이기 때문에 밑바닥 국민들의 고충이 무엇인가를 알고 있었습니다. 국민들이 무엇을 불편해하고 어떤 어려움을 겪고 있는가를 알기 때문에 할 수 있었던 일이었습니다. 행정쇄신위원장인 서울대학교 행정대학원장인 박동수 교수는 글을 쓰면서 이것은 인명진 목사가 아니면 못하는 일이었다고 썼다고 합니다.

세계화추진위원회에 들어가서는 이주노동자들의 획기적인 법률적 처우개선을 시행했습니다. 내국인과 똑같은 의료진료를 받을 수 있게 했으며 이주노동자에게도 산재를 적용하게 했는데 지난 것을 거슬러서 보상을 해주는 일까지 했습니다. 이런 일은 선진국에서도 못하는 일로 일본에서는 30년이 걸려도 못하는 일을 하루아침에 제가 한 것입니다.

노사관계개혁위원회에서는 노동위원회중립화 방안을 만들었으며 현대인의 노동법을 기초한 5인 중의 한 사람으로 현대 노동법의 골격을 그때 만들었습니다. KBS 이사가 돼서는 장애인 고용, 예결소위원장을 세 번 하면서 간부들의 연봉제를 확립시켰습니다. KBS에 들어간 것은 문민정부에서 받았던 혜택 중의 하나였습니다. 제가 과감하게 이런 일을 할 수 있었던 것은 대통령의 신임이었습니다.

그러나 저에게는 몇 가지 원칙이 있었습니다. 저는 비상임직에서만 일했습니다. 비상임직은 월급을 받는 것이 아니라 회의에 들어가면 오만 원을 받는 것이 전부입니다. 또 저는 정부에 드나들면서 NCC에 한 번도 나가본 적이 없습니다. 정부의 일을 하면서 NCC에 나가는 것은 교회의 거룩성을 해치는 일이라고 생각합니다. 사실 NCC가 문화관광부 돈을 많이 받아 사용하면서 정부의 하부기관이 됐습니다. NCC가 국민의 정부와 참여정부에 밀착돼 있었기 때문에 정부에 대한 비판적 기능을 하지 못하고 있는 것입니다. 그래서 저는 총회나 NCC에 가지 않겠다고 결심한 것입니다. 제가 정부에서 일하고 있는데 제 앞에서 누가 정부를 욕하겠습니까? 정부에서 일하는 사람은 정부 일만 하고 교회의 거룩성을 지켜주어야 합니다.

행정쇄신위원회를 끝내고 거기에 참여했던 사람들이 행정개혁시민연합이란 모임을 만들었습니다. 관료들만 잘하는 것이 아니라 시민들도 잘해야 한다고 생각하고 일하다가 집행위원장도 하고 공동대표도 했습니다. 그리고 김영삼 정부 때 바른언론시민연합을 만들어서 바른언론이라는 격주간지를 발행하기도 하는 등 언론감시 기능을 했습니다. 이일을 하면서 중앙일보나 조선일보와 같은 거대 언론과도 많이 싸우기도 했습니다.

그리고 이번에 이명박 정부가 들어서면서 대북지원하는 시민단체에 대해서 완전히 좌파 취급을 하고 상대도 하지 않아 대북지원의 통로가 끊기고 말았습니다. 우리민족서로돕기운동의 법륜스님의 권유로 우리민족서로돕기운동의 상임고문대표로 대북지원을 위해 함께 일하게됐습니다. 대북인도적지원단체의 대표들이 모여 정부와의 교섭을 하기위해서 우리도 이해하고 정부에서도 신임을 얻는 사람이 필요한데 그게저라고 생각하여 제가 하게 됐습니다. 저는 그동안 '빨갱이'라는 말을 너무 많이 들었고 그로 인해 피해를 본 사람이기 때문에 정말 안 하려고 했습니다. 곽 목사님께서 평양에 가자고 해도 안 가고, 금강산도 안 가봤습니다. 그러나 이명박 정부의 출범에 제가 책임이 있다고 생각하고 이 정부에 무엇인가 도움을 주기 위해 이 일을 시작했습니다. 이 일은 제 의지이기보다는 시민사회의 요구에 의한 것이라고 할 수 있습니다. 지난번 연평도 사건이나 천안함 사건, 핵실험으로 대북지원이 끊겼을 때도 제 이름으로 방북신청을 했습니다. 제가 방북신청을 하면 정부에서 안 들어줄 수 없어서 들어주면 그다음부터 줄줄이 방북신청이 되는 것입니다. 물자지원이 막혔을 때도 제가 신청을 하면 통일부에서 안 들어줄 수 없어서 들어주면 그다음부터 물자지원이 줄줄이 이어지는 것입니다. 제가 지난 4년 동안 그 일을 할 수 있었던 것은 유성진 씨가 납북됐을 때 제가 북과 교섭해서 옥수수 만천 톤을 북에 주기로 약속하고 이 사람을 석방시킨 공이 있기 때문입니다. 그래서 우리나라에서뿐만 아니라 북에서도 저를 인정하게 된 것입니다. 우리나라의 50여 개의 대북협력 민간단체가 다 들어있는 대북협력민간단체협의회의 회장직을 맡고 있는데 사실 그중의 90%가 좌파입니다. 좌파 쪽에서도 이 정부에서 대북협력을 위해서 제가 한 일을 인정하는 것입니다. 제가 정부와 싸움을 많이 해서 북에 많은 지원을 했습니다.

불교에서도 저를 인정하는 이유는 이 정부에서 불교와의 문제를 많이 해결했기 때문입니다. 불교의 민원이 기독교 목사인 저에게 들어와서 해결한 것이 많이 있습니다. 용산참사는 김삼환 목사가 돈을 낸다고 해서 그 돈으로 교섭을 시작해서 해결한 것입니다. 물론 돈만으로 한 것은 아니고 청와대와 협력해서 서울시와 그쪽 사람을 모아서 교섭을 하게 된 것입니다. 천주교와 불교에서 함께 그 일을 해결하기 위해 노력했는데 저는 그때 돈으로 모든 것을 해결하려고 한다는 오해를 받기도 했지만 결국 이렇게라도 해결하려고 할 수 있어서 다행이라고 생각합니다.

그 밖에도 쌍용자동차 사건 등 이 정부의 궂은일을 제가 많이 했습니다. 물론 그러면서 정부의 권력의 자리에 가는 일을 하지는 않았습니다. 목사가 그런 협력을 할 수 있어야 하지만 정부의 기구에 들어가서 일을 하는 것은 조심해야 한다고 생각합니다. 그리고 만일 정부의 일을 하게 된다면 교회 일은 관여하지 말아야 한다고 생각합니다.

정치참여에 대해서 저를 비판하는 것에 대해서 제가 불만을 가지고 섭섭하게 생각하는 것이 있습니다. 저는 풀타임으로 일하지는 않는다는 원칙이 있습니다. 정부에서 풀타임으로 일할 기회가 몇 번 있었지만 목사이기 때문에 거절했습니다. 다만 제가 정부와 협력한 것은 이 나라를 개혁하고 더 나아가 정부를 비판하는 자리였습니다.

김명배 교회에서 전교조를 만든 것에 대해서 말씀해주십시오.

인명진 우리 교회는 창립 당시부터 필요로 하는 여러 곳에서 함께 사용했으면 좋겠다고 생각했습니다. 마침 전교조가 모일 장소가 없다고 했습니다. 당시는 전교조가 아니라 전국교직원협의회였던 것으로 기억합니다. 우리 교회를 빌려주어서 전교조가 출범하는 데 도움을 준 것입니다.

김명배 코리아몽골포럼이라는 민간교류단체에 대해서 말씀해주십시오.

인명진 우리나라는 남북문제와 동북아시아에서의 지정학적 세력균형으로 볼 때 몽골과 협력해야 합니다. 미국에 가보면 한국교회가 있는 곳에 꼭 몽골교회도 있는데 저는 이것은 핏줄이 당겨서라고 생각합니다. 몽골은 우리와 유전자가 같습니다. 역사적으로 볼 때 우리나라의 여자들이 몽골에 조공으로 바쳐져서 관리들의 부인이 됐는데 몽골 왕비 중 세 명이 우리나라 여자입니다. 그래서 몽골에서는 한국을 사돈의 나라라고 합니다. 사돈이라는 말이 몽골 말입니다. 그리고 우리나라를 가리켜서 솔롱고스의 나라, 무지개의 나라라고 합니다. 저는 우리가 몽골과 언젠가는 최소한 국가연합을 해야 한다고 생각합니다. 북한과 몽골과도 특별한 관계가 있는데 6·25전쟁 때 북한의 고아 300명을 몽골로 보내 동북권에 가서 공부를 하게 했습니다. 그래서 북한과 몽골은 비자협정이 돼 있는 유일한 나라입니다. 몽골은 중국과 러시아 가운데 껴 있어 발전할 수 없습니다. 이 나라의 출구가 필요한데 그게 바로 우리나라입니다. 그러니까 몽골, 한국, 북한이 삼국관계로 국가연합이 돼야 동북아의 균형을 이룰 수 있습니다. 몽골은 지금 중국에 대해 위협을 느끼고 있습니다. 우리나라에게는 동북공정을 하지만 몽골에 대해서는 북북공정을 해서 몽골의 역사를 중국의 역사로 편입해서 칭기즈 칸도 중국 사람이라고 말하고 있습니다. 몽골은 지하자원이 풍부하고 우리는 기술이 있습니다. 복음적으로 보아도 몽골은 복음의 수용력이 높습니다. 몽골과 특별한 관계를 맺기 위해서는 문화적 접근과 역사적 공유점을 찾아야 합니다. 몽골의 형제 중 한 명이 동쪽으로 간 코브리칸인데 그게 고구려인이라고 합니다. 몽골에서 발견된 벽화가 우리나라 벽화와 똑같습니다. 제주도 사람들도 다 몽골 사람이라고 할 수 있습니다. 몽골이 제주도를 30년 동안 몽골의 마장으로 삼았습니다. 그래서 제주도 말 중에 함덕, 하루방 등 몽골 말이 많고 지명도 몽골 이름이 많습니다. 몽골에 대한 이런 역사적인 연구를 해서 문화적으로 가깝게 지내는 것이 우리나라의 미래를 위해서 중요한 일입니다. 코리아몽골포럼은 몽골에 엄청난 지하자원이 묻혀있으며, 중국에 대해서 견제를 할 수 있기 때문에 몽골과 가까워야 한다고 생각하고 몽골을 연구하는 학자들이 모인 학술교류단체로 제가 이사장직을 맡고 있습니다.

김명배 그렇다면 몽골의 사막화 방지를 위한 나무 심기 운동과는 별개의 것이군요. 사막화 방지를 위한 나무 심기 운동을 인명진 프로젝트라고 한다고 들었는데 거기에 대해서 말씀해주십시오.

인명진 코리아몽골포럼은 학술교류이고 바양노르 솜 호수 살리기는 시민운동으로 상임대표를 맡고 있습니다. 바양노르는 울란바토르에서 서쪽으로 200킬로미터쯤 떨어져 있는 곳으로 바양노르는 호수가 많다는 뜻으로 이 지역에 호수가 10여 개 있었습니다. 바양노르는 사막화가 진행되는 맨 마지막, 맨 끝 지역으로 1,400여 명의 인구가 살고 있습니다. 푸른 아시아라는 시민단체가 나무 심기를 하고 있는데 우리 교회가 2,000그루의 나무를 심기로 하고 갔습니다. 그런데 바양노르 솜의 솜장 우리나라로 하면 군수가 저를 붙잡고 지금 10여 개의 호수가 다 말라 한 개가 남았는데 이 호수마저 마르면 이 지역 주민 1,400여 명이 환경난민이 되어 이곳을 떠나야 한다는 것입니다. 이곳 지역 사람들은 목축업을 하는 사람들로 이 호수에 와서 물을 먹습니다. 그런데 그 호수가 몇 년 전만 해도 수심이 7미터이고 주변에 1미터 높이의 수풀이 있었다고 합니다. 수풀이 없어지고 사막화가 진전되면서 수심이 해마다 1미터씩 낮아져서 지금은 4미터라고 합니다. 주변의 호수는 이미 말랐고 앞으로 3~4년 후에는 이 호수마저 마를 것인데 이 호수를 살려달라는 것입니다. 지금 몽골 곳곳에서 호수가 말라 난민이 된 사람들이 울란바토르로 몰려들고 있습니다. 270만 명의 몽골 인구 중에 울란바토르에 130~140만 명이 살고 있다고 합니다. 산에다 천막을 치고 전기도 안 들어오고 물도 안 나오는 곳에서 사는 것입니다. 그래서 이 호수를 살리려면 어떻게 하느냐고 물었더니 지하수를 퍼 올려달라는 것입니다.

그 이야기를 듣고 제가 서울대학교와 몽골의 지질학자들을 통해 호수가 왜 말라가는지 연구를 해보았더니 지표수가 마른 것이라고 합니다. 지표에 물이 차 있어야 호수에 물이 들어가는데 지표수의 30~50미터 지역의 물이 다 마른 것입니다. 강수량이 적은데 그나마 비가 오면 증발량이 93%라고 합니다. 풀도 없고 물도 없으니까 비가 내리자마자 증발이 되고 말아 지표에 물이 찰 수가 없는 것입니다. 그래서 과학적으로 맞는지 안 맞는지 모르지만 우리 나름대로 궁리를 해서 호수 주변에 몽골 정부로부터 30헥타르, 12만 평의 땅을 빌려서 우선 거기에 동물이 들어가지 못하게 펜스를 쳤습니다. 그 거리가 1킬로미터쯤 되는 거 같은데 거기에 관정을 박고 지하수를 끌어올리고 있습니다. 지하수가 풍부해서 네 개의 수맥을 찾아서 관정을 박고 태양광을 만들어 태양광 발전열로 펌프를 돌리고 10만 그루의 나무를 심는 운동을 하고 있습니다. 금년 가을까지 3만 6천에서 4만 그루 가까운 나무를 심을 것입니다. 그리고 12만 평의 땅에 호수를 연결해서 지하수를 퍼 올려 물이 나오게 하고 있습니다. 일단 펜스를 쳐서 동물이 들어가지 못하니까 풀이 자라고 나무가 살아나서 잎이 떨어져서 증발률이 70~80%로 낮아지고, 호수로 계속 물을 내려보내니까 지표수가 차고 있습니다. 그래도 아직까지 물이 줄어들고 있지만 앞으로 2~3년 후에는 호수가 더 이상 마르지 않고 다시 복원할지도 모른다는 것입니다. 그리고 지금 우리가 심은 나무가 5~6년이 되어 웬만큼 자랐습니다. 나무 밖에서 속성수인 포플러 같은 방풍림을 심었습니다. 그리고 겨울에 영하 40도의 추위에 견딜 수 있는 나무를 식물학자들이 개발을 해서 3년 동안 내구성을 길러서 심었습니다. 지금은 상당히 많은 부분이 푸르러졌습니다. 그래서 떠났던 주민들이 돌아와서 나무 옆에 집을 짓고 살고 있습니다. 일본, 미국, 독일 등 세계의 환경단체들이 주목을 하고 이 프로젝트를 연구하고 있습니다. 우리도 이런 사례가 없기 때문에 성공할지 실패할지 모릅니다. 그렇지만 3~4년 후에는 호수가 마르고 1,400명의 환경난민이 생길 것이 눈에 보이는데 뭔가 해보아야 하는 것 아닌가 하는 마음으로 이 프로젝트를 하고 있습니다. 이 프로젝트에 20억이 듭니다. 나무 값이 6~7억이 들고 펜스를 세우고 관정 박고 관사를 짓고 태양광 설치하는 것, 호스를 깔아 나무마다 근접관정을 하다 보니 20억이 드는 것입니다. 그래서 녹색성장위원회에 이 일을 의뢰하고 코이카를 통해서 13억을 지원을 받았습니다. 인프라는 그 돈으로 했고 나무 심는 것은 흥사단과 갈릴리교회 그리고 수락산에 있는 천보사 등 여러 시민단체가 함께하여 앞으로 2년 정도 더 심으면 10만 그루가 될 것 같습니다. 앞으로 3~4년 후에는 성공일지 실패일지 결과가 나타나게 될 것입니다. 그러나 지금 상태로도 반은 성공이라고 할 수 있습니다. 12만 평은 이미 사막화를 방지하고 삼림으로 변했습니다. 이것만으로도 성공입니다.

그리고 다음 프로젝트는 몽골의 동물 수를 줄이는 것입니다. 몽골의 동물이 2천만 마리가 최대인데 지금 4,700만 마리가 있다고 합니다. 그중에 염소가 문제인데 몽골의 염소털 캐시미어가 세계 최고다 보니 몽골 사람들이 염소를 선호합니다. 그러니까 환경운동을 하는 사람은 캐시미어를 사면 안 됩니다. 그런데 캐시미어 값이 비싸니까 몽골 사람들이 염소를 기르는 것입니다. 양은 풀을 뜯어먹는데 염소는 풀의 뿌리까지 뜯어먹어 사막화를 가속화시킵니다. 그래서 근본적인 문제는 나무 심기이지만 동물의 개체수를 반 이상 줄여야 하는데 그렇게 되면 이 사람들이 어떻게 사느냐 하는 것입니다. 대안은 목축이 아니라 농업입니다. 현지 주민들에게 돈을 주어서 나무를 심게 하는데 인부가 많아서 골라서 사람을 써야 합니다. 이때 환경교육을 받은 사람만 인부로 쓰고 있습니다. 그러니까 왜 나무를 심어야 하는가, 왜 가축을 기르면 안 되는가를 교육하는 것입니다.

그런 다음에 방풍림 안에 차차르간이라는 유실수를 심으려고 합니다. 차차르간은 비타민 C 나무인데 오렌지의 60배의 비타민 C의 함량이 있다고 합니다. 그래서 몽골에서는 감기약 달라고 하면 차차르간 원액을 준다고 합니다. 화장품의 원료가 되는 부가가치가 높은 나무입니다. 이 나무를 양 백 마리를 버리는 사람에게 분양을 하려고 합니다. 한 그루의 차차르간이 양 백 마리가 내는 수익과 같은 것입니다. 그렇게 주민들에게 분양을 하여 동물의 수를 줄이고 차차르간 열매를 가공하는 가공공장을 세우려고 합니다. 여름에는 태양열로 물을 푸고 겨울에는 공장을 돌려서 여름에 수확한 차차르간 열매를 가공해서 자립형 마을을 만들어보고자 합니다. 이 모델이 성공하면 이 모델을 다른 지역으로 옮겨가려고 합니다. 3년째 상임대표를 맡아 이 일을 하고 있는데 아직 성공할지 실패할지 모르는 실험적인 운동이라고 할 수 있습니다.

우리 교회에서는 몽골에 나무를 심기 위해서 에너지를 절약해서 헌금을 하고 있습니다. 몽골의 사막화의 원인이 우리가 쓰는 에너지라고 생각할 때 우리의 삶에서부터 에너지를 절약하는 모습이 있어야 하는 것은 당연한 일입니다. 몽골에 나무를 심는 일은 우리 후손에게 살기 좋은 환경을 물려주기 위해서 우리가 꼭 해야 할 일입니다.

장윤재 이것이 성공하면 교회운동 에큐메니칼 차원에서도 생명운동에 연장선이 될 것입니다. 그리고 사실 몽골 전체가 그렇게 된다면 성공이라고 하겠지만 성공하고 안 하고를 떠나서 이미 이 일을 시작한 것만으로도 성공한 것으로 생각할 수 있습니다. 베트남의 카우뱅크도 이와 비슷한 맥락이라고 생각하는데 이야기도 해주십시오.

인명진 카우뱅크는 지구촌나눔운동과 함께 교회 차원에서 하고 있는 운동입니다. 우리 민족은 베트남에 대해서 빚이 있다고 생각합니다. 그 빚을 갚는다는 마음으로 이 일을 하고 있습니다. 베트남의 가난한 농가에게 송아지를 주고 3년이 지나면 상환을 받습니다. 우리가 1년에 50마리씩 보내는데 이제 3년이 지나 상환받는 것이 생겨 금년 12월에 50마리를 상환받습니다. 우리는 1년에 50마리씩 하지만 우리가 상환받는 것을 생각하면 앞으로 2~3년 후에는 우리 교회가 1,000마리쯤 보내는 것이 될 것입니다. 그리고 앞으로는 훨씬 늘어날 것으로 생각합니다. 이 일을 몇 교회가 참여하면 더 큰일을 할 수 있을 것으로 생각합니다.

　우리 교회에서는 잔치에 가난한 자를 초대하라는 성경 말씀에 따라 아이들의 돌이나 생일이나 결혼, 회갑이나 승진 등 기쁜 일이 있을 때뿐만 아니라 장례식이나 마음 아픈 일이 있을 때 들어가는 경비를 줄여서 베트남에 송아지 보내는 일을 하고 있습니다. 그냥 지갑에서 돈을 꺼내 헌금을 하는 것이 아니라 삶이 들어간 헌금을 하고 있습니다.

김명배 언론 관련해서 KBS 이사를 지낸 것과 C3TV, 바른언론운동도 하신 것으로 알고 있는데 이에 대해서 이야기해주십시오.

인명진 인터넷 방송을 제가 제일 먼저 시작했습니다. 설교를 어떻게 하면 실시간으로 들을 수 있을까, 해외에 있는 사람을 위해서 계속해서 테이프를 나르는데 인터넷으로 할 수 없을까 하는 아이디어로 C3TV를 시작했습니다. 방송을 시작하면서 두 가지 고민을 했습니다. 첫째는 인터넷은 콘텐츠가 계속 업데이트가 돼야 하는데 이것을 어떻게 할까 하는 것이었고 둘째는 광고가 없는 상황에서 재정을 어떻게 해결할까 하는 것이었습니다. 그런데 이 두 문제를 설교로 해결했습니다. 매 주일 업데이트 되는 콘텐츠도 제공받고 돈도 받는 것입니다. 그래서 인터넷 방송으로 생명력이 있을 수 있었고 경쟁적으로 운영이 가능했습니다. 그러다가 결국 인터넷 방송으로는 한계가 있어 케이블 방송도 하고 위성방송도 하다 보니 방송이 커졌습니다.

저는 지금도 같은 생각이지만 우리 교회 안에 방송국이 너무 많다고 생각합니다. 그러다 보니 콘텐츠의 질이 낮아지는 것입니다. 똑같은 설교가 이 방송 저 방송에서 나오고 있습니다. 이것이 낭비라고 생각합니다. 그래서 합해야 한다고 생각합니다. 그중의 하나가 제가 시작한 C3TV이지만 이래서는 안 되고 한국교회의 방송이 돼야 한다고 생각하고 순복음 교회의 이영훈 목사님에게 운영권도 넘기고 모든 것을 넘기게 됐습니다.

사실 제가 유일하게 해보고 싶었던 것이 CBS 사장이 되는 것이었습니다. 인터넷 방송이나 케이블 방송 등이 합해져야 좋은 콘텐츠를 제공할 수 있습니다. 그런데 큰 교회마다 방송국을 가지고 있는 것은 한국교회의 큰 폐해고 낭비라고 생각합니다. 저도 그런 일을 저지른 사람 중에 한 사람으로 할 말이 없지만 언론의 난립에 대해 유감스러운 일이라고 생각합니다.

김명배 인 목사님께서는 NCC와 관련해서 평생을 살아오셨습니다. 70~80년대 한국사회에서 교회가 갖는 에큐메니칼 운동의 틀이 NCC를 통해서 표출됐습니다. 그러나 세월이 흐르면서 NCC는 더 이상 한국교회를 대변할 수 있는 에큐메니칼운동을 대변하는 기구가 되지 못했습니다. 결국에는 WCC 총회를 앞두고도 내부적으로 문제가 생기고 있는데 NCC 외에 새로운 에큐메니칼 운동이 필요한 것인가 아니면 낡은 기구지만 유지하면서 새로운 모습을 찾아가야 하는 것인가, 여기에 우리 교단이 어떻게 협력해야 할지에 대한 생각을 말씀해주십시오.

[인명진] 한국교회 전체가 그렇지만 우리 교단 지도부가 에큐메니칼 정신이 부족하다고 생각합니다. 한기총이 저렇게 된 것은 이광선 목사님의 욕심 때문입니다. 에큐메니칼 운동은 서로 양보하고 협력하면서 가야 하는데 이광선 목사가 길자연 목사를 배제하고 자신이 독주하려고 한 것에 대한 결과입니다. 저는 이광선 목사가 물러나야 한다고 분명하게 말했습니다. NCC도 그렇습니다. 그동안 기장이 독식을 해온 것은 사실이지만 그렇다고 우리가 똑같이 하면 안 되고 어른스럽게 대처해야 합니다. 우리 교단이 에큐메니칼 정신을 가지고 양보할 때는 양보하고 협력해야 할 때는 협력해야 하는데 그 질서를 깬 것입니다. 물론 기장이 횡포를 부린 데서 시작된 문제이지만 우리 교단이 성숙된 에큐메니칼 정신을 가지고 대처해야 합니다. 자리를 준다고 하면 성격이 맞든지 안 맞든지 한기총이든 NCC든 가는 풍토가 참 민망하기 그지없습니다. 예장 총회장인 김삼환 목사가 NCC 회장이 돼서 WCC를 유치한다고 했지만 예장 총회장만으로도 WCC를 유치하는 데 아무런 문제가 없다고 생각합니다.

정병준 목사님의 목회활동에 대한 신학적 영향은 어디에서 받으셨습니까?

인명진 신학적으로는 문동환 목사님에게 인간이란 무엇인가 하는 것에 대해서 가장 많은 영향을 받았고 구약에서는 변조운 목사님에게 영향을 받았습니다. 한신대에서 공부하고 장신대학교에 갔는데 성경학교 수준이었습니다. 그런데 유일하게 변 목사님이 학위가 있거나 깊은 학문적 조예가 있던 분은 아니었지만 예언서를 가르치시면서 많은 인사이트를 주셨습니다. 구약에 대해서 많은 공부를 하고 구약의 '모세오경의 전승형성사'를 논문으로 썼는데 우수논문으로 장신대학교 도서관에 보관돼 있습니다. 그런 의미에서 신학적으로 가장 영향을 받은 분이 구약의 변조은 목사님이십니다. 그리고 상당 부분은 감옥에서 배운 것입니다.

그리고 제가 지금까지 살아오면서 잘했다고 생각하는 것은 목사직을 버리지 않았다는 것입니다. 그리고 인권운동, 민주화운동, 시민운동을 하신 대부분의 목사들의 경우에 자기가 한 일과 교회 일을 무관하게 합니다. 그러나 저는 제가 하는 일을 교회가 참여하게 해서 교인들과 함께 했습니다. 몽골의 나무 심기라든가 베트남의 카우뱅크, 북한 어린이 돕기 등이 그 예라고 하겠습니다. 교인들이 제가 하는 시민사회 활동과 괴리되지 않도록 늘 연결시키며 생활해왔습니다.

제가 한나라당 윤리위원장을 한 것에 대해 권력이 좋아서 갔으면서 변명을 한다고 하고 권력 주변에서 왔다 갔다 한다고 하지만 저는 목사로서 윤리적인 문제를 다뤄달라는 요청에 당연히 응한 것이고 언론에 대해서 말하는 것도 예언자적인 일입니다. 교회에서만 설교를 하는 것이 아니라 교회 밖에서도 할 수 있다면 해야 한다고 생각합니다.

정병준 목사님 설교는 바울적인 칭의론, 인간을 위로하는 은혜 중심의 설교라기보다는 예수님을 믿는 사람의 제자도, 루터라기보다는 칼빈적이라는 생각을 했습니다. 그것이 구약적 삶으로 돌아가야 한다는 것인지, 기존 교회의 값싼 은혜 중심에 대한 견제 차원인지 말씀해주십시오.

인명진 '루터적이다, 칼빈적이다'라고 보기 전에 성경의 가장 큰 흐름은 모세전승이라는 부분입니다. 약자에 대한 것이든지 돈 문제를 떠나서는 기독교를 말할 수 없습니다. 돈에 대해 어떻게 생각하며 어떻게 쓰느냐 하는 것이 마지막 기독교인의 완성입니다. 그것이 구약성경에 보면 계약법전의 토지에 대한 것입니다. 희년이나 안식년이 물질에 대한 것이지 영성에 대한 것이 아니었습니다. 물질을 어떻게 할 것인가, 이것이 영성이었던 것입니다. 안식일이 종교화됐지만 옛날에는 종교적 의미이기보다 사회 경제 정의 제도였습니다. 제도가 영성이고 거룩이라고 생각합니다. 칭의는 초보적 기독교 단계에서는 중요한 것이지만 한국교회가 거기에 머무르지 말고 예수님을 믿는 사람으로서 하나님의 나라를 이루는 것으로 나아가야 합니다. 개인에서 집단 공동체로 나아가야 합니다. 복음이 개인에게 머물러서는 안 되고 집단의 공동체로 나아가야 한다고 생각하고 구약의 모세오경, 계약법전적인 것에 의미를 두고 있습니다. 결국 예수님이 이 땅에 오셔서 하신 일도 그런 일이었다고 생각합니다. 그래서 한국교회 목사 중에 구약을 본문으로 가장 많이 선택하는 사람이 저일 것으로 생각합니다.

장윤재 개인의 신앙도 그렇지만 교회, 특히 노회나 총회에서도 돈이 리트머스 시험지라고 할 수 있을 것입니다. 우리 교단에도 연기금 몇천 억 이상 있는 것으로 아는데 그것이 어디에 투자해서 어떻게 이윤을 내고 있는지에 대해서 상관하지 않고 있습니다. 그러나 상당 부분이 마약이나 섹스, 상상할 수 없는 아동착취의 현장으로 들어갈 것입니다. 그런 것들을 감시하고 하나님의 돈을 거룩한 곳에 쓰일 수 있도록 감시하는 것도 교회적인 차원에서 필요한 것이라고 생각하는데 이 점에 대해서 말씀해주십시오.

인명진 굉장히 중요한 문제입니다. 서구교회에 대해서 제3세계 교회가 계속 문제를 제기하는 것도 그런 것입니다. 화이자의 최고 주주가 미국 장로교입니다. 로켓 만드는 회사에 가장 많은 투자를 한 것도 미국 감리교입니다. 산업선교회에서 일할 때 컨트롤데이터 사건이 났는데 알아보니 그 회사가 미국 감리교 회사로 미사일 부품을 만드는 회사였습니다. 제가 지금 버마교회와 이야기하고 있는 것도 그런 것입니다. 우리나라 기업들이 버마에서 군수업을 하고 있습니다. 저는 계속해서 우리 정부에게 버마 민주화운동을 도와야 한다고 말하고 있습니다. 버마가 군사독재에 시달리는 것은 한국 정부의 책임이 있습니다. 한국 기업이 지금 버마의 군벌과 연결돼 있는데 그것에 무감각합니다. 우리 때문에 버마의 군사독재가 계속된다는 것을 외면한다면 죄를 짓는 것입니다. 그런데 이것에 대해서 아무도 이야기하는 사람이 없다는 것이 문제입니다.

장윤재 시민사회운동이나 정치활동에 대해 목사님께서는 목회활동의 연장선상에서 하는 일이라고 말씀하셨습니다. 가난한 자와 함께하고자 하는 확장된 선교로 보시고 내 교회에 나오는 교인들만의 바른 삶을 위한 것이 아니라 이 사회가 건강하고 개개인이 영육 간에 평안할 수 있는 일들을 하는 것으로 생각하십니까?

인명진 ┃ 물론입니다. 당회에서 후임을 구할 때 사회운동을 안 하는 사람을 했으면 좋겠다고 하셨습니다. 그래서 제가 "걱정하지 마십시오. 아무나 사회운동, 시민운동을 하는 것이 아닙니다. 교회정치를 안 하는 사람이었으면 좋겠지만 사회참여를 하고 시민운동을 안 하는 목사를 찾는다고 하는데 그것을 할 수 있는 사람은 우리 교회에 오지 않을 것입니다"라고 말했습니다. 노회는 봉사하는 것이고 순서대로 하는 것이기 때문에 해야 하지만 총회나 교회단체 등을 통한 교회정치는 안 하는 것이 좋습니다.

저는 목사를 가장 소중하게 생각하고 한 번도 버려본 적이 없으며 목사라는 이름으로 사회참여나 정치활동을 했기 때문에 부끄러움이 없습니다. 제가 이 일로 높은 지위를 얻은 것도 권력을 누린 것도 없기 때문에 그렇게 생각합니다. 지금까지 목사직을 그만두고 해야 하는 일은 어떤 일도 하지 않았고 목사직을 유지하면서 파트타임으로 할 수 있는 일은 할 수 있다면 마다하지 않고 했습니다. 40년 목사직을 하면서 여러 가지 유혹이 있었지만 목사직을 지킨 것에 대해서 저는 스스로 만족하며 자랑스럽게 생각합니다. 혹시 은퇴 후에 그런 일이 있다면 어떻게 할지 그것은 모르겠습니다.

한나라당 윤리위원장을 하면서도 목사라는 이름을 걸고 내가 잘못하면 교회 욕을 먹이는 것이라고 생각하고 제대로 하기 위해 어떤 압력에도 유혹에도 굴하지 않고 부끄럽지 않게 일했습니다.

은퇴 후의 계획은 무엇입니까? 더불어 가족과의 문제는 어떻게 해결해나가실 계획이십니까?

전혀 계획은 없고 천주교로 개종을 할까 하는 생각을 해보았습니다. 제가 일반 개신교를 다니게 되면 담임목사가 부담스러워할 것입니다. 저만이 아니라 은퇴 목사의 영성이 큰 문제입니다. 후배 목사들에게 부담을 주면 안 됩니다. 어떤 은퇴 목사님이 아무 말도 하지 않고 교회에 다녔는데 하루는 담임 목사님께서 조용히 찾아와서 두둑한 봉투를 내놓으며 우리 교회에 그만 나오시면 안 되겠느냐고 묻더랍니다. 은퇴 목사가 후배 목사들에게 부담을 주는 것입니다. 그런데 저는 우리 교단뿐만 아니라 다른 교단에서도 다 얼굴이 알려져서 정말 힘듭니다. 그래서 개종까지 생각해본 것입니다.

목사가 은퇴를 하면 갈 교회가 없어집니다. 교회를 빼앗기는 것입니다. 평생 같이 살아온, 맺어온 인간관계를 끊으라는 것입니다. 평신도들은 교회를 위해서 평생 헌신하고 순종했다면 교회에서 대우를 받을 수 있습니다. 그러나 목사들은 교회에서도 대우를 못 받고 그렇다고 동창회가 있거나 다른 모임이 있는 것이 아닙니다. 유일한 공동체, 자신의 삶이 묻어있는 교회라는 틀을 잔인하게 빼앗기는 것입니다. 교회를 위해서도 그렇고 자신을 위해서도 가능하면 옛 교인을 만나면 안 됩니다. 교회가 잘되고 있다는 소식을 들어도 배가 아플 것이고 잘못되고 있다는 소식을 들어도 화가 날 것입니다. 그러니까 듣지 말아야 합니다.

은퇴하려고 생각하니 제 이야기가 아니라 딴 사람 이야기 같습니다. 저 자신도 금년 안에 후임자가 온다고 생각하면 믿어지지가 않습니다. 지금은 그래도 괜찮지만 앞으로 더할 것 같습니다.

은퇴하게 되면 물론 총회나 NCC는 안 나가게 될 것이지만 대북 인도적 지원 등 제가 나서서 해야 할 시민운동이 조금 더 남아있다고 생각합니다. 그래서 미리 시민운동 하는 사람들에게 내가 이제 은퇴를 하게 되는데 활동을 하는 것에 문제가 있겠는가 물어보았습니다. 다행히 시민운동 하는 데는 전혀 문제가 되지 않고 오히려 전념할 수 있어서 더 좋을 것 같다고 말합니다.

그래서 은퇴를 하게 되면 목사가 아니라 한 인간으로 좋아서 같이 살아갈 사람들이 있어야 합니다. 부부가 함께 사는 것이 좋지만 여러 사람 속에서 부부가 의미가 있는 것이지 둘만 남은 부부는 의미가 없는 것입니다. 그래서 마음이 맞는 사람끼리 공동체 생활을 할 수 있으면 좋겠다는 생각을 하고 있습니다. 그러나 늘 함께 사는 것에도 문제가 있을 것 같아 세컨드 하우스 개념으로 좋은 사람들과 모여서 살려고 계획하는 중에 강화도 내가 저수지 앞 외포리에 땅을 조금 샀습니다. 기회가 된다면 네다섯 집이 공동 주택을 지어서 함께 살려고 합니다.

은퇴 후에 퇴직금은 근로기준법에 의거해서 받고 월급은 지금 월급의 70% 받기로 대충 결정했습니다. 퇴직금 말고 전별금을 받는데 저는 법정 퇴직금만 받기로 했습니다. 제가 죽으면 제 아내에게 제가 받던 월급의 70%를 주기로 했습니다. 그리고 연금이 나올 것이고 집은 교회에서 교회 이름으로 사서 제가 죽을 때까지 살고, 제가 죽으면 제 아내가 살다가, 아내가 죽으면 다시 교회에 반납을 하기로 했습니다. 제 이름으로 집을 사면 세금을 내고 관리하고 해야 하는데 교회 이름으로 사니까 교회에서 다 해줄 것이니까 신경을 안 써도 되니 다행이라고 생각합니다.

그리고 퇴직금으로 도서관을 하나 지으려고 합니다. 손은경 목사가 지리산에서 5만 평 넓은 대지에 수도원을 하고 있습니다. 기도원이 아니라 노동과 침묵과 기도가 있는 곳입니다. 제가 가지고 있는 책을 어떻게 할까 생각하다가 거기다 주겠다고 하니까 보관할 곳이 없다고 해서 거기에 60평짜리 도서관을 짓고 거기에 두기로 했습니다. '인명진목사기념도서관'이라고 이름을 지으려고 합니다. 지리산 근처의 함양군 산청군에 미자립교회가 60여 개가 있다고 합니다. 그곳의 목사님들이 수도원에 자주 와서 기도하고 책도 보고 하신다고 하니 거기에 도서관을 만들어 그분들이 볼 수 있게 하려고 하는 것입니다. 제가 이런 말씀을 드렸더니 변조운 목사님도 자신의 책을 보내겠다고 해서 변조운 목사님의 코너도 만들고, 안재웅 선생님도 책을 보내겠다고 해서 안재웅 선생님 코너도 만들려고 합니다. 할 수만 있다면 전자도서관도 만들었으면 하는 바람도 있습니다. 거기에 내려가서 글도 쓰고 기도도 하면 아주 좋을 것입니다. 어떻게 금년 내에 허가를 내서 내년에는 완공했으면 합니다. 거기서 식구들과 살면서 좋은 사람들을 불러 함께 기도하고 텃밭도 가꾸면서 보내려고 합니다. 또 당분간은 서울에서도 제가 할 일이 있을 것 같으니 사무실 하나 마련해서 왔다 갔다 하면서 지내려고 합니다. 또 시간이 되면 강화 외포리에서 좋은 사람들과 낚시도 하고 회도 먹으면서 그렇게 살아보려고 합니다.

김명배 장시간 인터뷰에 응해주신 인 목사님께 감사드립니다. 사모님도 함께 모시고 그간 목사님을 내조하면서 겪으셨던 일에 대해서 말씀 들어보는 시간을 가지려고 했는데 아쉽습니다. 그리고 바쁜 시간 중에도 준비 모임 포함 5회에 걸쳐 매회 3시간 가까이 길게는 6시간까지 함께해주셨던 장윤재 목사님, 정병준 목사님께도 감사드립니다. 사전에 인 목사님에 대한 구술자료작업을 했던 제가 어쩔 수 없이 사회자의 역할을 했습니다. 저에게는 앞으로 제가 공부하는 데 많은 도움이 되는 유익한 자리였습니다. 그리고 마지막으로 언제나 이 자리에 함께하셔서 녹취를 해주시고 앞으로 이 녹취를 바탕으로 책으로 엮어주실 갈릴리교회 나민숙 권사님에게도 감사드립니다. 이번 작업으로 인명진 목사님이 우리나라의 근현대사에 미친 영향력에 대한 올바른 평가가 이뤄져서 후학들에게 도움이 되기를 바랍니다.

인명진 목사 약력

출생
1946년 6월 1일, 충청남도 당진

학력
대전고등학교
한신대학교(B.A)
장로회신학대학교 신학대학원 교역학 석사(M.Div)
숭실대학교 노사관계대학원 경영학 석사
샌프란시스코신학교 신학대학원 목회학 박사(D.Min)
장로회신학대학교 명예신학 박사(D.D.)

수상
2016년 민족화해협력범국민협의회 민족화해상
2013년 제4회 민세상
1998년 국민훈장 모란장
1978년 북미주 인권상

경력
갈릴리교회 창립 담임목사
갈릴리교회 원로목사
영등포산업선교회 총무
대한예수교장로회(통합) 영등포노회 노회장
대한예수교장로회(통합) 정치부장, 사회부장, 정보통신위원장, 환경보존위원장
한국기독교교회협의회(NCCK) 도시농어촌선교위원장, 국제위원장, 교회와사회위원장
아시아기독교협의회(CCA) 도시농어촌선교위원회(URM) 위원장
1974 긴급조치 1.4호, 1978 긴급조치 9호, 1979 YH사건, 김대중 내란예비음모 사건 등으로
    4차례 투옥

6월 민주헌법쟁취국민운동본부 대변인
대통령 직속 행정쇄신위원회 위원
대통령 직속 세계화추진위원회 위원
대통령 직속 노사관계위원회 위원
대통령 통일 고문
감사원 직속 부정방지대책위원회 위원
국민고충처리위원회 명예 옴부즈맨
KBS 이사
(주) C3TV 기독교인터넷방송 창설/대표이사/회장
한국교회환경연구소 소장/기독교환경운동연대 상임공동대표
바른언론시민연합 집행위원장
행정개혁시민연합 집행위원장/공동대표
경제정의실천시민연합 상임공동대표
한나라당 윤리위원장
자유한국당 비상대책위원장
안양대학교 석좌교수
숭실대학교 석좌교수
(사) 우리민족서로돕기 상임공동대표
대북협력민간단체협의회 회장
(사) 코리아 몽골포럼 이사장
(재) 한호기독교선교회 부산일신기독병원 이사장

저서
노동법 문답풀이
갈릴리에서 만나자 외 다수